3 Menschen Zeiten Räume

Herausgegeben von Ellen Rudyk

mit Beiträgen von
Dr. Thomas Berger-von der Heide
Claudia Bernert
Prof. Dr. Wilhelm Bernert
Petra Bowien
Thorsten Bröckel
Peter Brokemper
Christian Ernst
Mechthild von Gillhaußen
Elke Häußler
Karl-Heinz Holstein
Dr. Elisabeth Köster
Prof. Dr. Udo Margedant
Ulrich Mittelstädt
Karl-Heinz Müller
Bernhard Nopper
Prof. Dr. Michael Piazolo
Dr. Dieter Potente
Hans-Otto Regenhardt
Dr. Dieter Richter
Ellen Rudyk
Tatjana Rüchardt
Dr. Hagen Schneider
Dr. Gabriele Schreder
Thomas Zimmermann

in Zusammenarbeit mit der Verlagsredaktion

Didaktische Beratung: Hans Berkessel

Redaktion	Dr. Frank Erzner, Johannes Völker
Illustration	Dieter Stade, Hemmingen; Hans Wunderlich, Berlin
Grafik	Dieter Stade; Hemmingen
Kartenherstellung	Peter Kast, Ingenieurbüro für Kartographie, Schwerin

www.cornelsen.de

Die Links zu externen Webseiten Dritter, die in diesem Lehrwerk angegeben sind,
wurden vor Drucklegung sorgfältig auf ihre Aktualität geprüft. Der Verlag übernimmt
keine Gewähr für die Aktualität und den Inhalt dieser Seiten oder solcher,
die mit ihnen verlinkt sind.

Dieses Werk berücksichtigt die Regeln der reformierten Rechtschreibung und Zeichensetzung.

1. Auflage, 2. Druck 2009

Alle Drucke dieser Auflage sind inhaltlich unverändert und können im Unterricht nebeneinander
verwendet werden.

Druck	CS-Druck CornelsenStürtz, Berlin
ISBN	978-3-06-064419-3

 Inhalt gedruckt auf säurefreiem Papier aus nachhaltiger Forstwirtschaft.

5 Deutschland – ein demokratischer Bundesstaat 112

6 Alles, was Recht ist 158

7 Viele Welten – eine Welt 184

8 Frauen und Männer – gleichberechtigt?   218

9 Europa wächst zusammen   234

10 Einsatz für den Weltfrieden   276

11 Zukunftsvisionen   296

1 Ein neues Jahrhundert – Beginn der Moderne

Berlin
Potsdamer Platz mit Blick
in die Königsgrätzer Straße

Der Beginn eines neuen Jahrhunderts erfüllt die Menschen einerseits mit Trauer und Wehmut beim Rückblick auf das Vergangene, andererseits mit Hoffnung und Freude auf das Kommende. Das war 1900 nicht anders als 2000.

Die technischen Erfindungen des 19. Jahrhunderts veränderten das Leben der Menschen in vielen Bereichen. Das deutsche Kaiserreich war um 1900 eine der führenden Industrienationen der Welt, doch die sozialen Gegensätze im Land waren groß.

Die technischen Neuerungen ermöglichten sowohl die Eroberung fremder Kontinente als auch die Entwicklung und Produktion neuer Waffen. So wurden viele Hoffnungen der Jahrhundertwende schon wenige Jahre später im Ersten Weltkrieg zerstört.

1 Befrage deine Eltern, wie sie die Jahrhundertwende 2000 erlebt haben. Vielleicht erinnerst du dich auch noch?

2 Beschreibe das Foto. Benenne Gegenstände, die für die Menschen damals modern waren.

1900 – ein neues Jahrhundert beginnt

M 1 Erwartungen an das neue Jahrhundert

Das Deutsche Kaiserreich

Zur Jahrhundertwende 1900 bestand das Deutsche Reich mit dem Kaiser Wilhelm II. an der Spitze erst seit 29 Jahren. Am 18. Januar 1871 war in Versailles bei Paris das Deutsche Kaiserreich ausgerufen worden. Der König von Preußen, Wilhelm I., wurde erster deutscher Kaiser.

Das Deutsche Kaiserreich war ein Bund von 25 deutschen Staaten. Seine Staatsform war die **konstitutionelle Monarchie,** d. h. ein Königtum, das an eine Verfassung gebunden ist. An der Spitze des Staates stand der preußische König, der gleichzeitig deutscher Kaiser war. Viele wichtige Entscheidungen konnte er allein treffen, sodass er sehr mächtig war.

Die Politik des Deutschen Kaiserreichs lag in der Hand des Reichskanzlers. Dieser war nur vom Vertrauen des Kaisers abhängig, nicht aber vom Parlament. Das Parlament, das aus gewählten Volksvertretern bestand, besaß demgegenüber nur sehr eingeschränkte Machtbefugnisse.

Die **Reichsgründung von 1871** war für zahlreiche Menschen in Deutschland die Erfüllung eines Traums gewesen. Mit Ausnahme der deutschen Teile von Österreich und der Schweiz waren nun alle deutschsprachigen Länder und Gebiete vereint. Für viele Deutsche bedeutete sie aber auch eine Enttäuschung, denn mit der Einheit wurde nicht gleichzeitig eine parlamentarische Demokratie eingeführt.

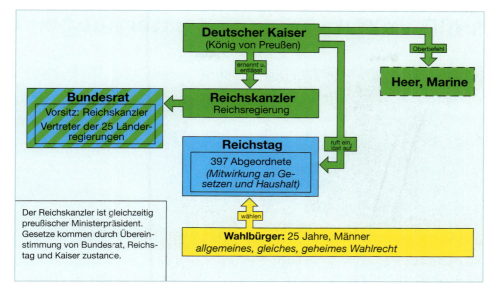

Jahreschronik 1900

1.1. Das Bürgerliche Gesetzbuch tritt in Kraft.

28.2. Im Großherzogtum Baden dürfen Frauen studieren.

14.4. In Paris wird die Weltausstellung eröffnet.

24.5. Die Olympischen Spiele finden in Paris statt.

2.7. Erster Flug eines Luftschiffs über dem Bodensee.

1.9. Erstes Telegrafenkabel über den Atlantik wird in Betrieb genommen.

M 2 Die Reichsverfassung von 1871

Wirtschaftlicher Aufschwung

Um die Jahrhundertwende 1900 gehörte das Deutsche Reich zu den führenden Wirtschaftsmächten. Die Eisen- und Stahlindustrie war ein wichtiger Wirtschaftszweig, aber auch auf dem Gebiet der Chemie, der Elektrotechnik und der Automobilherstellung waren deutsche Firmen führend. Die Universitäten zogen viele Studenten aus aller Welt an.

Standesunterschiede

Der wirtschaftliche Aufschwung schuf viele Arbeitsplätze und veränderte das Leben der Menschen, denn nach und nach wurden Städte und Wohnhäuser z. B. mit elektrischem Strom und Telefon versorgt. An den Standesunterschieden in der Gesellschaft änderte er jedoch kaum etwas. Ein junger Offizier von Adel galt nach wie vor mehr als ein Handwerksmeister, ein Lehrer oder ein Arzt. Alle wichtigen Stellen im Staat wurden mit Adeligen besetzt. Die reichen Industriellen wollten so leben wie der Adel, sodass sie politische und gesellschaftliche Veränderungen in der Regel nicht förderten. Nur die Arbeiter forderten mehr politischen Einfluss, um ihre Lage verbessern zu können.

M 3 Erster Flug eines Luftschiffs über dem Bodensee. Foto, 1900.

1 Berichte, welche Wünsche die einzelnen Familienmitglieder für das neue Jahrhundert haben. Welche könnten bald in Erfüllung gehen (M 1, M 3, Jahreschronik)?

2 Der Vater in M 1 beklagt, dass das Parlament nur wenig Rechte hat. Erläutere das anhand von M 2.

3 Erkläre den Begriff „konstitutionelle Monarchie" (M 2, Text).

4 Erstelle eine Tabelle mit den Rechten des Kaisers, des Reichskanzlers, des Reichstages, des Bundestages und der Bürger (M 2).

5 Eine gesellschaftliche Gruppe hatte 1900 noch keinerlei politisches Mitspracherecht. Nenne sie (M 1, M 2).

Gründerzeit und Fortschrittsglaube

M 1 Ansicht der BASF (1901). Auf der Pariser Weltausstellung im Jahr 1900 präsentierte sich BASF als „größte chemische Fabrik der Welt".

M 2 Ansicht der Badischen Anilin- und Sodafabrik (BASF) in Ludwigshafen (1866)

Erfindungen und Entdeckungen im 19. sowie beginnenden 20. Jahrhundert:

1837 Telegraf (Morse)
1838 Fotografie (Daguerre)
1861 Telefon (Reis)
1866 Dynamomaschine (Siemens)
1867 Dynamit (Nobel) Stahlbeton (Monier)
1877 Verbrennungsmotor (Otto)
1879 Glühlampe (Edison)
1885 Durchleuchtungsgerät (Röntgen)
1885 Automobil (Daimler / Maybach / Benz)
1890 Luftreifen (Dunlop)
1893 Dieselmotor (Diesel)
1894 Filmgerät / Kino (Edison)
1894 Fluggerät (Lilienthal)
1896 Radioaktivität (Becquerel)
1903 Motorflugzeug (Wright)
1904 Kreiselkompass (Anschütz-Kaempfe)
1905 Relativitätstheorie (Einstein)

Aufschwung der Industrie

Die Reichsgründung von 1871 wurde in Deutschland als bedeutender Erfolg empfunden. Nun folgten große Hoffnungen in Bezug auf einen wirtschaftlichen Aufschwung. Die Kassen waren gut gefüllt, denn die unterlegenen Franzosen hatten die riesige Summe von 1,4 Milliarden Talern als Kriegsentschädigung zahlen müssen. Geld konnte also billig geliehen werden und viele Unternehmer erweiterten ihre Werkstätten oder gründeten neue Betriebe. Deshalb werden die Jahre nach der Reichsgründung auch als **Gründerzeit** bezeichnet.

Die Entwicklung von Industrien hatte in Deutschland schon vor der Reichsgründung begonnen. In der zweiten Hälfte des 19. Jahrhunderts entwickelten sich neben der Eisen- und Stahlindustrie neue Industriezweige, nachdem immer mehr Erkenntnisse aus den Naturwissenschaften für die Entwicklung neuer Produkte genutzt worden waren. Große Unternehmen begannen, Forschungslaboratorien einzurichten und Wert auf eine gute Ausbildung im technischen Bereich zu legen, die in eigens eingerichteten Lehrwerkstätten absolviert werden konnte. Vor allem an die Elektrotechnik, die Chemie und die Entwicklung von Verbrennungsmotoren knüpfte man große Hoffnungen. In der Tat brachte z.B. die Erfindung künstlicher Farbstoffe die deutsche chemische Industrie in eine führende Stellung auf dem internationalen Markt: Die Unternehmen BASF, Hoechst und Agfa teilten sich um 1900 etwa 90 Prozent des Weltmarktes.

Erfindungen und ihre Anwendungen

Bereits 1879 hatte Werner von Siemens eine Lokomotive mit **Elektromotor** entwickelt und der Amerikaner Thomas A. Edison die erste brauchbare **Glühlampe.** Nachdem es 1891 in Deutschland zum ersten Mal gelungen war, elektrischen Strom über 175 Kilometer vom Wasserkraftwerk Lauffen am Neckar nach Frankfurt am Main zu übertragen, kam es zu einem Boom in der elektrotechnischen Industrie. Große Flüsse wurden nun für die Stromerzeugung genutzt, Maschinen konnten mit Elektromotoren angetrieben werden. Kräne, Transportbänder, Straßenbahnen und Eisenbahnen wurden Anwendungsbereiche für den neuen Antrieb. Als sauberer Antrieb nützlicher Geräte eroberten Elektromotoren auch die Privathaushalte.

M3 Elektrische Straßenbeleuchtung in London mit Lampen von Siemens (1881). Das elektrische Licht löste das Gaslicht ab. Kurz zuvor hatte der Amerikaner Edison die erste brauchbare Glühlampe entwickelt.

M4 Walter Rathenau, Vorstandsmitglied der Allgemeinen Elektrizitäts-Gesellschaft (AEG), sagte 1907 über die Elektroindustrie:

[…] Die älteren Industrien befassten sich mit der Herstellung einzelner Produkte nach Maßgabe des Bedarfs, der vom Konsumenten geschaffen wurde. […] Bei der Schaffung der angewandten Elektrotechnik handelte es sich um die Entstehung eines neuen Wirtschaftsgebietes und um eine Umgestaltung eines großen Teils aller modernen Lebensverhältnisse, die nicht vom Konsumenten ausging, sondern vom Produzenten organisiert und gewissermaßen aufgezwungen werden musste. […] Die Elektrizität konnte sich daher nicht darauf beschränken, lediglich Produkte zu Markte zu tragen, sie musste ihre eigenen Bedürfnisse schaffen und ihre eigenen Anwendungen unter eigener Verantwortlichkeit, unter Schaffung und Kontrolle neuer Unternehmungen erweisen: Sie musste Zentralstationen bauen, sie musste Kraftübertragungsnetze ausbauen. […]

Walther Rathenau, Briefe, Bd. 1, 1927, S. 52. Zitiert n.: Praxis Geschichte. Braunschweig: Westermann 5/1993, S. 30

M5 Arbeiterinnen in einer deutschen Zigarrenfabrik

M6 Ein Historiker beschrieb 1994, wie die Einführung motorisierter Fahrzeuge die Städte veränderte:

[…] Die Veränderungen des Straßenbildes erfolgten zunächst in der Großstadt; zum Gewimmel der Kutschen, Fuhrwerke, Pferdeomnibusse kam als Erstes die elektrische Straßenbahn; bald tauchten Fahrräder auf und schließlich die ersten Autos. […] Das Auto, soweit es nicht gewerblich genutzt wurde, gehörte zum Statussymbol der Oberklassen; doch leistete sich auch mancher Angehörige des Mittelstands ein Auto zum Privatvergnügen. Um 1914 gab es in Deutschland rund 55 000 Personenkraftwagen, 9 000 Lastkraftwagen und 20 600 Krafträder. Auf die einzelnen Städte und Gegenden verteilt bedeuteten diese Zahlen freilich zunächst nur eine geringe Verkehrsdichte. 1907 zählte man z. B. in Karlsruhe 14 Motorräder, 50 Automobile und sechs Lastkraftwagen.

Hermann Glaser, Industriekultur und Alltagsleben. Vom Biedermeier zur Postmoderne. Frankfurt / M.: Fischer 1994, S. 189 ff.

M7 Das Motorrad Gottlieb Daimlers (1885)

M8 Clara und Carl Benz in ihrem Automobil (1893)

1 Liste auf, in welchen Lebensbereichen die Elektrizität das Leben der Menschen verändert hat.

2 Erläutere die Aussage in M4, man habe den Konsumenten die Umgestaltung der Lebensverhältnisse „aufzwingen" müssen.

3 Diskutiert, ob die Ausführungen Rathenaus auch heute gelten (M4).

4 Erläutere die Folgen der Motorisierung für Wirtschaft und Privatleben.

Fortschritt – Segen oder Fluch?

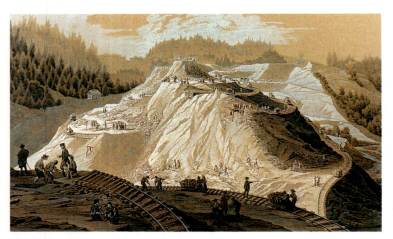

M 1 Bahntrassenbau bei Nürnberg (1853)

M 2 Braunkohlentagebau (1907)

Als Umweltschutz noch ein Fremdwort war

Massive Eingriffe in die Landschaft brachte der Bau von Fernstraßen und Bahntrassen mit sich. Insbesondere die Eisenbahn benötigte eigene Verkehrswege, wobei außer den Trassen im Gelände auch noch eine Vielzahl von Brücken und Tunnel gebaut werden mussten. Der erhöhte Bedarf an Energie einerseits, andererseits die Weiterentwicklung der Abbaugeräte sorgten um 1900 für eine enorme Ausdehnung des Tagebaus (z. B. für Braunkohle, Sand, Kies, Bims). Erst in unserer Zeit versucht man, die zerklüftete Landschaft durch aufwändige Maßnahmen in den alten Zustand zurückzuversetzen (**Rekultivierung**).

Auch **Flussbegradigungen** und **Kanalbauten** zerstören Lebensräume. Sie sind, beispielsweise an Rhein, Saar und Mosel, bis heute mitverantwortlich für verheerende Überschwemmungen. **Industrieabwässer** wie auch die Abwässer der Städte flossen damals oft ungeklärt in die Bäche und Flüsse.

M 3 Erna E., 78 Jahre, Anwohnerin einer Eifeler Tuchfabrik erinnerte sich in einem Gespräch:

„Wir wussten immer ganz genau, wann die gefärbt haben. Dann war hier der Bach blau oder grün, manchmal auch irgendwie schmutzig rot. Fische gibt es da drin immer noch keine!"

Gespräch der Autorin, 2002

Keine Luft zum Atmen

Neben der Gewässerverschmutzung ist auch die **Luftverschmutzung** bis heute ein ernstes Problem. Erkrankungen der Atemwege, aber auch Haut- und Augenreizungen sind darauf zurückzuführen. Die Ursachen finden sich dort, wo Verbrennungsprozesse stattfinden. In erheblichem Umfang begann die Luftverschmutzung mit dem Einsatz der Dampfmaschine. Bald schon kamen die Kraftwerke mit ihren Antrieben für die Generatoren hinzu. Heute wissen wir, wie sehr der bei jeder Verbrennung anfallende Ausstoß von Kohlenstoffdioxid (CO_2) unser Klima in Gefahr bringen kann (**Treibhauseffekt**).

M 4 Luftverschmutzung um 1900

M 6 Luftverschmutzung heute

FARADAY GIVING HIS CARD TO FATHER THAMES;
And we hope the Dirty Fellow will consult the learned Professor.

M 7 Karikatur zur Verschmutzung der Themse (1845)

Gift im Boden

Doch nicht nur in der Luft und in den Gewässern finden sich die Abfälle der Industrialisierung. Reststoffe wurden auf Halden transportiert, sickerten in den Boden und vergiften bis heute das Grundwasser. Durch die massenhafte Herstellung der Güter sanken die Preise. Viele Waren, die vorher lange in Gebrauch waren, wurden so zu „Wegwerfartikeln".

M 5 Infos zur Wirtschaft im 19. Jahrhundert:

Industrialisierung in Deutschland mit Verspätung; England hat die Nase vorn – 25 Prozent Bevölkerungsanstieg in nur 30 Jahren – armer Südwesten: Auswandererzahlen am höchsten – „Deutscher Zollverein" schafft Binnenmarkt: 1834 fallen die Zollschranken zwischen den meisten deutschen Staaten – nach 1860 Industrialisierung auch im Südwesten Deutschlands – Gewerbefreiheit schafft neue Möglichkeiten (u. a. Zunftzwang aufgehoben) – Techniker: Dampfmaschine, Elektrizität, Verbrennungsmotor, chemische Industrie – Umweltprobleme

Was ihr noch tun könnt:

- euch genauer über den Treibhauseffekt informieren
- heutige Möglichkeiten der Energiegewinnung erkunden

*Altlasten

ehemalige Mülldeponien, Grubenverfüllungen oder Bodenschichten stillgelegter Industriebetriebe, die mit Schad- oder Giftstoffen versetzt sind; diese müssen heute unter hohem Aufwand beseitigt werden.

1 Erläutere, welche Folgen Eingriffe in die Natur haben. Vielleicht kennst du auch Beispiele aus jüngster Zeit.

2 Beschreibe M 1 und M 2.

3 Bei M 7 könnte es sich auch um den „Vater Rhein" handeln. Spielt ein Gespräch zwischen ihm und dem Herrn auf dem Schiff.

4 Erstelle für Erna E. (M 3) einen Leserbrief an die örtliche Zeitung.

5 Vergleiche M 4 und M 6. Achte besonders auf die Farben.

6 Versuche, einen Zusammenhang zwischen der Massenproduktion von Waren und den Umweltproblemen herzustellen.

7 Erstelle eine Liste der in diesem Kapitel angesprochenen Umweltprobleme und ihrer Ursachen.

8 Schreibe aus den Stichpunkten von M 5 einen zusammenhängenden Text.

Städte im Wandel

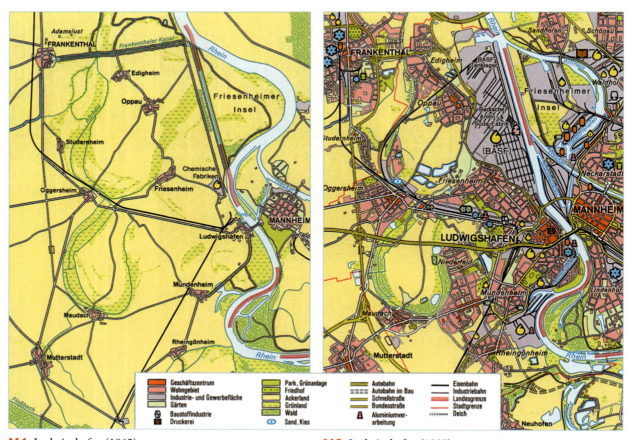

M 1 Ludwigshafen (1865)

M 2 Ludwigshafen (1997)

Legend:
- Geschäftszentrum
- Wohngebiet
- Industrie- und Gewerbefläche
- Gärten
- Baustoffindustrie
- Druckerei
- Park, Grünanlage
- Friedhof
- Ackerland
- Grünland
- Wald
- Sand, Kies
- Autobahn
- Autobahn im Bau
- Schnellstraße
- Bundesstraße
- Aluminiumverarbeitung
- Eisenbahn
- Industriebahn
- Landesgrenze
- Stadtgrenze
- Deich

Städte im Wandel

Weil die Verdienstmöglichkeiten in den städtischen Fabriken sehr viel besser wurden als auf dem Land, verließen im 19. Jahrhundert viele Menschen ihre Dörfer und zogen als Industriearbeiter in die Städte. Dort bildeten sie eine völlig neue Bevölkerungsgruppe. Obwohl emsig gebaut wurde und neue Viertel entstanden, herrschte in den Städten **Wohnungsnot**. Grundstücks- und Baupreise stiegen an, auch die Lebensmittelpreise waren in der Stadt viel höher als auf dem Land, wo manches selbst erzeugt werden konnte.

Mit dem Wachsen der Städte nahmen auch die Verwaltungsaufgaben zu: Neue Straßen mussten gepflastert, Abwasserkanäle

Jahr	Einwohner
1852	1520
1875	12093
1900	61914
1950	125000
2000	165636
2007	168217

M 3 Bevölkerungsentwicklung von Ludwigshafen

M 4 Bau der Kanalisation in Ludwigshafen (1919)

M5 Straßenbahndepot in Ludwigshafen um 1900

M7 Gaswerk in Ludwigshafen um 1900

angelegt werden. Hinzu kam, dass zunehmend öffentliche Gebäude gebraucht wurden: Bahnhöfe, Postämter, Gerichtsgebäude oder Museen wurden errichtet. Dem Zeitgeschmack entsprechend wurden sie häufig aufwändig verziert, sodass sogar Schulen, Turnhallen oder Schwimmbäder Ähnlichkeit mit Palästen haben konnten. Die Bauherren wollten damit ihren Reichtum zur Schau stellen oder auf ihre Zuverlässigkeit hinweisen.

In den teuren Stadtzentren siedelten sich Banken, Warenhäuser und Verwaltungseinrichtungen an. Daneben gab es auch

M8 Bahnhof Landau um 1900

Kleinbetriebe und bürgerliche Wohnhäuser. Die **Industrievororte** mit Fabriken und Arbeiterwohnungen entwickelten sich meist an verkehrsgünstigen Lagen außerhalb der Zentren. Weiter draußen im Grünen entstanden die **Villenviertel** der Wohlhabenden.

M6 Straßenbahn am Fabriktor der BASF, Ludwigshafen (1910)

Was ihr noch tun könnt:

- alte Stadtpläne von eurem Wohnort besorgen und diese mit heutigen vergleichen
- erkunden, wann welche Ortsteile bzw. Stadtviertel in eurem Wohn-/Schulort entstanden sind
- alte und neuere Ansichten eurer Stadt oder einer Stadt in eurer Nähe beschaffen und miteinander vergleichen
- eine Collage erstellen: alte Stadtansicht in die Mitte kleben – Stadtprospekte bei der Touristeninformation besorgen – einzelne Abbildungen moderner Gebäude ausschneiden und um die alte Stadtansicht herum anordnen – durch Fäden den Standort markieren

1 Vergleiche die beiden Stadtgrundrisse. Achte auf bebaute Flächen, Grünflächen, Straßen, Bahnlinien, Hafenanlagen (M1, M2).

2 Versuche, Industriegebiete und öffentliche Gebäude zu erkennen.

3 Stelle fest, welche Ortschaften aus M1 noch im heutigen Stadtgebiet (M2) erhalten sind.

4 Schätze mithilfe von M3 die ungefähr zutreffenden Einwohnerzahlen für M1 und M2.

5 Beschreibe die abgebildeten Gebäude aus der so genannten „Gründerzeit" und vergleiche sie mit modernen öffentlichen Gebäuden.

Berlin: Hauptstadt des Kaiserreichs

M 1 Potsdamer Platz um 1901

Jedes Ich ertrinkt in dunklen Massen

M 2 Über seine Ankunft in der Stadt seiner Sehnsucht dichtete der 23-jährige Julius Hart, der aus Münster 1877 nach Berlin gegangen war, fünf Jahre später:

Auf der Fahrt nach Berlin

[…] Vorbei, vorüber! und ein greller Pfiff!
Weiß fliegt der Dampf,
… ein Knirschen an den Schienen!
Die Bremse stöhnt laut unter starkem Griff …
Langsamer nun! … Es glänzt in allen Mienen.
Glashallen über uns und lautes Menschenwirrn, […]
Halt! Und „Berlin"! Hinaus aus engen Wagen.
„Berlin"! „Berlin"! Nun hoch die junge Stirn,
ins wilde Leben lass dich mächtig tragen.
Berlin! Berlin! Die Menge drängt und wallt,
und wälzt sich tosend durch die staub'gen Gassen,

---

*Droschke
(Russ.: *drozki* = leichter Wagen); im Jahre 1811 von einem Pferdehändler in Berlin eingeführte leichte Pferdekutsche, in der bis zu zwei Personen transportiert werden konnten.

---

vorüber brandet sie stumpf, tot und kalt,
und jedes Ich ertrinkt in dunklen Massen.
Du aber suchst in dieser bleichen Flut
nach Rosen und nach grünen Lorbeerkronen, […]
Schau dort hinaus! […] Die Luft durchquillt's wie Blut,
es brennt die Schlacht, und niemand wird dich schonen. […]

Julius Hart, Triumph des Lebens. Gedichte. Florenz / Leipzig, 1898, S. 3 f.

Großstadtleben

M 3 Der Schriftsteller Ernst Wilhelm Lotz (1890 bis 1914) schrieb um 1913:

Die Nächte explodieren in den Städten

Die Nächte explodieren in den Städten,
Wir sind zerfetzt vom wilden, heißen Licht,
Und unsere Nerven flattern, irre Fäden,
Im Pflasterwind, der aus den Rädern bricht.

In Kaffeehäusern brannten jähe Stimmen
Auf unsre Stirn und heizten jung das Blut.
Wir flammten schon.
Und suchen leise zu verglimmen,
Weil wir noch furchtsam sind vor eigner Glut.

Wir schweben müßig durch die Tageszeiten,
An hellen Ecken sprechen wir die Mädchen an.
Wir fühlen noch zu viel die greisen Köstlichkeiten
Der Liebe, die man leicht bezahlen kann.

Wir haben uns dem Tage übergeben
Und treiben arglos spielend vor dem Wind,
Wir sind sehr sicher, dorthin zu entschweben,
Wo man uns braucht, wenn wir geworden sind.

Ernst Wilhelm Lotz, Wolkenüberflaggt, Knut Wolff Verlag, Leipzig 1916

M 4 Die Baronin Spitzemberg notierte 1895 in ihrem Tagebuch über den Verkehr in Berlin:

[…] Das Getriebe in den Hauptverkehrsstraßen wie Leipziger- und Friedrichstraße ist förmlich betäubend; die elektrischen Wagen und die Trams bilden eine ununterbrochene Linie, Wagen aller Art, Droschken*, Drei- und Zweiräder zu Hunderten fahren neben-, vor-, hinter- und oft aufeinander, das Läuten aller dieser Vehikel*, das Rasseln der Räder ist ohrzerreißend, der Übergang der Straßen ein Kunststück für den Großstädter, eine Pein für den Provinzler. Behauptete doch Frau von Beulwitz, sie hätten sich anfangs gerührt umarmt, wenn sie nach solchem Übergange des Potsdamer Platzes sich gesund auf der Insel wiederfanden! […]

Rudolf Viernaus (Hrsg.), Das Tagebuch der Baronin Spitzemberg. Vandenhoeck & Ruprecht, Göttingen 1960, S. 381

1907 arbeiteten 70 000 Arbeiter in Betrieben mit mehr als 150 Beschäftigten, im Handel und der Bekleidungsindustrie waren etwa 100 000 Arbeiterinnen in Heim- und Werkarbeit tätig.

M 5 Über die Entwicklung Berlins schrieb 1999 ein Historiker:
[…] Berlin führte bis weit in die zweite Hälfte des 19. Jahrhunderts hinein ein eher provinzielles und im Vergleich zu Europa bescheidenes Dasein.
Noch 1828 schrieb der Schriftsteller Ludwig Börne (1786–1837): „Wie ein Zwerg, der sich auf die Zehen stellt und doch dem Riesen neben ihm nicht bis an den Bauch geht, so nimmt sich Berlin neben Paris aus."
Erst mit der Gründung des kleindeutschen Reiches 1871 begann der rasante Aufstieg der Stadt an der Spree. Nahezu alle zentralen Institutionen des Reiches wurden in Berlin konzentriert. Menschen und Kapital, Ideen und Talente strömten in die neue Metropole*. War Berlin 1871 mit 827 000 Einwohnern bereits die drittgrößte Stadt Europas, so wurde 1876 die Millionengrenze und 1905 die Zweimillionengrenze überschritten. […]

Ralph Erbar, Berlin ich kann dich nimmer lassen, in: Praxis Geschichte 1/99. Westermann Verlag, Braunschweig, S. 42

M 6 Bahnhof Friedrichstraße um 1910

M 7 In den Berliner Werken der AEG um 1900

	1800	1850	1900
Berlin	172	419	1889
Köln	50	97	373
Paris	547	1053	2888
London	1117	2685	6586
Wien	247	444	1675

M 8 Bevölkerungszahlen europäischer Städte 1800–1900 (in Tausend)

*Vehikel
Hilsmittel; hier: Fahrzeuge

*Metropole
aus dem Altgriechischen; ursprünglich so viel wie „Mutterstadt", heute: Stadt von Weltbedeutung

1 Fasse die Aussagen des Gedichtes (M 2) in eigene Worte.

2 Vergleiche die drei Abbildungen miteinander und prüfe, in welchen Bildern sich die Stimmung des Gedichtes wiederfindet (M 1, M 6, M 7).

3 Versuche, für M 4 und M 5 eigene Unterschriften zu finden.

4 Beschreibe mithilfe des Textes und anhand von M 8 die Entwicklung Berlins und vergleiche mit dem Gedicht M 3.

Deutschland greift nach Kolonien

M 1 „Landeplatz einer deutschen Station am Victoria-See" (1895)

Deutschland will bei der Aufteilung der Kolonien* nicht zu kurz kommen

Seit den Entdeckungsfahrten Ende des 15. Jahrhunderts begannen die europäischen Staaten, Gebiete außerhalb Europas in Besitz zu nehmen. Etwa um 1880 setzte ein regelrechtes Wettrennen um die noch nicht „vergebenen" Räume der Erde ein, an dem sich neben den europäischen Großmächten auch die USA und Japan beteiligten. Besonders deutlich wurde dies auf dem afrikanischen Kontinent, der von den europäischen Mächten regelrecht aufgeteilt wurde.

M 2 Der deutsche Afrikaforscher Hans Meyer begründete um 1899, warum Deutschland Kolonien braucht:

Eine Weltmacht [muss], wie der Name sagt, auch ein genügend großes Stück der Welt besitzen! ,Alle unsere Kolonialartikel wie Kaffee, Tee, Tabak, Gewürze – müssen wir nicht mehr von fremden Völkern kaufen (Carl Peters).' Erst wenn fröhliche blonde Kinder unter Affenbrotbäumen Blindekuh spielen, während ihre Väter achtsam das Verladen von Elfenbein und Spezereien [= Gewürzwaren] durch zu-frieden lachende Neger überwachen, hat unser deutscher Kolonialismus zu sich selbst gefunden.

Stern Millenium (2000) 9, S. 37

M 3 Der deutsche Kolonialpolitiker Carl Peters beschreibt die Inbesitznahme von Gebieten in Afrika:

Wir [knüpften] sofort ein recht herzliches Verhältnis an, indem wir den Sultan zwischen uns auf ein Lager nahmen. Wir tranken dann einen Trunk guten Grogs und brachten Seine Hoheit von vornherein in vergnüglichste Stimmung. Alsdann begannen auch die diplomatischen Verhandlungen, und aufgrund derselben wurde der Vertrag abgeschlossen. Als dies geschehen war, wurden die Fahnen gehisst, der Vertrag in deutschem Text verlesen, ich hielt eine kurze Ansprache, wodurch ich die Besitzergreifung vornahm, die mit einem Hoch auf Seine Majestät den deutschen Kaiser endete, und drei Salven, von uns und den Dienern abgegeben, demonstrierten den Schwarzen, was sie im Fall eines Vertragsbruchs zu erwarten hätten.

Carl Peters, Wie Deutsch-Ostafrika entstand, Leipzig (Voigtländer) 1912, S. 27

M4 Hissen der deutschen Flagge in Deutsch-Ostafrika (1897)

M5 Dr. Otto Arendt bei einer Besichtigungsfahrt um 1890

Afrikaner werden deutsche Untertanen

Das Deutsche Reich erwarb in Afrika vier Gebiete, die zu **Kolonien** wurden: Deutsch-Südwestafrika, Deutsch-Ostafrika, Kamerun und Togo.

Das Gebiet von Deutsch-Ostafrika wurde 1884 durch den deutschen Politiker Carl Peters für einen minimalen Preis erworben. Ein Jahr später übernahm das Deutsche Reich die so genannte **Schutzherrschaft***.

Deutsch-Südwestafrika entstand aus einer privaten Erwerbung des Bremer Kaufmanns Adolf Lüderitz. Er hatte dem dort lebenden Volk der Hereros durch einen Vertrag 1883 einen Teil ihres Gebiets abgekauft. Hier handelte es sich um einen Betrug: In einem Vorvertrag legte man die zu verkaufende Fläche in „Meilen" fest. Der afrikanische Vertragspartner verstand darunter englische Meilen, die 1,6 Kilometer lang sind. Im endgültigen Vertrag war dann von geographischen Meilen die Rede, die allerdings 7,4 Kilometer betragen. So hatte Lüderitz das zu kaufende Land stillschweigend erweitert.

Die Rivalitäten unter der einheimischen Bevölkerung nutzte die deutsche Kolonialverwaltung bewusst aus, um ihre Interessen besser durchsetzen zu können. Ab 1892 förderte das südwestafrikanische Siedlungssyndikat die Ansiedlung Deut-

scher, die vorwiegend Rinder- und Schafzucht betrieben.

Durch weitere private und staatliche Abkommen mit den dort lebenden Völkern wuchs die Kolonie zwischen 1883 und 1890 zu dem Gebiet des heutigen Namibia an.

***Schutzherrschaft** verharmlosender Ausdruck für die Inbesitznahme von Gebieten als Kolonien, die formal in privater Hand waren

1 Beschreibe M1 in allen Einzelheiten: Was fällt auf? Wie sind weiße und farbige Personen dargestellt? Welche Dinge werden beim Verladen ausgetauscht?

2 Erarbeite, wie der Afrikaforscher Meyer den Erwerb von Kolonien begründet und beschreibe, wie er das Verhältnis von Einheimischen und Deutschen sieht (M2).

3 Carl Peters beschreibt in M3, wie Land in deutschen Besitz genommen wird. Erläutere diese Verhandlungen.

4 Überlege, unter welchen Voraussetzungen ein Vertrag als fair zu beurteilen ist. Beurteile auf diesem Hintergrund die Vorgänge in M3.

5 Erkläre, warum das Flaggehissen (M3, M4) wichtig war.

6 Ermittle mithilfe der Karte auf S. 20, wo sich die deutschen Kolonien auf dem afrikanischen Kontinent genau befanden. Schau anschließend im Atlas nach, wie diese Länder heute heißen.

7 Erläutere den Erwerb des Gebietes von „Deutsch-Südwestafrika" mithilfe des Verfassertexts.

8 Erkläre mit deinen eigenen Worten die Begriffe „Kolonie" und „Schutzherrschaft".

9 Beschreibe das Bild von Carl Peters (M5) und äußere deine Meinung dazu.

Wettlauf um Afrika

Die Aufteilung Afrikas

Anfang der 1880er-Jahre nahm das europäische Interesse an Afrika stark zu und es begann ein Wettlauf um die noch nicht verteilten Gebiete. Doch nicht immer ging es dabei friedlich zu. So wie die Deutschen sich einen „Platz an der Sonne" wünschten, so wollten die Briten möglichst viel von der Landkarte „britisch rot färben". Mehrfach kam es zu Konflikten, in denen eine bewaffnete Auseinandersetzung nur knapp vermieden wurde.

So kam man auf die Idee, auf einer gemeinsamen Konferenz die gegenseitigen Interessen auszugleichen. Diese Konferenz fand vom November 1884 bis zum Februar 1885 in Berlin statt und wurde vom Reichskanzler Bismarck geleitet. Da der unmittelbare Anlass ein Streit um die Gebiete des Kongo war, nannte man dieses Treffen auch die **Kongo-Konferenz**. Das Ergebnis der Konferenz bildete die Grundlage für die Aufteilung Afrikas in Kolonien.

Wie mit einer Handelsware gingen die Kolonialmächte mit den afrikanischen Gebieten um. So ließ z. B. Deutschland den Franzosen in Marokko den „Vortritt", dafür bekamen sie ein Stück vom Kongo, den sie „ihrem" Kamerun angliederten.

Innerhalb weniger Jahre war Afrika aufgeteilt und 1914 gab es kaum noch unabhängige Gebiete. In der Karte M 1 könnt ihr sehen, wie Afrika zu diesem Zeitpunkt aufgeteilt war.

M 1 Die koloniale Aufteilung Afrikas vor 1914

1 Bearbeitet die Karte oben. Legt für die Auswertung folgende Tabelle an und informiert euch in einem Lexikon über die heutige Landessprache. Formuliert anschließend in wenigen Sätzen das Ergebnis eurer Arbeit.

Land	Kolonie / Interessengebiet	Landessprache
Deutsches Reich	Deutsch-Südwestafrika	Deutsch
	Kamerun	
...	...	...

Werbebotschaften entschlüsseln

Bilder von Menschen und Völkern

Seit Tausenden von Jahren spielen Kaufen und Verkaufen eine große Rolle. Mitte des 19. Jahrhunderts begannen die Kaufleute, Werbung für Produkte, Reisen usw. in großem Stil zu machen. Aus der Bild- und Textwerbung können viele wichtige Informationen herausgelesen werden – oft ganz andere, als die Werbebotschaft vordergründig beabsichtigte.

Werbebotschaften entschlüsseln

Die folgenden Fragen können euch helfen, Textquellen besser zu verstehen:

1. Schritt: Form / Inhalt

- Form: Plakat, Zeitungswerbung, Aufdruck auf Verpackungen, Sammelbilder usw.
- Inhalt: Was ist dargestellt? Wofür wird geworben?
- Darstellungstechnik: Zeichnung, Bild, Foto; farbig / schwarzweiß

2. Schritt: Werbebotschaft

- Auftraggeber: Welche Firma, welcher Verein usw. wirbt?

M 1 Seifenreklame (1885)

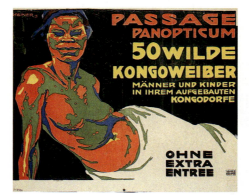

M 2 Plakat zu einer der vielen „Völkerschauen" in der Passage Panopticum, Berlin (1913)

- Aussage: Was wird gesagt, behauptet, unterstellt, „eingeflüstert"?

3. Schritt: „verdeckte" Einstellungen

- Mit welchen Mitteln / Methoden wird gearbeitet? Wird belehrt, wird jemand angegriffen, lächerlich gemacht, herabgesetzt? Wird jemand als besonders klug, sorgsam usw. dargestellt?

4. Schritt: Beurteilung

- Wirksamkeit: Haltet ihr die Werbung für wirksam (damals / heute)?
- Geschmack: Gefällt euch die Werbung?
- Moral: Haltet ihr die jeweilige offene und die verdeckte Aussage für gut und richtig?

M 3 Klebemarke für ein Sammelalbum, um 1920

1 Entschlüsselt und deutet die in der Werbung enthaltenen Meinungen und Einstellungen mithilfe der Schritte 1–4; arbeitet in Gruppen (wählt je eines der Beispiele und vergleicht eure Ergebnisse).

Wettrüsten in Europa

M 1 Deutschland im europäischen „Gleichgewicht" (1914)
Links: Österreicher und Deutscher (Pickelhaube). Das Gewicht wird
von einer 42-cm-Granate erhöht. Rechts: Franzose (Spitzbart),
Engländer (Pfeife), Russe, Belgier. Serbe oben auf dem Balken,
Japaner und Chinesen hängen an der Waagschale. In der Mitte
wartend: Türke, Amerikaner, Italiener

Misstrauen in Europa

Seit der Jahrhundertwende (19./20. Jahrhundert) waren die Beziehungen der europäischen Staaten immer konfliktreicher
und komplizierter geworden. Dies kam
z. B. in dem „Tauziehen" im Wettbewerb
um die Kolonien zum Ausdruck. Das Verhältnis des Deutschen Kaiserreiches zu
Großbritannien wurde durch den **Flottenbau** belastet. So wuchs durch vielerlei Ursachen eine Atmosphäre des Misstrauens
unter den europäischen Mächten und man
versuchte, sich auf eine bewaffnete Auseinandersetzung einzustellen. Es kam zu einem regelrechten **Wettrüsten**, das wiederum zu weiterem gegenseitigen Misstrauen
führte. Um im Fall eines Krieges nicht auf
sich allein gestellt zu sein, suchten die
Großmächte nach Verbündeten. In zum
Teil geheimen Verträgen versprachen sie
einander Hilfe.

M 3 Brief des Eisenbahners Johann P. an
seine Familie, 1914:

Keine Angst vor dem Krieg und nicht zu
übervorsichtig! Wir müssen einen Heldenkampf um unser Dasein führen. Mit
Blut und Eisen! Die Entscheidungsschlacht
müssen wir gewinnen! Deutsche Brüder
in Österreich werden unsere Verbündeten
sein. Der Krieg wird wie ein klärendes Gewitter kommen. Erst wenn unsere Feinde
am Boden liegen, wird Ruhe und Frieden
sein.

Privatarchiv des Autors

M 2 Die europäische Bündnispolitik vor dem Ersten Weltkrieg

M4 Abfahrbereiter Zug zur Front (Frankreich 1914), auf dem Wagon steht „Nach Berlin"

M5 Abfahrbereiter Zug zur Front (Deutschland 1917)

Vom Attentat in Sarajewo bis zum Kriegsausbruch

Bei einem Besuch in der bosnischen Hauptstadt Sarajewo wurden der österreich-ungarische Thronfolger Erzherzog Franz Ferdinand und seine Ehefrau am 28. Juni 1914 erschossen. Der Täter war ein bosnischer Freiheitskämpfer. Die Österreicher hatten 1908 Bosnien gewaltsam eingegliedert. Ganz Europa hielt den Atem an: Würde Österreich angesichts dieser ungeheuren Tat den Krieg erklären?

Krieg kommt nicht von ungefähr

Die Ermordung des Erzherzogs war ein Auslöser dafür, dass sich die Völker Europas in den Weltkrieg stürzten. Zahlreiche Kriegserklärungen wurden abgegeben. Die Regierungen hielten sich an die Bündniszusagen, die sie einmal gemacht hatten. In Wirklichkeit aber gab es viele Ursachen für den **Kriegsausbruch**. Es war, als hätte man lange Zeit einzelne Bomben gesammelt und ein einziger Funke brachte alles zur Explosion (M6).

Unterschätzung der Kriegsschrecken

Vorrang des Militärischen, Militarismus

Komplizierte, schwer einzuschätzende Bündnisse

Streit um Weltgeltung und Kolonien

Streit um Flotte und Aufrüstung

Kriegsmahner werden nicht ernst genommen.

M6 Bomben, die Europa zerstörten

1 Ermittle die Aussage der deutschen Postkarte von 1914 (M1).

2 Erkläre, wie der Briefschreiber Johann P. (M3) zum Krieg steht.

3 Überlegt, wie ihr reagieren würdet, wenn es Krieg gäbe.

4 Woran könnte es gelegen haben, dass 1914 viele Jugendliche den Krieg begrüßten?

5 Erkläre die in M6 genannten Ursachen für die Zerstörung Europas im Ersten Weltkrieg.

6 Überlege und begründe, welche Ursachen (M6) deiner Ansicht nach besonders gefährlich waren.

7 Beschreibe die beiden Bilder M4 und M5.

Eine neue Form des Krieges

M 2 Schützengraben mit englischen Soldaten (1917)

M 3 Durch Gasangriff erblindete Soldaten (um 1916)

M 4 Soldaten mit Gasmaske (um 1916)

M 1 Verbandsplatz (1918)

Vom Bewegungskrieg zum Stellungskrieg

Der Erste Weltkrieg begann wie die Kriege zuvor. Die Kolonnen marschierten, gelenkt von den Heerführern. Ihr Ziel war, entweder die Armee des Gegners einzukreisen oder in die Flucht zu schlagen, um auf diese Weise das Gebiet des Gegners zu erobern. Dieser so genannte **Bewegungskrieg** bedeutete für den einzelnen Soldaten, mit ca. 20 bis 40 Kilogramm Gepäck zu marschieren. Dann traf man auf den Gegner und es kam zum Gefecht. Doch im Westen – auf belgischem und französischem Gebiet – setzten sich die Fronten fest. Die feindlichen Truppen lagen sich in diesem **Stellungskrieg** einander gegenüber – oft nur 50 Meter voneinander entfernt. Beide Seiten versuchten, durch ungeheuren Einsatz von Material (**Materialschlachten**) und stundenlanges Granatfeuer die gegnerischen Stellungen aufzubrechen und die Soldaten zu zermürben. „Siege" oder „Erfolge" sahen oftmals so aus, dass – wenn überhaupt – nur kurzzeitig Boden gewonnen werden konnte, der gleich danach wieder zurückerobert wurde.

Neue Waffen

Währenddessen versuchten beide Seiten durch den Einsatz neuer Waffen, z. B. Maschinengewehren, einen entscheidenden Vorteil zu erringen. Erstmals unterstützten **Flugzeuge** die Bodentruppen. Zu Wasser wurden nun **U-Boote** eingesetzt. Die moderne Kriegsführung setzte alle Reserven der am Krieg beteiligten Völker ein. Es war ein Krieg, bei dem erbittert gekämpft wurde. 1916 rückten die Engländer zum ersten Mal mit **Tanks**, Vorläufern von Panzern, an. Der Einsatz von **Giftgas** seitens der

M 5 An der Westfront bei Arras, Frankreich (1916)

Deutschen führte zur Erblindung oder zum qualvollen Tod von unzähligen Soldaten. Zum Schutz dagegen kämpfte man mit Gasmasken.

Vier Jahre Stellungskrieg

M 6 Der Verlauf des Krieges.
1914: Die deutsche Offensive (Angriff) im Westen beginnt mit dem Einmarsch in das neutrale Belgien. Im Osten besiegen die deutschen Truppen die russische Armee. Französische Truppen stoppen den deutschen Vormarsch.
1915: Die englische Seeblockade verschlechtert die Lage Deutschlands und seiner Verbündeten.
1916: Schlacht und Stellungskrieg bei Verdun (Frankreich). Beide Seiten verlieren insgesamt 600 000 Soldaten.
1917: Uneingeschränkter U-Boot-Krieg. Die USA erklären Deutschland den Krieg.
1918: Russland scheidet aus dem Krieg aus. Kapitulation Deutschlands im Oktober / November.

M 7 Kriegsalltag an der Front (1916)

1 Erarbeite mithilfe der Bilder und des Verfassertextes auf dieser Doppelseite, wodurch sich dieser Krieg von anderen unterschied.

2. Schreibe einen Zeitungsartikel – Überschrift: „Die Folgen des modernen Krieges für die Menschen".

3 Lege mithilfe der Zeittabelle M 6 eine Zeitleiste über den Verlauf des Krieges an.

4 Erläutere für jeden Punkt in M 6, inwiefern er die Lage der jeweiligen kriegsteilnehmenden Staaten verbesserte oder verschlechterte.

Kriegsjahre und Kriegsende

M 1 Frauen arbeiten in der Rüstungsindustrie (1917)

Mangel an der „Heimatfront"

Seit Kriegsbeginn häuften sich die Schwierigkeiten in Deutschland. Viele Rohstoffe für die Industrieproduktion und die Ernährung mussten schon vor dem Krieg importiert werden. Hier setzten jetzt die Kriegsgegner an: Sie verhängten gegen Deutschland eine **Blockade** zu Land und zur See. Dabei kam es zum Mangel an wichtigen Gütern.

Die Ernteerträge gingen immer weiter zurück: Missernten bei Kartoffeln und Getreide führten im Winter 1916/1917 zu einer großen **Hungersnot**.

Lebensmittel gab es nur noch auf Bezugskarten (= **Lebensmittelkarten**). Aber viele Nahrungsmittel waren trotz Bezugskarten nicht zu bekommen. Kohlrüben wurden zu einem wichtigen Lebensmittel. Man mischte sie dem Brot bei oder aß sie anstelle von Kartoffeln.

Kohlrüben-Karte
— Stadt Erfurt —

| 2 Pfund **Kohlrüben** 31. Woche 18.–24. März 1917 | 2 Pfund **Kohlrüben** 32. Woche 25.–31. März 1917 |
| 2 Pfund **Kohlrüben** 29. Woche 4.–10. März 1917 | 2 Pfund **Kohlrüben** 30. Woche 11.–17. März 1917 |

M 2 Bezugskarte für Kohlrüben (1917)

Besonders Kranke und Arme litten unter der Hungersnot

1917 betrug die wöchentliche Ration eines Stadtbewohners:

- 3 kg Kartoffeln
- 1,5 kg Brot
- 250 g Fleisch
- 62 g Butter oder Fett.

Arbeitskräfte fehlen

Auch an Arbeitskräften mangelte es. Millionen Männer waren an der Front und fehlten in der Heimat. Frauen wurden nun in fast allen Bereichen in den bisher von Männern ausgeübten Berufen eingesetzt. Sie verrichteten nun auch schwerste Arbeiten. Dafür wurden Schutzbestimmungen aufgehoben – z. B. die Anordnung, dass Frauen nicht mehr als zehn Stunden am Tag arbeiten und auch keine Nachtarbeit übernehmen dürfen.

Für die Staatsführung war klar: Im Krieg geht die Rüstungsproduktion unbedingt vor.

M 3 Braunschweiger Pfadfinder bei der Ablieferung von gesammelten Kartoffelschalen als Viehfutter (1916)

Uneingeschränkter U-Boot-Krieg

England hatte bei Kriegsausbruch mit seiner Flotte sofort die Nordsee zum Kriegsgebiet erklärt und eine Blockade über Deutschland verhängt. Minenfelder und englische Kriegsschiffe sperrten den Ärmelkanal und die Nordsee zwischen Norwegen und England.

So konnten auch neutrale Schiffe, die für Lebensmittelnachschub für Deutschland sorgten, nicht mehr deutsche Häfen anlaufen. Deutschland war isoliert. Die deutschen U-Boote griffen daraufhin englische Handelsschiffe an.

Kriegseintritt der USA

Im Februar 1917 entschloss sich Deutschland zum **uneingeschränkten U-Boot-Krieg**. Dies bedeutete, dass nun nicht nur militärische Schiffe, sondern auch Handelsschiffe ohne Vorwarnung von Torpedos beschossen wurden. So gerieten auch Schiffe aus den USA unter Beschuss. Daraufhin erklärten die USA Deutschland den Krieg.

Deutsche Schlussoffensive scheitert

Durch den Friedensvertrag Deutschlands mit Sowjetrussland im März 1918 war der Zweifrontenkrieg vorbei. An der Westfront versuchte die Heeresleitung, die Offensive der Alliierten* zu durchbrechen. Wieder starben hunderttausende Soldaten auf beiden Seiten.

Die Stimmung unter den deutschen Soldaten an der Westfront im Spätsommer 1918 war sehr gedrückt, da immer deutlicher wurde, dass Deutschland den Krieg verlieren würde.

Die Zahl der Alliierten wächst ständig

Im Verlaufe des Krieges hatten die Kriegsgegner Deutschlands immer mehr Verbündete. Letztendlich standen 31 Staaten gegen Deutschland im Krieg.

M 4 Torpedoangriff eines deutschen U-Bootes auf ein englisches Schiff (1915)

M 5 Die geschlagene deutsche Armee auf dem Rückmarsch über die Balduinbrücke in Koblenz (1918)

Die Niederlage

Trotz Aufbietung aller Kräfte war der Krieg nicht zu gewinnen. Dazu hatte wesentlich der Kriegseintritt der USA 1917 beigetragen. Ihre Soldaten waren gut ausgerüstet, während die Deutschen durch den schon drei Jahre währenden Krieg entkräftet und abgekämpft waren.

Der mit so viel Begeisterung und Siegeszuversicht begonnene Krieg endete mit der deutschen Niederlage. Für viele Soldaten stand die Welt kopf: In Berlin musste der Kaiser abdanken, zwei Tage später wurde am 11. November 1918 der **Waffenstillstand** unterzeichnet. Die Truppen kehrten nach Deutschland zurück: geschlagen, verzweifelt, verbittert.

*Alliierte
Verbündete
(verwandt mit dem Begriff „Allianz")

1 Erkläre die Fotos dieser Doppelseite mithilfe des Verfassertextes.

2 Tragt die vorgesehenen Lebensmittel, die 1917 für einen Stadtbewohner ausreichen mussten, zusammen. Macht euch eine Vorstellung von der Menge, indem ihr ausrechnet, wie viel er davon an einem Tag essen darf.

3 Beschreibe die Endphase des Krieges.

4 Überlege, was die Soldaten in M 5 wohl gedacht haben könnten.

Ab 1870

Beschleunigte Industrialisierung
Deutschlands

1884

Deutschland wird Kolonialmacht.

28. Juli 1914

Beginn des Ersten Weltkriegs

November 1918

Der Erste Weltkrieg endet mit der
Niederlage Deutschlands.

Wettlauf der Industrialisierung

Um 1890 wetteiferten die drei großen Staaten Europas, Großbritannien, Frankreich und Deutschland, auf fast jedem Gebiet miteinander. Alle drei Staaten hatten in unterschiedlichem Tempo ihre Wirtschaft industrialisiert. In Deutschland war dieser Prozess besonders schnell und heftig abgelaufen. In wichtigen Bereichen holte Deutschland das Vorbild aller Staaten, Großbritannien, ein oder überflügelte es sogar. Dies galt besonders für die Leitsektoren Kohle und Stahl, die das Bild der Industrialisierung damals prägten. Auf den Gebieten der Chemie und der Elektrowirtschaft war Deutschland 1890 führend.

Imperialismus und Wettrüsten

Am Ende des 19. Jahrhunderts versuchten vor allem die europäischen Industrienationen, die Welt unter sich aufzuteilen und in anderen Erdteilen, beispielsweise Afrika, **Kolonien** zu errichten. Neben den wirtschaftlichen Interessen – dem Bedarf an Rohstoffen und Absatzmärkten für die heimische Industrieproduktion – waren viele Europäer davon überzeugt, dass es nicht nur ihr Recht, sondern auch ihre Pflicht sei, die Welt zu regieren („**Sendungsbewusstsein**"). Die ungerechte, oft willkürliche Behandlung der einheimischen Bevölkerung führte in vielen Kolonien zu Aufständen. Nach 1900 verstärkte sich der Kampf der europäischen Mächte um wirtschaftlichen und politischen Einfluss überall auf der Welt. Es kam zu einem **Wettrüsten**.
Das Misstrauen der Mächte nahm ständig zu und führte zu neuen Bündnissystemen. Eine wichtige Krisenregion war der **Balkan**, an dem Russland sowie Österreich großes Interesse zeigten. Mit der Ermordung des österreichischen Thronfolgers und seiner Frau durch serbische Attentäter war der Anlass zum Ersten Weltkrieg gegeben.

Erster Weltkrieg

Überall in Europa jubelten die Massen, als sie von der **Mobilmachung** der Armeen erfuhren. In Scharen meldeten sich Freiwillige zum Kriegsdienst. Jede Nation betonte, dass dieser Krieg ein Verteidigungskrieg sei, aber jede Nation hatte auch konkrete **Kriegsziele**, die auf eine dauerhafte Schwächung des Gegners zielten.
In wenigen Monaten wurde aus dem Bewegungskrieg ein Stellungskrieg, der schließlich Millionen Menschen das Leben kostete. Ganze Landstriche, vor allem in Frankreich, wurden während der **Materialschlachten** verwüstet. Schwer belastet durch den Krieg war auch die Zivilbevölkerung durch den Mangel an Lebensmitteln und Hungersnöte an der so genannten **Heimatfront**. Der Eintritt der USA auf Seiten der deutschen Kriegsgegner beschleunigte die Niederlage der Mittelmächte, die im November 1918 kapitulierten.

Ein neues Jahrhundert – Beginn der Moderne

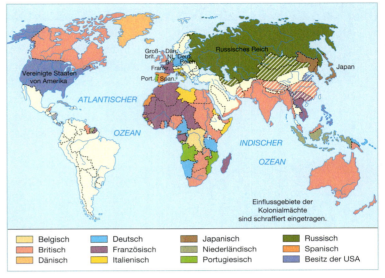

Einflussgebiete der Kolonialmächte sind schraffiert eingetragen.

Belgisch	Deutsch	Japanisch	Russisch
Britisch	Französisch	Niederländisch	Spanisch
Dänisch	Italienisch	Portugiesisch	Besitz der USA

Arbeitsbegriffe

✓ Gründerzeit

✓ Kaiser Wilhelm II.

✓ Deutsches Reich

✓ Fortschrittsglaube

✓ Nationalismus

✓ Imperialismus

✓ Bündnissysteme

✓ Militarismus

✓ Mobilmachung

✓ Stellungskrieg

✓ Heimatfront

✓ uneingeschränkter U-Boot-Krieg

✓ Waffenstillstand

✓ 1914–1918

M 1 Arbeitsbegriffe

1 Erläutere die wirtschaftliche Entwicklung des Deutschen Reiches von der Gründung bis zur Jahrhundertwende mit eigenen Worten.

2 Wie veränderten sich besonders die Städte in dieser Zeit?

3 Wie zeigten sich die Veränderungen in der Hauptstadt Berlin?

4 Welche Ziele verfolgten europäische Staaten in der Zeit des Imperialismus?

5 Nenne die Ursachen der Hochrüstung.

6 Stellt aus eurer Sicht Gründe für den Ausbruch des Ersten Weltkriegs zusammen.

7 Schreibe aus der Sicht eines deutschen Soldaten an der Front eine Feldpostkarte an seine Mutter.

Geschrieben, den ———————— 19 ——
Liebe Mutter,

„Des Kriegers Herz wird hoch beglückt vom Brief, den zarte Hand ihm schickt." (1915)

2 Weimarer Republik

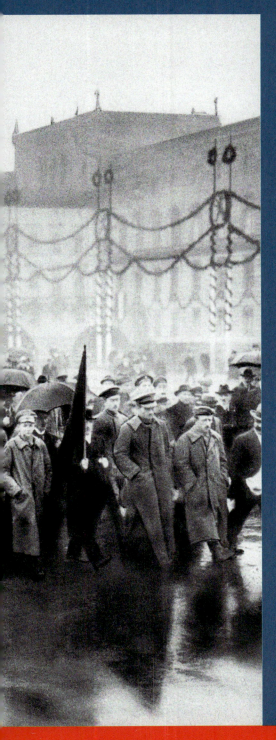

Nach der Novemberrevolution von 1918 am Ende des Ersten Weltkrieges wurde 1919 die „Weimarer Republik" gegründet. Dieser
neue Staat musste ein schweres Erbe antreten und für die Folgen
des Ersten Weltkrieges aufkommen. Viele Menschen konnten den
Niedergang des Kaiserreichs nicht verstehen und lasteten der jungen Demokratie die Schuld an den schwierigen Lebensumständen
an, die ab 1919 als Folge des verlorenen Krieges in Deutschland
herrschten. In diesem Kapitel könnt ihr erarbeiten, warum so
wenige Menschen die Demokratie in Deutschland stützten und
welche demokratiefeindlichen Einstellungen zum Untergang der
Weimarer Republik führten.

1 Beschreibe, welche Stimmung das Bild vermittelt.

2 Fasse noch einmal die Ereignisse, die zur Niederlage Deutschlands
führten, mit eigenen Worten zusammen.

Die Novemberrevolution

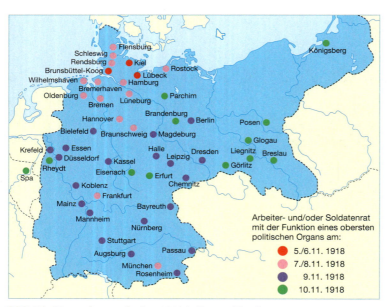

Arbeiter- und/oder Soldatenrat mit der Funktion eines obersten politischen Organs am:

- 🔴 5./6.11.1918
- 🌸 7./8.11.1918
- 🟣 9.11.1918
- 🟢 10.11.1918

M 1 Die Novemberrevolution 1918 in Deutschland

Der Aufstand der Matrosen

Das Ende des Ersten Weltkriegs stand bevor, nachdem Deutschland im August 1918 eine große Niederlage in Frankreich erlitten hatte. Die Oberste Heeresleitung glaubte nicht mehr an einen Sieg und stellte ein **Friedensersuchen** an den amerikanischen Präsidenten Wilson. Die Waffenstillstandsverhandlungen, die nun begannen, zogen sich jedoch wegen der harten Bedingungen der Alliierten hin.

Im Oktober 1918 wurde in ganz Deutschland bekannt, dass Waffenstillstandsverhandlungen eingeleitet worden waren. Die deutsche Seekriegsführung bereitete aber in Wilhelmshaven noch einen großen Angriff auf England vor. Als der Befehl zum Auslaufen kam, verweigerten Matrosen und Heizer am Abend des 29. Oktober den Gehorsam. Auf mehreren Großkampfschiffen löschten sie die Feuer unter den Kesseln und machten die Geschütze unbrauchbar. Die beginnende Meuterei* wurde aber niedergeschlagen. Viele Matrosen wurden verhaftet, der Angriff abge-

sagt und ein Teil der Flotte nach Kiel verlegt.

Die Mannschaften auf den Kriegsschiffen in Kiel solidarisierten sich aber mit ihren verhafteten Kameraden, für die sie Todesurteile befürchteten. So flammte der Aufstand am 3. November von neuem auf. Soldaten, Matrosen und Arbeiter der Kieler Werften übernahmen die Gewalt in der Stadt und bildeten einen Arbeiter- und Soldatenrat*.

Ihre Hauptforderungen waren die Freilassung aller politischen Gefangenen, straffreie Rückkehr der Matrosen auf die Schiffe sowie Rede- und Pressefreiheit.

Die Ausrufung der Republik

Auch in Berlin hatte sich ein Arbeiter- und Soldatenrat gebildet. Er forderte die Abdankung des Kaisers, Schaffung einer sozialen Republik und Übergabe der Regierungsgewalt an die Arbeiter- und Soldatenräte. Tausende von Menschen zogen am Morgen des 9. November auf das Regierungsviertel Berlins zu, um diese Forderungen durchzusetzen (Foto S. 30/31).

Das Herannahen der Massendemonstration setzte den kaiserlichen Reichskanzler Prinz Max von Baden stark unter Druck. Als der Kaiser sich mittags immer noch weigerte, zurückzutreten, verkündete von Baden eigenmächtig dessen **Abdankung**. Aber die Massen waren nicht mehr zurückzuhalten. Am Mittag des 9. November 1918 versammelte sich die Menge vor dem Reichstag. Es wurde bekannt, dass Karl Liebknecht, der Führer des Spartakusbundes*, eine sozialistische Republik ausrufen wollte. Anhänger der SPD drängten ihr Vorstandsmitglied Philipp Scheidemann, dem zuvorzukommen.

M 2 Philipp Scheidemann (SPD) ruft am 9. November die Republik aus.

M 5 Demonstranten auf dem Weg zum Berliner Schloss (1918)

M 3 In seiner Rede hieß es:

[…] Arbeiter und Soldaten. Furchtbar waren die vier Kriegsjahre, grauenhaft waren die Opfer […], das Morden ist vorbei, die Folgen des Krieges, Not und Elend, werden noch viele Jahre auf uns lasten. […] Der Prinz Max von Baden hat sein Reichskanzleramt dem Abgeordneten Ebert übergeben. Unser Freund wird eine Arbeiterregierung bilden, der alle sozialistischen Parteien angehören werden. Die neue Regierung darf nicht gestört werden in ihrer Arbeit für den Frieden, in der Sorge um Brot und Arbeit […] seid einig, treu und pflichtbewusst. Das Alte und Morsche, die Monarchie, ist zusammengebrochen. Es lebe das Neue! Es lebe die Deutsche Republik. […]

Herbert Michaelis (Hrsg.), Ursachen und Folgen. Vom deutschen Zusammenbruch 1918 und 1945 bis zur staatlichen Neuordnung Deutschlands in der Gegenwart, Bd. 2, Berlin, Wendler o. J., S. 572

M 4 Das war gegen 14 Uhr. Um 16 Uhr hielt Karl Liebknecht, Anführer der extremen Linken, eine Rede. Er sagte:

[…] Der Tag der Revolution ist gekommen. Wir haben den Frieden erzwun-

gen […] Das Alte ist nicht mehr […] Parteigenossen, ich proklamiere* die freie sozialistische Republik Deutschland, die alle Stämme umfassen soll, in der es keine Knechte mehr geben wird. […] Wir müssen alle Kräfte anspannen, um die Regierung der Arbeiter und Soldaten aufzubauen und eine neue staatliche Ordnung des Proletariats zu schaffen, eine Ordnung des Friedens, des Glücks und der Freiheit unserer deutschen Brüder und unserer Brüder in der ganzen Welt. Wir reichen ihnen die Hände und rufen sie zur Vollendung der Weltrevolution auf. […]

Ebenda, S. 573

*proklamieren
etwas öffentlich ausrufen

1 Nenne die Gründe, die die Matrosen und Heizer zum Aufstand trieben.

2 Warum mögen sich die Werftarbeiter dem Aufstand angeschlossen haben?

3 Beschreibe nach der Karte M 1 die Ausbreitung der Aufstände.

4 Beschreibe M 5. Beachte die Gesichter der Menschen, ihre Haltung und Kleidung.

5 Vergleiche die beiden Redeauszüge. Liste auf, in welchen Zielen sie übereinstimmen und in welchen sie sich unterscheiden (M 3, M 4).

6 Warum übergab Max von Baden sein Amt dem Sozialdemokraten Ebert?

Auf der Suche nach einer neuen Regierung

M 1 Der Berliner Soldatenrat Anfang November 1918 im Reichstag

*Rat der Volksbeauftragten
die 1918/19 amtierende provisorische Regierung aus Mitgliedern der SPD und USPD

*Regime
Begriff für ein in der Regel negativ bewertetes, weil unterdrückerisches Herrschaftssystem

*MSPD
Mehrheitssozialisten; Bezeichnung für die SPD nach Abspaltung der USPD im Jahr 1917

*USPD
Unabhängige Sozialdemokratische Partei Deutschlands; linksextreme Abspaltung von der SPD

Bildung einer Regierung

Am nächsten Tag, dem 10. November 1918, bildete die SPD eine provisorische Regierung: Sie nannte sich „**Rat der Volksbeauftragten**"*. Inzwischen hatte sich die Kriegslage für Deutschland noch weiter verschlechtert. So schloss die provisorische Regierung schon am 11. November den Waffenstillstand mit den Alliierten. Um die Mittagszeit dieses Tages wurden die Kampfhandlungen an allen Fronten eingestellt.

Rätekongress und Spartakusbund

In vielen Betrieben und Truppenteilen waren inzwischen **Arbeiter-** bzw. **Soldatenräte** gewählt worden. Vom 16. bis 21. Dezember 1918 fand im preußischen Abgeordnetenhaus in Berlin ihr erster Gesamtkongress statt. Zwei Drittel der Delegierten gehörten der gemäßigten MSPD* an und ein Drittel der linksextremen USPD*. Der Spartakusbund war nicht zugelassen.

M 2 Der Spartakusbund hatte noch am 14. Dezember 1918 folgenden programmatischen Aufruf veröffentlicht:

Dort, wo die millionenköpfige Proletariermasse die ganze Staatsgewalt mit ihrer schwieligen Faust ergreift [...], dort allein ist die Demokratie, die kein Volksbetrug ist. [...] Entwaffnung aller Angehörigen der herrschenden Klassen [...] Bewaffnung der gesamten erwachsenen, männlichen Bevölkerung als Arbeitermiliz ...
[...] Ersetzung aller politischen Organe und Behörden des früheren Regimes* durch Vertrauensmänner der Arbeiter- und Soldatenräte.
[...] Beseitigung aller Parlamente und Gemeinderäte und Übernahme ihrer Funktionen durch Arbeiter- und Soldatenräte [...]

Herbert Michaelis (Hrsg.), a.a.O., S. 166 f.

Am 18. Dezember 1918 lehnte der Rätekongress mit 344 gegen 98 Stimmen den Antrag ab, den Arbeiter- und Soldatenräten die höchste gesetzgebende und vollziehende Gewalt zuzugestehen. Das war die grundsätzliche Entscheidung für eine **parlamentarische Demokratie**.

Aufstände

Einige Beschlüsse des Kongresses zur Demokratisierung des Heeres waren sowohl bei der Obersten Heeresleitung (OHL) als auch bei linken Soldatenräten auf heftigen Widerstand gestoßen. Eine Abteilung der linksextremen Volksmarinedivision* besetzte aus Protest mit Waffengewalt das Berliner Schloss. Diese Meuterei konnte der Rat nicht hinnehmen, zumal ein Regierungsmitglied als Geisel genommen worden war. So schloss der Vorsitzende

M 3 Barrikadenkämpfe im Berliner Zeitungsviertel (1919)

M 4 Revolutionäre Soldaten am Brandenburger Tor in Berlin (1919)

*Volksmarinedivision
Bezeichnung für eine militärische Einheit von politisch linksgerichteten Matrosen, die sich nach dem Zusammenbruch des Kaiserreiches in der Revolution von 1918 zusammengeschlossen hatten

*Freikorps
Soldaten der ehemaligen kaiserlichen Armee, die sich nach der Revolution 1918 freiwillig in einer Art Privatarmee organisierten und in der Regel konservative bis antidemokratische Positionen vertraten

des Rats, Ebert, mit dem Chef der OHL, Groener, ein Bündnis. Die Beschlüsse des Kongresses zur Heeresreform wurden für unwirksam erklärt. Als Gegenleistung ließ Groener Reichswehrtruppen in Berlin einmarschieren, um die gegen den Rat meuternden Matrosen niederzuwerfen. Dies führte wiederum zu einer breiten Aufstandsbewegung von Arbeitern und Soldaten gegen die Regierung Ebert / Scheidemann wegen des vermeintlichen Verrats an der gemeinsamen Sache.

Niederschlagung

Mit den Worten „Meinetwegen, einer muss der Bluthund werden, ich scheue die Verantwortung nicht!" übernahm Gustav Noske (MSPD) den Oberbefehl, um die Aufstände niederzuschlagen. Zu diesem Zweck wurden regierungstreue Freikorps* zusammengestellt. In Berlin wüteten die Kämpfe eine Woche lang. Zu den Opfern gehörten auch Karl Liebknecht und Rosa Luxemburg. Sie wurden am 15. Januar 1919 von Freikorps-Offizieren ermordet. Auch in anderen Teilen Deutschlands kam es zu Aufständen, die auf Weisung der nun allein regierenden SPD-Regierung Ebert /

Scheidemann von Militär und Freikorps niedergeschlagen wurden.

Wahlen zur Nationalversammlung

Am 19. Januar 1919 fanden die Wahlen zur **deutschen Nationalversammlung** statt. Es gingen 83 Prozent der Wahlberechtigten zur Wahl. Zum ersten Mal durften auch die Frauen wählen. 54 Prozent der abgegebenen Stimmen stammten von Frauen.

Wegen der Gefahr weiterer Unruhen in Berlin wurde Weimar zum Tagungsort der Nationalversammlung bestimmt. Hier hoffte man, unter dem Schutz eines Freikorps ungestört tagen zu können.

1 Besprecht, warum das Programm (M 2) zu einem Ausschluss des Spartakusbundes vom Rätekongress geführt haben könnte.

2 Beschreibe, was M 3 und M 4 über die Lage in Berlin im Januar 1919 verraten.

3 Überlege, was es für die Bevölkerung bedeutet, wenn sich verschiedene Truppenteile in einer Stadt bekriegen.

4 Diskutiert das Vorgehen der SPD-Regierung. Lässt es sich vor dem Hintergrund der damaligen Ereignisse rechtfertigen? Begründet eure Meinung.

Die Weimarer Verfassung

M 1 Friedrich Ebert (1871–1925), Mitglied der SPD, war von 1919 bis 1925 der erste Reichspräsident der Weimarer Republik

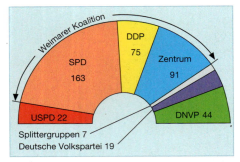

M 2 Sitzverteilung der Parteien nach der Wahl zur Nationalversammlung 1919

*Souverän
(Franz. = „eigenständiger und unumschränkter Herrscher"); vom Souverän geht die Macht im Staat aus. In einer Monarchie ist dies der König, in einer Demokratie das Volk.

*Volksbegehren
das Recht einer Mindestzahl stimmberechtigter Bürger, dem Parlament einen Gesetzentwurf vorzulegen und dessen Erlass zu verlangen; dies kann in Form eines Volksentscheids erfolgen.

*Volksentscheid
rechtlich bindende Volksabstimmung

*Republik
eine Staatsform, bei der das Staatsvolk höchste Gewalt des Staates und oberste Quelle der Legitimität ist

Nationalversammlung

Die Wahlen zur Nationalversammlung hatten inmitten der Januarunruhen stattgefunden. Am 6. Februar 1919 trat die Versammlung in Weimar zusammen. Sechs Parteien und mehrere Splittergruppen waren in diesem Parlament vertreten. Am 11. Februar wählte man Friedrich Ebert zum **Reichspräsidenten** und zwei Tage später die erste demokratische Regierung Deutschlands (SPD, DDP, Zentrum).

Weimarer Verfassung

Nach langen Diskussionen in der Nationalversammlung wurde die Verfassung am 11. August 1919 in Kraft gesetzt.

M 3 In der Einleitung heißt es:
Das deutsche Volk, einig in seinen Stämmen und von dem Willen beseelt, sein Reich in Freiheit und Gerechtigkeit zu erneuern und zu festigen, dem inneren und dem äußeren Frieden zu dienen und den gesellschaftlichen Fortschritt zu fördern, hat sich diese Verfassung gegeben. [...]

M 4 Der erste Artikel der Verfassung lautet:
[...] Das Deutsche Reich ist eine Republik. Die Staatsgewalt geht vom Volke aus. [...]

Die Verfassung des Deutschen Reiches, a.a.O., Reichsdruckerei 1924, S. 7

Dem Volk als dem eigentlichen Souverän* war die unmittelbare Mitwirkung an der Staatspolitik durch direkte Wahlen des Reichspräsidenten, der Mitglieder des Reichstages und der Länderparlamente gegeben. Außerdem wurde die Mitwirkung durch Volksbegehren* und Volksentscheide* geregelt.

Beide Verfahren wurden in der **Weimarer Republik*** angewandt und führten jeweils zu heftigen politischen Auseinandersetzungen. Im Grundgesetz der Bundesrepublik Deutschland sind sie nicht vorgesehen.

In einem zweiten Hauptteil der Verfassung werden die Grundrechte aufgeführt:
- die Gleichheit aller vor dem Gesetz, auch der Frauen (Art. 109, 119, 128)
- die Unverletzlichkeit der Person (Art. 114), der Wohnung (Art. 115) und des Post- und Fernmeldegeheimnisses (Art. 117)
- die Freiheit der Meinungsäußerung in Wort und Bild sowie die Pressefreiheit (Art. 118)
- die Versammlungs- und Glaubensfreiheit (Art. 123)
- die Vereinsfreiheit (Art. 124)
- die Freiheit des Eigentums (Art. 153).

Neben diesen schon 1848 verkündeten Grundrechten wurden neue Rechte in der Verfassung verankert:
- der Schutz der Jugend
- das Recht auf Unterhaltszahlung bei unverschuldeter Arbeitslosigkeit
- die Anerkennung der Gewerkschaften als Tarifpartner.

Die Verfassung galt als sehr demokratisch und freiheitlich. Sie ermöglichte allen, auch den kleinsten Parteien, an der Gestaltung der Politik mitzuwirken.

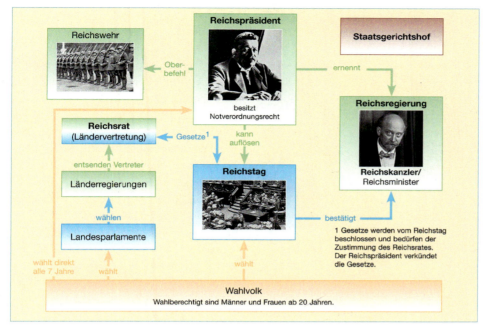

Gewaltenteilung
- gesetzgebende Gewalt
- ausführende Gewalt
- richterliche Gewalt

Verfassung
Grundsätze über Form und Aufbau eines Staates

Verhältniswahlrecht
Beim Verhältniswahlrecht werden die Sitze im Parlament nach dem Verhältnis der auf die Parteien entfallenen Stimmen verteilt. Bei diesem Wahlsystem bekommen auch Parteien Sitze im Parlament, die nur wenige Stimmen erhalten haben. Aus diesem Grunde sind bei diesem Wahlsystem eine Vielzahl von Parteien im Parlament vertreten.

M5 Weimarer Verfassung

Rechte des Reichspräsidenten

M6 Artikel 25: [...] Der Reichspräsident kann den Reichstag auflösen, jedoch nur einmal aus dem gleichen Anlass. [...]
Artikel 41: Der Reichspräsident wird vom ganzen deutschen Volk gewählt. [...]
Artikel 43: Das Amt des Reichspräsidenten dauert sieben Jahre. Wiederwahl ist zulässig. [...]
Artikel 47: Der Reichspräsident hat den Oberbefehl über die gesamte Wehrmacht des Reichs. [...]
Artikel 48.2: Der Reichspräsident kann, wenn im Deutschen Reiche die öffentliche Sicherheit und Ordnung erheblich gestört oder gefährdet wird, die [...] nötigen Maßnahmen treffen, erforderlichenfalls mithilfe der bewaffneten Macht einschreiten. Zu diesem Zweck darf er vorübergehend die in den Artikeln 114, 115, 117, 118, 123, 124 und 153 festgesetzten Grundrechte [...] außer Kraft setzen [...]
Artikel 53: Der Reichskanzler und auf seinen Vorschlag die Reichsminister werden vom Reichspräsidenten ernannt und entlassen. [...]

1 Prüfe, welche Parteien der Nationalversammlung du schon aus dem 19. Jahrhundert kennst (M2).

2 Vergleiche die Stärkeverhältnisse der Parteien in der Nationalversammlung (M2).

3 Gib anhand von M2 an, welche Parteien Koalitionen bilden konnten.

4 Stelle dar, wer als Urheber der Verfassung genannt wird und welche Ziele angesprochen werden.

5 Überlege, was der Satz in M3 konkret bedeutet und erläutere die Begriffe.

6 Erläutere, wie die Gewaltenteilung in der Weimarer Verfassung geregelt ist (M5).

7 Begründe, warum diese Verfassung als sehr freiheitlich galt.

8 Fasse die Rechte des Reichspräsidenten zusammen und erläutere seine Machtposition.

9 Diskutiert, welche Probleme vor allem aus den Artikeln 48.2 und 53 entstehen konnten.

10 Erkläre folgende Begriffe: „Monarchie", „Demokratie", „Diktatur".

11 Vergleiche einzelne Punkte der Weimarer Verfassung mit dem Grundgesetz der Bundesrepublik Deutschland.

Der Versailler Vertrag

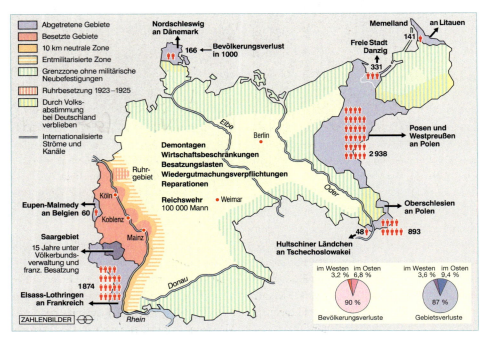

M 1 Deutschlands Gebietsverluste in Europa durch den Versailler Vertrag

Friedensschluss ohne Verhandlung

Während in Weimar die Nationalversammlung tagte, hatten sich in Paris die Vertreter der Siegermächte versammelt, um einen Friedensvertrag zu erarbeiten. Ziel war eine neue Friedensordnung für die Welt. Neue Staaten wie die Tschechoslowakei und Jugoslawien sollten errichtet, Polen wieder ein Staat werden. Der neu gegründete **Völkerbund** sollte Kriege sogar für alle Zeiten unmöglich machen. Deutschland als besiegtes Land war zu den Verhandlungen nicht zugelassen. Am 7. Mai 1919 wurde der deutschen Delegation der Vertragstext vorgelegt, ihre Veränderungswünsche wurden nicht verhandelt.

M 2 **Artikel 231 des Versailler Vertrages:** […] Die alliierten und assoziierten Regierungen erklären und Deutschland erkennt an, dass Deutschland und seine Verbündeten als Urheber [des Krieges] für alle Schä-

den und Verluste verantwortlich sind, die die alliierten und assoziierten Regierungen und ihre Staatsangehörigen infolge des ihnen durch den Angriff Deutschlands und seiner Verbündeten aufgezwungenen Krieges erlitten haben. […]

Herbert Michaelis (Hrsg.), a.a.O., S. 405

Der Friedensvertrag von Versailles

In der deutschen Bevölkerung hatte man den Krieg als einen aufgezwungenen Verteidigungskrieg verstanden. Deshalb war man wütend über den **Versailler Vertrag**. Der Vertrag regelte vor allem die deutschen Gebietsabtretungen, die Abrüstung der deutschen Armee und das Verbot der allgemeinen Wehrpflicht. Weitere Punkte waren die Wiedergutmachung der alliierten Kriegsschäden und mögliche Eingriffsrechte der Alliierten in Deutschland. Wichtige Bedingungen des Versailler Ver-

Alliierte und assoziierte Regierungen

insgesamt gehörten hierzu 27 Siegerstaaten, die gegen das Deutsche Reich verbündet (alliiert und assoziiert) waren

M3 Demonstration in Berlin gegen die Gebietsabtretungen im Versailler Vertrag (1919)

M4 Der französische Ministerpräsident Clemenceau und der amerikanische Präsident Wilson verlassen nach der Vertragsunterzeichnung das Schloss von Versailles (1919)

***Reparationen**
Zahlungen Deutschlands an die Siegermächte, mit denen Deutschland für die durch seine Aggression verursachten Zerstörungen und Kosten des Ersten Weltkrieges aufkommen sollte

***Diktatfrieden**
Friedensbedingungen, die einseitig von den Siegern festgelegt werden; die Verlierer können nur noch zustimmen.

trages besagten: Deutschland musste alle Kolonien abtreten, für alle Kriegsschäden aufkommen und **Reparationen*** zahlen. Die Höhe der Zahlungen sollte erst später festgelegt werden. Das deutsche Heer wurde auf 100 000, die Marine auf 15 000 Mann beschränkt. Schwere Waffen, Flugzeuge und U-Boote wurden verboten. Deutschland blieb vom Völkerbund vorläufig ausgeschlossen.

Politische und wirtschaftliche Folgen

Die Friedensbedingungen wurden von deutscher Seite als besonders hart empfunden. Die Siegermächte lehnten aber fast alle deutschen Einwände und Forderungen ab. In der Nationalversammlung gab es heftige Diskussionen über diese Bedingungen. Auf den Straßen kam es zu leidenschaftlichen Protesten gegen die Versailler Vorgaben. Der spektakulärste „Protest" fand am 21. Juni 1919 statt. Der Kommandant der vor den Orkney-Inseln nördlich von Schottland festgesetzten deutschen Kriegsflotte befahl deren Selbstvernichtung: 57 Schiffe wurden von ihren Besatzungen selbst versenkt oder auf Grund gesetzt. Die Siegermächte drohten nun, in Deutschland einzumarschieren, wenn der Vertrag von der deutschen Regierung nicht angenommen würde. Die Abgeordneten sahen daher keinen anderen Weg, als zu unterschreiben. Wegen dieser Umstände sprach man in Deutschland vom „Versailler Zwangsfrieden" oder dem „Friedensdiktat" und „Erfüllungspolitikern". Gegen den **„Diktatfrieden"*** von Versailles entwickelte sich in der Weimarer Republik eine nationalistische Kampagne. Selbst in der britischen und amerikanischen Öffentlichkeit wurden wiederholt wirtschaftliche und territoriale Bestimmungen des Friedensvertrages kritisiert.

1 Erstelle eine Liste möglicher Forderungen, die du aus französischer, britischer und deutscher Sicht in Friedensverhandlungen gestellt hättest.

2 Versuche, einen Kompromiss zwischen den unterschiedlichen Forderungen zu finden.

3 Gib den Artikel 231 des Versailler Vertrages mit eigenen Worten wieder (M2).

4 Überlege, welche Forderungen sich aus dem Artikel 231 ableiten lassen (M2).

5 Beschreibe anhand der Karte die deutschen Gebietsverluste (M1).

6 Listet die Staaten auf, die deutsche Gebiete erhielten. Sucht die besetzten Gebiete heraus.

7 Diskutiert die Bestimmungen des Vertrages und überlegt, welche Folgen er für die wirtschaftliche und politische Entwicklung der Weimarer Republik haben konnte.

Aufnahme in den Völkerbund

M 1 Briand und Strese- mann (1926)

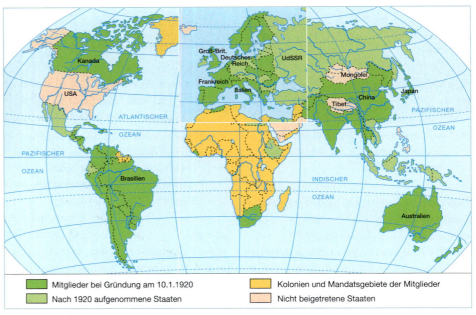

Mitglieder bei Gründung am 10.1.1920

Nach 1920 aufgenommene Staaten

Kolonien und Mandatsgebiete der Mitglieder

Nicht beigetretene Staaten

M 2 Der Völkerbund ab 1920

Die Sicherung des Friedens

Auf Drängen des US-Präsidenten Wilson arbeitete die Pariser Friedenskonferenz auch die Satzung für einen Völkerbund aus. Im Januar 1920 nahm dieser seine Arbeit in Genf auf.

Die Ziele des Völkerbundes waren die Förderung der Zusammenarbeit unter den Staaten und die Gewährleistung des internationalen Friedens und der Sicherheit.

M 3 Dazu hieß es in der Satzung:

Art. 6: Die Bundesmitglieder bekennen sich zu dem Grundsatz, dass die Aufrechterhaltung des Friedens eine Herabsetzung der nationalen Rüstungen auf ein Mindestmaß erfordert.

Art. 10: Die Bundesmitglieder verpflichten sich, die Unversehrtheit des Gebietes und die politische Unabhängigkeit aller Mitglieder zu achten und gegen jeden äußeren Angriff [...] zu schützen.

Art. 12: Alle Bundesmitglieder kommen überein, eine etwa zwischen ihnen entstehende Streitfrage [...] der Schiedsgerichtsbarkeit zu unterbreiten.

Art. 16: Schreitet ein Bundesland zum Krieg [...], so ist es anzusehen, als hätte es einen Krieg gegen alle anderen Bundesländer begonnen. Diese verpflichten sich, unverzüglich alle Handels- und Finanzbeziehungen zu ihm abzubrechen. [...]

Herbert Michaelis (Hrsg.), a.a.O., S. 405

Der Völkerbund war aber zu schwach, um seine Ziele durchsetzen zu können. Außer wirtschaftlichen Druckmitteln standen ihm keine wirklichen Machtmittel zur Verfügung. Als dann auch noch der amerikanische Senat beschloss, dem Völkerbund nicht beizutreten, war er zum Scheitern verurteilt. Dennoch ging vom Völkerbund eine richtungweisende Wirkung aus. Zum ersten Mal wurden gemeinsame Abrüstung und Friedenssicherung in Ansätzen verwirklicht. Deutschland blieb zunächst ausgeschlossen.

Deutschland im Völkerbund 1926

Deutschland war vom Völkerbund ausgeschlossen, weil es als Aggressor* galt. Im Vertrag von **Locarno*** hatte Deutschland sich verpflichtet, Grenzfragen nur auf friedlichem Weg zu regeln. Daraufhin beschloss die Völkerbundversammlung am 8. September 1926 einstimmig, Deutschland aufzunehmen.

M 4 **Der Dolmetscher Paul Schmidt berichtete darüber später in seinen Erinnerungen:**

Bei Stresemanns Eintritt setzte im ganzen Saal ein wahrer Beifallssturm ein. Nur mit Mühe konnten sich die deutschen Delegierten durch die herandrängende Masse der ausländischen Völkerbundsvertreter den Weg zu ihren Plätzen bahnen. [...]

Paul Schmidt, Statist auf diplomatischer Bühne, Frankfurt / M. / Bonn 1964, S. 115

M 5 **In seiner Antrittsrede sagte Gustav Stresemann:**

Nur auf der Grundlage einer Gemeinschaft, die alle Staaten ohne Unterschied in voller Gleichberechtigung umspannt, können Hilfsbereitschaft und Gerechtigkeit die Leitsterne der Menschenschicksale werden. Nur auf dieser Grundlage lässt sich der Grundsatz der Freiheit aufbauen. [...]

Gustav Stresemann, Reden und Schriften, Politik, Geschichte und Literatur 1897–1826, Band 2, 1926, S. 303 f.

M 6 **Der französische Außenminister Aristide Briand antwortete auf Stresemanns Rede:**

... Was bedeutet dieser Tag für Deutschland und für Frankreich? Das will ich Ihnen sagen: Es ist jetzt Schluss mit jener langen Reihe schmerzlicher und blutiger Auseinandersetzungen. [...] In Zukunft werden wir (unsere Meinungsverschiedenheiten) vor dem Richterstuhl in Ordnung bringen. Deshalb sage ich: Fort mit den Waffen! Freie Bahn für die Versöhnung, die Schiedsgerichtsbarkeit und [...] den Frieden. [...]

Paul Schmidt, a.a.O., S. 118

Ein Vertrag mit der Sowjetunion

Die deutsche Souveränität war aber immer noch eingeschränkt. Die deutsche Politik wurde 1926 weiterhin belastet durch die Reparationszahlungen, die Besetzung von Teilen des Rheinlandes und das militärische Ungleichgewicht, da die anderen Staaten nicht abgerüstet hatten, wie Deutschland es hatte tun müssen.

Nach dem Abschluss des Locarno-Paktes zwischen Deutschland und Frankreich nahm Stresemann auch Verhandlungen mit der Sowjetunion auf. Im April 1926 wurde der Berliner Vertrag geschlossen, ein Freundschafts- und Neutralitätspakt. Darin sicherten sich beide Staaten friedliches Verhalten zu. Außerdem sollte sich keine der beiden Seiten einem wirtschaftlichen oder finanziellen Boykott* gegen den anderen anschließen.

Acht Jahre nach dem verlorenen Krieg hatte Deutschland damit seine außenpolitischen Positionen wieder verbessert. Die Reparationszahlungen blieben jedoch für Deutschland eine große Belastung.

Aggressor
Angreifer; in diesem Fall der schuldige Verursacher des Ersten Weltkriegs

Locarno
Stadt in der Schweiz, in der 1925 ein Vertrag zwischen Deutschland und den Westmächten abgeschlossen wurde, der die deutsche Westgrenze vertraglich sicherte

Neutralität
Unparteilichkeit

Boykott
Maßnahmen zur Isolation von Personen und Institutionen; z. B. Warenboykott: die Nichteinfuhr oder der Nichtkauf bestimmter Waren aus bestimmten Ländern

1 Suche aus M 3 die Maßnahmen heraus, die der Sicherung des Friedens dienen sollten.

2 Stelle mithilfe der Karte M 2 eine Liste der Mitglieder des Völkerbundes bei der Gründung auf. Ergänze sie um die nach 1920 aufgenommenen Staaten.

3 Stellt zusammen, was ihr über eine heutige Organisation wisst, die ähnliche Ziele verfolgt wie der Völkerbund.

4 Gib mit eigenen Worten die Inhalte der kurzer Redeausschnitte (M 4 und M 5) wieder.

5 Diskutiert, welche Vorteile sich aus dem Beitritt zum Völkerbund für Deutschland ergaben.

6 Fasse die Ziele der Außenpolitik Stresemanns zusammen.

Die Weimarer Republik in der Krise

M 1 Arbeitssuchende (1932)

Nachwirkungen der Inflation

Nach dem Ersten Weltkrieg (1919) hatte das Deutsche Reich hohe Schulden. Der Krieg war über Kredite finanziert worden. Doch der Staat vermied eine harte Sparpolitik. Die Entschädigungszahlungen für die Sieger (Reparationen), die Unterstützung der Familien getöteter oder schwer verwundeter Soldaten – all das verschlang große Summen. Die Fehlbeträge in der Staatskasse wurden durch vermehrtes Drucken von Banknoten ausgeglichen. Dieses Geld ohne echten wirtschaftlichen Gegenwert hatte keine Kaufkraft (**Inflation**). Ende 1923 wurde einfach das alte Geld für ungültig erklärt. Diese Entwertung der Ersparnisse traf Sparer und Versicherungsnehmer besonders hart. Die Schuld gaben viele der Republik.

Weltwirtschaftskrise und Arbeitslosigkeit

1929 kam es, ausgehend von den USA, zu einer **Weltwirtschaftskrise**, die sich auch in Deutschland bemerkbar machte. Ein wirtschaftlicher Aufschwung in den späten Zwanziger Jahren (**Goldene Zwanzigerjahre**) war mit amerikanischen Krediten finanziert worden. Diese Gelder wurden von den Banken zurückgefordert. In Deutschland wurden deshalb zahlreiche Betriebe geschlossen und es kam zu Massenentlassungen.

Die republikfeindlichen Kräfte setzen sich durch

M 3 Bericht eines jungen Arbeiters in der Zeitung „Der Tag" vom 22. 9. 1932:

Seine Arbeit verlernen, Bummeln müssen und nicht wissen, ob man jemals wieder in seine Arbeit kommt, das macht kaputt. Man ist rumgelaufen nach Arbeit, Tag für Tag. […] Immer wieder hört man: „Nichts zu machen." Da wird man abgestumpft. Ich hasse diesen Staat. Und ich habe als Arbeitsloser das Recht und die Pflicht, die deutsche Demokratie zu hassen.

Der Tag, 22. 9. 1932

Jahr	Monat	Preis
1919	August	0,80 Mark
1921	Juni	3,90 Mark
1922	Juli	53,15 Mark
1923	Januar	250,00 Mark
1923	Februar	389,00 Mark
1923	Juni	1428,00 Mark
1923	Juli	3465,00 Mark
1923	August	69 000,00 Mark
1923	September	1 512 000,00 Mark
1923	Oktober	1 743 000 000,00 Mark

M 2 Preise für 1 kg Brot

Jahr	Gesamtzahl	% der Werktätigen
1929	1 892 000	9,6 %
1930	3 076 000	15,7 %
1931	4 520 000	23,9 %
1932	5 575 000	30,8 %

M 4 Arbeitslose in Deutschland

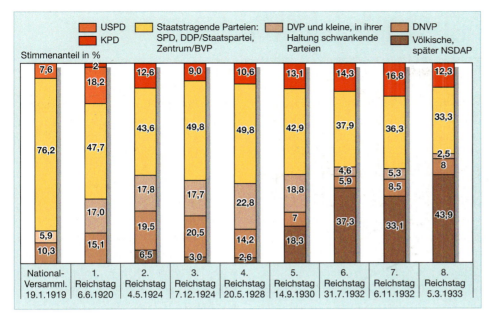

Stimmenanteil in %	USPD	KPD	Staatstragende Parteien: SPD, DDP/Staatspartei, Zentrum/BVP	DVP und kleine, in ihrer Haltung schwankende Parteien	DNVP	Völkische, später NSDAP
National-Versamml. 19.1.1919	7,6		76,2	5,9	10,3	
1. Reichstag 6.6.1920	18,2	2	47,7	17,0	15,1	
2. Reichstag 4.5.1924		12,6	43,6	17,8	19,5	6,5
3. Reichstag 7.12.1924		9,0	49,8	17,7	20,5	3,0
4. Reichstag 20.5.1928		10,6	49,8	22,8	14,2	2,6
5. Reichstag 14.9.1930		13,1	42,9	18,8	7	18,3
6. Reichstag 31.7.1932		14,3	37,9	4,6	5,9	37,3
7. Reichstag 6.11.1932		16,8	36,3	5,3	8,5	33,1
8. Reichstag 5.3.1933		12,3	33,3	2,5	8	43,9

M 5 Wahlergebnisse staatsfeindlicher und staatstragender Parteien 1919–1933

M 6 Bericht einer Zeitzeugin:
Immer wieder gab es auf den Straßen Krawalle, Schlägereien und Schießereien, wenn sich die Nazis und die Kommunisten in die Quere kamen. Die meisten unserer Bekannten schwärmten von der Zeit vor dem Weltkrieg. Wir wünschten, dass ein starker Mann endlich wieder Ordnung schaffte. Von allen Parteien hielt ich nichts. Die redeten alle nur.

Berta S. im Gespräch mit Karl-Heinz Müller am 7. 12. 1983

M 7 Wahlplakat der KPD (1932)

M 8 Wahlplakat der SPD (1932)

Die Parteien

Bei den Wahlen zum Reichstag bewarb sich eine Vielzahl von großen und kleinen Parteien. Die meisten von ihnen waren demokratisch. Aber allmählich gewannen die antidemokratischen Parteien Wählerstimmen hinzu. Bei den Wahlkämpfen kam es nun immer häufiger zu gewaltsamen Auseinandersetzungen. Bei der Reichstagswahl am 6. November 1932 wurde die NSDAP stärkste Partei.

1 Erarbeitet in Gruppen die Materialien 1–4:
  – Erläutert die Probleme der Republik, die aus M 1–M 8 hervorgehen.
  – Überlegt, wie sich die Menschen angesichts dieser Probleme gefühlt haben und ob dies ihre Einstellung zum Staat veränderte.

2 Stellt Ursachen zusammen, warum die Republik scheiterte. Beachtet
  – die grundsätzlichen Einstellungen der Parteien
  – die Haltung der Bevölkerung (M 3 und M 6)
  – die Wahlaussagen der Parteien (M 7, M 8 und Text)
  – die Wahlergebnisse 1919 bis 1933 (M 5)

Politische Plakate deuten

Was ist ein politisches Plakat?

Politische Parteien versuchen, Wähler mithilfe von Plakaten für sich zu gewinnen. Menschen sehen Plakate im Vorbeigehen, d. h., sie schauen nur wenige Sekunden darauf oder nehmen sie sogar nur unbewusst wahr. In dieser kurzen Zeit sollen die Plakate auf den Betrachter wirken und ihn möglichst beeinflussen.

Plakate sind also keine „objektiven" Darstellungen eines Ereignisses, einer Situation oder eines Problems, sondern sie stellen etwas aus der Sicht einer bestimmten Partei dar. Sie wollen Zielgruppen ansprechen und beeinflussen.

So könnt ihr vorgehen:

1. Schritt: Beschreibung

- Beschreibt das Bild und notiert alles, was ihr auf dem Plakat seht.
- Wer und was ist dargestellt?

2. Schritt: Kontext des Plakats

- Wer „spricht" hier? Von welcher Partei stammt das Plakat?
- Was wissen wir über die Ziele dieser Partei?
- Was ist das konkrete Ereignis, auf das das Plakat sich bezieht?

3. Schritt: Zielgruppe

- Wen soll das Plakat ansprechen?

4. Schritt: Art der Darstellung

- Mit welchen Mitteln arbeitet das Plakat? – Übertreibung, Angst einflößend, beruhigend …
- Wie werden Personen dargestellt?
- Welche Symbole und Farben werden benutzt und was bedeuten sie?
- Hetzt das Plakat gegen bestimmte politische oder ethnische Gruppen auf?

M 1 Nationalsozialistische Deutsche Arbeiterpartei (NSDAP)

5. Schritt: Beurteilung

- Wie beurteilt ihr die Darstellung?
- Arbeitet das Plakat realistisch?
- Arbeitet das Plakat „fair"?

Beispiel: Plakat der NSDAP von 1932

1. Schritt: Beschreibung

Eine Faust schlägt auf ein Parlament mit Rängen. Menschen laufen weg. Die Faust ist wesentlich größer als die Menschen. Papiere, vielleicht Dokumente, fliegen umher. Auf den Papieren steht: „Volksbegehren" …

Oberhalb der Hand befindet sich ein Hakenkreuz …

M 2 Das Zentrum

Kommunistische Partei Deutschlands (KPD)

Beseitigung aller Parlamente; Ersetzen des kapitalistischen Ausbeutungsverhältnisses durch die sozialistische Produktionsordnung. Dazu Beseitigung der politischen Macht der Bourgeoisie und deren Ersetzung durch die Diktatur des Proletariats.

Sozialdemokratische Partei Deutschlands (SPD)

Die Sozialdemokratische Partei […] betrachtet die demokratische Republik als die durch die geschichtliche Entwicklung unwiderruflich gegebene Staatsform. […] Sie kämpft um die Herrschaft des im freien Volksstaat organisierten Volkswillens über die Wirtschaft, um die Erneuerung der Gesellschaft im Geiste sozialistischen Gemeinsinns. […]

Zentrum

Die Stellung der Zentrumspartei wird durch die christliche Staatsauffassung und durch den überlieferten Charakter als Verfassungspartei bestimmt. Jeden gewaltsamen Umsturz der verfassungsmäßigen Zustände lehnt sie grundsätzlich ab.

Nationalsozialistische Deutsche Arbeiterpartei (NSDAP)

[…] Damit ist die (nationalsozialistische) Bewegung aber antiparlamentarisch, und selbst ihre Beteiligung an einer parlamentarischen Institution kann nur den Sinn einer Tätigkeit zu deren Zertrümmerung besitzen, zur Beseitigung einer Einrichtung, in der wir eine der schwersten Verfallserscheinungen der Menschheit zu erblicken haben.

M 3 Ziele der wichtigsten Parteien am Ende der Weimarer Republik
Die Texte zu den Zielen stammen aus den jeweiligen Programmen der einzelnen Parteien und sind zitiert nach Günter Schönbrunn, Weltkriege und Revolutionen 1914–1945, Reihe: Geschichte in Quellen, Band 5, S. 167 ff.

2. Schritt: Kontext des Plakats

Das Plakat stammt vom „Völkischen Block". Das Hakenkreuz zeigt, dass der „Völkische Block" etwas mit Hitlers NSDAP zu tun hat. Diese Partei ist gegen die parlamentarische Demokratie (vgl. M 3).

3. Schritt: Zielgruppe

Das Plakat soll Menschen ansprechen, die gegen das parlamentarische System sind oder die in diesem System die Ursache für ihre Probleme sehen …

4. Schritt: Art der Darstellung

Die zu dem System gehörenden Menschen sind der Faust unterlegen. Sie werden als unfähig und feige dargestellt. Deshalb laufen sie auch weg. Das Symbol „Hakenkreuz" ist deutlich erkennbar, zusammen mit der Faust ersetzt es das parlamentarische System …

Das Bild erinnert an die Redewendung: „Mit der Faust auf den Tisch schlagen."

5. Schritt: Beurteilung

Das Parlament wird dargestellt, als könne die Faust es ohne große Probleme zertrümmern. Das Plakat prangert das parlamentarische System an. Der Demokratie wird die Schuld für „alles" gegeben. Zusammenhänge werden nicht dargestellt.

Das Plakat arbeitet unrealistisch. Es will zeigen, dass eine Zertrümmerung der Demokratie die Lösung „aller" Probleme ist. Das Plakat drückt aus, dass es höchste Zeit wird, das schwache System zu zerstören. So wirkt die Faust zwar gewalttätig, aber sie „räumt auf"…

1 Interpretiere die Plakate M 2 von dieser Seite bzw. M 7 und M 8 von S. 43 mithilfe der aufgeführten Schritte.

2 Nenne mithilfe der Plakate und Texte (M 3) die Ziele der Parteien:
   – Welche Staatsform wollen sie verwirklichen?
   – Wie stehen sie zur Weimarer Republik? Sind sie „staatstragend" oder „republikfeindlich"?

3 Informiert euch, welche heutigen Parteien in der Bundesrepublik als Nachfolgeparteien betrachtet werden könnten.

1918/19

Von der Novemberrevolution zur Weimarer Verfassung

1926

Trotz des Misstrauens erscheint 1926 auch eine Entspannung in Europa möglich.

1928/1933

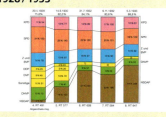

Die erste deutsche Demokratie scheitert am mangelnden politischen Rückhalt im Volk.

Vom Kaiserreich zur Weimarer Republik

Nach der Revolution vom November 1918 begann zunächst die Auseinandersetzung um die zukünftige Staatsform. Die beiden Hauptmodelle waren das kommunistisch geprägte **Rätesystem** und die **demokratische Republik**. Das Eintreten der SPD als stärkste politische Kraft für eine demokratische Verfassung gab den Ausschlag. Doch blieben die Konflikte nicht friedlich. Bürgerkriegsartige Zustände auch in der Hauptstadt Berlin führten dazu, dass die verfassunggebende Versammlung nach Weimar verlegt wurde.

Nachkriegszeit und innenpolitische Krisen

Auch nach Errichtung der Weimarer Republik blieben die politischen Lager unversöhnlich. Besonders auch an dem als Demütigung empfundenen „**Diktatfrieden**" **von Versailles** und den daraus entstehenden wirtschaftlichen Belastungen entzündete sich immer wieder Streit. Die Inflation und die soziale Entwurzelung weiter Bevölkerungskreise heizten die Situation in Deutschland zusätzlich an.

Aufnahme in den Völkerbund

In der Außenpolitik gewann Deutschland durch den **Vertrag von Locarno** wieder Ansehen. Mit dem Vertrag verpflichtete sich Deutschland, Grenzfragen nur auf friedlichem Wege zu regeln. Daraufhin wurde Deutschland am 8. September 1926 in den **Völkerbund**, der aus 32 Staaten bestand, aufgenommen. Der Völkerbund diente der Friedenssicherung.

Die Schwäche der Demokratie

Die **Weltwirtschaftskrise** zerstörte die wirtschaftliche Grundlage des mühsam errungenen politischen und sozialen Friedens der Weimarer Republik. Die Republik mit ihrer demokratischen Verfassung schien vielen Menschen für ihre persönliche Not verantwortlich zu sein. Besonders die rechtskonservativen Parteien, am erfolgreichsten die **NSDAP**, nutzten diese Stimmung. Die Demokratie fand immer weniger Verteidiger.

Weimarer Republik

Arbeitsbegriffe

- ✓ Meuterei der Matrosen
- ✓ Zusammenbruch
- ✓ Kapitulation
- ✓ militärische und zivile Opfer
- ✓ Ausrufung der Republik
- ✓ 9.11.1918
- ✓ Novemberrevolution 1918
- ✓ Versailler Vertrag
- ✓ Weimarer Verfassung
- ✓ politischer Radikalismus
- ✓ Stresemann
- ✓ Locarno
- ✓ Völkerbund
- ✓ Goldene Zwanzigerjahre
- ✓ Weltwirtschaftskrise 1929
- ✓ Republik in der Krise

M 1 Arbeitsbegriffe

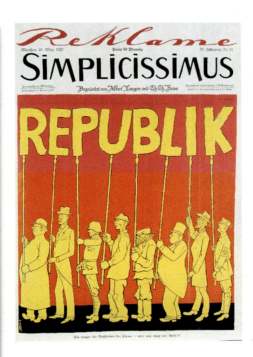

1 Warum spricht man von einer „Weimarer Republik"?

2 Welche beiden Republikmodelle „standen zur Auswahl"?

3 Nenne die Hauptbedingungen des Versailler Vertrags.

4 Zähle drei wesentliche Elemente der Weimarer Verfassung auf.

5 Nenne zwei außenpolitische Ereignisse, die zur Stärkung der Weimarer Republik führten.

6 Warum kann man die Weltwirtschaftskrise 1929 als „Beginn vom Ende der Weimarer Republik" bezeichnen?

7 Wiederholen, nachdenken, diskutieren:
   – Weimar – eine Demokratie ohne Demokraten?
   – Welche politischen Gruppen haben die Weimarer Republik aufgebaut, welche haben sie zerstört?

8 Erstellt ein Cluster zu den Krisen und Erfolgen der Weimarer Republik.

3 Nationalsozialismus und Zweiter Weltkrieg

A. Paul Weber ahnte es in seiner 1932 entstandenen Zeichnung „Das Verhängnis" voraus: Millionen liefen mit anfänglich blinder Begeisterung hinter den Hakenkreuzfahnen her – der Weg führte sie direkt in ein Massengrab, das am Ende rund 57 Millionen Tote barg. Auch mehr als 60 Jahre nach dem Ende der nationalsozialistischen Diktatur ist die Frage, wie es dazu kommen konnte, noch nicht endgültig beantwortet.

In diesem Kapitel könnt ihr erarbeiten, wie Hitler an die Macht kam und mit welchen Gewaltmaßnahmen die Nationalsozialisten ihre Macht ausbauten und sicherten; wie Hitler geradewegs auf einen Krieg hinarbeitete, um das „Schanddiktat" von Versailles zu tilgen, aber auch, um dem deutschen Volk neuen „Lebensraum" zu schaffen; welche Folgen gerade für die europäischen Juden die nationalsozialistische Rassenideologie hatte; wer dieser Diktatur Widerstand leistete; wie das Leben der Menschen während des Zweiten Weltkriegs aussah …

1 Beschreibe die Abbildung.

2 Überlege, warum A. Paul Weber die Zeichnung „Das Verhängnis" nannte.

Der Aufstieg der NSDAP

M 1 Paul von Hindenburg
(geb. 2. 10. 1847,
gest. 2. 8. 1934), im
Ersten Weltkrieg
populärer General-
feldmarschall, war von
1925 bis 1934 Reichs-
präsident

*konservativ
Haltung, welche die be-
stehende Ordnung zu
bewahren versucht und
Neuerungen ablehnend
gegenübersteht

M 2 Ernst Thälmann (geb.
16. 4. 1886, ermordet
18. 8. 1944 im KZ Bu-
chenwald), Mitglied
der KPD, kandidierte
1925 und 1932 für das
Amt des Reichspräsi-
denten und war ab
1933 bis zu seiner Er-
mordung in Gefäng-
nis- und KZ-Haft

Notverordnungsherrschaft

Ende März 1930 zerbrach die letzte parla-
mentarisch gebildete Regierung unter dem
sozialdemokratischen Reichskanzler Müller. Die SPD hatte sich geweigert, einer Er-
höhung der Beiträge zur Arbeitslosenver-
sicherung zuzustimmen. Reichspräsident
von Hindenburg ernannte daraufhin den
Zentrumspolitiker Brüning zum Reichskanzler. Gestützt auf Artikel 48 der Weimarer Verfassung, sollte Brüning notfalls
auch ohne Zustimmung des Reichstages
regieren (vgl. S. 37).

Hindenburg stand dabei unter dem Einfluss konservativer* Eliten und führender
Kräfte aus der Reichswehr, die schrittweise
das parlamentarische System durch ein
autoritäres System* ersetzen wollten. Sie
wollten die Verfassung von Weimar ändern, um die Ergebnisse der Revolution
von 1918 rückgängig machen zu können.

Anstieg der Stimmen der NSDAP

Um die Aufhebung einer **Notverordnung**
der Regierung Brüning durch den Reichstag zu verhindern, löste Hindenburg diesen schon im Juli 1930 auf. Bei der Neu-
wahl vom September 1930 stieg der
Stimmenanteil der NSDAP von 2,8 auf
18,3 Prozent.

Brünings radikale Sparpolitik verschärfte
die wirtschaftliche Lage zunächst, statt sie
zu entspannen. Die Arbeitslosenzahlen
stiegen 1932 bis an die Sechs-Millionen-
Grenze.

Im März 1932 musste ein neuer Reichspräsident gewählt werden, da die Amtszeit
Hindenburgs abgelaufen war. Neben Hindenburg kandidierten der Führer der NS-
DAP, Adolf Hitler, und der Führer der
KPD, Ernst Thälmann. Die SPD unterstützte die Wiederwahl Hindenburgs und
stellte keinen eigenen Kandidaten auf. Im
ersten Wahlgang erhielten Hindenburg

49,6 Prozent, Hitler 30,1 Prozent und
Thälmann 13,2 Prozent der Stimmen. Erst
im zweiten Wahlgang am 10. April 1932
wurde Hindenburg mit 53 Prozent der
gültigen Stimmen wieder zum Reichspräsidenten gewählt. Hitler kam bei dieser
Abstimmung auf 36,8 Prozent und Thälmann auf 10,2 Prozent der Stimmen. Für
Hitler hatten sich über 13 Millionen Wählerinnen und Wähler entschieden.

Im Mai 1932 entließ Hindenburg auf
Betreiben adliger Großgrundbesitzer und
Gruppen der Reichswehr Brüning und er-
setzte ihn durch Franz von Papen (Zentrum), der mit einer nationalistischen und
antidemokratischen Politik der NSDAP
Stimmen abnehmen wollte.

Eine Reichstagswahl im Juli 1932 brachte
jedoch einen weiteren Anstieg der NSDAP-
Stimmen auf 37 Prozent; die KPD konnte
ihren Anteil auf 14 Prozent steigern.

Auch von Papen und sein im November
1932 ernannter Nachfolger von Schleicher
scheiterten mit dem Versuch, über das
Regieren mit Notverordnungen die schwere Wirtschafts- und Gesellschaftskrise zu
lösen.

Politische Taktik Hitlers

Hitler benutzte die politischen Wirren und
die Not der Menschen geschickt. Er forderte das Reichskanzleramt für sich und
versprach, in kurzer Zeit die politische
und wirtschaftliche Krise zu lösen. In allen
seinen Wahlreden und öffentlichen Auf-
tritten übte Hitler scharfe Kritik an den
Politikern der Weimarer Republik und erklärte, als Reichskanzler folgende Punkte
verwirklichen zu wollen:

* Arbeitsbeschaffung für die Arbeitslosen
  durch staatliche Projekte
* Beseitigung der Demokratie von Weimar, Abschaffung des Parlaments und
  Verbot der Parteien

- Aufhebung der Bestimmungen des Versailler Vertrages von 1919, vor allem endgültige Einstellung der Reparationszahlungen an die Siegermächte
- Verfolgung und Ausschaltung der Juden aus dem wirtschaftlichen und öffentlichen Leben in Deutschland
- Verfolgung und Ausschaltung von Sozialdemokraten und Kommunisten, die Hitler neben den Juden als Urheber des Elends der Menschen beschuldigte
- Schaffung von „Lebensraum" für Deutsche auf Kosten von Polen und Russen im Osten Europas.

Immer mehr Menschen stimmten Teilen dieses Programms zu, ohne jede einzelne Maßnahme zu billigen. Wer die NSDAP wählte, nahm aber auf jeden Fall ihren **Antisemitismus*** und ihre Ablehnung der demokratischen Ordnung in Kauf.

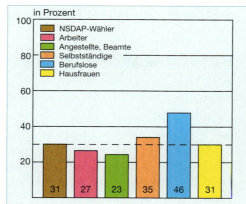

M 4 Anfälligkeit verschiedener Berufsgruppen für die NSDAP, Reichstagswahl Juli 1932

Angaben in Prozent der Wahlberechtigten der jeweiligen Gruppe.

Lesebeispiel

Im Juli 1932 gaben 31 Prozent aller Wahlberechtigten der NSDAP ihre Stimme, die „Anfälligkeit" der Arbeiter war mit 27 Prozent unter dem Durchschnitt.

Die Machtübertragung wird vorbereitet

M 3 **Ende 1932 forderten führende Vertreter der Industrie und Großlandwirtschaft in einem Schreiben an Reichspräsident Hindenburg die Ernennung Hitlers zum Reichskanzler:**

[…] Mit Eurer Exzellenz bejahen wir die Notwendigkeit einer vom parlamentarischen Parteiwesen unabhängigeren Regierung. […] Gegen das bisherige parlamentarische Parteiregime sind nicht nur die Deutschnationale Volkspartei und die ihr nahestehenden kleineren Gruppen, sondern auch die Nationalsozialistische Deutsche Arbeiterpartei grundsätzlich eingestellt und haben damit das Ziel Eurer Exzellenz bejaht. […] Die Übertragung der verantwortlichen Leitung eines mit den besten sachlichen und persönlichen Kräften ausgestatteten Präsidialkabinetts* an den Führer der größten nationalen Gruppe wird die Schlacken und Fehler, die jeder Massenbewegung notgedrungen anhaften, ausmerzen und Millionen Menschen, die heute abseits stehen, zu bejahender Kraft mitreißen. […]

Wolfgang Michalka / Gottfried Niedhart, Die ungeliebte Republik. Dokumentation, dtv, München 1980

In Verhandlungen einigten sich die Nationalsozialisten und die Parteiführer der DNVP, eine gemeinsame Regierung zu bilden. Die NSDAP sollte, wie es Hitler forderte, den Reichskanzler stellen, blieb aber mit zwei weiteren Ministern in dieser Koalition in der Minderheit. Reichspräsident von Hindenburg hatte sich noch ein halbes Jahr zuvor geweigert, Adolf Hitler zum Reichskanzler zu ernennen. Aber auch die Reichswehr hatte ihre Zustimmung zu dieser Regierung signalisiert. Von Hindenburg glaubte, Hitler sowie die NSDAP-Minister Goebbels und Göring in eine konservative Regierung eingebunden zu haben.

*autoritäres System
Regierung, die nicht durch eine frei gewählte Volksvertretung eingesetzt wurde

*Antisemitismus
Bezeichnung für Abneigung und Feindseligkeiten gegen Juden

*Präsidialkabinett
Regierung, die nur durch den Reichspräsidenten der Basis von Artikel 48 amtierte

*Elite
(vom lat. Wort *electus* = ausgelesen) Auslese (Auswahl) der Besten

1 Erläutere, welche Folgen die Politik des Regierens mit Notverordnungen für das politische System hatte.

2 Analysiere M 3 und erläutere, warum führende Wirtschaftsvertreter Hitlers Kanzlerschaft forderten.

3 Untersuche mithilfe von M 4, welche Gruppen der Bevölkerung die NSDAP wählten.

Hitler kommt an die Macht

M 1 Der Fackelzug der Nationalsozialisten in Berlin am 30. 1. 1933 nach der Ernennung Hitlers zum Reichskanzler

M 3 Joseph Goebbels, als „Propaganda-minister" zuständig dafür, die Politik der neuen Regierung populär zu machen, kommentierte den Fackelzug am 30. 1. 1933 im Radio:

Das, was wir unten erleben, die Tausende und Zehntausende von Menschen, die in einem sinnlosen Taumel von Jubel und Begeisterung der neuen Staatsführung entgegenrufen, das ist wirklich die Erfüllung unseres geheimsten Wunsches. […] Man kann mit Fug und Recht sagen: „Deutschland ist am Erwachen."

Wolfgang J. Mommsen, Flucht in den Führer-staat, in: Wendepunkte deutscher Geschichte, hg. v. Carola Stern und Heinrich A. Winkler, Frankfurt / M., Fischer, 2001, S. 100 ff.

Adolf Hitler wird Reichskanzler

*Propaganda
Meinungsbeeinflussung zur Durchsetzung bestimmter politischer Ideen

*Intrige
hinterhältige Machenschaft

Am 30. Januar 1933 wurde Adolf Hitler, der Führer der Nationalsozialistischen Deutschen Arbeiterpartei (NSDAP), zum Reichskanzler der deutschen Republik ernannt.
Bei den Wahlen zum Reichstag 1932 hatte die NSDAP zwar die meisten Stimmen, aber nicht die absolute Mehrheit erhalten. Allein regieren konnte sie daher nicht. Dazu brauchte sie eine Mehrheit im Parlament und das Vertrauen des Reichspräsidenten von Hindenburg. Hitlers neue Regierung war deshalb eine Koalitionsregierung. Dies bedeutet, dass noch Mitglieder anderer Parteien an der Regierung beteiligt waren. Außer Hitler gehörten der neuen Regierung nur zwei weitere Nationalsozialisten (Goebbels, Göring) als Minister an.
Der 30. Januar 1933 wurde von den Nationalsozialisten dennoch als „**Tag der Machtergreifung**" gefeiert.

M 2 Hitler bei seiner ersten Rundfunkansprache als Reichskanzler am 31. 1. 1933

M 4 Der britische Historiker Alan Bullock bewertete später das Ereignis folgendermaßen:

Die Nazipropaganda* hat später aus Hitlers Machtübernahme die Legende einer großen nationalen Erhebung gemacht. Die Wahrheit ist viel einfacher. Hitler [ist] 1933 nicht durch eine unaufhaltsame revolutionäre oder nationale Bewegung an die Macht getragen worden, ja nicht einmal durch einen Wahlsieg, sondern aufgrund politischen Paktierens mit der „alten Verbrecherclique", die er in den früheren Monaten rücksichtslos angegriffen hatte. Hitler hat die Macht nicht ergriffen, er ist durch Hintertreppenintrigen* in sein Amt geschoben worden.

Allan Bullock, Hitler, Düsseldorf, Droste, 1989, S. 251, bearbeitet

Rascher Ausbau der Diktatur

Am 27. Februar 1933 brannte das Reichstagsgebäude, der Sitz des Parlaments der Republik. Sofort wurden die Kommunisten beschuldigt, den Reichstag angezündet zu haben. Gleichzeitig nahm Hitler den Reichstagsbrand zum Anlass, schon am 28. Februar eine „Notverordnung" zu erlassen, in der wesentliche Grundrechte der deutschen Bürger wie die freie Meinungsäußerung und die Versammlungsfreiheit außer Kraft gesetzt wurden. Aufgrund vorbereiteter Listen wurden noch in der Nacht 4000 Kommunisten und viele andere Gegner der Nationalsozialisten verhaftet.

Am 23.3.1933 wurde aus der Republik endgültig eine **Diktatur***, die Alleinherrschaft der Nationalsozialisten. Mit dem „Gesetz zur Behebung der Not von Volk und Reich" („**Ermächtigungsgesetz**"), das die Nationalsozialisten einbrachten, sollte sich das Parlament selbst entmachten und die Macht auf eine einzige Person – Hitler – übertragen. Die Verfassung der Republik wurde gewissermaßen außer Kraft gesetzt. Das Gesetz wurde angenommen – allerdings war zuvor erheblicher Druck der Nationalsozialisten auf die verbliebenen Parlamentarier ausgeübt worden. Zudem waren erklärte Gegner schon verhaftet worden und konnten somit nicht abstimmen.

M5 Auszug aus dem Ermächtigungsgesetz vom 24.3.1933:

Artikel 1: Reichsgesetze können auch durch die Reichsregierung beschlossen werden.

Artikel 2: Die von der Reichsregierung beschlossenen Gesetze können von der Reichsverfassung abweichen.

M6 Auszug aus der Rede des SPD-Abgeordneten Otto Wels, der die Ablehnung des Gesetzes begründet hatte. Wels sprach, während die SA den Saal umstellt hatte und die KPD-Abgeordneten bereits verhaftet waren:

Wir deutschen Sozialdemokraten bekennen uns in dieser geschichtlichen Stunde feierlich zu den Grundsätzen der Menschlichkeit und der Gerechtigkeit, der Freiheit und des Sozialismus . […] Wir grüßen die Verfolgten und Bedrängten. Wir grüßen unsere Freunde im Reich. Ihre Standhaftigkeit und Treue verdienen Bewunderung, ihr Bekennermut, ihre ungebrochene Zuversicht verbürgen eine hellere Zukunft.

Wolfgang Michalka, Das Dritte Reich (Hg.), Bd. 1, München, dtv, 1985, S. 33 ff.

Terror der neuen Machthaber

Die Ausschaltung der demokratischen Einrichtungen war von **Terror** gegen Andersdenkende begleitet. Ende Juli 1933 waren fast 30 000 Menschen aus politischen Gründen in Haft. Man schätzt die Gesamtzahl der Verhafteten allein in den ersten sechs Monaten auf 100 000. Manche Häftlinge wurden nach Wochen oder Monaten wieder freigelassen. Andere blieben bis zum Ende der nationalsozialistischen Diktatur in Haft. Viele Opfer starben an den Folgen der Haft und der Folter.

M7 Reichstagsbrand in Berlin (27. 2. 1933)

***Diktatur**
auf unbeschränkte Vollmacht einer Person oder Gruppe gegründete Herrschaft in einem Staat

1 Beschreibe den Fackelzug (M1) und die Rede von Propagandaminister Goebbels (M3): Wo findet der Fackelzug statt? Erkennst du das Gebäude? Welche Stimmung soll verbreitet werden?

2 Prüfe mithilfe von M4, ob es sich um eine „Machtergreifung" (wie die Nationalsozialisten meinten) oder eine normale Machtübertragung gehandelt hat.

3 Kläre, welche Rechte sich die Regierung mit dem Ermächtigungsgesetz verschaffte. Welche Institution ist jetzt eigentlich überflüssig?

4 Erläutere, warum das Ermächtigungsgesetz ein großer Schritt zur Abschaffung der Demokratie war.

5 Lies M6 laut vor. Mit welcher Begründung wendet sich die SPD gegen das Gesetz?

6 Fasse die Stufen zur Abschaffung der Demokratie in Stichworten zusammen.

Das Führerprinzip

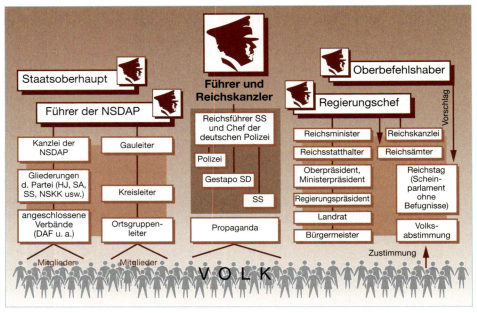

M 1 Das Führerprinzip in Volk und Staat

Wer ist Adolf Hitler?

Der Reichskanzler der Republik war nun Adolf Hitler, der „Führer" der Nationalsozialistischen Arbeiterpartei Deutschlands. Wer war diese Person und was konnte man schon 1933 über ihn wissen?

M 3 Der Lebenslauf Hitlers

20.4.1889: Geburt in Braunau / Inn (Österreich), Kind einer Zollbeamtenfamilie; die Realschule muss er verlassen.

1907–1913: in Wien, ohne Beruf, wohnt im Obdachlosenasyl und schlägt sich mit Gelegenheitsarbeiten durch (Postkarten malen); geht nach München.

1914: Kriegsfreiwilliger im Ersten Weltkrieg

1920: Führer der noch unbedeutenden NSDAP

1923: Umsturzversuch gegen die Regierung, wird zu Haft in der Festung Landsberg am Lech verurteilt

1924: Schreibt in der Haft das Buch „Mein Kampf", darin schon klare Pläne zum Krieg und zur Vernichtung der Juden; nach nur neun Monaten Entlassung aus der Haft.

1933: Ernennung zum Reichskanzler; errichtet von da an eine Diktatur, in der er alle wichtigen Ämter des Staates besetzt.

1939: Beginn einer Folge von Angriffskriegen, aus denen sich der Zweite Weltkrieg entwickelt

30.4.1945: Selbstmord im Bunker der Reichskanzlei in Berlin

M 4 Hitlers Weltanschauung:

In seinem Buch „Mein Kampf" hatte Hitler 1924 seine Weltanschauung niedergeschrieben und 1925 / 1926 veröffentlicht. Vieles von dem, was Hitler nach seiner Machtübernahme 1933 in die Tat umsetzte, wurde in seinem Buch schon angesprochen.

„Rassenlehre": Hitler verkündete eine wissenschaftlich unhaltbare, aber manchen Deutschen schmeichelnde „Rassenlehre" von der biologischen Überlegenheit

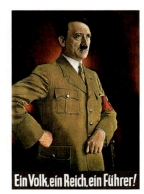

M 2 Propagandaplakat der NSDAP für deutsche Behörden- und Schulräume seit 1938 / 1939

der Deutschen. Wie in der Tierzucht gebe es auch bei Menschen höherstehende und minderwertige „Rassen".

Die Deutschen seien – laut Hitler – die reinste und hochwertigste „Rasse" und daher auch berechtigt, die minderwertigen zu beherrschen oder zu vernichten. Für diese erfundene Herrenrasse benutzte Hitler den Begriff „Arier". „Minderwertige Rassen" waren für ihn z. B. die Bevölkerung der slawischen Länder. Es bedeutete aber auch eine Ablehnung von Menschen, die nicht den Vorstellungen von körperlicher und geistiger Gesundheit entsprachen.

Antisemitismus: Judenfeindlichkeit war keine „Erfindung" Hitlers, aber er machte eine besondere Form „populär": Juden wurden nicht mehr allein aufgrund ihrer religiösen, sondern vermeintlich „rassischen" Zugehörigkeit abgelehnt. Zentraler Gedanke war, dass alle behaupteten negativen Eigenschaften der Juden als genetisch* angelegt betrachtet wurden. Dies war letztlich ein Instrument der Antisemiten, alles Üble auf der Welt auf die Juden zurückzuführen. Hitler konstruierte in seinem Buch sogar eine „jüdische Weltverschwörung" gegen die „Arier", der man sich zu erwehren habe. In seinem Buch sprach er bereits von einer „Vernichtung" der Juden.

Kampf gegen den Kommunismus*:
Der Kampf gegen den Kommunismus war ein weiterer Bestandteil der Weltanschauung der Nationalsozialisten. Unablässig beschworen sie die Gefahr einer bevorstehenden, Deutschland in Not und Chaos stürzenden kommunistischen Verschwörung. Dieses Schreckensbild diente dabei als Rechtfertigung für das rücksichtslose Vorgehen gegen KPD, SPD und die Gewerkschaften. Ein etwaiger Krieg gegen die Sowjetunion sollte neben der Vernichtung des Kommunismus noch einem anderen Ziel dienen: der Gewinnung von „Lebensraum" für die deutsche Bevölkerung.

Führer befiehl, wir folgen!

M 5 Text eines weit verbreiteten NS-Spruchbandes

Das Führerprinzip

Immer wieder machte Hitler deutlich, dass er das parlamentarische System der Weimarer Republik hasste. Er fand damit die Zustimmung vieler Deutscher. Demokratie, Toleranz anderer Meinungen und Mehrheitsentscheidungen waren für ihn Zeichen der Schwäche. Er setzte die „unbedingte Führerautorität" dagegen und organisierte das „neue Deutschland" nach dem Führerprinzip.

Die Probleme Deutschlands am Ende der Zwanzigerjahre hatten wechselnde, demokratisch gewählte Regierungen nicht in den Griff bekommen können. Nun sahen viele Menschen in Adolf Hitler jemanden, dem sie die Lösung aller Probleme zutrauten.

***Kommunismus**
Weltanschauung, deren Ideal eine Gesellschaft ohne Klassenschranken ist; 1917 wurde Russland durch Revolution ein kommunistisches Land und hieß von da an „Sowjetunion".

***genetisch**
die Genetik (Vererbungslehre) betreffend; Teilgebiet der Biologie

1 Nenne deine Eindrücke zum Lebenslauf Adolf Hitlers (M 3).

2 Erläutere zentrale Elemente von Hitlers Weltanschauung (M 4).

3 Erarbeite Schaubild M 1 und berücksichtige folgende Punkte:
   – In welche Ebenen war der Staat eingeteilt?
   – Welche Funktionen nahm Hitler ein und was für eine Wirkung dürfte dies gehabt haben?

4 Erläutere, was in einer demokratischen Staatsordnung anders sein müsste.

5 Überlege, aus welchen Gründen viele Menschen in Deutschland eine solche unumschränkte Herrschaft Hitlers akzeptierten oder sogar begrüßten.

6 Ermittle die Botschaft des Plakats M 2 (vgl. S. 44/45):
   – An wen richtet es sich?
   – Wer ist der Auftraggeber?
   – Wie ist Adolf Hitler dargestellt?
   – Welche Bedeutung hat der Spruch auf dem Plakat?

7 Stelle einen Zusammenhang zwischen M 2 und M 5 her.

Die Erfassung des Volkes

M 1 Der Weg des „gleichgeschalteten" Staatsbürgers

Gleichschaltung

Den Nationalsozialisten war bewusst, dass sie von Teilen der Bevölkerung abgelehnt wurden. Deshalb schufen sie ein Herrschaftssystem, das wie ein Netz über das Land gelegt wurde. Bis in das kleinste Dorf sollte es reichen, alle Lebensbereiche umfassen und das Denken der Menschen beeinflussen.

M 2 Durch verschiedene Maßnahmen sollte diese Erfassung erreicht werden:

- Alle Länder des Reichs wurden gleichgeschaltet, d. h. dem Einfluss der Nationalsozialisten unterstellt. Im Gebiet des heutigen Rheinland-Pfalz lagen die NS-Gaue Koblenz-Trier, Hessen-Nassau und Saarpfalz. Parteileitungen der Nationalsozialisten übernahmen hier nun die Macht. Bürgermeister aus anderen Parteien wurden abgelöst und durch NS-Gefolgsleute ersetzt.

- Politische Parteien und Organisationen, die nicht nationalsozialistisch waren, wurden verboten. Hierzu gehörten auch die Gewerkschaften. Gleichzeitig wurde den Menschen verboten, sich zu politischen Zwecken zu versammeln.

- In den Betrieben wurden die Menschen durch die NS-Betriebsorganisation überwacht, in jedem Mietshaus gab es einen **Hauswart**, der die Bewohner kontrollierte und für mehrere Häuser war ein **Blockwart** zur Überwachung eingeteilt. Gegner der Nationalsozialisten wurden nach der Machtübernahme der Nationalsozialisten schnell verhaftet und kamen in sogenannte **Konzentrationslager (KZ)**. Solche Lager gab es in ganz Deutschland. Die Gefangenen lebten in primitiven Verhältnissen, mussten schwer arbeiten und wurden von den Aufsehern misshandelt. Nicht wenige politische Gegner wurden auch ermordet.

- Statt verschiedener freier Gewerkschaften wurden alle arbeitenden Deutschen nun zur „**Deutschen Arbeitsfront**" zusammengefasst.

M 3 Adolf Hitler über die Erziehung der Jugend:

Diese Jugend, die lernt ja nichts anderes als deutsch denken, deutsch handeln. Und wenn nun dieser Knabe und dieses Mädchen mit ihren zehn Jahren in unsere Organisationen hineinkommen […] und dort nun zum ersten Mal überhaupt eine frische Luft bekommen und fühlen, dann kommen sie vier Jahre später vom Jungvolk in die Hitlerjugend, und dort behalten wir sie wieder vier Jahre, […] dann nehmen wir sie sofort in die Partei, in die Arbeitsfront, in die SA oder in die SS, […] und so weiter. Und wenn sie dort zwei Jahre oder anderthalb Jahre sind und noch

*SA
Abkürzung für „Sturmabteilung"; politische Kampf- und Propagandatruppe der NSDAP

*SS
Abkürzung für: „Schutzstaffel"; zunächst zum persönlichen Schutz Adolf Hitlers eingerichtet, schließlich Übernahme aller Sicherungsaufgaben des NS-Staates und Aufstellung eigener Truppenverbände (Waffen-SS). Die SS entwickelte sich zum Terrorinstrument des NS-Regimes.

*Wehrmacht
Streitkräfte von 1939–1945

nicht ganze Nationalsozialisten geworden sein sollten, dann kommen sie in den Arbeitsdienst und werden dort wieder sechs und sieben Monate geschliffen. Und was dann nach sechs oder sieben Monaten noch an Klassenbewusstsein oder Standesdünkel […] vorhanden sein sollte, das übernimmt dann die Wehrmacht. Und dann nehmen wir sie, damit sie auf keinen Fall rückfällig werden, sofort wieder in die SA, SS und so weiter. Und sie werden nicht mehr frei ihr ganzes Leben und sie sind glücklich dabei.

Völkischer Beobachter vom 4. 12. 1938, zit. n. Wolfgang, Michalka, (Hg.), Das Dritte Reich, Bd. 1, München (dtv) 1985, gekürzt

Beseitigung der Meinungsfreiheit

Nachdem Hitler seine Macht gesichert hatte, ging es ihm darum, die Menschen zu beeinflussen. Es sollte in der Bevölkerung keinen Widerspruch gegen seine Politik mehr geben. Hitler sprach dabei von der „inneren Erziehung der Menschen". Diese Erziehung sollte das „Reichsministerium für Volksaufklärung und Propaganda" unter Minister Joseph Goebbels übernehmen. Er kontrollierte alle Medien der damaligen Zeit: Presse, Film, Rundfunk und auch das Theater. Nur was sein Ministerium genehmigte, durfte veröffentlicht werden.

Der Trick mit dem „Volksempfänger"

Eine wichtige Rolle bei der Beeinflussung der Menschen spielte das Radio. Das Propagandaministerium legte fest, welche Informationen gesendet werden durften und schrieb allen Sendern das tägliche Programm vor. 1933 wurde ein sehr preiswertes Radio mit dem Namen **Volksempfänger** auf den Markt gebracht. Wenn Reden von Adolf Hitler im Radio übertragen wurden, mussten die Belegschaften von Betrieben gemeinsam zuhören.

M 4 Propagandaminister Joseph Goebbels

M 5 Werbeplakat für den „Volksempfänger" (1936)

Mit Kriegsbeginn 1939 wurde das Abhören ausländischer Sender, sogenannter „Feindsender", verboten und streng bestraft. Trotz der Gefahr, die damit verbunden war, hörten viele Menschen Sender aus dem Ausland und informierten sich auf diesem Weg.

1 Finde Überschriften zu jedem Abschnitt von M 2. Erkläre, durch welche Mittel die Nationalsozialisten die Menschen kontrollieren wollten.

2 Beschreibe den Lebensweg eines Jungen oder Mädchens durch die Organisationen der Nationalsozialisten (M 1).

3 Bearbeite die Rede Adolf Hitlers über die Erziehung der Jugend (M 3):
  – Wer spricht? Wann? Um was geht es?
  – Schreibe die Schlüsselwörter des Textes heraus.
  – Suche die genannten Organisationen in M 1.
  – Erläutere den letzten Satz der Rede: „… und sie werden nicht mehr frei ihr ganzes Leben und sie sind glücklich dabei." Schreibe deine eigene Meinung dazu auf.
  – Fasse zusammen: Was wollte Hitler mit dieser Rede ausdrücken?

4 Welches Ziel wollten die Nationalsozialisten mit der Verbreitung eines preisgünstigen Radios erreichen?

5 Erarbeite, inwiefern das Plakat (M 5) dieses Ziel unterstützt. Die folgenden Fragen helfen dir dabei:
  – Was ist dargestellt?
  – Wie ist das Plakat aufgebaut?

6 Überlege, warum es verboten war, ausländische Sender anzuhören.

7 Diskutiert, ob ein solches Verbot heute noch durchsetzbar wäre.

8 Welche Informationsquellen nutzen wir heute?

Jugend im Nationalsozialismus

M 1 Morgenappell in einer Schule (1938)

Beeinflussung in der Schule

Die Beeinflussung der Kinder und Jugendlichen im Sinne des Nationalsozialismus begann schon im Kindergarten. Dort beteten die Kinder vor dem Essen: „Händchen falten, Köpfchen senken und an Adolf Hitler denken. Er gibt uns täglich' Brot, er hilft aus aller Not."

Der Schulunterricht setzte diese Beeinflussung fort. Die Lehrer wurden deshalb dazu gedrängt, in die NSDAP einzutreten. Wer das nicht wollte, konnte entlassen werden. Alle Fächer sollten nun im nationalsozialistischen Sinn unterrichtet werden. Ein neues Fach „**Rassenlehre**" wurde eingeführt. Der Sportunterricht bereitete die Jungen nun auf den Militärdienst vor, indem z. B. Handgranatenwerfen geübt wurde. Die Erziehung der Mädchen zielte auf ihre spätere Rolle als Hausfrau und Mutter, welche die Nationalsozialisten vor allem für die Frauen vorsah. Sie bekamen frühestens ein Jahr nach der Schulentlassung eine Lehrstelle. 1938 wurde das „**Pflichtjahr**" eingeführt: Alle unverheirateten Frauen unter 25 Jahren mussten ein Jahr in der Haus- oder Landwirtschaft tätig sein, bevor sie einen Beruf ausüben durften.

M 2 Ein Hitlerjugendführer inspiziert das „Jungvolk" (1938)

M 3 „Wir deutsches Jungvolk in der Hitlerjugend" (1938)

Das Leben in der Hitlerjugend

Die „Pimpfe" und die „Jungmädel" (vgl. S. 56, M 1) trafen sich wöchentlich für je zwei Stunden zu einem Heim- und einem Sportnachmittag, für die Jungen kamen Gelände- und Schießdienst dazu. Die Jugendlichen der **HJ** und des **BDM** kamen nur am Abend zusammen, weil sie bereits in einem Ausbildungsverhältnis standen. Monatlich gab es in allen Organisationen je eine Fahrt und einen Gruppenappell. Die Fahrt sollte besonders der Eingliederung aller Mitglieder, die ja aus allen Bevölkerungsschichten kamen, und der Förderung des Gemeinschaftsgeistes dienen. Durch Sportwettkämpfe und Prüfungen (z. B. Jungmädelprobe, JM-Leistungsabzeichen) trat jedoch auch von Anfang an der Wettkampfcharakter in diese Gemeinschaften.

Wenn die Jugendlichen auf Fahrt waren, war das Leben im Lager durch einen strengen Tagesablauf bestimmt. Von ca. 5.30 Uhr morgens bis zum Zapfenstreich um ca. 21.00 Uhr wurden die Jugendlichen in nationalsozialistischer Weltanschauung unterrichtet, sangen, führten

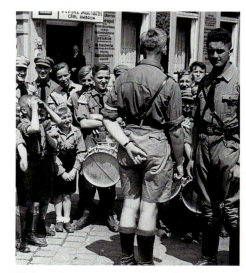

M 4 HJ-Gruppe mit Zugführer (1935)

M 5 BDM-Fahnenzug (1936)

M 6 Hitlerjungen üben den Brandeinsatz im Gaskrieg (um 1943)

Sport- und Geländeübungen durch und mussten z. B. zum „Schuh- bzw. Fingernagelappell" antreten. Abends saß man am Lagerfeuer und empfand meist in diesen romantisierten und gefühlsbetonten Situationen Gemeinschaftsgefühl und Kameradschaft.

Sondereinheiten in der Hitlerjugend

In der HJ konnten sich die Jungen, im Interesse ihrer beruflichen und militärischen Weiterbildung, bestimmten Sondereinheiten anschließen. Das bedeutete – zusätzlich zum üblichen HJ-Dienst – weitere Nachmittage der Ausbildung in der Motor-HJ, Flieger-HJ, Nachrichten-HJ oder der Reiter-HJ. Für die Mädchen bestand die Möglichkeit zur Fortbildung im Gesundheits- oder Haushaltsdienst.

Eine besondere Bedeutung innerhalb der Hitlerjugend kam der Sondereinheit „HJ-Streifendienst" zu, der dienstliche Vergehen und Disziplinverstöße der Jugendlichen aufdeckte und den jeweiligen Vorgesetzten meldete. Im Anschluss daran konnte der/die Betroffene einer ganzen Reihe von Ordnungsmaßnahmen unter-

zogen werden, die z. B. von einer einfachen Verwarnung über die Aberkennung eines Dienstgrades bis hin zum kompletten Ausschluss aus der Organisation reichen konnten.

Strenge Ordnung und Disziplin

Gerade diese strenge Ordnung lehnten auch einige Jugendliche ab. So gab es z. B. die „**Swing-Gruppen***", die durch ihre auffällige Kleidung und Haartracht ihre Sympathie mit der angloamerikanischen Musikrichtung des Swing zum Ausdruck brachten, oder die wilden Cliquen wie die „**Edelweiß-Piraten***", die sich vor allem unter den Arbeiterkindern in den Großstädten bildeten und die sich den Zwängen der Hitlerjugend entziehen wollten. Diese beiden Gruppierungen konnten die Nationalsozialisten nie ganz für sich vereinnahmen.

*****Swing-Gruppen**
Jugendliche der Mittel- und Oberschicht, die sich für die angloamerikanische Swing-Musik begeisterten; entstanden in Norddeutschland (Hamburg), durch ihre auffällige Kleidung und längere Haartracht in Opposition zur nationalsozialistischen Gesellschaft

*****Edelweiß-Piraten**
unorganisierte Gruppen von jugendlichen Widerstandskämpfern, überwiegend im Rheinland und im Ruhrgebiet vertreten, aus Arbeiterfamilien stammend; Aktionen vor allem gegen HJ, deren militärischen Drill und organisierte Freizeitgestaltung sie ablehnten

1 Beschreibe M 1. Aus welchem Zusammenhang kennst du das Wort „Appell"? Vermute, wie dieser Appell ablief.

2 Liste auf, womit man sich in der Hitlerjugend beschäftigte und was verlangt wurde.

Die Verfolgung der Juden

M 1 Der sogenannte „Judenstern"

*„Arierparagraf"
Paragraf 3 des sogenannten „Gesetzes zur Wiederherstellung des Berufsbeamtentums" vom 7. April 1933 verbot – mit wenigen Ausnahmen – die Beschäftigung von „Nichtariern" im öffentlichen Dienst. Als „nichtarisch" galt, wer einen jüdischen Eltern- oder Großelternteil hatte. Die Nationalsozialisten unterschieden zwischen „Voll-", „Halb-" und „Vierteljuden".

M 2 Aufruf zum Boykott jüdischer Geschäfte in Essen (1933)

Aus Verleumdung wird Verfolgung

Sofort nach der Machtübertragung an Hitler begann die Verfolgung der Deutschen jüdischen Glaubens. Nicht als Religionsgemeinschaft, sondern als „minderwertige Rasse" waren sie zum Feind der „arischen" Volksgemeinschaft erklärt worden. Als Auftakt der systematischen **Judenverfolgung** in Deutschland gilt zum einen die Einführung des sogenannten „Arierparagrafen"*, der Juden aus dem öffentlichen Dienst ausschloss. Zudem war bereits für den 1. April 1933 reichsweit zum **Boykott** jüdischer Geschäfte aufgerufen worden. „Arier" wurden aufgefordert, auch künftig keine jüdischen Kinos und Theater mehr zu besuchen, sich nicht von Juden unterrichten, ärztlich behandeln oder gesetzlich vertreten zu lassen. In den Folgemonaten wurden an Betriebe von jüdischen Eigentümern kaum noch Aufträge vergeben.

Es zeigte sich aber schnell, dass sich dieses Vorgehen negativ auf die deutsche Gesamtwirtschaft auswirkte, und so stellten die Nazis ihren „Judenboykott" vorerst ein. Doch Beschimpfungen und Verfolgungen der Juden im täglichen Leben nahmen

weiter zu und veranlassten bis 1938 über 220 000 jüdische Bürger, aus Deutschland auszuwandern. Ihnen folgten bis 1941 weitere 100 000.

M 3 Der damals 16-jährige Gerhard Moss aus Hamburg berichtete rückblickend:

[...] Bis [...] 1936 etwa ließ ich als echter HSV-Anhänger kein Fußballspiel [...] aus. Bis dann Juden der Besuch von Fußballspielen verboten wurde! – Ich erinnere mich an einen Sonntagnachmittag. Wir fuhren zum Café Randel in Wellingsbüttel, um wie so oft zuvor [...] dort Kaffee zu trinken. Aber wir mussten dieses Mal wieder umkehren, denn am Eingang hing ein großes Schild: „Juden ist der Zutritt verboten!". Wir fanden auch kein anderes Lokal mehr. Überall hingen solche Schilder. Einmal fuhren wir im Sommer an die Ostsee. Da waren Transparente über die Straße gespannt: „Hier scheint den Juden die Sonne nicht."

Gerhard Moss, Ein Augenzeuge, GEW LVB, Hamburg 1978, S. 22 f.

Die Juden werden zu Sündenböcken

Die von den Nationalsozialisten verbreiteten Vorurteile gegenüber den Juden wurden von vielen Deutschen geteilt oder hingenommen. Seit der Mitte des 19. Jahrhunderts waren sie in Deutschland immer wieder aufgekommen. Sie entstanden unter anderem aus Neid über den Erfolg von Juden in Handel und Bankgewerbe. Auch die herausragende Stellung jüdischer Gelehrter an den Universitäten erweckte Missgunst. Dabei übersahen viele Menschen, dass die Mehrzahl der Juden in ebenso einfachen Verhältnissen lebte wie die übrigen Deutschen. Mit insgesamt etwa 526 000 Personen machten sie eine

Minderheit von 0,8 Prozent der deutschen Bevölkerung aus.

Die Nürnberger Gesetze

Eine neue Stufe der Demütigung und Verfolgung setzte 1935 mit dem Erlass der **„Nürnberger Gesetze"** ein. Sie waren die Grundlage der weiteren Verfolgung der Juden in Deutschland. Darin hieß es unter anderem:

M 4 Reichsbürgergesetz

- Reichsbürger ist nur der Staatsangehörige deutschen und artverwandten Blutes, der durch sein Verhalten beweist, dass er gewillt und geeignet ist, in Treue dem Deutschen Reich und Volk zu dienen.
- Nur der Reichsbürger kann als Träger der vollen politischen Rechte das Stimmrecht in politischen Angelegenheiten ausüben und ein öffentliches Amt bekleiden.
- Ein Jude kann nicht Reichsbürger sein. Ihm steht ein Stimmrecht in politischen Angelegenheiten nicht zu; er kann ein öffentliches Amt nicht bekleiden.

Reichsgesetzblatt 100 Jg., 1935, Teil 1, S. 1146 und Walter Hofer (Hrsg.), Der Nationalsozialismus – Dokumente, Frankfurt / M. 1982, S. 285

M 5 Anti-jüdischer Karnevalswagen im Mainzer Faschingszug 1936. Verkleidete Narren panschen Wein. Auf der Tafel steht: „Fremde Art hat so bestätigt – deutschen Handel schwer geschädigt."

M 6 Gesetz zum Schutz des deutschen Blutes und der deutschen Ehre [...]

- Eheschließungen zwischen Juden und Staatsangehörigen deutschen und artverwandten Blutes sind verboten. Trotzdem geschlossene Ehen (Mischehen) sind nichtig. [...]
- Juden dürfen weibliche Staatsangehörige deutschen oder artverwandten Blutes unter 45 Jahren nicht in ihrem Haushalt beschäftigen.

Ebenda

Nun waren die Bürger jüdischen Glaubens auch juristisch aus der Volksgemeinschaft ausgeschlossen. Vor jeder Eheschließung oder bei Bewerbungen musste der Nachweis der **„arischen Abstammung"** erbracht werden. Den Juden wurde es verboten, Bibliotheken, Theater, Kinos und Badeanstalten zu besuchen. Parkanlagen und öffentliche Verkehrsmittel blieben ihnen zunehmend verwehrt. Auch wurden auf Veranlassung der Gestapo jüdische Kulturschaffende zur Gründung des „Reichsverbands der jüdischen Kulturbünde in Deutschland" gezwungen. So war es den Nationalsozialisten möglich, die jüdischen Kultur- und Sportvereinigungen noch stärker zu kontrollieren. 1938 wurden Kapitalvermögen und Grundeigentum der Juden eingezogen. Zudem erhielten sie eine Kennkarte mit aufgedrucktem „J" und einen Zwangsvornamen: „Sara" bzw. „Israel". Ab 1941 mussten alle Juden in der Öffentlichkeit einen gelben Stern tragen.

M 7 Die SS zwingt Alzeyer Juden, die Wände in der Antoniterstraße von anti-nationalsozialistischen Wahlkampfparolen zu säubern (1933).

1 Erläutere, was die Nationalsozialisten mit dem Boykott erreichen wollten.

2 Vermute, warum viele Juden trotz der Verfolgung nicht auswanderten.

3 Überlege, wie es dir an Stelle des 16-jährigen Gerhard Moss wohl zumute gewesen wäre (M 3).

4 Diskutiert, welche Folgen die Nürnberger Gesetze für das Leben der Juden in Deutschland hatte.

Massenmord in den Vernichtungslagern

M 1 SS und Polizei bewachen einen Transport von Juden zum Bahnhof (1942).

M 2 Im Viehwagon nach Osten (1942). In den Wagons herrschten unmenschliche Zustände (Enge, Kälte, Hunger, Durst, Tote und Exkremente am Boden).

Warten auf die Deportation

Mit dem Beginn des Zweiten Weltkriegs 1939 änderte sich die Lage für die europäischen Juden dramatisch. Durch die deutsche Besetzung ihrer Heimatländer gerieten etwa sieben der insgesamt zehn Millionen in Europa lebenden Juden unter den Herrschaftseinfluss der Nationalsozialisten. Die Verfolgung begann sofort mit der Besetzung Polens 1939 und war darauf gerichtet, die Juden zunächst in größeren Städten zu konzentrieren. **Gettos*** wurden eingerichtet.

In Deutschland hatte die Phase der Unterbringung in Gettos 1939 mit der Einrichtung sogenannter „Judenhäuser" begonnen. Unter unmenschlichen Bedingungen mussten Juden nun z. B. in Schulgebäuden oder jüdischen Gemeindehäusern wohnen.

Vielen Verfolgten gelang es unterzutauchen: Etwa 10 000 Juden versteckten sich in Deutschland.

*Getto
abgeschlossene Bezirke, in denen nur Juden lebten und aus denen sie sich nicht entfernen durften; die Lebensbedingungen in den Gettos waren unmenschlich: Es herrschte furchtbare Enge, die Menschen hungerten und die hygienischen Bedingungen waren so schlecht, dass sich Krankheiten ausbreiteten.

Die Wannsee-Konferenz

Am 20. Januar 1942 trafen sich hohe Regierungsbeamte und SS-Führer am Großen Wannsee in Berlin. Sie planten dort in einer Konferenz die sogenannte „**Endlösung der Judenfrage**" in Europa.

M 3 Protokoll der Besprechung in Berlin-Wannsee am 20. Januar 1942:

Geheime Reichssache […]

Unter entsprechender Leitung sollen nun im Zuge der Endlösung die Juden in geeigneter Weise im Osten zum Arbeitseinsatz kommen. In großen Arbeitskolonnen, unter Trennung der Geschlechter, werden die arbeitsfähigen Juden Straßen bauend in diese Gebiete geführt, wobei zweifellos ein Großteil durch natürliche Verminderung ausfallen wird. Der […] verbleibende Restbestand wird, da es sich bei diesem zweifellos um den widerstandsfähigsten Teil handelt, entsprechend behandelt werden müssen.

Reinhard Rürup (Hg.), Topographie des Terrors, 13. Aufl., Berlin (Stiftung Topographie des Terrors) 2001, S. 144, 146 f.

Der Mord an den Juden

Die **Deportation** der deutschen Juden begann 1941. Seit Mitte 1942 gingen die Transporte von Juden in die **Konzentrationslager** und **Vernichtungslager**. Eng zusammengepfercht wurden sie in Güterwagons verschleppt – meistens ohne Versorgung mit Essen oder Trinken.

Inzwischen waren die Konzentrationslager keine reinen Arbeitslager mehr. Besonders in den besetzten Gebieten im Osten waren zusätzliche Vernichtungslager entstanden – z. B. Auschwitz, Belzec, Sobibor, Treblinka, Majdanek. Dort wurden Menschen systematisch durch Giftgas in sogenannten **Gaskammern** ermordet. Häftlinge in diesen Lagern waren – neben den Juden – auch Menschen, die in Opposition zum NS-Staat standen: politische Gefangene, Zeugen Jehovas („Bibelforscher"), Sinti und Roma („Zigeuner"), Homosexuelle.

Nach der Ankunft im Lager wurden die Juden von SS-Ärzten begutachtet und „selektiert", d. h. ausgesondert. Arbeitsfähige brachte man zu Tausenden in primitiven Baracken unter, sie mussten Schwerstarbeit leisten. Wen man für zu schwach hielt, um die anstrengende Arbeit zu leisten, wurde sofort in die Gaskammern geschickt. Die Gesamtzahl der jüdischen Opfer in Europa liegt zwischen fünf und sechs Millionen Menschen.

M4 Der SS-Offizier Kurt Gerstein berichtete über eine Massenvergasung im Vernichtungslager Belzec:

Tatsächlich kam nach einigen Minuten der erste Zug von Lemberg aus an. 45 Wagons mit 6700 Menschen, von denen 1450 schon tot waren bei ihrer Ankunft. Hinter den vergitterten Luken schauten, entsetzlich bleich und ängstlich, Kinder durch, die Augen voller Todesangst, ferner Männer und Frauen. […] Ein großer Lautsprecher gibt die weiteren Anweisungen: Sich ganz ausziehen, auch Prothesen, Brillen usw. […] Dann die Frauen und Mädchen zum Friseur, der mit zwei, drei Scherenschlägen die Haare abschneidet und sie in Kartoffelsäcken verschwinden lässt. […] Dann setzt sich der Zug in Bewegung. […] Mütter mit ihren Säuglingen an der Brust, sie kommen herauf, zögern, treten ein in die Todeskammern! […] Mütter mit Kindern an der Brust, kleine nackte Kinder, Erwachsene, Männer, Frauen, alle nackt – sie zögern, aber sie treten in die Todeskammern, von den anderen hinter ihnen vorgetrieben oder von den Lederpeitschen der SS getrieben. […] Endlich, nach 32 Minuten, ist alles tot! Von der anderen Seite öffnen Männer vom Arbeitskommando die Holztüren. […] Wie Basaltsäulen stehen die Toten aufrecht aneinandergepresst in den Kammern. […] Selbst im Tode noch kennt man die Familien. Sie drücken sich, im Tode verkrampft, noch die Hände. […]

Niederschrift des SS-Obersturmbannführers Kurt Gerstein am 4. Mai 1945, zit. n. Gerhard Schoenberner, Der gelbe Stern. Die Judenverfolgung in Europa 1933–1945, Frankfurt a. M. (Fischer) 1992, S. 189, gekürzt

M5 Auf dem Weg in die Gaskammern (1942)

*Holocaust
englische Bezeichnung für den Massenmord der Juden in der Zeit des Nationalsozialismus

1 Bearbeite das Protokoll der Wannsee-Konferenz (M3):
 – „Übersetze" den Text: Was ist mit Worten wie „Endlösung", „Judenfrage", „natürliche Vernichtung", „entsprechend behandelt" gemeint?
 – Fasse den Inhalt in wenigen Sätzen zusammen.

2 Analysiere die Sprache und überlege, warum man sich so ausdrückte.

3 Entwirf ein Stufenmodell der Judenverfolgung und beschreibe die einzelnen Stufen. Berücksichtige dabei auch die Seiten 60/61.

4 Beschreibe deine Eindrücke vom Gerstein-Bericht (M4).

5 Welche Einstellung hat Gerstein zum Geschehen?

6 Berichte mithilfe des Textes und M4 über die Vernichtung.

7 Nach dem Ende der Hitler-Diktatur erklärten viele Menschen, dass sie nichts von der Verfolgung und Ermordung der Juden „mitbekommen" hatten. Wie beurteilt ihr diese Aussage?

Andere Opfer der Nationalsozialisten

M 1 Werbung für eine Zeitschrift der NSDAP

*Euthanasie
(Griech.: leichter, schöner Tod, Sterbehilfe) bei den Nationalsozialisten in neuer Verwendung: bewusste Herbeiführung des Todes; Vernichtung sogenannten „lebensunwerten" Lebens

Hitlers „Euthanasie*"-Erlass

Zu weiteren Opfern der nationalsozialistischen „**Rassenlehre**" wurden auch Kranke, Behinderte und Menschen, die ein nicht angepasstes Leben führten – sie alle entsprachen nicht dem nationalsozialistischen Ideal eines perfekten Menschen, der als „Arier" bezeichnet wurde und der gesund und kräftig sein sollte.

Auf der Grundlage dieser Gedanken wurden mit dem T-4-Erlass Hitlers an seinen Leibarzt Dr. Brandt und an den Chef seines Privatbüros, Philipp Bouler, eine beispiellose Mordaktion ausgelöst. Da deren Dienststelle in der Berliner Tiergartenstraße 4 lag, wurde die Abkürzung „T 4" zum Decknamen für die Tötungsaktionen.

Bald danach besuchten Ärzte die Insassen von Anstalten für körperlich und geistig Behinderte. Diejenigen, die nicht arbeiten konnten, wurde als „lebensunwert" bezeichnet und durch Giftgas getötet. Ihren Angehörigen wurde als Todesursache meistens Blinddarm- oder Lungenentzündung mitgeteilt.

Einige Menschen unterstützten die Euthanasie-Aktion. Der Bruder eines geretteten Mädchens drohte dem Josefshaus mit einer Anzeige, weil „Maßnahmen der Regierung missachtet wurden und die Verlegung seiner Schwester verhindert worden war". Eine Mutter, deren Kind im Josefshaus lebte, sagte zu ihm, als es abgeholt wurde: „Du stirbst halt für den Führer."

Es regt sich Widerstand

Nach und nach wurde bekannt, was mit den Behinderten tatsächlich geschah. Nun begannen Angehörige, unterstützt von Pfarrern und Priestern, zu protestieren. Besonders der katholische Bischof von Münster, Clemens August Graf von Galen sowie der evangelische Landesbischof von Württemberg, Theophil Wurm, erhoben ihre Stimme. Diese Proteste führten dazu, dass Hitler am 24. August 1941 das Ende der Vergasungen befahl. Allerdings setzten Ärzte und Pfleger weiterhin mit Giftspritzen und durch Aushungern das Töten fort. Forscher vermuten, dass 80 000 bis 120 000 Behinderte Opfer der **nationalsozialistischen Vernichtungspolitik** wurden.

M 2 Betreuerin mit behinderten Kindern im St. Josefshaus, Herten

Ort	Opfer 1940/1941
Grafeneck (Baden-Württemberg)	9839
Bernburg (Sachsen-Anhalt)	8601
Sonnenstein b. Pirna (Sachsen)	13720
Hadamar (Hessen)	10072
Brandenburg (Brandenburg)	9772
Hartheim b. Linz (Österreich)	18269

M 3 Die Tötungsanstalten und Opfer

Zwangssterilisationen

Zum Rassenwahn der Nationalsozialisten gehörte, dass niemand Kinder bekommen sollte, den sie dafür als nicht geeignet ansahen: Geistesschwache, aber auch Menschen mit erblicher Taubheit oder Blindheit, Alkoholismus oder „asozialen Neigungen". Man forschte z. B. auch dem Verhalten im Alltag nach („vernachlässigt ihre häusliche Arbeit", „in ihm schlummern asoziale Erbanlagen" …). Nach dem **„Gesetz zur Verhütung erbkranken Nachwuchses"** von 1933/1934 urteilten „Erbgesundheitsgerichte", ob solche Menschen zwangsweise operiert und unfruchtbar gemacht werden sollten. Man schätzt die Gesamtzahl der Opfer auf 200000 bis 500000 Frauen und Männer.

Sinti und Roma

An den Sinti und Roma, die man damals abwertend „Zigeuner" nannte, wurde Völkermord verübt. Aus ganz Europa wurden sie in Vernichtungslager gebracht und getötet. Nach dem Entzug der Bürgerrechte im Jahr 1935 konnten die Sinti und Roma in Deutschland jederzeit verhaftet werden. Von den 30000 Sinti und Roma, die 1939 in Deutschland lebten, überlebten nur 5000 den Massenmord der Nationalsozialisten. Man schätzt die Zahl aller getöteten Sinti und Roma Europas auf 220000 bis auf über 500000. Gegen die massenweise Ermordung der Juden sowie der Sinti und Roma regte sich in Deutschland kaum Widerstand. Viele, die davon wussten, schwiegen.

M 4 Überlebender, namentlich nicht bekannter Sinto, mit eintätowierter KZ-Nummer

M 5 Der damalige Rektor Wilhelm Grein berichtete über die Durchführung der Auslesemaßnahmen im St. Josefshaus, einem Heim für Behinderte in Herten bei Rheinfelden:

Ein Psychiater aus München sollte die Auslese in Herten vornehmen. Vorwegnehmen muss ich, dass sämtliche Psychiater bei der Untersuchung ihr eigenes System hatten.
Der Münchener Psychiater trieb Augendiagnose. Wer unklare Augen hatte, wurde „verlegt". Ich […] sagte den Schwestern: „Wer unklare Augen hat, darf nicht zur Untersuchung. Geht mit ihnen in den Wald oder an den Rhein." Somit konnten wir viele retten.

Raimund Kagerer, Sankt-Josefshaus … die Zahlen mussten stimmen: das nationalsozialistische „Euthanasie"-Projekt im Fall des St. Josefshauses Herten, hg. v. Sankt-Josefshaus Herten, Rheinfelden (Hornberger) 1997

Sinti und Roma – eine Internetrecherche

Führt in Kleingruppen eine Internetrecherche zum Thema „Verfolgung und Vernichtung der Sinti und Roma zwischen 1933 und 1945" durch. Berichtet in der Klasse. Ihr könnt diese Recherche in Gruppen auch über folgende Opfergruppen durchführen: Zeugen Jehovas, Homosexuelle, Opfer der Euthanasie (Kranke, Behinderte, Menschen mit unangepasster Lebensführung).

1 Haltet an der Tafel eure Eindrücke über die Inhalte dieser Doppelseite und der vorherigen Seiten unter der Überschrift „Opfer des Nationalsozialismus" fest. Schreibt auch Fragen auf, die euch dazu einfallen, und versucht, diese gemeinsam zu beantworten.

2 Bewerte M 5. Nach welchen Kriterien wurde über Leben und Tod von Menschen entschieden?

3 Wie beurteilst du das Vorgehen der Ärzte und Schwestern?

Arbeit mit Tagebüchern

M 1 Anne Frank (1929–1945) 1933 Flucht aus Deutschland nach Holland; 1944 Deportation ins KZ Bergen-Belsen; starb dort im März 1945 an Typhus.

M 2 Victor Klemperer (1881–1960) Professor für Romanistik, schrieb in der Zeit des Nationalsozialismus Tagebücher, da er nicht mehr als Wissenschaftler arbeiten durfte.

Eine einmalige historische Quelle

Tagebücher spielen im Leben vieler Menschen eine wichtige Rolle – auch wenn sich die Form der Aufzeichnung im Laufe der Zeit verändert hat. Die Gründe, warum jemand Tagebuch führt, sind geblieben. Der vielleicht wichtigste ist, dass man einem Tagebuch die geheimsten Gedanken anvertrauen kann.

Ein bekanntes Beispiel ist das Tagebuch des jüdischen Mädchens Anne Frank. Die Familie der Anne Frank war 1933 vor den Nationalsozialisten aus Deutschland in die Niederlande geflohen. Dort musste sie sich 1942, nach der Besetzung der Niederlande durch deutsche Truppen, in einer Geheimwohnung verstecken. Zwei Jahre lebte die damals 13-jährige Anne mit ihrer und einer weiteren Familie auf engstem Raum, bis sie verraten und deportiert wurden. Im Versteck schrieb sie regelmäßig in ihr Tagebuch, um mit der unglaublichen Situation besser fertigzuwerden.

Andere Tagebücher – wie das von Victor Klemperer – wurden mit der Absicht verfasst, Zeugnis abzulegen für „die Zeit danach".

Tagebücher sind ein Teil der historischen Quellen, aus denen wir unser Wissen über die Vergangenheit beziehen. Das gilt für die Tagebücher bekannter Persönlichkeiten ebenso wie für die „einfacher" Leute. Um ihren Inhalt richtig bewerten zu können, muss man sich mit der Person des Schreibers, seiner Weltanschauung, den Lebensumständen und den Motiven für die Tagebuchaufzeichnung beschäftigen.

M 3 Aus dem Tagebuch der Anne Frank:
11. Juli 1942: Es beengt mich, dass wir hier gar nicht mehr herauskönnen, und ich habe Angst, dass wir entdeckt und erschossen werden. Tagsüber müssen wir auch sehr leise sein, dürfen nicht laut auftreten und müssen beinahe im Flüsterton sprechen, denn unten […] darf man uns nicht hören.

19. November 1942: Wo sie [die Militärpolizei] einen Juden findet, nehmen sie die ganze Familie fest. Sie schellen an jeder Tür, und ist es vergeblich, gehen sie ein Haus weiter. Manchmal sind sie auch mit namentlichen Listen unterwegs und holen dann systematisch die „Gezeichneten". […] Es ist wie eine Sklavenjagd in früherer Zeit. Ich sehe es oft im Geiste vor mir: Reihen unschuldiger Menschen mit weinenden Kindern […] geschlagen und gepeinigt und vorwärts getrieben. […]

Arbeitsschritte bei der Analyse von Tagebüchern

1. Schritt:
Wer ist die Autorin/der Autor des Tagebuchs? In welcher Zeit, unter welchen Umständen und aus welchen Gründen wurde das Tagebuch verfasst?

2. Schritt:
Auf welche Ereignisse bezieht sich der Tagebucheintrag?

3. Schritt:
Welche persönliche Meinung vertritt die Autorin/der Autor? Was hat dich an der Darstellung besonders beeindruckt?

4. Schritt:
Ordne die gewonnenen Informationen historisch ein und beurteile die Gedanken der Autorin/des Autors.

Besuch einer Gedenkstätte

Ein KZ in Rheinland-Pfalz

Über das 1933 in einem leerstehenden Fabrikgebäude errichtete, 14 Monate bestehende KZ Osthofen bei Worms hieß es in öffentlichen Berichten, es sei ein „Umerziehungslager für verwilderte Marxisten".

Das ehemalige Lager Osthofen ist – wie auch das Lager Hinzert im Hunsrück – heute eine Gedenkstätte.

Bevor ihr eine Gedenkstätte besucht, macht euch klar, dass eine solche Exkursion kein lustiger Ausflug ist und ihr mit Dokumenten der Gewalt konfrontiert werdet. Nehmt – auch deshalb – auf jeden Fall eine Führung in Anspruch. Beachtet zudem folgende Aspekte:

M 1 Wormser Bürger unter Polizeiüberwachung auf dem Weg ins Konzentrationslager Osthofen. Offiziell mitgeteilter Verhaftungsgrund war oft die Mitgliedschaft in einer „gegnerischen" Partei.

Schritt 1: Inhaltliche Vorbereitung

- Besorgt euch über Bibliotheken (Ausstellungskataloge) oder Internet Informationen über Lage und Aufbau des Ortes. Klärt, was euch erwartet.
- Überlegt euch vor dem Besuch, welche Themen ihr erarbeiten wollt.
- Erkundigt euch bei anderen Fachlehrern, ob sie bereit sind, euch zu begleiten. Vielleicht können sie Anregungen geben, wie ihr euch den Dokumenten gestalterisch annähern könnt (z.B. zu einem Ort / einem Gegenstand Fotos, Zeichnungen, ein Video anfertigen, Texte schreiben …).

Schritt 2: Durchführung

Sucht euch nach der gemeinsamen Führung einen Bereich aus, der euch besonders beschäftigt oder berührt hat, und erforscht diesen Bereich selbstständig oder in Gruppen.

Schritt 3: Auswertung des Besuchs

- Tragt zusammen: Was hat euch während des Besuchs besonders beeindruckt oder berührt?
- Sprecht darüber, wie die Ausstellung / Präsentation der Gedenkstätte auf euch wirkte.
- Überlegt, welche Eindrücke und Informationen neu für euch waren.
- Benennt eine Sache, über die ihr gern mehr erfahren würdet. Überlegt, wie ihr an diese Informationen gelangen könnt.
- Diskutiert, was bei dem Besuch nicht so gut geklappt hat und was ihr besser machen könnt.

1 Überlegt gemeinsam, wodurch sich die Auseinandersetzung mit Geschichte anhand von Gedenkstätten auszeichnet.

2 Sammelt Argumente: Warum ist es heute wichtig, sich an die Gräueltaten der nationalsozialistischen Zeit und das Leiden der Häftlinge zu erinnern?

Vorbereitung und Beginn des Zweiten Weltkriegs

Friedensreden und Aufrüstung

Wenige Wochen nach der Ernennung zum Reichskanzler erklärte Hitler 1933 im Reichstag in einer Rede seine Vorstellungen über die Außenpolitik, die er in den folgenden Jahren in ähnlicher Form oft wiederholte.

M 1 Karikatur in der amerikanischen Zeitung „The Nation" zu einer Friedensrede Hitlers im Mai 1933

M 2 **Aus einer Rede Hitlers vor dem Reichstag am 17. Mai 1933:**

Die deutsche Regierung wünscht sich über alle schwierigen Fragen politischer und wirtschaftlicher Natur mit den anderen Nationen friedlich und vertraglich auseinanderzusetzen. Sie weiß, dass jeder militärische Akt in Europa, auch im Falle seines vollständigen Gelingens, gemessen an seinen Opfern in keinem Verhältnis steht zu möglichem, endgültigem Gewinn.

Stenogr. Berichte des Deutschen Reichstags vom 17. 5. 1933, zit. n. Vierteljahreshefte für Zeitgeschichte 6/1958, S. 128 ff., 204 ff.

M 3 **Dieser Erklärung standen folgende innen- und außenpolitische Maßnahmen gegenüber:**

1935: Beginn des Baus von U-Booten, Einführung der Wehrpflicht
1936: Einmarsch ins neutrale Rheinland
1938: Einmarsch in Österreich, Angliederung an das Deutsche Reich
1938: Besetzung des tschechischen Sudetenlandes
1939: Besetzung der restlichen Tschechoslowakei (Böhmen und Mähren, aber nicht die Slowakei)

Die gegnerischen Regierungen, z. B. Großbritannien und Frankreich, nahmen Hitlers Vorgehensweise widerwillig hin, obwohl Hitler mit dem Überfall auf die Tschechoslowakei das Völkerrecht brach.

Sie hofften, dass er sich mit dem Erreichten zufriedengeben würde und wollten einen Krieg gegen Deutschland vermeiden, denn in Großbritannien und Frankreich war die Erinnerung an den Ersten Weltkrieg mit seinen vielen Opfern noch sehr lebendig. Ihre stillschweigende Duldung bestätigte jedoch die deutschen Kriegsbefürworter in ihrer Überzeugung, dass niemand sie an weiteren Überfällen ernsthaft hindern würde.

Hitler plant einen Eroberungskrieg

Hitlers Kriegsziele waren die Herrschaft Deutschlands über Europa und die Eroberung von Land im Osten. Dort sollten Bodenschätze abgebaut und Menschen aus Deutschland angesiedelt werden.

Aber Hitler konnte nicht einfach einen Krieg beginnen, indem er Truppen befehligte, um die Nachbarländer zu erobern. Er brauchte eine gut ausgerüstete Armee und die Zustimmung der Bevölkerung.

M 4 **Hitler erklärte in einer geheimen Denkschrift über den Vierjahresplan 1936:**

Ähnlich der militärischen und politischen Aufrüstung […] unseres Volkes hat auch eine wirtschaftliche zu erfolgen, und zwar im selben Tempo […] und wenn nötig, auch mit der gleichen Rücksichtslosigkeit. […] Ich stelle damit folgende Aufgabe:
I. Die deutsche Armee muss in vier Jahren einsatzfähig sein.
II. Die deutsche Wirtschaft muss in vier Jahren kriegsfähig sein.

Vierteljahreshefte für Zeitgeschichte 3/1955, S. 204 ff.

Auch viele Deutsche erinnerten sich noch gut an die Schrecken des Ersten Weltkrieges, an Tote und Verletzte an der Front sowie an Hungersnöte in der Heimat. Hitler musste also die Stimmung in Deutschland so beeinflussen, dass die Mehrheit der Menschen einen Krieg unterstützen würde. 1938 formulierte er dies in einer geheimen Rede vor deutschen Zeitungsredakteuren.

M 5 Hitlers Rede vor der deutschen Presse über die Aufgabe der Propaganda für die deutsche Außenpolitik, 10. November 1938:

Es war nunmehr notwendig, das deutsche Volk psychologisch allmählich umzustellen und ihm langsam klarzumachen, dass es Dinge gibt, die, wenn sie nicht mit friedlichen Mitteln durchgesetzt werden können, mit Mitteln der Gewalt durchgesetzt werden müssen. [...] Es war notwendig, [...] bestimmte außenpolitische Vorgänge so zu beleuchten, dass die innere Stimme des Volkes selbst langsam nach der Gewalt zu schreien begann. [...] Diese Arbeit hat Monate erfordert.

Vierteljahreshefte für Zeitgeschichte 1958, S. 182 ff.

M 6 Hitler erklärte vor Befehlshabern der Wehrmacht am 22. August 1938:

Ich werde propagandistischen Anlass zur Auslösung des Krieges geben, gleichgültig ob glaubhaft. Der Sieger wird später nicht danach gefragt, ob er die Wahrheit gesagt hat oder nicht. Bei Beginn und Führung des Krieges kommt es nicht auf das Recht an, sondern auf den Sieg.

Hohlfeld, Bd. V. Dokumenten-Verlag, Berlin 1951, S. 74 ff.

Der 1. September 1939

Das Propagandaministerium war für die Vorbereitung der Bevölkerung auf den tatsächlichen Kriegsbeginn zuständig. Am 10. August 1939 ging eine Anweisung an

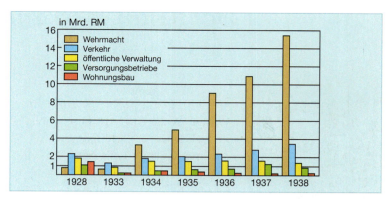

M 7 Ausgaben des Deutschen Reiches in den Jahren 1928–1938

alle Zeitungen im Deutschen Reich: „Greuelmeldungen [über Polen] müssen von heute ab groß auf der ersten Seite erscheinen." Der Anlass für einen Krieg wurde dann durch das NS-Regime geschaffen: Am Abend des 31. August 1939 überfielen im Auftrag Hitlers SS-Leute den deutschen Radiosender Gleiwitz in der Nähe der polnischen Grenze. Sie gaben eine Meldung durch, die so begann: „Achtung! Achtung! Hier ist Gleiwitz. Der Sender befindet sich in polnischer Hand."

Am **1. September** verkündete Hitler dann im Reichstag, dass Polen Deutschland angegriffen hätte und man nun zurückschieße. So diente der vorgetäuschte Überfall als Rechtfertigung für den **deutschen Angriff**.

Bald darauf erklärten Großbritannien und Frankreich Deutschland den Krieg.

1 Vergleiche die Aussage Hitlers in M 2 mit den Tatsachen (Liste). Erkläre dann die Karikatur M 1.

2 Erläutere die Grafik M 7. Welche Ausgaben sind zurückgegangen, welche Ausgaben sind gestiegen? Begründe diese Veränderungen mit den Aussagen im M 4.

3 Im Jahr 1938, ein Jahr vor Kriegsbeginn, wurde viermal so viel Geld für die Armee (Wehrmacht) ausgegeben wie für Straßen und Eisenbahnen (Verkehr). Beschreibe das Verhältnis von Militärausgaben zu den anderen Ausgaben. Wie ist dieses Verhältnis heute?

4 Stelle die Vorbereitung des Krieges und seine Auslösung mit eigenen Worten dar.

Der Krieg wird zum Weltkrieg

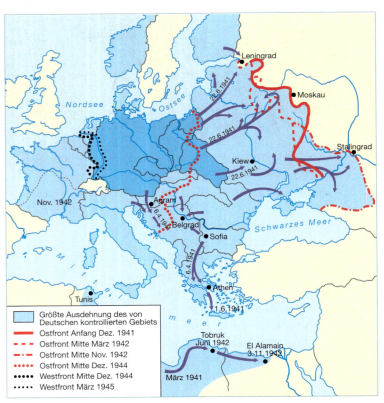

Größte Ausdehnung des von
Deutschen kontrollierten Gebiets

Ostfront Anfang Dez. 1941
Ostfront Mitte März 1942
Ostfront Mitte Nov. 1942
Ostfront Mitte Dez. 1944
Westfront Mitte Dez. 1944
Westfront März 1945

M 1 Größte Ausdehnung des deutschen Machtbereichs im Verlauf des Zweiten Weltkriegs

Ein Siegeszug Hitlers?

*Blitzkrieg
Bezeichnung für einen schnellen, erfolgreichen Angriffskrieg

Zunächst schien es, als ob Deutschland bald ganz Europa in einem **Blitzkrieg*** unterwerfen könne. Mit der Blitzkriegsstrategie wollte die Militärführung verhindern, dass das Deutsche Reich wegen fehlender Rohstoffreserven in einem länger andauernden Krieg besiegt werden würde: Ab April 1940 wurden in weiteren Feldzügen Dänemark und Norwegen besetzt. Das Deutsche Reich kontrollierte nun den Nord- und Ostseehandel. Vor allem aber wurden wichtige Erzlieferungen gesichert.

*kapitulieren
in aussichtsloser Lage alle Kriegshandlungen aufgeben

Im Mai 1940 befahl Hitler den Angriff auf Frankreich: Unter Bruch der **Neutralität** Belgiens stießen die deutschen Panzertruppen nach Westen vor; zudem besetz-

*faschistisch
Faschismus (von Lateinisch: *fasces* = Bund, Bündel): nationalistische Herrschaftsform mit Führerkult in Italien (1922 bis 1945)

ten Fallschirmjäger und Panzertruppen die Niederlande. Als die französischen Truppen im Juni kapitulierten*, war Hitler auf dem Höhepunkt seiner Macht. Die deutsche Bevölkerung bejubelte seine Erfolge.

Obwohl sich der Machtbereich Hitlers nun weit über den europäischen Kontinent erstreckte, war der Krieg aber noch nicht gewonnen. Denn ein Sieg über Großbritannien, das von den USA durch umfangreiche Rüstungslieferungen Unterstützung erhielt, blieb aus. Auch die im August 1940 begonnene **Bombardierung** britischer Städte durch die deutsche Luftwaffe änderte den Zustand nicht.

Am **22. Juni 1941** überfiel die deutsche Wehrmacht auf Weisung Hitlers überraschend auch die UdSSR und eröffnete damit eine zweite Kriegsfront. Bis zu diesem Zeitpunkt hatte die UdSSR das Deutsche Reich mit Rohstoffen, vor allem Erzen und Getreide, beliefert. Nach ersten Vorstößen kam der Vormarsch der deutschen Truppen mit dem Wintereinbruch zunächst zum Erliegen.

In den eroberten Gebieten errichteten die Deutschen eine **brutale Besatzungsherrschaft**. Beteiligt daran waren neben regulären Truppen der Wehrmacht auch Einheiten der SS und der Polizei. Sie führten insbesondere die Verfolgung von Juden durch, verschleppten sie oder ermordeten sie vor Ort.

Die Ausweitung zum Weltkrieg

Anfang der 1940er-Jahre verband das Deutsche Reich und das **faschistisch*** regierte Italien ein Pakt mit Japan, der unter anderem gegenseitige militärische Unterstützung vorsah.

Bereits seit 1936 führte Japan Krieg gegen China. Nachdem japanische Kriegsverbrechen bekannt geworden waren, versuchte

M2 Winston Churchill (1874–1965), der schon seit 1929 vor den von Hitler drohenden Gefahren gewarnt hatte, war von 1940 bis 1945 britischer Premierminister.

M3 In London nach einem deutschen Luftangriff im September 1940

der amerikanische Präsident Roosevelt 1941, durch einen Handelsboykott den Verzicht Japans auf eroberte chinesische Gebiete zu erzwingen. Die japanische Regierung entschloss sich daraufhin jedoch zum Angriff auf die USA: Am 7. Dezember 1941 bombardierte die japanische Luftwaffe ohne Kriegserklärung den US-Militärstützpunkt **Pearl Harbour** auf Hawaii. Etwa 3500 Amerikaner kamen bei dem Überraschungsangriff ums Leben. In der Folgezeit gelang es Japan, große Teil des Pazifikraumes und Südostasiens zu erobern.

Nach dem Angriff auf Pearl Harbour erklärten die USA und Großbritannien Japan den Krieg. Die deutsche Führung nahm dies ohne Zögern zum Anlass, den USA ihrerseits den Krieg zu erklären. Sie erwartete, die amerikanischen Streitkräfte würden sich zwischen dem europäischen und dem asiatischen Kriegsschauplatz aufreiben. Präsident Roosevelt jedoch vereinbarte mit dem britischen Premierminister Churchill, die größte Anstrengung zunächst gegen das Deutsche Reich zu richten, das mit seinem Bombenkrieg für die Zivilbevölkerung in den englischen Städten eine massive Bedrohung darstellte. Gemeinsam mit der Sowjetunion gründeten die beiden westlichen Alliierten die **Anti-Hitler-Koalition**.

M4 **Auf einer Konferenz in Casablanca im Jahr 1943 erklärten Roosevelt und Churchill:**

[…] In Anbetracht der gesamten Kriegslage sind wir mehr denn je davon überzeugt, dass nur eine totale Beseitigung der deutschen und japanischen Kriegsmacht der Welt den Frieden bringen kann. Dies führt zu der einfachen Formulierung der Kriegsziele, welche eine bedingungslose Kapitulation Deutschlands, Japans und Italiens zum Inhalt hat. Die bedingungslose Kapitulation dieser Mächte kann allem Ermessen nach den Weltfrieden für Generationen sichern.

Hans Adolf Jacobsen, Der Zweite Weltkrieg, Wehr und Wissen Verlagsgesellschaft, Bonn 1965, S. 236

1 Fasse mithilfe der Karte M1 und des Textes das Kriegsgeschehen in Europa bis zum Winter 1941/1942 zusammen.

2 Stelle die Bedeutung der Ereignisse des Jahres 1941 dar.

3 Beschreibe mithilfe von M4 die Kriegsziele der Amerikaner und Briten.

Verbrechen an der Zivilbevölkerung

M 1 „Vergeltungsaktion" an polnischen Partisanen (1942)

Besatzungsherrschaft der Deutschen

Ende 1942 war das Deutsche Reich auf dem Höhepunkt seiner Macht und hatte große Teile Europas erobert (vgl. Karte, S. 70). In den einzelnen Ländern wurde eine deutsche Besatzungsherrschaft errichtet. In vielen Ländern, die von Deutschland besetzt wurden, kam es zu Kriegsverbrechen an der Zivilbevölkerung – besonders im Osten, vor allem in Polen und in der Sowjetunion.

M 2 Was sind „Kriegsverbrechen"?

Als **Kriegsverbrechen** werden Handlungen von Angehörigen eines kriegführenden Staates betrachtet, die gegen Strafvorschriften des Staates oder internationale Strafbestimmungen verstoßen – z. B. die Führung eines Angriffskriegs, Mord, Grausamkeiten gegen die Zivilbevölkerung, Massaker, systematischer Terror, Misshandlung und Tötung von Gefangenen, Zwangsarbeit fremder Staatsangehöriger und Völkermord.

„Leitlinien für den Krieg im Osten"

Entsprechend den Vorgaben Hitlers erließ die Wehrmachtsführung Anweisungen zur Art der Kriegsführung im Osten.

M 3 In einem Befehl vom 13. 5. 1941 für den Russlandfeldzug stand:

Freischärler* sind durch die Truppe im Kampf oder auf der Flucht schonungslos zu erledigen.

[…] Für die Handlungen, die Angehörige der Wehrmacht und des Gefolges gegen feindliche Zivilpersonen begehen, besteht kein Verfolgungszwang, auch dann nicht, wenn die Tat zugleich ein militärisches Verbrechen oder Vergehen ist.

Wolfgang Michalka, Das Dritte Reich, Bd. 2, München, 1985, S. 175

M 4 Stellvertretend für Verbrechen von Einheiten der SS, aber auch der Wehrmacht stehen vor allem folgende Orte:

Pančevo: Als Vergeltungsmaßnahme für die Erschießung zweier SS-Männer trieben Wehrmachtsangehörige die Einwohner der serbischen Stadt zusammen. Am 22. April 1941 wurden insgesamt 36 Menschen getötet.

Lidice: Als Rache für die Ermordung des deutschen „Reichsprotektors in Böhmen und Mähren", Reinhard Heydrich, ermordete die SS 1942 alle Männer (rund 190 Personen) des tschechischen Dorfes Lidice. Frauen und Kinder wurden in Konzentrationslager verschleppt.

Oradour-sur-Glane: Im französischen Oradour ermordeten im Juli 1944 SS-Einheiten alle 642 Einwohner auf barbarische Weise.

Warschau: Der Aufstand der polnischen Juden im Warschauer Getto wurde im April / Mai 1943 blutig niedergeschlagen. Die Überlebenden wurden in Konzentrationslager gebracht und ermordet. Im August 1944 erschossen Wehrmachttruppen nach Beginn des Warschauer Aufstandes etwa 15 000 Menschen. Warschau wurde völlig zerstört.

Zwangsarbeit

Die Kriegsjahre zwischen 1939 und 1945 führten zu einem Mangel an Arbeitskräften in Deutschland, denn die Wehrmacht und die SS-Truppen brauchten Männer für den Krieg, die in den Wirtschaftsbetrieben als Arbeitskräfte fehlten. Zur Vermeidung eines Zusammenbruchs der Wirtschaft kamen die Nazis auf die grausame Idee, Menschen aus ganz Europa nach Deutschland zu verschleppen, um sie als **Zwangsarbeiter** in den Wirtschaftsbetrieben einzusetzen. Kriegsgefangene und KZ-Häftlinge wurden zur Arbeit in der Landwirtschaft und der Rüstungsindustrie gezwungen – beispielsweise in Munitionsfabriken. Die im „Arbeitseinsatz" Befindlichen wurden bei den Bauern oder in der Nähe der Rüstungsbetriebe in Lagern untergebracht.

Die Gesamtzahl der Deportierten und Kriegsgefangenen, die in Deutschland arbeiten mussten, betrug 1942 etwa sechs Millionen. Je nach Herkunft wurden die Zwangsarbeiter sehr unterschiedlich behandelt: Mehr noch als Franzosen oder Niederländer wurden Polen oder Russen misshandelt und gedemütigt.

M5 **Der Deutsche Max Kirsten, der als Reparaturschlosser in einem Barackenlager gearbeitet hatte, erinnerte sich später:**

Die Wohnbedingungen in den Baracken waren unmenschlich. Es gab keine Bettwäsche, einfache Bretter und darauf Stroh. Das waren die Bettstellen. Zwei Decken hatte jeder – eine zum Zudecken, die andere mussten sie auf das Stroh legen, wenn sie nicht direkt darauf liegen wollten. Sie konnten sich auch nirgendwo anders als in diesem Raum aufhalten.

Bei geringsten Verstößen gegen Arbeitsanweisungen, Lagerdisziplin, Verhaltensordnungen wurden die Zwangsarbeiter streng bestraft. Essenentzug, Bunkerhaft,

M6 Zwangsarbeiterinnen aus dem Osten beim Arbeitseinsatz in Deutschland (1942)

körperliche Misshandlungen waren üblich. Viele der verschleppten Frauen wurden zudem zwangssterilisiert: Damit sollte verhindert werden, dass „fremdvölkische Kinder" im Deutschen Reich aufwuchsen, gleichzeitig blieb die Arbeitskraft der Frau ohne Unterbrechung erhalten.

In der Frage der Entschädigungen für die geleistete Zwangsarbeit wurde nach dem Krieg zunächst keine allgemeine Lösung gefunden. Viele Menschen blieben ganz ohne Entschädigung. Erst im Jahr 2000 haben die Bundesregierung und die Industrie eine Regelung für alle diejenigen Überlebenden beschlossen, die bis dahin noch nicht entschädigt worden waren.

1 „Übersetze" den Befehl M3. Was wird darin ausgesagt? Vermute, welchen Zweck dieser Befehl erfüllen sollte.

2 Finde die Orte der Kriegsverbrechen aus M4 im Atlas (Hilfe: Suche bei den Städten Prag, Belgrad, Limoges.).

3 Informiert euch in arbeitsteiliger Gruppenarbeit über die genannten Kriegsverbrechen und berichte darüber.

4 Erkundigt euch nach dem Schicksal von Zwangsarbeitern in eurer Gegend und informiert eure Mitschüler/-innen.

5 Schildert das Leben der Zwangsarbeiterinnen und -arbeiter (M5, M6, Text).

6 Begründe, warum nur wenige Deutsche versuchten, den ausländischen Menschen zu helfen.

Das Ende rückt näher

M 1 Friedrich Paulus (geb. 23.9.1890, gest. 1.2.1957), Feldmarschall und Oberbefehlshaber der 6. Armee vor Stalingrad, wurde 1953 aus der Kriegsgefangenschaft entlassen und ließ sich in der DDR nieder.

M 2 108 000 Mann gingen in russische Kriegsgefangenschaft. 40 000 von ihnen starben noch auf dem Weg in die Lager an Erschöpfung. Zehntausende weitere fielen dort Krankheiten zum Opfer. Bis 1956 kehrten nur noch 5000 von den ehemals 280 000 Soldaten nach Deutschland zurück.

Internettipps

www.dhm.de/lemo/html/wk2/kriegsverlauf/stalingrad

M 3 Leichen gefallener deutscher Soldaten der 6. Armee vor Stalingrad (1943)

Stalingrad

1942 wurde an der Ostfront der deutsche Vorstoß gestoppt. Bei **Stalingrad** an der Wolga entbrannte eine Schlacht, in deren Verlauf im November 280 000 deutsche Soldaten eingekreist wurden. Die Schlacht von Stalingrad tobte zwei Monate lang. Sowohl die Kämpfe als auch die furchtbare Kälte (um –30 °C) forderten auf beiden Seiten zahlreiche Opfer. Hinzu kam, dass die Luftunterstützung für die Eingekesselten weitgehend fehlschlug. Die Luftwaffe verlor etwa 8000 Mann und rund 500 Flugzeuge.

Ende Januar 1943 gaben die völlig aufgeriebenen deutschen Truppen auf. Hitler, der eine **Kapitulation** abgelehnt hatte, sprach von „Feigheit vor dem Feind". Etwa 146 000 Soldaten waren allein auf deutscher Seite ums Leben gekommen; 108 000 wurden in sowjetische Kriegsgefangenschaft überführt, wobei allein auf dem Weg in die Lager 40 000 von ihnen an Entkräftung starben. Bis 1956 kehrten nur 5000 von den ehemals 280 000 Soldaten zurück.

Die Verluste auf sowjetischer Seite wurden auf etwa 500 000 Mann geschätzt. Darüber hinaus waren um 50 000 Bewohner Stalingrads durch die deutsche Belagerung ums Leben gekommen, weitere 65 000 Menschen im Verlauf der Kämpfe als Zwangsarbeiter nach Deutschland verschleppt worden. Die Stadt war völlig vernichtet.

M 4 **Ein geheimer Lagebericht der Gestapo beschreibt die Reaktion der deutschen Bevölkerung auf die Niederlage:**

[…] Die Meldung […] hat im ganzen Volk eine tiefe Erschütterung ausgelöst. […] In erster Linie ist es die Höhe der Blutopfer, nach denen die Bevölkerung fragt. […] Die einen erklären, Gefangenschaft sei schlimmer als der Tod, weil die Bolschewisten die lebend in ihre Hände gefallenen Soldaten unmenschlich behandeln würden. Andere wiederum meinen, es sei doch ein Glück, dass nicht alle gefallen seien, so sei doch noch Hoffnung, dass später einmal ein Teil von ihnen in die Heimat zurückkehre. […] Allgemein ist die Überzeugung vorhanden, dass Stalingrad einen Wendepunkt des Krieges bedeute.

Chronik des Zweiten Weltkrieges, Bertelsmann, Gütersloh/München 1994, S. 223, bearb. von Brigitte Esser und Michael Venhoff

„Totaler Krieg" …

M 5 **Am 18. Februar 1943 rief Reichspro-pagandaminister Goebbels im Berliner Sportpalast ausgesuchte Parteianhänger unter großem Beifall zum „totalen Krieg" auf:**

[…] Die Engländer behaupten, das deutsche Volk habe den Glauben an den Sieg verloren. Ich frage euch: Glaubt ihr mit dem Führer und mit uns an den totalen Sieg des deutschen Volkes? Ich frage euch: Seid ihr entschlossen, dem Führer in der Erkämpfung des Sieges durch dick und dünn und unter Aufnahme auch der schwersten persönlichen Belastungen zu folgen? […] Ich frage euch, wollt ihr den totalen Krieg, wollt ihr ihn wenn nötig totaler und radikaler, als wir ihn uns heute überhaupt nur vorstellen können? […] Ich frage euch, ist euer Vertrauen zum Führer heute größer […] und unerschütterlicher denn je? […]

Iring Fetscher, „Wollt ihr den totalen Krieg?",
Joseph Goebbels im Berliner Sportpalast 1943,
EVA, Hamburg 1998

Entgegen der NS-Ideologie wurden nun immer mehr **Frauen dienstverpflichtet**: zu Verwaltungsaufgaben, als „Luftwaffenhelferinnen" bei der Flugabwehr oder in der Rüstungsindustrie. Millionen von Verschleppten, Kriegsgefangenen und KZ-Häftlingen mussten in Landwirtschaft und Industrie Zwangsarbeit leisten.

… und Kriegsmüdigkeit

Im August 1940 hatte die deutsche Luftwaffe mit der Bombardierung englischer Städte den Luftkrieg gegen die britische Zivilbevölkerung eröffnet. Im Gegenzug erfolgten seit 1943 fast täglich **britische und amerikanische Luftangriffe** auf deutsche Städte. Allein über Berlin wurden bis 1945 mehr als 50 000 Tonnen Bomben abgeworfen. Die Nächte in den Luftschutzkellern, der Verlust von Hab und Gut, extreme Versorgungsengpässe, die Suche

M 6 Koblenz nach einem alliierten Luftangriff (1945)

nach Vermissten und die Trauer um Tote führten dazu, dass die propagandistischen Durchhalteparolen in der Zivilbevölkerung immer weniger Resonanz fanden. Hinzu kamen die schlechten Nachrichten von der Front: Nach dem Sieg von Stalingrad drängte die sowjetische Armee 1943 die deutschen Truppen zurück. Auf dem Kriegsschauplatz in Nordafrika wurde das deutsche Afrikakorps von einer amerikanisch-britischen Armee zur Kapitulation gezwungen. Im Sommer 1944 landeten alliierte Truppen in der **Normandie** und konnten nach schweren Kämpfen Frankreich von der deutschen Besatzungsmacht befreien.

M 7 Begeisterte Zuhörer der Goebbels-Rede im Berliner Sportpalast (1943)

1 In den Texten dieser Doppelseite stehen viele Zahlen. Besprecht gemeinsam, was sich dahinter an Schicksalen verbirgt.

2 Bewerte die Rolle Hitlers in den Geschehnissen um die Schlacht von Stalingrad.

3 Erkläre die verschiedenen Einschätzungen des Schicksals der Kriegsgefangenschaft (M 4).

4 Stelle das Ziel der Goebbels-Rede (M 5) dar.

5 Überlegt gemeinsam, wodurch die Begeisterung des Publikums zu erklären ist (M 5, M 7).

6 Finde heraus, welches Ziel die Alliierten mit der massiven Bombardierung der deutschen Städte verfolgten.

Nicht alle waren einverstanden

Dietrich Bonhoeffer, evangelisch, sagte:
Die Kirche bekennt ihre Furchtsamkeit, ihr Abweichen, ihre Zugeständnisse. Sie hat […] den Ausgestoßenen und Verachteten die schuldige Barmherzigkeit verweigert. Sie war stumm, wo sie hätte schreien müssen.

Aus der Predigt des Bischofs von Galen vom 13. Juli 1941:
Keiner von uns ist sicher […], dass er nicht eines Tages in den Kellern und Konzentrationslagern der Geheimen Staatspolizei eingesperrt wird. […] Darum rufe ich laut: Wir fordern Gerechtigkeit. Bleibt dieser Ruf ungehört, so wird unser deutsches Volk und Vaterland […] an innerer Fäulnis und Verrottung zugrunde gehen.

M 1 Stellungnahmen aus dem kirchlichen Widerstand gegen die Nationalsozialisten

Was bedeutet Widerstand in einer Diktatur?

Hitler und seine nationalsozialistische Partei trafen von Anfang an auch auf energischen Widerspruch. Kommunisten, Sozialdemokraten, viele freiheitlich denkende oder christlich orientierte Menschen dachten anders als die neuen Machthaber. Politische Gegner wurden aber nach der „Machtergreifung" von 1933 rasch zum Schweigen gebracht. Die **Geheime Staatspolizei** („**Gestapo**") und ihre Helfer aus den nationalsozialistischen Organisationen hielten Augen und Ohren offen: Wer allzu deutlich widersprach, war seines Lebens nicht mehr sicher. Ein großer Teil der Bevölkerung nahm die Nationalsozialisten nicht ernst oder war mit der neuen Politik im Großen und Ganzen einverstanden. Erst als die Kriegserfolge ausblieben, wurden viele wach – den Mut zu aktivem Widerstand aber hatten nur wenige. Das Risiko, wie ein Verbrecher behandelt oder als Volksverräterin hingerichtet zu werden, war für viele zu hoch.
Die Gründe der Menschen, die sich dennoch gegen Hitler und die Nationalsozialisten stellten, waren verschieden, ihr Ziel aber war dasselbe: Sie wollten das Ende der nationalsozialistischen Diktatur.

Christlicher Widerstand

Der Widerstand der Christen war nicht in Gruppen organisiert. Es gab einzelne Pfarrer und Priester, die gegen die Diktatur predigten. Ein bekannter Vertreter war der katholische Bischof von Münster, **Clemens August Graf von Galen,** ein anderer der evangelische Pfarrer **Dietrich Bonhoeffer,** der kurz vor Kriegsende, am 9. April 1945, im Konzentrationslager Flossenbürg ermordet wurde.

Widerstand politischer Gruppen

Am besten organisiert war der Widerstand der Kommunisten, Sozialdemokraten und der Gewerkschafter. Sie arbeiteten im Geheimen und verteilten z. B. Flugblätter in Waffenfabriken, auf denen sie dazu aufriefen, langsam und ungenau zu arbeiten. Diese Gruppen verübten auch Anschläge auf Rüstungsbetriebe. Viele büßten ihren Einsatz mit Haft, Folter oder mit dem Tod.

Jugend im Widerstand

Eine der bekanntesten Widerstandsgruppen war die „**Weiße Rose**", eine Vereinigung Münchner Studenten um die Geschwister Hans und Sophie Scholl und den Professor Kurt Huber. In Flugblättern forderten sie zum Sturz der Diktatur auf. Am 18. Februar 1943 verteilten Hans und Sophie Scholl Flugblätter in der Münchner Universität. Dabei wurden sie entdeckt und angezeigt. Sie wurden verhaftet und vier Tage später hingerichtet.

M 2 **Aus den Flugblättern der Weißen Rose:**
Im Namen der deutschen Jugend fordern wir vom Staat Adolf Hitlers die persönliche Freiheit, das kostbarste Gut […] zurück, um das er uns in der erbärmlichsten Weise betrogen hat. […] Der deutsche Name bleibt für immer geschändet, wenn nicht die deutsche Jugend endlich aufsteht.

J. Hohlfeld, Dokumente der dt. Politik und Geschichte von 1848 bis zur Gegenwart, Bd. IV / V, Berlin (Dokumenten-Verlag) 1951, S. 401 ff.

Widerstand im Militär

Angehörige des Militärs organisierten sich in Gruppen, um die Macht in Deutschland zu übernehmen und das Land vor der Vernichtung zu bewahren. 1944 übernahm

Oberst Claus Graf von Stauffenberg die Ausführung eines solchen Plans.

M3 So begründeten Stauffenberg und seine Mitverschwörer ihr Vorhaben:

Unser Ziel ist die wahre, auf Achtung, Hilfsbereitschaft und soziale Gerechtigkeit gegründete Gemeinschaft des Volkes. Wir wollen Gottesfurcht anstelle von Selbstvergottung, Recht und Freiheit anstelle von Gewalt und Terror, Wahrheit und Sauberkeit anstelle von Lüge und Eigennutz. […] Wir wollen mit besten Kräften dazu beitragen, die Wunden zu heilen, die dieser Krieg allen Völkern geschlagen hat, und das Vertrauen zwischen ihnen wieder neu zu beleben. […] Wir erstreben einen gerechten Frieden, der an die Stelle der Selbstzerfleischung und Vernichtung der Völker friedliche Zusammenarbeit setzt.

J. Hohlfeld, a. a. O.

Als hoher Offizier hatte von Stauffenberg Zugang zum Führerhauptquartier. Am 20. Juli 1944 wurde er zu einer Besprechung mit Hitler gerufen. Dabei stellte von Stauffenberg eine Aktentasche mit einer Bombe unter dem Verhandlungstisch neben Hitler ab und verließ den Raum. Die Bombe explodierte und tötete mehrere Menschen, Hitler selbst wurde jedoch nur leicht verletzt. Von Stauffenberg und die anderen beteiligten Offiziere wurden noch in derselben Nacht festgenommen und erschossen.

Widerstand Einzelner

Einzelne Bürger verübten Attentate auf Hitler – beispielsweise der Schreiner **Hans Georg Elser** aus Hermaringen in Württemberg. Er wollte 1939 Hitler im Münchner Bürgerbräukeller mit einer Bombe töten, um den Ausbruch des Zweiten Weltkrieges zu verhindern. Der Anschlag scheiterte jedoch. Insgesamt wurden auf Adolf Hitler 42 Attentate verübt, die er alle überlebte.

Der 17-jährige **Helmuth Hübener** aus Hamburg schrieb auf seiner Schreibmaschine Flugblätter gegen die Nationalsozialisten und den Krieg. Um Informationen zu bekommen, hörte er den Londoner Rundfunk ab. Mit diesem Wissen wollte er Lügen der staatlichen **Propaganda** richtigstellen. 1942 wurde er deshalb zum Tod verurteilt und hingerichtet.

M5 Weiße Rose

M4 Das Flugblatt Helmuth Hübeners:

Ja, Hitler ist schuld, dass das Volk muss berappen.
Von seinem Vorrat, dem ohnehin schon knappen.
Für Hitlers Irrtum zahlt das Volk nun die Kosten.
Was hilft's, Russland bleibt ein verlorener Posten.
Dass Stalin sein Heer jetzt zum Siege hinführt,
Das hatte der Führer nicht einkalkuliert!
Im Jahr einundvierzig wird alles gebrochen,
So hatte der Führer dereinst keck versprochen.
Jetzt trägt der Soldat für den Irrtum die Leiden,
während Hitler verspricht: „Dieses Jahr wird entscheiden!"
Es wird sich entscheiden, wenn alles sich „rührt"!
(Und dann hat auch Hitler sich auskalkuliert!)

Franz Ahrens, Helmuth Hübener: Vorbild, Opfer, Verpflichtung, Hamburg (Hermes) 1948, S. 17

Geschichtsforscher nennen nicht jede Aktion gegen den Nationalsozialismus „Widerstand". Sie unterscheiden zwischen „Protest", „Verweigerung", „Nichtanpassung" und „Widerstand, der den Sturz der Regierung will".

M6 Oberst Claus Graf von Stauffenberg

M7 Helmuth Hübener

1 Auf dieser Doppelseite werden Gruppen vorgestellt, die sich gegen das NS-Regime gestellt haben. Erarbeitet mithilfe der Texte und Materialien, welche Gruppen es gab, worin ihr Protest bestand und ggf. ihre Motive. Bedenkt dabei, welches Risiko die Menschen eingingen, einem gut organisierten Terrorstaat zu trotzen.

2 Erläutere die Unterschiede zwischen den im Autorentext genannten Begriffen im letzten Absatz.

3 Ordne die Begriffe den Beispielen auf dieser Doppelseite sowie auf S. 59 zu. Begründe deine Entscheidungen.

Unser Schulort 1933 – 1945

M 1 Postkarten aus Rheinfelden aus der Zeit von 1933 bis 1945. Die Plätze, die damals „Adolf-Hitler-Platz" und „Horst-Wessel-Platz" hießen, heißen heute „Oberrheinplatz" und „Friedrichsplatz".

Auch hier bei uns …?

Auch euer Heimatort oder eure Region hat den Nationalsozialismus erlebt. Die zwölf Jahre von 1933 bis 1945 haben ihre Spuren hinterlassen. Um diese Spuren sichtbar zu machen, könnt ihr alle Arbeitstechniken und Methoden anwenden, die ihr in den letzten Jahren gelernt habt. Ein besonders interessantes Ergebnis werdet ihr erhalten, wenn sich mehrere Gruppen bilden, die sich mit speziellen Themen beschäftigen. Diese Fragestellungen könnt ihr z. B. bearbeiten:

Welche Straßen wurden in der Zeit nach 1933 umbenannt?

In den meisten Orten wurde nach 1933 eine Straße oder ein Platz nach Adolf Hitler benannt – auch in eurem Heimatort? Welche Straßennamen wurden noch geändert? Wann war das? Welchen Namen hatten sie vor der Umbenennung? Wie heißt die Adolf-Hitler-Straße heute? Wie kam es zu dem neuen Namen, gab es noch andere Vorschläge?

M 2 Denkmal für die ermordeten Kinder des St. Josefshauses, Herten

Verfolgung

Gab es in eurer Gemeinde oder in der Umgebung Boykottaktionen gegen jüdische Geschäfte am 1. April 1933? Kam es in der Nacht vom 9. auf den 10. November 1938 zu Brandstiftungen oder Zerstörungen? Informationen findet ihr im Gemeindearchiv. Bittet einen Mitarbeiter der Gemeindeverwaltung um Unterstützung. Gab es jüdische Bürger, die ausgewandert sind oder in Konzentrationslager verschleppt wurden? Gab es andere Personengruppen, die unter der Verfolgung durch die Nationalsozialisten zu leiden hatten? Antworten auf diese Fragen findet ihr in Ortschroniken, die ihr in öffentlichen Büchereien ausleihen könnt. Oft haben sich auch Heimatforscher oder Geschichtsvereine mit diesem Thema beschäftigt und die Ergebnisse ihrer Arbeit veröffentlicht.

Kriegsteilnehmer

Mit Sicherheit sind auch aus eurer Gemeinde Männer als Soldaten eingezogen worden und haben am Krieg teilgenommen. Manche von ihnen waren nach Kriegsende kürzere oder längere Zeit in Gefangenschaft. Bittet im Amtsblatt oder in der Lokalzeitung um Feldpostbriefe oder -karten, die sie nach Hause geschrieben haben. Fragt auch nach Post aus der Gefangenschaft. In vielen Familien wurde diese Post aufbewahrt.

Viele Menschen geben solche Dokumente nur ungern aus der Hand. Sie haben Bedenken, dass sie verlorengehen oder beschädigt werden. Bei einer Fotokopie brauchen sie diese Bedenken nicht zu haben. Denkt auch daran, dass in diesen Briefen oft sehr persönliche Dinge angesprochen werden und die heutigen Besit-

M 4 Koblenzer Schüler in Uniform der „Hitlerjugend" (HJ) marschieren mit Landsknecht-Trommeln vor der Stadthalle. Foto, Mitte der 1930er-Jahre

den 13. September 1947

Meine allerliebsten Eltern!

Die herzlichsten Sonntagsgrüsse. Bin immer gesund, hoffe von Euch dasselbe. Briefe nicht erlaubt, gewöhnliche Postkarten ankommen. Wie ist Obst-Weinernte? Hitze nachgelassen? Wie geht es Großmutter, Tante?

Tausend Grüsse aus weiter Ferne Euer dankbarer Walter

M 3 Postkarte aus sowjetischer Kriegsgefangenschaft

zer der Schriftstücke nicht möchten, dass diese Dinge veröffentlicht werden. Auf einer Fotokopie können entsprechende Textstellen unlesbar gemacht werden.
Über Kriegsgräberstätten, auf denen Soldaten aus eurem Heimatort begraben sind, könnt ihr euch unter www.volksbund. de / graebersuche erkundigen.

Zwangsarbeiter

Gab es in eurer Gemeinde oder in einer Nachbargemeinde Zwangsarbeiter? Wurden sie in der Industrie oder in der Landwirtschaft eingesetzt? Aus welchen Ländern kamen sie? Wo wohnten sie? Wie erging es ihnen während des Krieges und was erlebten sie gegen Kriegsende? Auch hier helfen euch Gemeindearchive und Geschichtsvereine weiter.

Denkmäler für die Kriegsopfer

In fast jedem Ort gibt es ein Denkmal für die Teilnehmer am Ersten und am Zweiten Weltkrieg. Was ist dargestellt? Wie wirkt es auf euch? Auf manchen Denkmälern findet man die Namen und Geburtsdaten der Gefallenen und den Ort, an dem sie ums Leben kamen. Diese Orte lassen sich auf einer Landkarte darstellen. Mithilfe der Geburtsdaten kann man ausrechnen, wie alt die Gefallenen waren. Vergleicht das Denkmal in eurem Heimatort mit Denkmälern aus den Nachbarorten. Überprüft auch, ob es auf eurem Friedhof einen eigenen Bereich für Kriegsopfer gibt. Gibt

M 5 Erntedankfest in Westum, Kreis Ahrweiler. Foto, 1936. Das ursprünglich christliche Fest erscheint hier im NS-Fahnenschmuck.

es Gedenkveranstaltungen für die Kriegsopfer – beispielsweise am Volkstrauertag? Wo lebten die Besatzungstruppen?
Nach dem Krieg waren in den meisten Dörfern und Städten Soldaten der Siegermächte untergebracht. Aus welchem Land kamen die Soldaten, die bei euch stationiert waren? Wie viele waren es? Wo waren sie untergebracht? Wie war der Kontakt zur Bevölkerung? Wie lange blieben die Soldaten in eurem Ort? Informationen dazu findet ihr im Gemeindearchiv.

Projektaktivitäten

Gibt es Gebäude, die von den Nationalsozialisten oder von ihren Organisationen genutzt wurden? Was ist heute in diesen Gebäuden untergebracht? Gab es in eurer Nähe ein Konzentrationslager? Gab es in eurem Ort oder für eure Region Widerstand gegen den Nationalsozialismus? Wer leistete Widerstand? Was ist aus diesen Menschen geworden? Wahrscheinlich findet ihr noch mehr Fragen, mit denen ihr euch im Rahmen dieses Projektes beschäftigen könnt. Weitere Anregungen und Tipps für eure Arbeit erhaltet ihr unter www.lernen-aus-der-geschichte.de.

Kriegsende in Europa und Asien

Führerbefehl!

„Die Stadt Trier ist mit allen Mitteln zu verteidigen!"

Dieser Befehl ist eindeutig und klar. Das Wort hat nur noch die Panzerfaust. Zu reden haben jetzt nur die Waffen in unseren Fäusten. Den Blick bei Tag und Nacht zum Feind, das Herz zum Bersten voll von Wut und Haß, so sperren wir das

TOR ZUR MOSEL!

Mit einem Schrei nach Rache stemmen wir uns immer wieder gegen die **Eindringlinge!** Jede Straße wird ein **Bollwerk!** Jedes Haus eine **Festung!** So ist Trier **uneinnehmbar!**

Wir Westsoldaten haben den Führerbefehl verstanden, wie die Kameraden aus dem Kurland, aus Ostpreußen u. Pommern.

Kein fremder Eindringling kommt in die Stadt und wenn wir ihn **totschlagen**, wenn wir ihn mit unseren Fäusten **erwürgen** müßten.

TRIER BLEIBT FREI!

M 1 Plakat (1945)

Deutsche auf der Flucht

Zum Jahreswechsel 1944/1945 hatten die Alliierten die deutschen Grenzen erreicht. Bereits im Oktober war die **Rote Armee** in ostpreußisches Gebiet vorgedrungen. Vor den vorrückenden Soldaten, die sich mit Plünderungen, Vergewaltigungen und Morden für den brutalen Terror der Deutschen in der UdSSR rächten, flohen nun Millionen von Menschen, meist Frauen und Kinder, aus den deutschen Ostgebieten. In scheinbar endlosen **Flüchtlingstrecks** versuchten sie, nach Westen zu gelangen. Doch nicht zuletzt, weil die Nationalsozialisten mit ihren Durchhaltebefehlen die rechtzeitige Flucht der Menschen verhindert hatten, verloren unter den chaotischen Umständen im Winter 1944/1945 Schätzungen zufolge etwa 2,8 Millionen Menschen ihr Leben. Und indem sie Gräueltaten der sowjetischen Soldaten noch ausschmückte, versuchte die nationalsozialistische Führung ein weiteres Mal, durch Propaganda den Widerstandswillen der Bevölkerung zu stärken.

Volkssturm und Verwüstungen

Gegen die heranrückenden Alliierten mobilisierten die Nationalsozialisten den sogenannten **Volkssturm***, in den vor allem Jugendliche und Alte eingezogen wurden. Für kurze Zeit machten in den bereits verlorenen Gebieten junge **Partisanen**, die sich „**Werwölfe**" nannten und unter Führung der SS standen, mit Sabotageakten und Selbstmordanschlägen von sich reden. Gegen Zivilisten und Soldaten, die den Widerstand gegen die Alliierten aufgeben wollten, wurden ohne jegliches Gerichtsverfahren Todesurteile verhängt und vollstreckt.

M 2 Am 19. März erließ Hitler für das Reichsgebiet den „Nero-Befehl": Er sah vor, alle militärischen Anlagen, Verkehrs-, Nachrichten-, Industrie- und Versorgungsanlagen sowie Sachwerte zu zerstören. Dazu überliefert ist folgende Äußerung Hitlers:

[…] Wenn der Krieg verloren geht, wird auch das Volk verloren sein. Es ist nicht notwendig, auf die Grundlagen, die das deutsche Volk zu seinem primitivsten Weiterleben braucht, Rücksicht zu nehmen. Im Gegenteil ist es besser, selbst diese Dinge zu zerstören. Denn das Volk hat sich als das schwächere erwiesen, und dem stärkeren Ostvolk gehört ausschließlich die Zukunft. Was nach diesem Kampf übrig bleibt, sind ohnehin die Minderwertigen, denn die Guten sind gefallen. […]

Dokumente zur Deutschen Geschichte, Berlin, VEB Verlag der Wissenschaften, 1977, S. 109

Nach erbitterten Kämpfen trafen sich am 25. April 1945 endlich amerikanische und

Gesamtverluste: rund 55 Millionen Tote (Erster Weltkrieg: rund 10 Millionen Tote)		
Land	Soldaten	Zivilisten
Deutschland	5 250 000	500 000
Sowjetunion	20 600 000	7 000 000
USA	259 000	
Großbritannien	386 000	62 000
Frankreich	810 000	470 000
Polen	4 250 000	4 200 000
ferner 1,5 Mio. in den von der Sowjetunion 1939 annektierten polnischen Ostgebieten		
Italien	330 000	k. A.
Rumänien	378 000	k. A.
Ungarn	420 000	280 000
Jugoslawien	1 690 000	1 200 000
Finnland	84 000	k. A.
Norwegen	10 000	k. A.
Dänemark	1 400	k. A.
Bulgarien	20 000	k. A.
Griechenland	160 000	140 000
Belgien	88 000	76 000
Niederlande	210 000	198 000
Japan	1 800 000	600 000

M 3 Die Toten des Zweiten Weltkriegs

sowjetische Einheiten in **Torgau** an der Elbe. Am 7. Mai 1945 wurde die **bedingungslose Kapitulation** durch die Führung der deutschen Wehrmacht in Reims unterzeichnet, sie trat am 9. Mai in Kraft. Hitler hatte zuvor, am 30. April, im Bunker der Reichskanzlei in Berlin Selbstmord begangen. In allen deutschen Gebieten übernahmen nun die Siegermächte die Regierungsgewalt.

Das Kriegsende in Asien

Es gelang den Alliierten bis zum Frühjahr 1945, die Japaner aus vielen ihrer Eroberungsgebiete zu verdrängen. Die Kämpfe wurden unter hohen Verlusten auf beiden Seiten geführt. Doch auch als die USA die Lufthoheit* über Japan bereits errungen hatten, lehnte Kaiser Hirohito die Kapitulation noch ab. Der Krieg ging weiter.

M 4 Das zerstörte Hiroshima (1945)

In dieser Situation entschied sich der neue amerikanische Präsident Truman für den Einsatz einer neuen Waffe mit bis dahin ungekannter Zerstörungskraft: Am 6. August 1945 wurde über der japanischen Hafenstadt Hiroshima die erste **Atombombe** gezündet. Durch den sich unmittelbar in der Stadt ausbreitenden Feuersturm starben fast 100 000 Menschen sofort, weitere 40 000 erlagen innerhalb weniger Monate ihren Strahlenverletzungen und Verbrennungen.

Hiroshima war fast völlig zerstört. Doch erst nachdem auch die UdSSR Japan den Krieg erklärt und die USA am 9. August mit einer weiteren Atombombe die Stadt Nagasaki zerstört hatte, war Japan zur Kapitulation bereit – damit war der Zweite Weltkrieg beendet.

*Lufthoheit
(im militärischen Sinn) die Kontrolle des Luftraums eines Landes, sodass in diesem kein Angriff von gegnerischen Flugzeugen befürchtet werden muss; der Boden unter diesem Luftraum kann jedoch noch von dem Gegner kontrolliert werden.

1 Berichte über die Situation der Zivilbevölkerung in den letzten Kriegsmonaten.

2 Diskutiert mithilfe von M 2 und eurem Vorwissen über die NS-Ideologie die Einstellung Hitlers zum deutschen Volk.

3 Informiere dich in der Schulbibliothek oder im Internet über die Auswirkungen des Abwurfs der Atombomben.

4 Nimm Stellung zu der von US-Präsident Truman vertretenen Auffassung, die Atombombe sei als „militärische Waffe" einzusetzen und habe den Krieg gegen Japan verkürzt.

Seit 1933

Durch Terror und gezielte Propaganda-
maßnahmen errichteten die Nationalsozialisten eine „Volksgemeinschaft".

1933–1945

Auch Jugendliche stellten sich dem
NS-Regime entgegen.

8./9. Mai 1945

Bedingungslose Kapitulation Deutschlands

Gleichschaltung und Erfassung des Volkes

Nach ihrer Machtübernahme festigten die Nationalsozialisten bis zum
Sommer 1934 durch **Propaganda**, „**Gleichschaltung**" und **Terror** gegen die politische Opposition ihre Macht. Diejenigen, die den Füh-
rungsanspruch Hitlers und der NSDAP nicht anerkannten, wurden
verfolgt und in „**Konzentrationslagern**" (**KZs**) inhaftiert. Gesinnung
prägende NS-Organisationen erfassten die propagierte „Volksgemeinschaft", aus der gesellschaftliche Randgruppen sowie Menschen, die
nicht dem „Rassenideal" entsprachen, gezielt ausgeschlossen waren.

Von der Verfolgung zum Völkermord

Seit 1933 gingen die rassistische NS-Ideologie und die gesellschaftliche Ausgrenzung der Deutschen jüdischen Glaubens in Reichsgesetze
ein. Durch die 1935 erlassenen „**Nürnberger Gesetze**" wurden Juden
zu Menschen minderen Rechts gestempelt. Seitdem häuften sich willkürliche Verhaftungen, Beschlagnahmungen und Abschiebungen. Im
Januar 1942 beschloss die Parteiführung den systematischen **Völkermord**, der nach Beginn des Zweiten Weltkriegs auch in den besetzten
Gebieten vollzogen wurde: In **Vernichtungslagern** und durch Mas-
senmorde in Kriegsgebieten starben fast 6,5 Millionen Juden, Sinti
und Roma.

Der Zweite Weltkrieg

Seit 1933 hatten die deutsche Wirtschafts- und Außenpolitik auf den
Krieg hingearbeitet, der 1939 mit dem Einmarsch deutscher Truppen
in Polen begann. Nach Eroberungserfolgen auf dem europäischen
Kontinent erklärte Deutschland 1941 zunächst Russland, dann den
USA den Krieg. In den von Deutschen besetzten Gebieten verübten
Einheiten von Wehrmacht und SS Verbrechen an der Zivilbevölke-
rung; Millionen von Menschen wurden als **Zwangsarbeiter** nach
Deutschland verschleppt. Bereits 1943 zeichnete sich die **deutsche
Niederlage** ab, doch erst am **8./9. Mai 1945** kapitulierte die Führung
der Wehrmacht bedingungslos.

Widerstand in Deutschland

Nachdem bereits 1933 politische Gegner brutal verfolgt worden waren, entwickelte sich in Deutschland kein breiter **Widerstand** gegen
das NS-Regime. Diejenigen, die sich vor allem während des Krieges
auflehnten, waren unterschiedlich motivierte Einzelne oder kleinere
Gruppen (z. B. die „Weiße Rose"). Den Sturz Hitlers konnten Wider-
standskreise aber nicht erreichen.

Nationalsozialismus und Zweiter Weltkrieg

Arbeitsbegriffe

✓ Faschismus

✓ NS-Ideologie

✓ „Machtergreifung"

✓ Antisemitismus

✓ Rolle von Frau und Familie

✓ Hitlerjugend

✓ SS und SA

✓ Konzentrationslager

✓ Holocaust

✓ Zweiter Weltkrieg 1939–1945

✓ Luftkrieg

✓ Vertreibung

✓ Zwangsarbeit

✓ 9. November 1938

✓ 20. Juli 1944

M 1 Arbeitsbegriffe

M 2 Typische Uniformen von HJ und BDM

1 Erkläre wesentliche Elemente der nationalsozialistischen Ideologie.

2 Welche Folgen hatte der Reichstagsbrand vom 27. 2. 1933?

3 Erläutere, was „Gleichschaltung" bedeutet.

4 Beschreibe, welche Aufgaben das Propagandaministerium unter Joseph Goebbels hatte.

5 Erläutere, was du über die Hitlerjugend weißt.

6 Zähle wesentliche Stationen der Verfolgung der jüdischen Bevölkerung auf.

7 Nenne andere Bevölkerungsgruppen – außer den Juden –, die von den Nationalsozialisten verfolgt und ermordet wurden.

8 Die NS-Machthaber sorgten für einen wirtschaftlichen Aufschwung. Welches Ziel verfolgten sie dabei hauptsächlich?

9 Berichte über Formen des Widerstands gegen das NS-Regime.

10 Beschreibe das Schicksal der Zwangsarbeiter in Deutschland.

11 Entwirf ein Plakat zu einem dieser Themen: Bilanz des Zweiten Weltkrieges; Nie wieder Krieg!; Millionen Tote mahnen; Das wahre Gesicht des Nationalsozialismus; Schon vergessen?

4 Deutschland nach 1945

Am 3. Oktober 1990 versammelten sich Menschen aller Altersgruppen vor dem Reichstagsgebäude in Berlin, um die wiedergewonnene Einheit Deutschlands zu feiern. 45 Jahre waren seit dem Ende des Zweiten Weltkriegs vergangen – Jahre, in denen das Leben der Menschen in Deutschland intensiv von dem Gegensatz zwischen Ost und West geprägt war. Auch die Lebensentwürfe und Zukunftschancen der Jugendlichen stellten sich in den beiden deutschen Staaten unterschiedlich dar.

Wie die Deutschen die Nachkriegszeit erlebten, wie es zur Teilung Deutschlands und schließlich zur Wiedervereinigung kam, erfahrt ihr auf den folgenden Seiten.

1 Fragt eure Eltern oder ältere Geschwister, was sie mit dem 3. Oktober 1990 verbinden und berichtet darüber.

In Trümmern und Baracken

M1 Kriegszerstörungen in deutschen Städten

Zerstörter Wohnraum
- über 25 %
- über 50 %
- über 75 %

M2 Deutsche Städte (1945)

Hamburg

Köln

Frankfurt am Main

M3 Trümmerfrauen beseitigen den Kriegs-schutt (1946)

Kriegsende

Am 8. Mai 1945 unterzeichnete die deutsche Wehrmachtsführung die bedingungslose Kapitulation. Die Regierungsgewalt der Nationalsozialisten war vollständig zusammengebrochen. Deutschland wurde nun durch die verbündeten Siegermächte (**Alliierte**) USA, Sowjetunion und Großbritannien besetzt. Frankreich wurde nachträglich zur Siegermacht bestimmt und besetzte ebenfalls einen Teil Deutschlands.

Trümmerfrauen

Die deutschen Städte waren zerbombt. 400 Millionen Kubikmeter Schutt bedeckten das Land. 41 Prozent des Wohnraums waren zerstört oder schwer beschädigt. Über-

all mangelte es an Wohnraum. Um das Chaos zu beseitigen und neuen Wohnraum zu gewinnen, begannen die Menschen mit dem Aufräumen – vor allem Frauen, denn viele Männer befanden sich noch in Kriegsgefangenschaft. Oft mit bloßen Händen und vor Verletzungen und Unfällen nicht geschützt, wurde in harter, mühsamer Arbeit Ordnung geschaffen. Noch verwertbare Steine sammelten und befreiten sie mit einfachem Werkzeug von Mörtel- und Zementresten. Die Steine konnte man dann wieder zum Häuserbau verwenden. Die „**Trümmerfrauen**" wurden deshalb zum Symbol des beginnenden Wiederaufbaus in Deutschland.

M4 Ein Zeitzeuge berichtete über die Einweisung in eine Wohnung:

Die Wohnung bestand aus fünf schönen, hellen Zimmern, der Küche und der Toilette. Die einzige Wasserstelle war in der Küche. Die Westfenster (zwei Zimmer) waren vernagelt, denn die Scheiben waren in den letzten Kriegstagen durch Explosionen am Bahnhof zerstört worden. Bevor meine Schwester und ich ankamen, waren in die Wohnung eingewiesen worden: eine Familie mit Großmutter, Mutter und Kind und eine zweite Familie, bestehend aus einer Frau mit ihren beiden Kindern. Nach unserer Aufnahme wohnten nun neun Personen in der Wohnung. Einige Zeit später kam auch meine Tante mit ihren zwei Kindern aus dem Osten. Nun waren zwölf Leute in der Wohnung.

Die Kälte war barbarisch und unser Holz reichte nur noch zum Essenkochen. […] Ich kroch oft schon nach dem Mittagessen mit einem Buch ins Bett. Mit Mütze und Handschuhen war es da ganz gut auszuhalten. Wenn ich morgens aufwachte, war oft auf der Decke im Atembereich eine dichte Raureifschicht. Wegen des Kohlenmangels war auch die Schule geschlossen. […]

Interview mit Karl-Heinz Müller, in: Thomas Berger; Karl-Heinz Müller, Lebenssituationen 1945-1948, Frankfurt a. M. (Hirschgraben) 1984, S. 78

Sorge um Nahrung

Nahrung war die größte Sorge der Menschen in den ersten Nachkriegsjahren. Die Versorgungslage war katastrophal. Überall herrschte großer **Hunger**. An die Bevölkerung wurden **Lebensmittelkarten** ausgegeben. Man konnte nur die Mengen kaufen, die für einen bestimmten Zeitpunkt angegeben waren. Doch auch mit den Lebensmittelkarten reichte die Versorgung nicht aus.

„Hamstern"

Da die Ernährungslage auf dem Land besser war, machten sich viele Menschen mit Zügen, Fahrrädern oder zu Fuß auf, um bei den Bauern gegen Wertgegenstände Lebensmittel zu hamstern. Getauscht wurde z.B. ein ganzes Kaffeeservice gegen ein Pfund Mehl. Viele Menschen, die nichts mehr zum Tauschen hatten, mussten hungern.

M 5 „Hamsterzug"

M 7 Frauenalltag in einer Wellblechbaracke

Brot	8000 g
Fleisch	600 g
Fett	650 g
Käse	62,5 g
Quark	125 g
Nährmittel	2000 g
Zucker	500 g
Marmelade	250 g
Magermilch	3 l

M 6 Menschen flüchten aus Worms (1945)

M 8 Lebensmittelration für einen Jugendlichen für 28 Tage

1 Beschreibe, wie 1945 deutsche Städte (M 2) aussahen.

2 Erkläre den Begriff „Trümmerfrauen" mithilfe von M 3 und des Textes.

3 Berechne, wie viel Eisenbahnwagen nötig wären, um den Schutt in ganz Deutschland zu beseitigen, wenn in einen Wagen 40 Kubikmeter Schutt passen.

4 Beschreibe anhand von M 4 bis M 7 den Alltag der Menschen nach dem Krieg.

5 Erkläre den Ausdruck „Hamstern" und überlege, wonach man ihn benannt hat.

6 Rechne anhand von M 8 aus, wie viele Lebensmittel für einen Jugendlichen einen Tag ausreichen sollten.

7 Beschafft euch diese Tagesration (Aufgabe 6) und euer Tagessen. Legt beide Rationen auf zwei Teller und vergleicht.

8 Überlege, welche Probleme auftreten, wenn die Wohnverhältnisse sehr beengt sind. Mehrere Familien benutzen gemeinsam Toilette, Bad und Küche.

Deutschland wird besetzt

Die Konferenz von Potsdam

*Sektor
Abschnitt, Gebietsteil

*Demontage
Abbau von Einrichtungen

*Agrarbereich
Bereich Landwirtschaft

Nach der bedingungslosen Kapitulation der deutschen Streitkräfte am 8. Mai 1945 übernahmen die alliierten Siegermächte die Regierungsgewalt in Deutschland. Schon während des Krieges hatten die Regierungschefs der USA, der Sowjetunion und Großbritanniens beschlossen, Deutschland und Berlin in **Besatzungszonen** einzuteilen. Jede dieser drei Mächte besetzte also einen Teil Deutschlands. Ein **Alliierter Kontrollrat** sollte das oberste Regierungsorgan bilden, in dem alle Besatzungsmächte vertreten waren.

Vom 17. Juli bis zum 2. August 1945 kamen die Staatschefs von Großbritannien (Premierminister Churchill, später Attlee), den USA (Präsident Truman) und der Sowjetunion (Stalin) in Potsdam bei Berlin erneut zusammen. Das von ihnen dort beschlossene sogenannte **Potsdamer Abkommen** war die Grundlage für die Zukunft Deutschlands.

Die drei Siegermächte Großbritannien, USA und UdSSR präsentierten sich gerne als Verbündete (siehe M 1, oben), die sich einig sind. Tatsächlich wurde aber um gemeinsame Beschlüsse schwer gerungen.

Berlin wird in vier Sektoren* eingeteilt.

Das deutsche Volk fängt an, die schrecklichen Verbrechen der Nazizeit zu büßen.

Frankreich wird in den Kreis der Siegermächte aufgenommen und Deutschland wird in vier Besatzungszonen eingeteilt. Die oberste Regierungsgewalt ist der Alliierte Kontrollrat.

Die deutschen Ostgebiete wie Pommern, Ostpreußen oder Schlesien werden unter polnische Verwaltung gestellt. Die deutsche Bevölkerung wird umgesiedelt.

Jede Besatzungsmacht entnimmt aus ihrer Besatzungszone Reparationen* und führt Demontagen* von Fabriken durch.

Es darf kein Kriegsmaterial hergestellt werden. Der Schwerpunkt der deutschen Wirtschaft liegt im Agrarbereich* und in der Friedensindustrie für den inneren Bedarf.

Demokratische Parteien werden zugelassen. Die Deutschen werden demokratisch erzogen.

Ehemalige aktive Nazis werden aus öffentlichen Ämtern und wichtigen politischen Posten entfernt.

M 1 Collage: Die „Großen Drei" und die Konferenz von Potsdam (1945)

Reparationen

Deutschland musste an die Siegermächte auch **Reparationszahlungen** leisten. Alle drei westlichen Besatzungszonen zahlten insgesamt 20 Milliarden Reichsmark (Preise von 1938). Die östliche – sowjetisch besetzte – Zone sollte Zahlungen von 66 Milliarden Reichsmark leisten.

Verkleinerung Deutschlands

Ohne Absprache mit den übrigen Siegermächten übertrug die Sowjetunion die Verwaltung der von ihr besetzten deutschen Ostgebiete östlich der Oder und der Lausitzer Neiße bereits am 7./8. Mai 1945 an die provisorische polnische Regierung. Das nördliche Ostpreußen mit Königsberg wurde von der Sowjetunion eingegliedert.

Kriegsfolgen und Besatzungspolitik

In den vier Besatzungszonen bestimmten die Militärverwaltungen nach den Anweisungen ihrer Regierungen. In jedem größeren Ort herrschte ein **Militärkommandant**, der die wichtigsten Fragen des Alltagslebens regelte und zunächst die Versorgung mit Strom, Wasser und Lebensmitteln organisierte. Brücken und Straßen mussten repariert werden. Am dringlichsten war die Beschaffung von Wohnraum – vor allem auch für die vertriebenen Deutschen aus den Ostgebieten. Die Not in Deutschland löste auch eine Welle von Hilfsbereitschaft aus. So gaben die Besatzungstruppen z. B. an die Schulkinder eine Schulspeisung aus – oft die einzige warme Mahlzeit für sie am Tag. US-Amerikaner und Kanadier schickten Lebensmittelpakete („**Care-Pakete**") an die notleidende Bevölkerung nach Europa. In der sowjetischen Besatzungszone durften diese Lebensmittelpakete nicht angenommen werden.

M 2 Deutschland 1945

M 3 Soldaten der US-Besatzungstruppen bei Worms unterhalten sich mit Kindern, die neugierig vor ihrem Jeep stehen (1948).

1 Beschreibe, was durch den Händedruck in M 1 dargestellt werden soll.

2 Trage die politischen, militärischen, wirtschaftlichen und territorialen (Gebiete betreffenden) Beschlüsse der Potsdamer Konferenz in eine Tabelle ein.

3 Werte die Karte M 2 aus:
– Zu welcher Besatzungszone gehörte Rheinland-Pfalz?
– Welche Besatzungsmacht herrschte im Norden, Süden, Westen, Südwesten und Osten Deutschlands?
– Wozu gehörte 1945 der nördliche Teil von Ostpreußen?

Flucht und Vertreibung

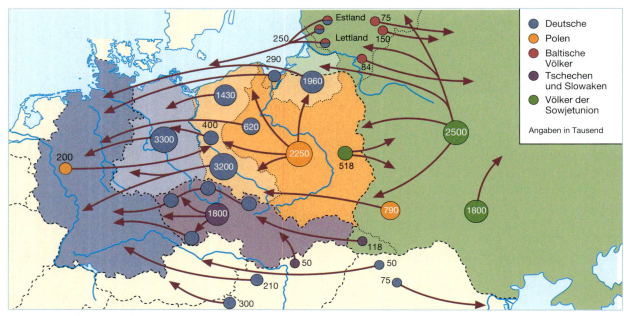

M 1 Flucht, Vertreibung und Umsiedlung 1945–1950

Legende:
- Deutsche
- Polen
- Baltische Völker
- Tschechen und Slowaken
- Völker der Sowjetunion

Angaben in Tausend

Flucht als Folge des verlorenen Krieges

Zu Beginn des Zweiten Weltkriegs lebten in Ostpreußen, Pommern, Brandenburg, Schlesien und Danzig 9,9 Millionen Deutsche.

In der Sowjetunion, in Polen, in der Tschechoslowakei, in Ungarn, in Rumänien sowie in Jugoslawien und in den baltischen Staaten lebten etwa weitere neun Millionen Deutsche oder Deutschstämmige als nationale Minderheiten. Als sich die deutsche Niederlage an fast allen Fronten abzeichnete, flohen ab Mitte 1944 Deutsche und Deutschstämmige aus Rumänien und Jugoslawien vor den russischen Truppen. Im Winter 1944/ 1945 wurde die **Flucht** vieler Deutscher vor den russischen Truppen aus Ostpreußen aufgrund der mangelnden Vorbereitung und der Durchhalteparolen der Nationalsozialisten zur Katastrophe.

In einer großen Rettungsaktion gelang es aber, 1,5 Millionen Menschen aus dem eingeschlossenen Ostpreußen über die Ostsee in den Westen Deutschlands zu bringen. Aus Schlesien flohen die Menschen zunächst nach Böhmen und Mähren. Ab März 1945 räumten die deutschen Truppen die besetzte Tschechoslowakei und veranlassten die Flüchtlinge unter oft chaotischen Umständen, nach Süddeutschland weiterzuziehen. Nicht wenige Sudetendeutsche blieben aber in ihrer Heimat. Nach der deutschen Kapitulation (Mai 1945) versuchten viele Flüchtlinge, wieder in ihre Heimat zurückzukehren, da sie sich eine endgültige **Vertreibung** aus ihrem Zuhause nicht vorstellen konnten. Die Gebiete der heutigen ostdeutschen Bundesländer, die damalige Sowjetische

M 2 Auf der Flucht (1945)

Besatzungszone (SBZ), wurde im Spätsommer 1945 von Flüchtlingsströmen überrannt. Im November 1945 zählte man bereits eine Million Flüchtlinge aus dem Osten. Insgesamt blieben 3,5 Millionen Flüchtlinge und Vertriebene aus dem Osten in der SBZ, etwa drei Millionen zogen nach kurzem Aufenthalt weiter in die westlichen Besatzungszonen.

Vertreibung

Bereits im Juni 1945 setzten in Polen, in den polnisch verwalteten Gebieten und in der Tschechoslowakei „wilde" Vertreibungen ein.

Eine neue Flüchtlingswelle von etwa 2,5 Millionen Menschen gelangte unter schlimmen Umständen in den Westen. 1946 wurden, entsprechend den Vereinbarungen der Siegermächte, fast alle Deutschen aus den Gebieten östlich von Oder und Neiße, aus Ungarn und der Tschechoslowakei planmäßig vertrieben. Die Sieger waren sich darin einig, „dass diese Überführung auf eine geregelte und menschliche Weise erfolgen soll".

Hals über Kopf mussten die Menschen ihre Heimat verlassen und durften nur so viel mitnehmen, wie sie tragen konnten. Historiker schätzen, dass etwa zwei Millionen Menschen infolge von Hunger, Entkräftung und eisiger Kälte starben. Bei der Vertreibung kam es zu schweren Verbrechen und furchtbaren Racheakten.

Schwierige Lebensbedingungen

Am Ende wurden zwölf Millionen Vertriebene in Deutschland gezählt. Die westlichen Zonen nahmen etwa acht Millionen Flüchtlinge und Vertriebene auf. Die Menschen waren meist mittellos, und so lebten sie anfänglich in größter materieller Not. Schon die Unterbringung bereitete Probleme. Es fehlte an Wohnraum und Arbeit. Die Integration der Menschen ging nur langsam voran – zu unterschiedlich waren die Lebenssituationen.

M 3 Aufnahme von Flüchtlingen in den Ländern der Bundesrepublik bis 1950

Gelungene Integration

Bis zum Ende der 1950er-Jahre entspannte sich die Situation. Rückblickend bezeichnen viele Vertriebene und Flüchtlinge die **Integration** als gelungen, was angesichts der großen Zahl der aufzunehmenden Menschen und der Not in Deutschland nicht selbstverständlich war.

Da die Flüchtlinge und Vertriebenen alles verloren hatten, mussten sie sich im Laufe der Zeit völlig neu einrichten. Ihre Nachfrage nach Baumaterialien, Einrichtungs- und Konsumgütern war ein nicht unwesentlicher Impuls für die Wirtschaft der Bundesrepublik.

M 4 Flüchtlingsfrau in Köln (1945)

M 5 Polen, die aus Sibirien in die Westgebiete umgesiedelt werden (1956)

1 Unterscheide die Begriffe „Flucht" und „Vertreibung".

2 Erläutere die verschiedenen Fluchtbewegungen anhand der Karte M 1. Berechne die Zahl der betroffenen Menschen.

3 Überlege, was die Integration der neu angekommenen Menschen erschwert haben könnte, und kommentiere.

4 Erkundigt euch, ob auch eure Heimatgemeinde nach dem Krieg Flüchtlinge aufgenommen hat, und berichtet darüber.

Abrechnung mit dem NS-Regime

M 1 Die Hauptangeklagten im Nürnberger Prozess 1945/1946. In den ersten Reihen die Verteidiger, dahinter in zwei Reihen die Angeklagten

Abrechnung mit dem Nationalsozialismus

Am Ende des verlorenen Krieges – nach Verbrechen gegen die Menschlichkeit ohne Beispiel – mussten sich die Deutschen mit ihrer Vergangenheit auseinandersetzen und Ideen für die Zukunft ohne Hass und Gewalt entwickeln. Zunächst jedoch hatten die Sieger das Wort, die auf eine politische und juristische Abrechnung mit Nazideutschland drängten.

M 2 **Richtlinien des Generalstabs der amerikanischen Streitkräfte über die Besatzungspolitik in Deutschland vom 26. April 1945:**

Das Hauptziel der Alliierten ist es, Deutschland daran zu hindern, je wieder eine Bedrohung des Weltfriedens zu werden. Wichtige Schritte zur Erreichung dieses Ziels sind die Ausschaltung des Nazismus und des Militarismus in jeder Form, die sofortige Verhaftung der Kriegsverbrecher zum Zwecke der Bestrafung […] und die Vorbereitung zu einem späteren Wiederaufbau des deutschen politischen Lebens auf demokratischer Grundlage. […] Alle Mitglieder der Nazipartei, die nicht nur nominell in der Partei tätig waren, alle, die den Nazismus oder Militarismus aktiv unterstützt haben, […] sollen entfernt und ausgeschlossen werden aus öffentlichen Ämtern und aus wichtigen Stellungen.

Informationen zur politischen Bildung, Heft 224: Die Entstehung der Bundesrepublik Deutschland, Bonn, 1989, S. 5

Die Nürnberger Prozesse

Am 20. November 1945 wurde vor einem **Militärgerichtshof in Nürnberg** der Prozess gegen die 22 Hauptverbrecher eröffnet. Dem internationalen Gerichtshof gehörten Richter und Ankläger der vier Siegermächte an. Angeklagt waren Mitglieder der NS-Regierung, Führer der NSDAP und Befehlshaber der Wehrmacht. Ihnen wurde Folgendes vorgeworfen:

- **Kriegsverbrechen** (Mord und Misshandlungen an Kriegsgefangenen, Tötung von Geiseln und Zivilpersonen)
- **Verbrechen gegen die Menschlichkeit** (Grausamkeiten und Verfolgungen aus rassischen Gründen, Ausrottung oder Versklavung)
- **Verbrechen gegen den Frieden** (Vorbereitung, Einleitung und Durchführung eines Angriffskrieges)

Alle Hauptangeklagten erklärten sich für nicht schuldig. Der Prozess ging im Herbst 1946 mit zwölf Todesurteilen, sieben Haftstrafen und drei Freisprüchen zu Ende.

Weil es ein Gericht der Sieger über die Besiegten war, gab es viel Kritik über die Rechtmäßigkeit, denn die Kriegsverbrechen anderer Staaten blieben ausgespart.

Entnazifizierung

In der amerikanischen, französischen und britischen Zone wurden seit 1946 etwa zwölf Millionen ehemalige Mitglieder der NSDAP oder ihrer Unterorganisationen einem **Entnazifizierungsverfahren** unterworfen. Auf einem Fragebogen mussten sie 131 Fragen zur Person, zu privaten oder beruflichen Aktivitäten oder zur Mitgliedschaft in der Partei oder anderen Organisationen während der NS-Zeit beantworten. Eine Spruchkammer entschied, ob man als hauptschuldig, belastet, minderbelastet, als Mitläufer oder Entlasteter zu gelten hatte. Kaum jemand gab zu, ein Nazi gewesen zu sein. Nur etwa zehn Prozent der Angeklagten wurden verurteilt.

Anfang der 1950er-Jahre endete die Entnazifizierung in den westlichen Zonen dann abrupt. Nicht nur kleine Nazis, sondern auch viele, die in leitenden Positionen lebensvernichtende Entscheidungen getroffen, verbrecherische Urteile gefällt

oder Menschen zu Tode gequält hatten, wurden jetzt entlastet oder gar nicht mehr verfolgt. Oft kamen die wirklichen Hauptschuldigen mit geringen Strafen davon.

In der sowjetischen Zone wurde klar zwischen Nazis und Mitläufern unterschieden und man entfernte bis 1948 etwa 520 000 Personen aus ihren bisherigen Stellungen. In der Justiz waren dies beispielsweise 85 Prozent des bisherigen Personals. Auch hier blieben „kleinere" NS-Mitglieder häufig unbestraft.

Schlussstrich unter die Vergangenheit?

Die von vielen Deutschen in die Politik der Nazis gesetzten Hoffnungen waren total gescheitert. Das löste Enttäuschung, Resignation und Verdrängung aus. Oft war jetzt die Meinung zu hören: „Politik ist ein schmutziges Geschäft. Ich kümmere mich um gar nichts mehr …!" Viele alte Nazis waren zudem bald in Wirtschaft und Verwaltung „wieder eingegliedert". Schwierigkeiten im Nachkriegsalltag, Enttäuschung über den Verlust der nationalen Träume und Probleme im Umgang mit den Schuldvorwürfen an die Adresse der Deutschen – all das machte die Menschen unwillig. So stürzte man sich in den Wiederaufbau des Landes und erinnerte sich ungern an die Jahre zuvor.

M3 Plakat zur Anwerbung von Neulehrern in der Sowjetischen Besatzungszone (SBZ) 1945

1 Erkläre das Hauptziel der amerikanischen Besatzungspolitik (M2). Wie sollte dieses Ziel erreicht werden?

2 Blättere zurück zum Kapitel 3 und finde dort Beispiele für die Anklagepunkte in den Nürnberger Prozessen.

3 Wie versuchte man, eine Entnazifizierung in der Bevölkerung durchzuführen?

4 Welche Vorstellungen verbindest du mit den Begriffen „hauptschuldig", „belastet", „minderbelastet", „Mitläufer" und „Entlasteter"?

5 Beschreibe M3 und erläutere, welchen Eindruck es vermittelt.

Deutschland wird geteilt

M 1 Ländergründungen in den Besatzungszonen Deutschlands

Legend:
- Amerikanische Zone
- Britische Zone
- Grenze zwischen Westzonen und SBZ seit 1.7.1945
- Oder-Neiße-Linie seit Juli 1945
- 1945 Gründung der Länder in Westzonen und SBZ
- Bezirkshauptstädte
- Französische Zone
- Sowjetische Zone

0   100   200 km

Politischer Neubeginn

Schon im Mai 1945 bildete sich die **SPD** in allen Besatzungszonen neu. Im Dezember 1945 entstand die **CDU** mit der **CSU** als bayerischer Schwesterpartei. Im Dezem-

Nach dem Zusammenbruch hatten erst einmal die Gemeinden politische Verantwortung übernommen. Die Besatzungsmächte ordneten dann die Länder neu. Sie übertrugen ihnen weitgehende Vollmachten. Auch erlaubten sie Parteigründungen. 1946/1947 gab es erste freie Wahlen in den Gemeinden.

ber 1948 erfolgte die Gründung der **FDP**. In der sowjetisch besetzten Zone gründete eine kommunistische Gruppe um Walter Ulbricht die **KPD**, die es schon in der Weimarer Republik gegeben hatte. Ein Jahr später wurden die SPD und KPD zwangsweise zur **SED** vereinigt. Die übrigen Parteien spielten dort untergeordnete Rollen.

Gründung der Bundesländer

Von 1946 an wurden in den vier Besatzungszonen Bundesländer errichtet, die mit eigenen Verfassungen, Länderparlamenten, Landesregierungen und Verwaltungen ausgestattet wurden. Die Länderparlamente bekamen das Recht, in bestimmten Bereichen eigene Gesetze zu erlassen. Mit der Errichtung von **Bundesländern** wollte man auch den geschichtlichen, sprachlichen, wirtschaftlichen oder landschaftlichen Besonderheiten gerecht werden. Dieses Prinzip wird **Föderalismus*** genannt.

Die Gründung Rheinland-Pfalz

Das Gebiet des heutigen Bundeslandes Rheinland-Pfalz gehörte ab 1945 zur französischen Besatzungszone. Am 30. August 1946 verfügte der Befehlshaber General Pierre Koenig die Schaffung eines rheinland-pfälzischen Landes aus den Gebieten Hessen-Pfalz und Rheinland-Hessen-Nassau. Die ersten Landtagswahlen wurden mit einer Volksabstimmung über die inzwischen entworfene Landesverfassung verbunden. Die meisten Einwohner sprachen sich zwar insgesamt für die Verfassung aus, aber in den Landesteilen Rheinhessen und Pfalz lehnte die Mehrheit die neue Verfassung ab. Viele Menschen hatten damals das Gefühl, dass dieses Land, das aus geschichtlich sehr unterschiedlichen Gebieten zusammengefasst wurde, wenig Überlebenschancen haben würde.

Man sprach von einem „Land aus der Retorte". Noch 1956 sprach sich eine knappe Mehrheit der Bevölkerung für die Auflösung des Landes aus, die allerdings nicht durchgeführt wurde. Erst 1974 ergab eine erneute Volksbefragung eine überwältigende Zustimmung für das Land Rheinland-Pfalz.

Bundesrepublik Deutschland

Nachdem der sowjetische Vertreter 1948 den Alliierten Kontrollrat verlassen hatte, gingen die Siegermächte endgültig getrennte Wege in der Deutschlandpolitik. Nirgendwo war in den vergangenen Jahren der Gegensatz zwischen den Siegermächten so spürbar geworden wie in Deutschland. Die westlichen Alliierten begannen schon bald damit, ihren Besatzungszonen untereinander eine immer engere Zusammenarbeit zu erlauben. Das wirkte sich besonders auf wirtschaftlichem Gebiet günstig aus.

Ein Staat für die Westzonen

Am 1. September 1948 begann in den Westzonen der **Parlamentarische Rat** – das war eine Versammlung aus 65 Abgeordneten der Bundesländer – mit der Erarbeitung einer vorläufigen Verfassung. Am **23. Mai 1949** wurde das **Grundgesetz** verkündet. Vorübergehende Hauptstadt wurde **Bonn**.
Am **14.9.1949** wurde der erste deutsche Bundestag gewählt. Bundeskanzler wurde **Konrad Adenauer**, erster Bundespräsident **Theodor Heuss**.

Stellvertretend für das gesamte Volk

In der Einleitung des Grundgesetzes wurde ausdrücklich betont, dass es sich um eine vorläufige Vereinbarung handelt.
Nach und nach wurde die Kontrolle der Besatzungsmächte abgebaut, bis Westdeutschland 1951 die volle Unabhängigkeit und Handlungsfreiheit zurückerhielt.

M2 Konrad Adenauer (CDU), erster Bundeskanzler, mit Ludwig Erhard (links im Bild), Wirtschaftsminister

M3 Theodor Heuss, erster Bundespräsident

Außenpolitisch schloss sich die neue Regierung eng an die Westmächte an (1955 Eintritt in die NATO, 1957 Mitglied der Europäischen Wirtschaftsgemeinschaft).

Deutsche Demokratische Republik

Die sowjetische Besatzungszone kapselte sich mehr und mehr vom Westen ab. Im Ostteil Deutschlands sollte eine so genannte „Volksdemokratie" nach sowjetischem Muster mit der Vorherrschaft der dortigen kommunistischen Partei entstehen. Am **7. Oktober 1949** wurde die **Deutsche Demokratische Republik** ausgerufen. Hauptstadt war **Ost-Berlin**.
Die DDR schloss sich dem militärischen Bündnis der kommunistischen Länder des Ostens, dem „Warschauer Pakt" an.

M4 Wilhelm Pieck, erster Staatspräsident der DDR und Vorsitzender der SED

*Föderalismus:
(Lat.: *foedus* = Bund) eine Zusammenfassung mehrerer Staaten unter einer gemeinsamen Regierung, wobei den einzelnen Mitgliedern weitgehend die Selbstverwaltung gelassen wird

1 Legt eine Tabelle an, aus der hervorgeht, welche Bundesländer in welchen Besatzungszonen entstanden sind. Notiert in Klammern die Landeshauptstädte.

2 Wo erkennst du Unterschiede zu den heutigen Bundesländern?

3 Vergleiche die Entstehung der beiden deutschen Staaten.

4 Überlegt, zu welchen Problemen das Vorhandensein zweier deutscher Staaten führen könnte.

Marktwirtschaft kontra Planwirtschaft

M 1 Plakat: Der Marshallplan aus westlicher Sicht

*Deutsche Mark (DM) von 1948 bis 1990 Zahlungsmittel in der Bundesrepublik Deutschland, nach der Wiedervereinigung bis 1999/2002 von Deutschland; sie wurde vom Euro abgelöst.

Der Marshallplan

Auch noch zwei Jahre nach Kriegsende war die wirtschaftliche Lage in Europa schlecht. Die amerikanische Regierung stellte ein Hilfsprogramm in Aussicht, das der Außenminister Marshall entwickelt hatte. Alle europäischen Staaten, die Hilfe benötigten, sollten Rohstoffe, Geld, Maschinen und Nahrungsmittel erhalten. Neben der Idee zu helfen war es aber vor allem ein wichtiges Ziel, den Einfluss der kommunistischen Sowjetunion in Europa zurückzudrängen. Auch würden langfristig in Europa neue Absatzmärkte für amerikanische Produkte geschaffen.

Die Sowjetunion sah ihre Macht in Europa durch den **Marshallplan** gefährdet und lehnte ihn ab. Die sowjetische Regierung zwang aber auch die unter ihrem Einfluss stehenden Staaten Osteuropas, die Teilnahme am Marshallplan zu verweigern.

Erste Folgen der Teilung

Es wurde nun immer deutlicher, dass sich zwischen Ost und West ein „**Eiserner Vorhang**" herabsenkte. In Osteuropa waren Staaten nach kommunistischem Vorbild entstanden, die immer straffer von Moskau aus organisiert wurden. Alle wichtigen Lebensbereiche wurden von dort aus gesteuert. Kontakte zum Westen wurden erschwert, bis sie in den 1960er-Jahren nahezu völlig unmöglich wurden.

M 3 Sowjetische Wirtschaftspolitik im DDR-Schulbuch:

Nach der Beendigung des Krieges waren besonders wichtig […] die Fortschritte in der Elektrifizierung des Landes, der Mechanisierung im Kohlenbergbau und Eisenhüttenwesen und die Einführung moderner Maschinen. Die kapitalistischen Länder hofften wieder einmal vergeblich, die Sowjetunion würde der wirtschaftlichen Schwierigkeiten nicht Herr und die sozialistische Gesellschaftsordnung könne beseitigt werden.

Geschichte, Lehrbuch für Klasse 10, Teil I, Berlin (Volk und Wissen Volkseigener Verlag) 1974

Währungsreform und Wirtschaftswunder

Als Folge der nationalsozialistischen Kriegswirtschaft war Geld in der Nachkriegszeit nahezu wertlos. Der Tauschhandel auf dem „schwarzen Markt" blühte. Geschäftsleute hielten Waren zurück, weil niemand daran interessiert war, gegen Geld zu verkaufen. Eine Reform war dringend notwendig.

Am 24. Juni 1948 wurde die alte Reichsmark (RM) durch die **Deutsche Mark*** (**DM**) ersetzt. Jeder Bürger erhielt zunächst

M 2 Karikatur: Der Marshallplan aus sowjetischer Sicht

40 DM „Kopfgeld". Ersparnisse wurden im Verhältnis 10 (RM) : 1 (DM) eingetauscht. Das neue Geld half dabei, die Wirtschaft in kürzester Zeit wieder aufzubauen und vielen Menschen einen bescheidenen Wohlstand zu bringen. In der Bevölkerung herrschte aufgrund der Zerstörungen ein riesiger Nachholbedarf an Kleidung, Möbeln und anderen Gebrauchsgütern. Produziert wurde, was die Käufer – also der Markt – verlangte. Diese Form nennt man „Marktwirtschaft".

Planwirtschaft und Volkseigentum

In Ostdeutschland wurde der Sozialismus nach sowjetischem Vorbild in alle Lebensbereiche übernommen. Anstelle der „Marktwirtschaft" sollte eine staatlich gelenkte „**Planwirtschaft**" eingeführt werden. Hierbei legen Behörden fest, was wann und in welcher Menge wo und von wem produziert werden soll.

Banken, Industrie- und Handelsunternehmen wurden verstaatlicht und in „**Volkseigene Betriebe**" (**VEB**) umgewandelt. Die früheren Besitzer enteignete man ohne Entschädigung.

Schon im September 1945 waren die Großgrundbesitzer enteignet worden. Auf den Gütern arbeiteten nun Menschen, die oft aus anderen Berufen kamen und von Landwirtschaft keine Ahnung hatten. Spä-

M 4 Plötzlich waren die Schaufenster wieder voll (1948).

M 5 Propagandatafel zur Kollektivierung der Landwirtschaft (1961)

Es war unglaublich. Plötzlich waren die Läden und Schaufenster wieder voll. Alles Waren, die wir schon jahrelang nicht mehr gesehen hatten. Jetzt lohnte es sich wieder zu arbeiten, weil man ja für sein Geld was Ordentliches kaufen konnte.

ter traten auch Kleinbauern unter Zwang in neu geschaffene „**Landwirtschaftliche Produktionsgenossenschaften**" (**LPG**) ein.

Während der Westen alle wirtschaftliche Hilfe der Amerikaner erhielt, ließ die Sowjetunion Industrieanlagen in ihrer Besatzungszone abbauen (Demontage). Sie beanspruchte darüber hinaus einen Teil der Betriebserträge. So konnte die Wirtschaft im Osten weit weniger erfolgreich werden als im Westen.

1 Deute die Darstellungen M 1 und M 2 und vergleiche.

2 Vermute, warum die Amerikaner von ihrer ursprünglichen Vorstellung, Deutschland wirtschaftlich am Boden zu halten (vgl. S. 88, M 1), abrückten und es auf dem Weg zurück zu einer Industrienation unterstützten.

3 Arbeite heraus, welche wirtschaftlichen Schwerpunkte die USA setzten (Text).

4 Erarbeite mithilfe von M 3, welche wirtschaftlichen Schwerpunkte die Sowjetunion in ihrem Machtbereich setzte.

5 Nenne Auswirkungen der Währungsreform in Westdeutschland.

6 Erkläre den Begriff „Wirtschaftswunder" für die Entwicklung im Westen.

7 Überlege, welche Wirkung die Planwirtschaft haben könnte; vergleiche mit der Marktwirtschaft.

Jugend in Ost und West

M 1 Junger Kriegsheim-
kehrer in Dresden
(1946)

M 2 Junge Pioniere beim
Auftritt auf einer
Parteiversammlung
(1953)

Jugend nach dem Krieg

Das tägliche Überleben war schwierig. Die größeren Städte in der Sowjetischen Besatzungszone (SBZ) und somit der Wohnraum vieler Menschen war zerstört. Flüchtlinge bevölkerten die Straßen, die Angst vor Seuchen, Überfällen und die Frage, wie man Lebensmittel beschaffen könnte, quälten die Menschen. Die meisten Familien hatten im Krieg Angehörige verloren, die Männer befanden sich in Kriegsgefangenschaft. So mussten oft auch die Kinder für ihre Familie sorgen. Es gab überdies eine nicht unerhebliche Zahl von Waisen, die auf sich gestellt blieben.

Zahlreiche Jugendliche schlossen sich in lokal gebildeten Jugendgruppen zusammen, um ihre Notlage gemeinsam überwinden zu können.

Um dieser Entwicklung entgegenzuwirken und die Jugend vielmehr für ihre Sache zu gewinnen, bildete die Kommunistische Partei (KPD) Ende 1945 in der SBZ mehrere Jugendausschüsse. In diesen sollten die Kinder und Jugendlichen im Alter von 6 bis 21 Jahren erfasst werden, um sie auf „zukünftige Aufgaben" vorzubereiten. Die Erwartungen der Partei auf einen Mitgliederansturm erfüllten sich jedoch nicht, da die Mehrheit der Jugend der Roten Armee und den von ihr eingesetzten Verwaltungsbehörden ablehnend gegenüberstand.

Umgestaltung des politischen Lebens in Ostdeutschland

Der Großteil der Jugend hatte den Nationalsozialismus durch Mitgliedschaften in verschiedenen NS-Organisationen (Deutsches Jungvolk, Hitlerjugend, BDM) und Wehrmacht noch aktiv miterlebt. Sie galt daher als vom nationalsozialistischen Gedankengut beeinflusst. Die politische Führung der sowjetischen Besatzungsmacht war daher der Überzeugung, dass eine grundlegende ideologische Umerziehung im Sinne der neuen Machthaber unbedingt notwendig sei.

Als erste große politische Jugendorganisation der sowjetischen Besatzungszone wurde die **Freie Deutsche Jugend** (FDJ) im März 1946 gegründet und Erich Honecker zu ihrem Ersten Vorsitzenden gewählt.

Die Jugend sollte ferner verstärkt in den „gesellschaftlichen Aufbauprozess" eingebunden werden. Auch die Kontaktmöglichkeiten zu den Jugendlichen in den „**sozialistischen Bruderländern**" wurden verstärkt, so zur ČSSR, der VR Polen und zum großen Vorbild, der Sowjetunion.

Zwischen Freiheit und Tradition im Westen

Weil viele Kinder und Jugendliche nach dem Zweiten Weltkrieg ohne Vater aufwuchsen und die Mütter die Versorgung der Familie übernehmen mussten, blieben sie zunächst weitgehend sich selbst überlassen. Erst als einige Väter aus der Kriegsgefangenschaft zurückkehrten und das

M 3 Demonstration am 11. Juli 1952 auf dem Marx-Engels-Platz in
Ostberlin: Mitglieder der FDJ vor der Ehrentribüne

M 4 „Halbstarke" (1953)

M 5 Zuschauer bei einem Johnnie-Ray-Konzert (1958)

M 6 Junge Pioniere in Ostberlin bei der Schießausbildung (1956)

In der FDJ gab es immer wieder Initiativen wie die „Jugendobjekte" (Arbeitseinsatz im Bauwesen oder in der Landwirtschaft), Aktionen wie „Jugend auf die Traktoren!", „Hugo Leichtsinn" (Fahndung nach fahrlässig handelnden Verkehrsteilnehmern) oder „Ochsenkopf" (Umdrehen von nach Westen gerichteten Fernsehantennen). Die FDJ war in der Bundesrepublik seit 1951 wegen ihrer Verfassungsfeindlichkeit verboten.

beginnende Wirtschaftswachstum Mütter an den häuslichen Herd zurückzwang, konnten traditionelle Erziehungsformen und -werte erneut zur Geltung gebracht werden. Viele Kinder und Jugendliche verloren dabei die Freiheit, die sie in der Nachkriegszeit genossen hatten. Die Eltern knüpften an die Regeln und Normen der Vorkriegsfamilie an. Die Heranwachsenden hatten nun wieder genau Auskunft zu geben, was sie taten, mit wem sie sich wann und wo trafen.

Jugendkrawalle in Westdeutschland

Von Frühjahr 1956 bis 1958 entlud sich in Westdeutschland die aufgestaute Wut vieler Jugendlicher in den sogenannten **Rock'n'Roll-Krawallen**. Im Anschluss an Konzerte bekannter Rock'n'Roll-Musiker und Vorführungen amerikanischer Kino- und Musikfilme mit James Dean, Elvis Presley oder Bill Haley kam es in etlichen Großstädten zwischen Jugendlichen und Polizei zu Schlägereien, die damals für großes Aufsehen und Empörung sorgten. Über das Phänomen der „**Halbstarken**" waren die Erwachsenen sehr beunruhigt. Wissenschaftliche Studien versuchten, die Hintergründe der von amerikanischen Vorbildern geprägten neuen Jugendkultur zu ergründen. Im Kern ging es den Ju-

gendlichen um Selbstverwirklichung und das Erproben eigener Möglichkeiten. So plötzlich die Jugendrevolte ausbrach, so plötzlich flaute sie auch wieder ab. Die Heranwachsenden passten sich schnell an die vorherrschenden gesellschaftlichen Wertvorstellungen an. Denn in den 1950er-Jahren stand für die Jugendlichen das Streben nach Wohlstand und individuellem Glück im Vordergrund.

1 Versetze dich in die Lage des jungen Kriegsheimkehrers (M 1) und beschreibe die Situation der jungen Menschen im Nachkriegsdeutschland.

2 Betrachte M 3 und beschreibe, welchen Eindruck dieses offizielle Foto vermitteln sollte.

3 Frage ältere Verwandte und Bekannte, wie sie ihre Jugend in der Nachkriegszeit und in den 1950er-Jahren erlebt haben.

Eskalationen

M 1 „Rosinenbomber" über West-Berlin (1948)

Stadt am Tropf

Im Juni 1948 riegelte die Sowjetregierung alle Zufahrtswege nach West-Berlin ab. Weder zu Wasser noch zu Lande konnten Waren und Personen die Stadt erreichen, die wie eine Insel im Gebiet der DDR lag. Mit dieser „**Berlin-Blockade**" wollte die UdSSR ihren Anspruch auf die Zugehörigkeit von ganz Berlin zum sowjetischen Sektor durchsetzen.

Unter US-amerikanischer Regie wurde zur Rettung West-Berlins eine gigantische Hilfsaktion in Gang gesetzt. Eine ganze Großstadt mit 2,2 Millionen Einwohnern wurde komplett mit Lebensmitteln, Brennstoffen und Gebrauchsgütern aus der Luft versorgt. Rund 200 000 Flüge amerikanischer und britischer „**Rosinenbomber**" brachten 1,44 Millionen Tonnen Fracht in die Stadt. Erst im Mai 1949 wurde die Blockade aufgehoben, ohne dass die Sowjetunion ihr Ziel erreicht hatte. Diese Aktion ging als „**Luftbrücke**" in die Geschichte ein.

Volksaufstand in der DDR

Die wirtschaftliche Lage in der 1949 gegründeten DDR war schwierig. Gebrauchsgüter waren knapp und teuer. Nun sollten die Arbeitsnormen (Mengen, die am Tag, im Monat, im Jahr produziert werden mussten) ohne Lohnausgleich heraufgesetzt werden. Dagegen demonstrierten am 16. Juni 1953 einige Ostberliner Arbeiter. Schnell breitete sich die Protestwelle am folgenden Tag im ganzen Land zu einem **Volksaufstand** aus. In allen größeren Städten kam es zu Unruhen.

Berlin, 17. Juni 1953

Den ganzen Vormittag zogen Demonstrationszüge durch den Ostteil der Stadt. Immer mehr Menschen schlossen sich an. Vereinzelt kam es zu Aktionen wie Verbrennen von Bildern der politischen Führer oder Zerschlagen staatlicher Symbole. Gegen Mittag fielen erste Schüsse von Volkspolizei und Sowjetsoldaten. Sowjetische Panzer hatten begonnen, die Demonstranten aufzuhalten. Es flogen Steine. Besonders Mutige sprangen auf die Panzer und verstopften die Rohre der Geschütze. Der Aufstand wurde blutig niedergeschlagen. Er kostete zahlreiche Menschenleben (die Angaben schwanken zwischen 125 und 500 Todesopfern). 21 Anführer wurden noch am selben Tag hingerichtet. In der Folgezeit kam es zu weiteren Todesurteilen und langjährigen Haftstrafen bei rund 1500 Verhaftungen.

M 2 Sowjetische Panzer in Ost-Berlin (1953)

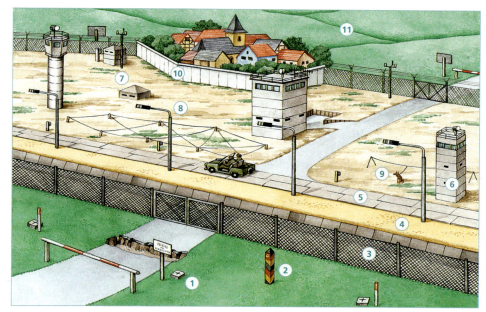

M 3 Grenzsperranlagen der DDR zur Bundesrepublik Deutschland bis 1990

1 eigentlicher Grenzverlauf
2 DDR-Markierungssäule
3 Metallgitterzaun (mit Selbst-
   schussanlage bis 1984)
4 Spurensicherungsstreifen
   (6 m breit)
5 Kolonnenweg
6 betonierter Beobachtungsturm
7 Betonbeobachtungsbunker
8 Lautsprecher und Lichtanlagen
9 Hundelaufanlage
10 Betonsperrmauer / Sichtblende
11 Sperrgebiet (15 km tief)

In der Bundesrepublik Deutschland wurde der **17. Juni** bis zur Wiedervereinigung als „**Tag der Deutschen Einheit**" begangen zum Gedenken an die Opfer und in der Hoffnung auf Beendigung der Teilung.

Eingemauert: 13. August 1961

Die wirtschaftliche Lage hatte sich seit dem 17. Juni 1953 nicht wesentlich verbessert. Immer mehr unzufriedene Bürger der DDR flüchteten in den Westen. Allein im Juli 1961 waren es rund 30 000. In erster Linie gingen Fachkräfte weg, die der eigenen Wirtschaft fehlten. Die Regierung der DDR löste das Problem durch vollständige Abriegelung aller Grenzen.
Im Stadtgebiet von Berlin errichtete man ab dem **13. August 1961** eine **Mauer**. Alle U- und S-Bahnverbindungen wurden gekappt. Bei den geräumten Häusern auf der Grenzlinie mauerte man Türen und Fenster zu. Im übrigen Land verstärkte man die Grenze durch Zäune, Wachtürme und Selbstschussanlagen. Auf Flüchtlinge wurde scharf geschossen. Die Grenze wurde zum **Todesstreifen**.

Eine Zeitlang waren Besuche zwischen West- und Ost-Berlinern nicht möglich. Erst nach und nach wurden die Bestimmungen gelockert, sodass wenigstens an Feiertagen oder zu besonderen Anlässen Passierscheine ausgestellt wurden.

1 Als die Nachricht von der Blockade bekannt wird, sitzt eine Familie (oder ein Freundeskreis) sorgenvoll zusammen. Spielt das Gespräch.

2 Versuche eine Erklärung für den Begriff „Rosinenbomber" (Text, M 1).

3 Überlege, welches Interesse Amerikaner und Briten an der Rettung Westberlins haben mochten.

4 Überlege, was eine Normerhöhung für die Arbeiter und deren Familien bedeutete.

5 Schildere den Verlauf des Aufstands mit eigenen Worten.

6 Besprecht die Krisensituation „17. Juni": Welche Folgen hätte ein militärisches Eingreifen der Westmächte vermutlich gehabt?

7 Befragt ältere Leute, die sich noch an die Tage um den 17. Juni 1953 oder an den 13. August 1961 erinnern, nach ihren damaligen Gefühlen und Eindrücken.

8 Erläutere das Schaubild M 3.

Widerstand und Mauerfall

M 1 Schlange stehen in der DDR (1988)

M 2 Überfülltes Gelände der Botschaft der Bundesrepublik Deutschland in Prag (1989)

Wirtschaft und Politik in der DDR

Durch die Übernahme der Planwirtschaft nach sowjetischem Vorbild entwickelte sich die Wirtschaft in der DDR nur schleppend. Die Preise für alle Grundnahrungsmittel und die Mieten wurden vom Staat niedrig gehalten. Um die Wohnungsnot zu lindern, wurden billige Wohnblocks errichtet.

Um die Leistung der Arbeiter zu steigern, wurden Ehrungen und Prämien geschaffen. Auch gab es flächendeckend Kindertagesstätten, um den Frauen die Ausübung eines Berufs zu ermöglichen. In den wenig rationell arbeitenden Betrieben und Verwaltungen fand jeder Bürger eine Arbeit. Doch diese Maßnahmen kosteten viel Geld und belasteten den Staatshaushalt.

Im gesamten Ostblock war die DDR zwar der wirtschaftlich erfolgreichste Staat. Doch seit den 1970er-Jahren verschlechterte sich die wirtschaftliche Lage weiter. Die Bundesrepublik gewährte dem Nachbarstaat immer wieder hohe Kredite. Die Unzufriedenheit der Menschen wuchs. Viele sahen das verbotene Westfernsehen mit all seinen Verlockungen. Nicht nur wirtschaftliche Gründe sorgten für Verdrossenheit. Die SED ließ die Bürger durch das **Ministerium für Staatssicherheit** („**Stasi**") bespitzeln. 80 000 festangestellte und mehr als 100 000 inoffizielle Mitarbei-

> Unser Staat hat immer die Schwerindustrie bevorzugt. Um Rohstoffe im Ausland beziehen zu können, braucht man bekanntlich „hartes" ausländisches Geld. Das beschaffte man sich, indem der allergrößte Teil unserer Produktion z. B. von Elektroartikeln oder Textilien exportiert wurde. So fanden sich bei uns produzierte Kühlschränke in westlichen Versandhauskatalogen zu niedrigen Preisen. Und bei uns waren sie nicht zu bekommen. Auch auf ein Telefon oder ein Auto musste man bis zu 15 Jahre warten!

ter („IM") speicherten persönliche Daten von über sechs Millionen DDR-Bürgern. Sie hörten Telefone ab und kontrollierten Briefe. Sie überwachten Kirchen, Schulen, Jugendverbände und Betriebe.

Nach dem Mauerbau 1961 war es fast unmöglich, in den Westen zu reisen. Erst im Rentenalter erhielt man eine Besuchserlaubnis. Durch Todesstreifen und **Schießbefehl** bezahlten bis zur Öffnung der Grenzen insgesamt 1065 Menschen ihre Fluchtversuche mit dem Leben. Die Bürger fühlten sich eingesperrt.

Massenflucht

Im Jahr 1985 wurde **Michail Gorbatschow** zum Generalsekretär der Kommunistischen Partei der Sowjetunion gewählt. Um den wirtschaftlichen Niedergang des Landes zu stoppen, strebte er radikale Neuerungen im Staat an. Seine Schlagworte „**Glasnost**" (Offenheit) und „**Perestroika**" (Umbau) leiteten in fast allen sozialistischen Staaten Reformen ein. Nur in der DDR wehrte sich die Regierung unter der Staatsführung von **Erich Honecker** dagegen, Veränderungen vorzunehmen.

Die Grenze weicht auf

Immer mehr DDR-Bürger kehrten nun ihrem Staat den Rücken. Allein im Sommer 1989 stellten 120 000 Menschen einen

M 3 Massendemonstration am 9. Oktober 1989 in Leipzig

M 5 Karikatur zur Massenflucht (1989)

Ausreiseantrag. Als Gründe wurden vor allem die fehlende Meinungs- und Reisefreiheit, die ständige Kontrolle durch den Staat und die schlechte Wirtschaftslage genannt. Im Mai 1989 entfernte Ungarn die Grenzzäune nach Österreich. Viele DDR-Bürger, die im „Bruderland" Urlaub gemacht hatten, nutzten diese Chance zur Flucht. Andere besetzten die Botschaften der Bundesrepublik in Prag, Warschau und Budapest, um so ihre Ausreise zu erzwingen. Nach zähen Verhandlungen erreichte der bundesdeutsche Außenminister Hans-Dietrich Genscher, dass die Massen von Botschaftsflüchtlingen in die Bundesrepublik ausreisen durften.

Fall der Mauer: 9. November 1989

Seit Beginn der 1980er-Jahre hatten sich in der DDR Menschenrechts-, Umwelt- und Friedensgruppen gebildet. Sie versammelten sich meist in Kirchenräumen, wo man einigermaßen ungestört diskutieren konnte. Viele Mitglieder dieser Gruppen wur-

den von der Staatssicherheit bespitzelt. Sie erhielten Gefängnisstrafen oder wurden in die Bundesrepublik abgeschoben.

Seit September 1989 fanden in Leipzig an jedem Montag Demonstrationen („**Montagsdemonstrationen**") statt, auf denen Versammlungs- und Reisefreiheit gefordert wurden. Die Zahl der Teilnehmer stieg bis Ende Oktober auf über 300 000. Anfangs wurden Demonstranten zwar von der Polizei auseinandergetrieben oder verhaftet, doch die Staatsmacht wagte es nicht, auf friedliche Bürger schießen zu lassen.

Im Oktober und November 1989 gingen nun auch in anderen Städten der DDR Menschen auf die Straße. Sie trugen immer häufiger Schilder mit der Aufschrift „Wir sind das Volk!". Schließlich musste Erich Honecker als Staatsratsvorsitzender zurücktreten. Am **9. November 1989** wurden die Grenzen zur Bundesrepublik geöffnet.

M 4 Die Berliner Mauer in der Nacht vom 9. auf den 10. November 1989

1 Überlege, was die „Sicherheitsmaßnahmen" über das Vertrauen der DDR-Führung in die Bewohner der DDR aussagen können.

2 Deute die Karikatur M 5.

3 Überlege, welche Gefühle und Hoffnungen die Menschen in M 3 hatten.

4 Stelle Vermutungen darüber an, was eine linientreue DDR-Zeitung über die Demonstrationen berichtet hätte.

5 Führt für eine westdeutsche Zeitung ein „Interview" mit einem Teilnehmer aus M 3.

Die Wiedervereinigung

M 1 Bundeskanzler Kohl auf einer Wahlveranstaltung in Erfurt (1990)

Die ersten freien Wahlen in der DDR

Mit dem Ruf „Deutschland – einig Vaterland" forderten nach dem 9. November 1989 immer mehr Bürger die **Wiedervereinigung** der beiden deutschen Staaten. Die meisten Menschen glaubten nicht mehr an politische und wirtschaftliche Reformen in der DDR. In der Bundesrepublik erkannte die Regierung unter Bundeskanzler Helmut Kohl (CDU) und Außenminister Hans-Dietrich Genscher (FDP) jetzt ebenfalls die Chancen einer Vereinigung und trieb den Prozess mit großem Tempo voran.

Bei den ersten freien Wahlen zur Volkskammer der DDR am 18. März 1990 siegten die unter der Bezeichnung „Allianz für Deutschland" (CDU, DSU, DA*) angetretenen Parteien. Sie hatten sich im Wahlkampf stets für die Wiedervereinigung ausgesprochen. Die im Bündnis 90 zusammengeschlossenen Oppositionsgruppen hatten keine Chance, während die Nachfolgepartei der SED, die Partei des Demokratischen Sozialismus (PDS), einen hohen Stimmenanteil bekam. Die neue Regierung wurde aus einer Großen Koalition von CDU, DSU, DA, Liberalen und SPD unter der Führung des Ministerpräsidenten Lothar de Maizière (CDU) gebildet.

Wirtschafts-, Währungs- und Sozialunion

M 3 **In einem Geheimbericht hatten DDR-Experten schon am 27.10.1989 festgestellt:**

Im internationalen Vergleich der Arbeitsproduktivität liegt die DDR gegenwärtig um 40 Prozent hinter der BRD zurück. […] Die Verschuldung […] ist auf eine Höhe gestiegen, die die Zahlungsfähigkeit der DDR infrage stellt. […] Allein ein Stoppen der Verschuldung würde im Jahr 1990 eine Senkung des Lebensstandards um 25 bis 30 Prozent erfordern und die DDR unregierbar machen.

Demokratie in Deutschland 1949–1999, Wochenschau, Nr. 1/2 1999, S. 32

Um weitere Übersiedlungen von Ost nach West zu verhindern, schlossen die beiden deutschen Staaten einen Vertrag über die Einführung der Deutschen Mark in der DDR, die Übernahme der sozialen Marktwirtschaft (Privateigentum, freie Preisbildung, Wettbewerb, Gewerbefreiheit) und des Sozialsystems (Kranken-, Renten-, Ar-

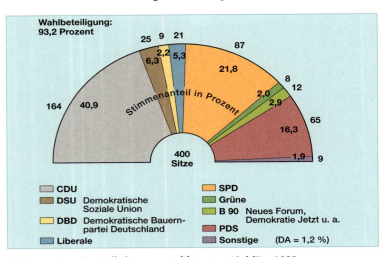

M 2 Ergebnis der Volkskammerwahlen vom 18. März 1990

M4 Forderungen bei einer Demonstration in Leipzig (1989)

M5 Deutsch-sowjetische Verhandlungen über die deutsche Vereinigung. Am Tisch von links: Außenminister Genscher, Staats- und Parteichef Gorbatschow, Bundeskanzler Kohl (1990)

beitslosenversicherung, Streikrecht, Mitbestimmung). Damit bestand eine **Wirtschafts-, Währungs- und Sozialunion**.

„2-plus-4"-Verhandlungen

In Verhandlungen zwischen den beiden deutschen Staaten und den vier Siegermächten des Zweiten Weltkriegs (USA, Sowjetunion, Großbritannien und Frankreich) wurden die letzten Hindernisse auf dem Weg zur deutschen Vereinigung beseitigt. In Gesprächen zwischen der deutschen Seite und dem sowjetischen Staats- und Parteichef Gorbatschow am 15. und 16. Juli 1990 wurde der Verbleib der Bundesrepublik im westlichen Verteidigungsbündnis (NATO) anerkannt. Dafür sollte die Bundeswehr von 500 000 auf 370 000 Soldaten reduziert werden. Deutschland verzichtete auf alle Gebietsansprüche gegen andere Staaten und erklärte, dass von deutschem Boden in Zukunft nur Frieden ausgehen solle. Kurze Zeit später wurde in einem Vertrag mit Polen der Grenzverlauf zwischen Deutschland und Polen endgültig bestätigt.

Am 23. August 1990 beschloss die Volkskammer den Beitritt der DDR zur Bun-

desrepublik. Was noch kurze Zeit vorher niemand für möglich gehalten hatte, wurde wahr: Am **3. Oktober 1990** wurde vor dem Reichstagsgebäude in Berlin die **Wiedervereinigung Deutschlands** gefeiert.

1 Kläre, welche Grundstimmung in M1 sichtbar wird.

2 Überlege zu M2: Wie hoch ist der Stimmenanteil der „Allianz für Deutschland" insgesamt? Wie ist der hohe Stimmenanteil der PDS zu erklären? Warum wurde eine „Große Koalition" gebildet?

3 Erkläre, wie in M3 der Zustand der DDR-Wirtschaft gesehen wird.

4 Erläutere, warum in M3 befürchtet wird, die DDR könnte „unregierbar" werden.

5 Kläre, was die Demonstranten in M4 zum Ausdruck bringen wollten.

6 Überlege, was die Einführung der Wirtschafts-, Währungs- und Sozialunion in der DDR für den Einzelnen bedeutete. Denke dabei z.B. an die Themen Einkaufen, Eigentum, Arbeit.

7 Fasse zusammen, welche Bedingungen für die Vereinigung beider deutscher Staaten galten. (Was bekam Deutschland, welche Zugeständnisse musste man machen?)

8 Schreibe die Stationen der Wiedervereinigung 1989/1990 in Stichworten auf.

Zeitzeugen befragen

M 1 Mit Trabi, Lada und Wartburg* auf dem Weg nach Westen. Foto vom ersten Wochenende nach der Maueröffnung am 9. November 1989

*Trabi, Lada, Wartburg Kraftfahrzeuge in der DDR; Trabant (Trabi) und Wartburg wurden in der DDR hergestellt, der Lada in der Sowjetunion.

Zeitzeugen berichten

Nachdem am 9. November 1989 die Mauer geöffnet worden war, wollten zahllose DDR-Bürger diese Gelegenheit möglichst schnell in Anspruch nehmen.

M 2 Familie Hasse aus Wismar war dabei. Tochter Claudia erinnert sich:

Das war ein Wochenende! Nach der Maueröffnung am 9. November fuhren wir über den nächsten Grenzübergang nach Westen. Mehr als drei Millionen Menschen aus der DDR sollen es an dem Wochenende gewesen sein. Wir standen stundenlang im Stau – über 60 Kilometer war

er lang. In den Orten auf der „anderen" Seite wurden wir von vielen Menschen begrüßt. Sie winkten uns zu. Manchmal gab es Blumen und eine „Stärkung" für die Weiterfahrt. Als wir mit den ersten Westdeutschen sprachen, sagte mein kleiner Bruder hinterher: „Die sprechen ja auch Deutsch." Unterwegs trafen wir einige Trabi-Fahrer, die bis ins Ruhrgebiet und weiter zur holländischen Grenze fahren wollten. Einige feierten am Samstag sogar den Karnevalsbeginn in Düsseldorf am Rhein mit. Am Sonntag fuhren wir aber trotzdem wieder zurück. Die Schule wartete.

„Geschichte von unten"

Viele Menschen erinnern sich heute noch genau an jene Novembertage. Sie können über ihre persönlichen Erfahrungen berichten und erzählen, wie sie diese Zeit erlebt haben. Solche „Zeitzeugen" können auf diese Weise ein persönliches und lebendiges Bild von den damaligen Ereignissen entstehen lassen. Sicherlich können sie sich dabei nicht mehr wirklich an alles erinnern. Manchmal werden sie sich sogar im Rückblick irren und Fakten durcheinanderbringen.

Dass solche Zeitzeugenberichte bei der Geschichtsbetrachtung dennoch eine wichtige Ergänzung zu den politischen Dokumenten und sonstigen historischen Quellen sind, liegt vor allem an einem: Sie stellen die Geschichte „von unten" dar, aus dem Blickwinkel des „Durchschnittsbürgers".

Wie eine Zeitzeugenbefragung durchgeführt werden kann, könnt ihr im Folgenden erarbeiten.

M 3 Vorbereitung der Befragung

M 4 Durchführung der Befragung

1. Schritt: Befragung vorbereiten

- Thema, Probleme klären, z. B. Ereignisse um den 9. November 1989, Maueröffnung, Einheit am 3. Oktober 1990.
- Informationen zur Vorbereitung sammeln, zunächst aus diesem Kapitel; weitere Materialien heranziehen (Bücher, Zeitschriften, Zeitungen, Fernsehbeiträge); einen ersten Überblick gewinnen.
- Fragen vorbereiten: Fragebogen. Beispielfragen: „Wie haben Sie die Maueröffnung erlebt? Was ist Ihnen am stärksten in Erinnerung geblieben? Welche Gefühle hatten Sie damals? Wie standen Sie zur Einheit? Welche Meinung haben Sie heute?"
- Befragung zur Probe einmal durchspielen; eventuell Fragen umformulieren.

2. Schritt: Kontakte mit Zeitzeugen aufnehmen

- Zeitzeugen zunächst in der Familie, Verwandtschaft, im Bekanntenkreis suchen.
- Anfragen auch bei Parteien, Gewerkschaften, Kirchen, Gemeinde- oder Stadtverwaltungen. Sinnvoll, wenn möglich: Personen aus West und Ost befragen, um Aussagen vergleichen zu können.
- Klären: Ort, Zeit, Ablauf der Befragung; wie dürfen Aussagen verwendet (ausgewertet) werden?

3. Schritt: Befragung durchführen

- Befragung gut vorbereiten: angenehme Atmosphäre schaffen, Begrüßung, Dauer der Befragung absprechen, Gesprächsleitung klären, Aufnahmegeräte oder Protokollführung sichern, Fotos anfertigen (mit dem Gast klären).
- Fragen stellen, Aussagen festhalten, gestellte Fragen auf der Liste streichen, eventuell Nachfragen stellen, dem Befragten Gelegenheit zum freien Erzählen geben.
- Dank und Verabschiedung.

4. Schritt: Ergebnisse auswerten, präsentieren und anschließend kritisch beurteilen

- Nachbereitung: Wie ist die Befragung gelaufen?
- Welchen Eindruck haben Zeitzeuge oder Zeitzeugin gemacht?
- Welche Informationen haben wir erhalten? Welche Informationen sind neu? Stimmen sie mit unseren Kenntnissen aus den Materialien (Büchern usw.) überein? Lassen sich die Unterschiede erklären? Wo sind „Lücken" zu erkennen? Wie sind sie zu schließen?
- Müssten wir etwas an unseren Befragungen ändern?
- Art der Dokumentation, Präsentation klären; mögliche Formen: Text- und Bilddokumentation („Zeitzeugen-Mappe"), Wandzeitung, Tonband- oder Video-Collage, Ausstellung, Mitarbeit des Zeitzeugen bei der Dokumentation.

Probleme der Einheit

M 1 Feier zur deutschen Einheit am 3. Oktober 1990

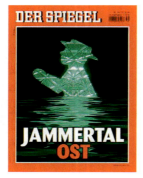

Soziale Probleme der deutschen Einheit

In der DDR war **Arbeitslosigkeit** nahezu unbekannt. Es war für die Menschen ein Schock, als nach der Wende mit der Privatisierung der Wirtschaft plötzlich viele Menschen arbeitslos wurden. Vor allem Ältere und Frauen waren davon betroffen und ihre Chancen auf einen Arbeitsplatz stehen auch heute nicht gut. Gemessen an

westlichen Maßstäben, gab es in den Verwaltungen und Betrieben der DDR viel zu viele Arbeitsplätze. Deswegen fielen nach der Wende etwa vier Millionen Arbeitsplätze als „überflüssig" weg.

M 3 Über die Entwicklung nach 15 Jahren schrieb „Der Spiegel" im Oktober 2005:

15 Jahre nach der Wiedervereinigung haben Politiker beim zentralen Festakt ein kritisches Resümee gezogen. Bundestagspräsident Thierse und Landespremier Platzeck erinnerten vor allem an die dramatische Lage auf dem Ost-Arbeitsmarkt. […]

„Der Osten ist kein Jammertal und auch kein Milliardengrab", betonte Thierse mit Blick auf sanierte Städte oder die Modernisierung der Infrastruktur. Allerdings werde die **Angleichung der Lebensverhältnisse** mehr Zeit brauchen als 1990 erhofft. Nach 15 Jahren Aufbauarbeit sei „die Mitte des Weges erreicht". Er erinnerte an die mit durchschnittlich 18,4 Prozent noch immer fast doppelt so hohe Arbeitslosenquote wie im Westen.

Auch Platzeck nannte die Arbeitslosigkeit das größte Problem der neuen Länder. „In den Zwischenbilanzen zum Aufbau Ost kommen stets diejenigen zu kurz, die ohne Arbeitsplatz dastehen". […] Im Interesse Deutschlands müsse es gelingen, auch in den neuen Ländern eine wettbewerbsfähige Wirtschaftsstruktur zu schaffen.

Bundeskanzler Schröder sicherte den neuen Ländern auch künftig Unterstützung zu. Dabei bleibe die Bereitschaft der Menschen im Westen zur Hilfe unentbehrlich. Bundespräsident Köhler unterstrich, „nicht überall in Deutschland" könnten gleiche Lebensbedingungen geschaffen werden.

Der Spiegel, Oktober 2005

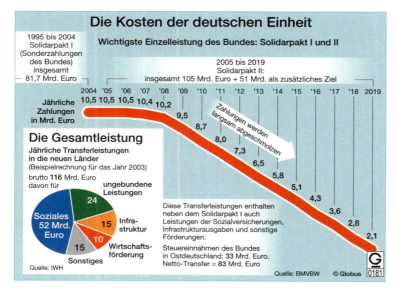

M 2 Die Kosten der deutschen Einheit

M4 Im September 2004 schrieb das Magazin „Stern":

Der Osten will mehr Hilfe. Der Westen sagt: Es reicht. Einig sind sich beide Seiten nur in einem: Jetzt sind wir mal dran. […] So ist es eben, wenn man nur sieht, was man sehen will. Wenn westdeutsche Politiker zurzeit den Osten bereisen, sehen sie statt Arbeitslosigkeit, Abwanderung und Pleiten nur noch Glaspaläste und Marmorklos, wenn Ostler in den Westen reisen, sitzen sie offenbar auch nur am Springbrunnen in der schicken Fußgängerzone. […]

Und es ist schon sonderbar, was Statistikern alles einfällt, um das Glück zu vermessen oder wenigstens die Gerechtigkeit. […] Die einen beziffern den Nettotransfer von West nach Ost auf rund 83 Milliarden pro Jahr. Die anderen sagen, reine Sonderleistungen seien nur die 15 Milliarden pro Jahr aus dem Solidarpakt. […] Die einen sagen, dass das Rentenniveau der Ostdeutschen bei vergleichbarer Lebensleistung niedriger sei. Die anderen halten entgegen, dass die Rentenauszahlung pro Kopf im Osten höher liege als im Westen. Und weil dort so gut wie alle Frauen gearbeitet haben, sind die Haushaltseinkommen aus der Rente fast doppelt so hoch. Ja, sagen die Nächsten, aber: Die Ostdeutschen hätten keine Immobilien und keine Betriebsrenten, Bundesschatzbriefe und was der Westdeutsche noch so angehäuft habe nach einem Leben im Wirtschaftswunderland. Und deswegen haben alte „Wessis" mehr Geld als alte „Ossis". […]

Die alte BRD steckt dem neuen Deutschland bis heute im Magen wie ein unverdaulicher Brocken. Was den Ostdeutschen seit 14 Jahren abverlangt wird, haben die Westdeutschen noch vor sich: den endgültigen Abschied von der eigenen Wohlstandslüge. […]

Stern, September 2004

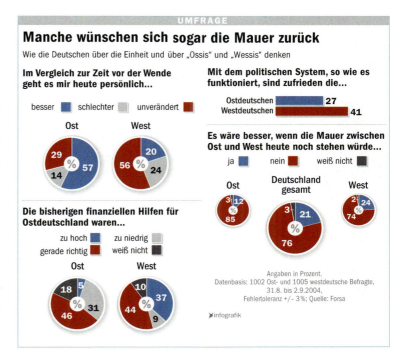

M5 Umfrage zum Thema „Deutsche Einheit" und ihre Folgen.

M6 Entwicklung der Zahl der Arbeitsplätze 1991–2006

1 Erarbeitet aus den Materialien dieser Doppelseite eine Übersicht „Erfolge und Probleme der deutschen Einheit".

2 Interviewt in eurem Schulort Eltern und Schüler über ihre Haltung zu den Erfolgen und Probleme der deutschen Einheit.

3 Gestaltet eine Wandzeitung zur Vereinigung der beiden deutschen Staaten.

17. 6. – 2. 8. 1945

Die „Großen Drei" bei der Potsdamer Konferenz

1961

Die DDR schließt die gesamte Grenze zur Bundesrepublik durch Mauer, Zäune, Wachtürme und Schießanlagen.

9. / 10. November 1989

Der Fall der Mauer an einem Berliner Grenzübergang

3. Oktober 1990

Mit dem Inkrafttreten der Einigungsverträge werden die zwei deutschen Staaten vereinigt.

Überleben und orientieren

In den Jahren zwischen 1945 und 1949 war das Leben der Menschen von der allgemeinen Not im **besiegten Nachkriegsdeutschland** bestimmt. Hunger und Kälte, die oft notdürftige Unterbringung und die ungewisse politische Zukunft in den vier **Besatzungszonen** prägten den Alltag. Nur langsam kam das öffentliche Leben wieder in Gang; in den meisten Ländern öffneten die Schulen im Herbst 1945 wieder.

Zwei deutsche Staaten

Im Herbst 1949 wurde in den drei westlichen Besatzungszonen die **Bundesrepublik Deutschland** gegründet, wenig später in der sowjetisch besetzten Zone (SBZ) die **Deutsche Demokratische Republik (DDR)**. Während die Bundesrepublik sich am westlichen Modell der parlamentarischen Demokratie mit freien Wahlen und einer marktwirtschaftlichen Ordnung orientierte, folgte die DDR dem Modell einer sozialistischen Gesellschaftsordnung, in dem eine sozialistische Einheitspartei, die SED, allein die Politik und die Gesellschaftsordnung prägte. Die Wirtschaft wurde nach dem Vorbild der sowjetischen **Planwirtschaft** organisiert.

Im Westen bestimmte das „**Wirtschaftswunder**" den Alltag. In der DDR führte die Planwirtschaft nach anfänglichen Erfolgen zu wirtschaftlichen und sozialen Problemen. Seit Ende der 1950er-Jahre kam es infolge dessen zu vermehrten Fluchtbewegungen aus der DDR. Durch den **Bau der Mauer 1961** verschärfte sich die Lage der Menschen in der DDR, viele wollten das Land verlassen, wurden aber mit Gewalt daran gehindert.

Auf dem Weg zur Wiedervereinigung

Die Politik der Anerkennung des Status quo zwischen den Blöcken im Kalten Krieg und den beiden deutschen Staaten führte zwischen 1970 und 1989 zu einem Ausbau der Kontakte zwischen den Menschen in Ost und West und auch zu einem verstärkten Kontakt der Menschen in beiden deutschen Staaten.

Die **Vereinigung beider deutschen Staaten 1990** nach dem Zusammenbruch der SED-Herrschaft brachte vor allem für die Jugendlichen und Frauen im Osten große Umstellungsprobleme. Auch zwanzig Jahre nach der Überwindung der Teilung sind die großen Unterschiede im Alltag in beiden Teilen Deutschlands noch nicht eingeebnet.

Deutschland nach 1945

Quiz

1. In welchem Jahr wurde die Bundes-republik gegründet?

a) 1945
✘ b) 1949
c) 1948
d) 1989

2. Welches Wirtschaftssystem hat die Bundesrepublik?

a) Planwirtschaft
✘ b) soziale Marktwirtschaft
c) Dreifelderwirtschaft
d) Wirtschaftswunder

3. Bringe die folgenden Begriffe in ihre zeitliche Reihenfolge:

4 a) Fall der Berliner Mauer
1 b) Gründung der DDR
3 c) Einführung der D-Mark
2 d) Bau der Mauer

4. Wofür steht die Abkürzung DDR?

a) Demokratisches Deutsches Reich
✘ b) Deutsche Demokratische Republik
c) Demokratische Deutsche Republik
d) Demokratischer Deutscher Rechtsstaat

5. Wann fiel die Berliner Mauer?

a) 1945
b) 1949
c) 1961
✘ d) 1989

6. Was bedeutet SED?

✘ a) Soziale Einheitspartei Deutschlands
b) Soziale Einheitspartei für Demokratie
c) Sozialistische Einheitspartei Deutschlands
d) Sicherheitsexperten für Deutschland

Arbeitsbegriffe

✓ Besatzungszonen
✓ Bundesrepublik Deutschland
✓ Deutsche Demokratische Republik
✓ soziale Marktwirtschaft
✓ Planwirtschaft
✓ Fall der Mauer 9. November 1989
✓ Deutsche Einheit 3. Oktober 1990
✓ Flüchtlinge und Vertriebene
✓ Potsdamer Konferenz
✓ Entnazifizierung
✓ Teilung Deutschlands

M 1 Arbeitsbegriffe

1 Erfindet weitere Fragen zu diesem Kapitel und führt dann ein Quiz mit zwei Mannschaften durch. Die Antwort muss innerhalb einer Minute gegeben werden. Welche Gruppe kann die meisten oder alle Fragen beantworten?

2 Erläutere, wie der Alltag der Menschen nach Kriegsende aussah.

3 Wohin gingen die Menschen, die aus ihrer Heimat geflüchtet sind oder vertrieben wurden?

4 Beschreibe den Weg zur Gründung der Bundesrepublik Deutschland in den Westzonen.

5 Erkläre, was der Mauerbau 1961 für die Beziehungen zwischen den beiden deutschen Staaten bedeutete.

5 Deutschland – ein demokratischer Bundesstaat

Die Bundesrepublik Deutschland wird ebenso wie die einzelnen Bundesländer nach demokratischen Grundsätzen regiert: Alle Macht geht vom Volk aus. Doch sie wird nicht unmittelbar vom Volk ausgeübt. Die wahlberechtigten Bürgerinnen und Bürger entscheiden mithilfe von Wahlen, wer ihre Interessen politisch vertreten soll.

Die Abgeordneten des Deutschen Bundestages sind die vom Volk gewählten Vertreterinnen und Vertreter.

Wie wird im Bundestag der politische Wille der Wählerinnen und Wähler zum Ausdruck gebracht?

Welche Aufgaben hat das Parlament und wie arbeitet es mit der Kanzlerin/dem Kanzler sowie der Regierung zusammen?

Wer kontrolliert Regierung und Parlament und wer repräsentiert unser Land nach außen?

Allen diesen Fragen geht dieses Kapitel nach.

1 Berichte, was du über das abgebildete Gebäude und seine Funktion weißt.

2 Verfolge in der nächsten Zeit die Berichterstattung der Medien über Parlament und Regierung. Sammele Zeitungs- und Zeitschriftenartikel in einem Ordner.

Das Hambacher Fest – Proteste für die Freiheit

M 1 Der Zug der Protestierenden zum Hambacher Schloss, 27. Mai 1832

Das Hambacher Fest

Vom 27. bis 30. Mai 1832 fand in der Pfalz auf dem Hambacher Schloss bei Neustadt an der Weinstraße das Hambacher Fest statt. Dieses Ereignis gilt als die **Geburtsstunde der Demokratie in Deutschland.** Im Jahr 1830 kam es als Folge einer Revolution in Frankreich überall in Europa zu einer Welle von Unruhen und Protesten. Auch in einigen deutschen Städten kam es zu Demonstrationen. Einen Höhepunkt dieser Protestwelle bildete das Hambacher Fest. Über 30 000 Menschen aus dem gesamten Gebiet Deutschlands waren in die Pfalz gekommen, um für Einheit und Freiheit zu kämpfen. Sie trugen schwarz-rotgoldene Fahnen und verbrannten Bilder der regierenden Fürsten.

Am Hambacher Fest nahmen Männer und Frauen aus allen gesellschaftlichen Schichten teil. Neben Studenten und Professoren waren auch Bauern, Arbeiter und Bürger in die Pfalz gekommen. Einer der Organisatoren des Hambacher Fests war der Journalist Philipp Jakob Siebenpfeifer*.

> [...] Vaterland – Freiheit – ja! Ein freies deutsches Vaterland – dies ist der Sinn des heutigen Festes, dies die Worte, den Verrätern der deutschen Nationalsache die Knochen erschütternd. Seit das Joch des fremden Eroberers abgeschüttelt, erwartet das deutsche Volk von seinen Fürsten die verheißene Wiedergeburt; es sieht sich getäuscht. [...]
> Die Natur der Herrschenden ist Unterdrückung, der Völker Streben ist Freiheit. Es wird kommen der Tag, wo ... der Bürger nicht in höriger Untertänigkeit den Launen des Herrschers, sondern dem Gesetz gehorcht, wo ein gemeinsames deutsches Vaterland sich erhebt. [...]

M 2 Auszug aus der Rede Siebenpfeifers auf dem Hambacher Fest

* Philipp Jakob Siebenpfeifer (1789 bis 1845), Jurist und Journalist: Wie alle Redner auf dem Hambacher Fest wurde auch Siebenpfeifer verhaftet. Ihm gelang jedoch die Flucht aus dem Gefängnis – er floh in die Schweiz.

Das Lied der Deutschen – die deutsche Nationalhymne

Einigkeit und Recht und Freiheit
Für das deutsche Vaterland!
Danach lasst uns alle streben
Brüderlich mit Herz und Hand!
Einigkeit und Recht und Freiheit
Sind des Glückes Unterpfand –
Blüh' im Glanze dieses Glückes,
Blühe, deutsches Vaterland!

M 3 Nationalhymne und Fahne – Symbole für politische Einheit und Freiheit

Politische Feste

Politische Feste gab es seit dem 18. Jahrhundert. Da politische Versammlungen von den Fürsten immer wieder verboten wurden, organisierte man Volksfeste, um für politische Ziele demonstrieren zu können. Häufig nahm man auch die Pflanzung eines so genannten „Freiheitsbaums" zum Anlass, ein Fest zu feiern, auf dem für Freiheit und Demokratie demonstriert wurde.

Fahne und Hymne – Symbole für nationale Einheit

Bei den politischen Festen im 19. Jahrhundert galt die schwarz-rot-goldene Fahne als Symbol der nationalen und demokratischen Bewegung. So führten auch viele Teilnehmer des Hambacher Festes eine solche Fahne mit sich. Seit 1949 ist die schwarz-rot-goldene Fahne die Nationalflagge Deutschlands.

Auch die Nationalhymne entstand im 19. Jahrhundert. Aus dem Nationalgefühl der Zeit heraus schrieb August Hoffmann, genannt „Hoffmann von Fallersleben"*, 1841 das „Lied der Deutschen". Der Text wurde mit einer Melodie von Joseph Haydn* kombiniert und wurde 1922 die deutsche Nationalhymne. Da der Text des Liedes von den Nationalsozialisten missbraucht wurde, wurde die Hymne nach dem Zweiten Weltkrieg verboten. Seit 1952 wird nur noch die dritte Strophe des Liedes als Nationalhymne verwendet.

Unterdrückung der Freiheit

Auf das Hambacher Fest, das von Spitzeln überwacht worden war, reagierten die Fürsten mit weiteren Unterdrückungsmaßnahmen. Gesetze wurden verschärft, die Rede- und Versammlungsfreiheit ganz aufgehoben, die Farben Schwarz-Rot-Gold duften nicht mehr getragen werden und das Singen politischer Lieder wurde verboten. Hunderte wurden verhaftet sowie eingesperrt und die Zahl der Auswanderer vor allem in die USA nahm ständig zu.

Die Menschen in Deutschland mussten noch viele Jahre auf eine freiheitliche und demokratische Verfassung warten.

*August Hoffmann (1798–1874):
Er war Hochschullehrer für Germanistik (Sprachforschung) und Dichter. 1841 schrieb er die spätere deutsche Nationalhymne, das „Lied der Deutschen". Da er aus Fallersleben bei Braunschweig stammte, nannte man ihn auch einfach nur Hoffmann von Fallersleben.

*Joseph Haydn (1732–1809):
Österreichischer Komponist

1 Beschreibe M 1: Wie wirken die Menschen auf dich? Was führen sie mit sich?

2 Werte M 2 aus: Erläutere, was Siebenpfeifer an den Herrschenden kritisiert und was er sich für die Zukunft wünscht.

3 Schreibe einen Bericht über das Hambacher Fest aus der Sicht eines Polizeispitzels.

4 Vergleiche den Text der Nationalhymne mit den Forderungen Siebenpfeifers.

5 Nimm Stellung zur Kapitelüberschrift und finde eine Erklärung, warum sie mit einem Fragezeichen versehen ist.

Was bedeutet Politik?

M 1 Zeichnung: *Birgit Schmidt, Karlsruhe*

Politik im engeren Sinne

Wo viele Menschen zusammenleben, müssen sie Regeln und eine Ordnung für ihr Zusammenleben festlegen. Schon im alten Griechenland gab es fest organisierte Stadtstaaten, die **Poleis*** genannt wurden. „Politik" kommt von dem griechischen Wort Polis. Im engeren Sinne versteht man unter **Politik** alles menschliche Handeln, das auf die Ordnung und Gestaltung des menschlichen Zusammenlebens in einem Staat, einer Stadt oder Gemeinde gerichtet ist. Es handelt sich z. B. um Politik, wenn verschiedene Parteien unterschiedliche Meinungen vertreten und um den größten Einfluss in einem Staat ringen. Dabei ist es die **Staatsgewalt**, die das Miteinander regelt und darauf achtet, dass sich alle an die herrschende Ordnung halten.

Das Zusammenleben in einem Staat kann ganz unterschiedlich geregelt werden und wir sprechen hier von verschiedenen **Staatsformen**. **Demokratien*** verstehen sich als eine Staatsform, in der das Volk herrscht. Im antiken Griechenland kamen in den Stadtstaaten die freien Männer auf dem Marktplatz zusammen und stimmten direkt über die Gesetze ab. In den heutigen, modernen Demokratien übt das Volk seine Herrschaft meist nur mittelbar und indirekt aus. Die Bürgerinnen und Bürger entscheiden durch Wahlen, welche Abgeordnete sie im Parlament vertreten.

Politik im weiteren Sinne

Demokratie und Politik betreffen nicht nur das herkömmliche politische System (Parteien, Parlamente), den Staat und seine Ordnung, sie sind auch Teil unserer Gesellschaft:
- Wir gestalten unser soziales Umfeld durch die Mitarbeit in Initiativen, Vereinen, Verbänden.
- Wir regeln unser alltägliches Zusammenleben z. B. in der Schulklasse, in der Familie, in der Clique oder im Beruf.

Auch hier geht es um politische Fragen:
- Wie werden Entscheidungen, die uns betreffen, besprochen und getroffen? Wer bestimmt?
- Wie können wir unsere Interessen einbringen? Wie werden Konflikte geregelt, Probleme gelöst?

Natürlich muss man auch den Zweck bedenken, zu dem die jeweilige Gruppe oder Einrichtung entstanden ist: In der Schule soll unterrichtet werden, in der Clique will man Spaß mit Freunden haben, in einem Betrieb soll gearbeitet werden.

Poleis*
Griechisch, Singular: *Polis;* Bezeichnung für die Stadtstaaten im antiken Griechenland. Die Einwohner einer Polis verstanden sich als Gemeinschaft. Athener, Spartaner oder Korinther waren stolz auf ihre politische Selbstständigkeit und achteten auf ihre wirtschaftliche Unabhängigkeit.

Demokratie*
Griechisch: Herrschaft des Volkes; Demokratien stehen damit im Gegensatz zu Alleinherrschaften wie Monarchien oder Diktaturen.

M2 A: Debatte zum Einwanderungsgesetz im Deutschen Bundestag. B: E-Teams einer Göttinger Schule sorgen mit Solarzellen für engagierten Klimaschutz. C: Kinder protestieren 1951 in Braunschweig gegen eine Steuer auf Süßigkeiten. D: Wohin im nächsten Urlaub? Der Familienrat tagt.

Wenn sie mit ihrer ollen Fabrik nicht aufhören solche Schweinereien zu machen, dann...

...gründen wir eine Bürgerinitiative.

Kein Pardon!

M3 Zeichnung

1 Erkläre mithilfe des Autorentextes die Abbildung M1.

2 Besprecht in der Klasse, was die Abbildungen in M2 mit Politik zu tun haben.

3 Schreibe auf einen Zettel fünf Wörter, die du mit dem Begriff Demokratie verbindest.

4 Bildet Gruppen und vergleicht die Wörter. Gibt es übereinstimmende oder inhaltsgleiche Begriffe? Welches sind die am häufigsten genannten Wörter?

Jugend und Politik

	++	+	0	–	– –
1. Politik ist ein schmutziges Geschäft!					
2. Die da oben machen doch nur, was sie wollen!					
3. Politik geht jeden an!					
4. Politik ist wichtig, damit man seine Rechte und Interessen durchsetzen kann!					
5. Die Bürgerinnen und Bürger haben viel zu hohe Ansprüche an die Politiker!					
6. Es ist ein Nachteil in der Demokratie, dass jeder glaubt, mitreden zu können!					
7. In der Politik wird viel zu viel gestritten.					
8. Die Politiker sind doch nur auf Stimmenfang aus!					
9. Die Unzufriedenen sollten sich stärker in der Politik engagieren!					
10. Die Regierung sollte mehr Macht haben, damit die ewige Streiterei aufhört!					
11. Die Demokratie ist die beste aller Staatsformen.					
12. Wenn ich will, kann ich mich einmischen – und das ist mir wichtig!					

++ = stimme der Ansicht sehr zu, + = stimme im Großen und Ganzen zu, 0 = ich bin unentschieden, – = lehne die Ansicht im Großen und Ganzen ab, – – = lehne die Ansicht entschieden ab.

M 1 Politik – ein Streitthema. Material für eine Umfrage

Jugend unter der Lupe

Shell-Studie*
Seit 50 Jahren untersuchen die Shell-Jugendstudien die Einstellungen und die Lebenssituation von Jugendlichen. Die 14. gesponserte Studie stützt sich auf eine Befragung von 2515 Jugendlichen zwischen 12 und 25 Jahren.

Regelmäßig wird die Situation der Jugendlichen in Deutschland untersucht. Ein wichtiger Teil der Untersuchung ist dabei ihrem politischen Interesse gewidmet. Studien wie die Shell-Studie* werden als ein Gradmesser gesehen für die Anteilnahme Jugendlicher an Politik und für die Bereitschaft, sich mit politischen Themen auseinanderzusetzen.

1. Es darf keine Chefs geben, keine Altfunktionäre, die das Sagen haben.
2. Jugendliche wollen „Spaß haben", auch bei der Beschäftigung mit ernsten Angelegenheiten. Sie sind nicht bereit, ihre Freizeit für Termine zu opfern, die sie als „Stress" empfinden.
3. Wenn sie sich schon engagieren, wollen sie Gelegenheit haben, auch Freundschaften zu schließen.
4. Sie sind nicht bereit, lange zu taktieren und über Kompromisse zu reden, sondern bevorzugen eindeutige, punktgenaue, zeitlich begrenzte Interessengruppen.
5. Action ist angesagt, keine lange Schulung.
6. Jugendliche setzen sich für konkrete Dinge ein, z. B. Rücknahme einer Abschiebungsverfügung […].
7. Man muss jederzeit wieder aussteigen können, wenn das Weitermachen nicht mehr sinnvoll und spannend erscheint.

Fluter Nr. 3, 2002, S. 16

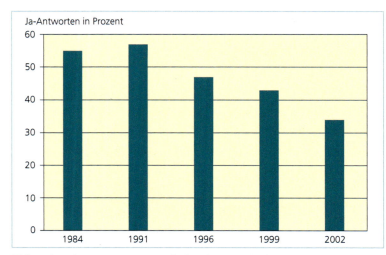

M 2 Politisches Interesse Jugendlicher (12–14 Jahre) im zeitlichen Verlauf, Ja-Antworten in Prozent. 14. Shell-Jugendstudie 2002

M 3 Voraussetzungen für jugendliches Engagement

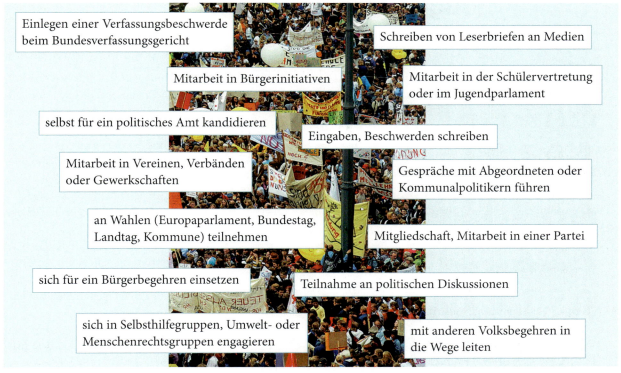

Einlegen einer Verfassungsbeschwerde beim Bundesverfassungsgericht

Schreiben von Leserbriefen an Medien

Mitarbeit in Bürgerinitiativen

Mitarbeit in der Schülervertretung oder im Jugendparlament

selbst für ein politisches Amt kandidieren

Eingaben, Beschwerden schreiben

Mitarbeit in Vereinen, Verbänden oder Gewerkschaften

Gespräche mit Abgeordneten oder Kommunalpolitikern führen

an Wahlen (Europaparlament, Bundestag, Landtag, Kommune) teilnehmen

Mitgliedschaft, Mitarbeit in einer Partei

sich für ein Bürgerbegehren einsetzen

Teilnahme an politischen Diskussionen

sich in Selbsthilfegruppen, Umwelt- oder Menschenrechtsgruppen engagieren

mit anderen Volksbegehren in die Wege leiten

M 4 Möglichkeiten politischer Beteiligung

M 5 Ergebnisse der Shell-Studie* 2002
– Die Mehrheit der Jugendlichen hält die Demokratie für eine gute Regierungsform.
– 37 % der Jugendlichen trauen keiner der Parteien zu, die Probleme in Deutschland zu lösen.
– Als besonders vertrauenswürdig werden Menschenrechts- und Umweltschutzgruppen eingeschätzt.
– An Wahlen beteiligen sich die Jungwähler im Vergleich zur Gesamtbevölkerung unterdurchschnittlich.
– 35 % der Jugendlichen sind regelmäßig gesellschaftlich aktiv, 41 % sind gelegentlich aktiv, 24 % nie. Aktionsbereiche sind z. B. Umwelt und Tierschutz, Freiwillige Feuerwehr, Vereine, Bildungseinrichtungen.

Autorentext

1 In M1 findest du verschiedene Aussagen über Politik. Überlege, wie du dazu stehst. Bewerte auf einem Blatt in der dargestellten Weise.

2 Nimm Stellung zu den Ergebnissen der Shell-Studie (M2). Berücksichtige dazu die Aussagen in M3.

3 Berichte über eigene Erfahrungen und Möglichkeiten der Mitwirkung z. B. in der Schule, in Vereinen oder an deinem Wohnort.

4 Werte M4 aus: Was bedeuten die dargestellten Beispiele politischer Beteiligung im Einzelnen und welche Möglichkeiten stehen auch Jugendlichen offen?

5 Der Vertreter einer politischen Partei beklagt: „Es ist wirklich besorgniserregend. Die Jugend von heute hat keine Lust, sich politisch zu engagieren."
Formuliere eine begründete Stellungnahme zu dieser Behauptung. Berücksichtige dazu auch M5.

Jugend macht Politik

M 1 Kandidaten des Jugendparlaments Worms

Voraussetzungen der Mitwirkung

Damit ihr auch wirklich Einfluss auf Entscheidungen in eurer Stadt oder Gemeinde nehmen könnt, müssen verschiedene Voraussetzungen erfüllt sein:

- Anträge und Forderungen von euch sollten auch wirklich an die Gemeindevertretung weitergeleitet werden
- Entscheidungen über eure Anträge sollten bald erfolgen und nachvollziehbar sein,
- ihr solltet ein Rederecht in der Gemeindevertretung haben, um die Anliegen selbst darzustellen
- ihr braucht einen eigenen Etat, um eure Arbeit zu finanzieren.

Allerdings werdet ihr feststellen, dass Entscheidungen in der Politik sehr lange dauern können.

Einrichtung und Aufgaben der Jugendvertretung

Das Jugendparlament vertritt die Belange der minderjährigen Einwohnerinnen und Einwohner durch Beratung, Anregung und Unterstützung der Organe der Ortsgemeinde. Es soll Kinder und Jugendliche mit demokratischen Entscheidungsstrukturen vertraut machen und ihr Interesse an kommunaler Aufgabenstellung fördern. Dem Jugendparlament obliegt zudem die Anregung von Veranstaltungen und sonstigen Maßnahmen für Kinder und Jugendliche.

Zahl der Mitglieder und Bildung des Jugendparlamentes

Das Jugendparlament besteht aus zwölf Mitgliedern. Die Mitglieder des Jugendparlamentes werden nach Grundsätzen der Mehrheitswahl auf die Dauer von zwei Jahren gewählt.

M 2 Aus der Satzung des Jugendparlaments Herxheim vom 19. 12. 2002

§ 16 c

Beteiligung von Kindern und Jugendlichen

Die Gemeinde soll bei Planungen und Vorhaben, die die Interessen von Kindern und Jugendlichen berühren, diese in angemessener Weise beteiligen. Hierzu soll die Gemeinde über die in diesem Gesetz vorgesehene Beteiligung der Einwohner hinaus geeignete Verfahren entwickeln und durchführen.

Gemeindeordnung Rheinland-Pfalz

Jugendliche bestimmen mit

Auch wenn in Rheinland-Pfalz erst Erwachsene ab 18 Jahren wählen dürfen, habt ihr als Jugendliche schon viele Möglichkeiten, für eure Interessen einzutreten und mitzubestimmen. Die Gemeindeordnung Rheinland-Pfalz sieht die Beteiligung von Kindern und Jugendlichen bei Entscheidungen, die sie betreffen, vor (s. § 16 c). Die Art und Weise, wie Jugendliche ihre Interessen in den Gemeinden wahrnehmen können, bleibt den einzelnen Kommunen freigestellt. Es soll damit gewährleistet werden, dass ihr die Dinge, die euch betreffen, mitgestalten könnt und so lernt, eure Interessen wirkungsvoll zu vertreten.

Wahl zum Wormser Jugendparlament 2008

Im Januar 2008 findet die Wahl zum 2. Wormser Jugendparlament statt. Jugendliche zwischen 14 und 24 Jahren, die ihren Hauptwohnsitz in Worms haben, können sich ab sofort zur Wahl aufstellen lassen. Hierzu ist ein kleiner Bewerbungsbogen auszufüllen und beim Kinder- und Jugendbüro der Stadt Worms, Adenauerring 3a, abzugeben. Bewerbungen sind noch bis zum 16.11.2007 möglich.

„Bereits bei der ersten Wahl haben sich 70 Jugendliche zur Wahl aufstellen lassen" sagt Luca Dressino, 1. Vorsitzender des Jugendparlaments. „Worms braucht Jugendliche, die Spaß daran haben, sich einzumischen und Ideen mitbringen, was man in Worms für Jugendliche verändern muss", ergänzt der 2. Vorsitzende Marc Diehl die Idee des Jugendparlaments. Die Jungparlamentarier haben in ihrer ersten Amtsperiode bereits einiges bewegen können: So konnte eine Skateanlage unterstützt und zahlreiche Veranstaltungen für Jugendliche angeboten werden. Die Sanierung eines bei Jugendlichen beliebten Basketballplatzes, der den letzten Winter witterungsbedingt nicht überstanden hat, ist bereits beschlossene Sache. In Zusammenarbeit mit der Stadtverwaltung, die den rechtlichen Rahmen abklärt, konnte vor zwei Wochen ein Pokerturnier für Jugendliche ab 14 Jahren angeboten werden. Wie bereits bei der ersten Wahl wird eine große Beteiligung der Jugendlichen erwartet.

Weitere Informationen zur Wahl, der Bewerbungsfrist, sowie den Bewerbungsbogen gibt es im Internet unter www.jugendparlament-worms.de .

Nibelungen-Kurier, 27. Oktober 2007

M 3 Wahl des zweiten Wormser Jugendparlaments

Öffentliche Bekanntmachung der

10. öffentlichen/nicht öffentliche Sitzung

des Jugendparlamentes Herxheim

Gremium: Jugendparlament Herxheim
Sitzungstermin: Dienstag, 20.05.2008, 19.00 Uhr
Sitzungsort: Rathaus Herxheim, Ratssaal
Obere Hauptstraße 2, 76863 Herxheim

T A G E S O R D N U N G

A) Öffentlicher Teil

1. Diskussionspodium über Jugendkriminalität.

B) Nichtöffentlicher Teil

1. Fahrt nach Berlin;
2. Bandcontest;
3. Verschiedenes.

gez.
Nora Forster
Vorsitzende des Jugendparlamentes

M 4 Bekanntmachung der 10. öffentlichen/nicht öffentlichen Sitzung des Jugendparlaments Herxheim

---

Das Europäische Jugendparlament in Deutschland ist eines von über 30 nationalen Komitees des European Youth Parliament (EYP). Drei Mal im Jahr treffen sich ungefähr 300 europäische Jugendliche im Alter von 16 bis 22 Jahren für mehrere Tage, um zusammen über Europa zu reden.

M 5 Das Europäische Jugendparlament

1 Berichte über die Möglichkeiten der politischen Mitarbeit von Kindern und Jugendlichen in der Politik (M 1 – M 5, Text).

2 Erstellt eine Liste von Themen, mit denen ihr euch beschäftigen und bei denen ihr mitgestalten möchtet. Vergleicht mit den Themen, die die Jugendparlamente in Worms und Herxheim bearbeitet haben (M 3, M 4).

3 Wie würdest du vorgehen, um eigene Vorstellungen in deinem Ort zu verwirklichen?

4 Informiere dich über Jugendparlamente in deiner Nähe. Wie und für wie lange wurden sie gewählt? Welche Rechte und Pflichten haben sie? Wie finanzieren sie ihre Arbeit? Welche Schwerpunkte setzen sie?

Demokratieverständnis: direkt oder repräsentativ?

"Demokratie ist ...

"... mich als Jugendvertreter im Betrieb einmischen zu können."

"... dass Minderheiten über Mehrheiten bestimmen."

"... dass Politiker viel quatschen und wenig bewegen."

"... dass wir den Bundeskanzler direkt wählen sollten."

"... – keine Ahnung."

"... stets Kompromisse schließen zu müssen."

"... zur Wahl zu gehen."

M 1 Gedanken zur Demokratie

Demokratieverständnis im Grundgesetz

„Demokratie" bedeutet „Volksherrschaft". Alle politische Macht im Staat ist auf das Volk zurückzuführen. Das Volk kann entweder direkt über alle staatlichen Angelegenheiten entscheiden (= **unmittelbare Demokratie** bzw. Basisdemokratie) oder indirekt über die Wahl von Volksvertretern (= Abgeordnete) seine Interessen vertreten lassen (= parlamentarische bzw. **repräsentative Demokratie**).

M 2 Sitzungssaal des Deutschen Bundestages

Deutschland und beispielsweise auch Österreich sind repräsentative bzw. parlamentarische Demokratien. Die staatliche Macht wird den Abgeordneten **zeitlich begrenzt** für vier Jahre im Bundestag und für fünf Jahre im Landtag von Rheinland-Pfalz überlassen. Diese Volksvertreter (= Repräsentanten) haben die Interessen des ganzen Volkes zu vertreten. Sie sind an keine Aufträge oder Weisungen gebunden und nur ihrem Gewissen verpflichtet.

Zwischen den Wahlen kann der Bürger auf Bundesebene nur bei der Neugliederung von Bundesländern durch Volksentscheid mitentscheiden. Seit der Wiedervereinigung Deutschlands mehren sich jedoch Forderungen nach mehr direkter Demokratie auf Bundesebene. Doch die öffentlichen Befürworter z. B. für die Direktwahl des Bundespräsidenten oder eine **Volksabstimmung** über die EU-Verfassung fanden bisher nicht die entsprechende parlamentarische Unterstützung. Dennoch gibt es immer wieder Initiativen für die Einführung basisdemokratischer Elemente.

M 3 Bundespräsident Horst Köhler zum Volksentscheid

„Unser Grundgesetz kennt Volksentscheide bisher nur in Zusammenhang mit der Neugliederung des Bundesgebiets – gewiss auch ein bedenkenswertes Thema, aber gewiss nicht das einzige, bei dem die Bürger ein direktes Mitspracherecht verdienen. Darum plädiere ich dafür, auf Landes-, Bundes- und europäischer Ebene über mehr Elemente direkter Demokratie nachzudenken, wenn sich die Gelegenheit dafür bietet [...]."

Bundespräsident Horst Köhler am 23. 10. 2005 in Saarbrücken

Direkte Demokratie	Repräsentative Demokratie
Pro: Die Bürgerinnen und Bürger nehmen durch Volksabstimmung direkt Einfluss auf politische Entscheidungen. Bei Fragen, von denen sie direkt betroffen sind, sollten sie mitentscheiden können. Die „Macht" des Volkes darf sich nicht auf das Kreuz bei der Wahl alle vier Jahre beschränken.	**Pro:** Das Grundgesetz sieht als Hauptform der Machtausübung die Wahlen zu den Parlamenten vor. Die gewählten Abgeordneten entscheiden dann mit ihrer Sachkenntnis und nach ihrem Gewissen über die anstehenden Probleme. Die verschiedenen Bevölkerungsgruppen (z. B. Arbeitnehmerschaft, Selbstständige) können ihre Ziele und Interessen am besten im Parlament durch die Abgeordneten und Parteien vertreten lassen.
Kontra: Entscheidungen in der Demokratie können nicht nur nach Ja oder Nein abgestimmt werden. Viele Probleme können am besten von Fachleuten oder Politikern beschlossen werden, die etwas von der Sache verstehen. Den Bürgerinnen und Bürgern fehlt oft das nötige Fachwissen. Außerdem besteht die Gefahr, dass aus augenblicklichen Stimmungen heraus entschieden wird.	**Kontra:** Die Wählerinnen und Wähler haben zwischen den Wahlen (im Allgemeinen vier Jahre) keine Möglichkeit, direkt Einfluss auf Entscheidungen zu nehmen. Über Volksabstimmungen könnte die Bevölkerung aktiver an der Politik beteiligt werden.

M 4 Formen der Demokratie

Alternative Demokratieformen

Schweiz

Ein Beispiel für die Verbindung von repräsentativer und direkter Demokratie ist die Schweiz. Dort besteht auf bundesstaatlicher Ebene die Möglichkeit, durch Volksentscheide unmittelbar in die Politik einzugreifen. Nach der Statistik folgen dabei die Schweizer in den meisten Fällen den Empfehlungen von Regierung und Parlamentsmehrheit. Allerdings gibt es auch Niederlagen für die Staatsregierung. So votierte Anfang 2004 die Mehrheit der stimmberechtigten Bürger gegen ein großes Verkehrsprogramm und brachte damit den Bau einer zweiten Röhre des Gotthard-Straßentunnels vorerst zu Fall.

M 5 Volksversammlung in der Schweiz

USA

Eine ganz andere Form der Demokratie stellt die präsidiale Demokratie der USA dar. Der Präsident wird über Wahlmänner direkt vom Volk gewählt. Regierung und Parlament sind stärker voneinander getrennt. Der Präsident vereinigt eine besonders große Machtfülle auf sich und repräsentiert die Nation nach außen.

1 Was verstehst du unter Demokratie? Vergleiche mit den Aussagen in M 1 und kommentiere.

2 Erläutere den Unterschied zwischen direkter und indirekter Demokratie (M 4).

3 Sammle Gründe für und gegen mehr Basisdemokratie auf Bundesebene (M 3).

4 „Volksentscheide sollten als demokratisches Mittel viel häufiger angewandt werden." Nehmt zu dieser Aussage eines Grünen-Politikers Stellung.

Parteien – Basis der Demokratie

Nur eine kleine Minderheit der Parteimitglieder vergibt unter sich die Plätze auf den Wahllisten.

Die Politiker in den Parteien denken nur an Geld und Macht. Bei einem Skandal versuchen sie sich herauszureden.

Die Parteien besetzen Stellen im Staatsapparat mit ihren Mitgliedern. Oft entscheidet nicht die Qualifikation, sondern nur das Parteibuch.

Parteien stehen allen offen. Die Mehrheit der Bevölkerung und der Parteimitglieder ist aber nicht zur Übernahme von Ämtern und Funktionen bereit.

Ohne Parteien gibt es keine Wahlen und keine Demokratie. Deshalb müssen sie auch aus der Staatskasse finanziert werden.

Die Parteien entscheiden in den Parlamenten selbst über ihre Zuschüsse aus der Staatskasse.

Die Medien behandeln die Parteipolitiker nicht fair und bauschen kleine Verfehlungen zu Skandalen auf.

Wer ist noch bereit, sich zu engagieren, wenn Parteimitglieder immer nur im Verdacht stehen, Karriere machen zu wollen?

M1 Meinungen zu Parteien

Artikel 21 GG

(1) Die Parteien wirken bei der politischen Willensbildung des Volkes mit. Ihre Gründung ist frei. Ihre innere Ordnung muss demokratischen Grundsätzen entsprechen. Sie müssen über die Herkunft und Verwendung ihrer Mittel sowie über ihr Vermögen öffentlich Rechenschaft geben.
(2) Parteien, die nach ihren Zielen oder nach dem Verhalten ihrer Anhänger darauf ausgehen, die freiheitliche demokratische Grundordnung zu beeinträchtigen oder zu beseitigen oder den Bestand der Bundesrepublik Deutschland zu gefährden, sind verfassungswidrig. Über die Frage der Verfassungswidrigkeit entscheidet das Bundesverfassungsgericht.

Was sind Parteien?

In einer modernen Demokratie können die Bürgerinnen und Bürger die politischen Entscheidungen auf sich allein gestellt kaum beeinflussen. Um ihre Interessen durchsetzen zu können, schließen sich Menschen mit gleichen politischen Zielen zu einer Partei zusammen. Eine Partei will politischen Einfluss nehmen. Sie versucht dies, indem sie regelmäßig Kandidatinnen und Kandidaten für die **Parlamentswahlen** aufstellt. Jede Partei verfügt über eine eigene Parteiorganisation, sie braucht eine Mindestanzahl von Mitgliedern und muss sich öffentlich betätigen.

Mitwirkung an der Willensbildung

Das Grundgesetz legt in Artikel 21 fest, dass die Parteien an der Willensbildung mitwirken. Man spricht auch von **Parteiendemokratie**. Die Parteien setzen die unterschiedlichen politischen Vorstellungen sowie die Interessen in der Gesellschaft in ihren politischen Konzepten und **Programmen** um. Diese versuchen sie bei den Wahlen durchzusetzen. Die Konkurrenz der verschiedenen Parteien um die Wählerstimmen zwingt sie dazu, wichtige Fragen der Gesellschaft aufzugreifen und attraktive Lösungsvorschläge für bestehende Probleme anzubieten. Daran entzünden sich öffentliche Auseinandersetzungen. Interessengruppen nehmen Stellung, die Medien berichten und kommentieren. So vollzieht sich ein öffentlicher **Willensbildungsprozess**, nach dem die Wahlberechtigten ihre Wahlentscheidung treffen.

Die Parteien stellen Kandidaten für die Parlamentswahlen in Bund, Ländern und Gemeinden auf. Diejenige Partei bzw. Parteienkoalition, welche die meisten Wählerstimmen auf sich vereinigen kann, bildet als Parlamentsmehrheit dann die Regierung.

Als **Opposition** kontrollieren die darüber hinaus ins Parlament eingezogenen Parteien die Regierung.

Gefahren der Parteiendemokratie

Obwohl es im Grundgesetz heißt, dass die Parteien an der politischen Willensbildung lediglich mitwirken, sind sie mittlerweile zu ihrem Hauptträger geworden. Die großen Parteien mit ihren Verwaltungen und Beraterstäben wirken wie professionell geführte Politikfirmen. Man spricht deshalb auch vom **Parteienstaat**.

Wirklich demokratisch kann ein Parteienstaat aber nur sein, wenn der Meinungsbildungsprozess innerhalb der Parteien demokratisch und damit auch für jeden durchschaubar und nachvollziehbar ist.

Parteien sind wie andere Vereinigungen auch organisiert. Sie haben eine Satzung, einen Vorstand und verschiedene Gremien*, die nach demokratischen Prinzipien organisiert sein müssen. Alle Entscheidungen sind von den Parteimitgliedern oder durch Delegierte in Wahlen und Abstimmungen zu treffen.

Obwohl Parteien in unserer Demokratie eine wichtige Rolle spielen, sind immer weniger Bürgerinnen und Bürger bereit, in ihnen mitzuarbeiten.

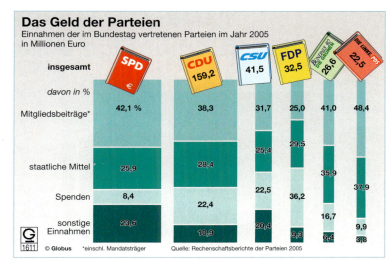

Das Geld der Parteien
Einnahmen der im Bundestag vertretenen Parteien im Jahr 2005 in Millionen Euro

	SPD	CDU 159,2	CSU 41,5	FDP 32,5	BÜNDNIS 90/DIE GRÜNEN 26,6	DIE LINKE. PDS 22,5
davon in %						
Mitgliedsbeiträge*	42,1 %	38,3	31,7	25,0	41,0	48,4
staatliche Mittel	25,9	28,4	25,4	29,5	35,9	37,9
Spenden	8,4	22,4	22,5	36,2	16,7	9,9
sonstige Einnahmen	23,6	10,9	20,4	9,3	6,4	3,8

© Globus *einschl. Mandatsträger   Quelle: Rechenschaftsberichte der Parteien 2005

M3 Geldquellen der Parteien

Parteien brauchen Geld

Die Parteien benötigen, um ihre Aufgaben erfüllen zu können, Geld. Sie finanzieren sich durch Mitgliedsbeiträge, Spenden sowie staatliche Zuschüsse. Die Höhe der staatlichen Zuschüsse für eine Partei richtet sich nach ihrer Unterstützung durch die Bevölkerung, die an Wahlergebnissen abgelesen wird. Insgesamt dürfen jährlich nicht mehr als 133 Millionen Euro an alle Parteien gezahlt werden. Die Parteien müssen alljährlich Rechenschaft über die Herkunft und die Verwendung ihrer Gelder ablegen.

Spender von Parteispenden über 10 000 Euro müssen namentlich genannt werden. Damit soll die Gefahr politischer Einflussnahme verringert werden.

*Gremien
Mehrzahl von „Gremium" = Gemeinschaft, die etwas berät und/oder Beschlüsse fasst (auch: „Ausschuss")

1 Ordne die Meinungen in M1: Welche sprechen sich für und welche gegen Parteien aus? Welchen Argumenten könntest du zustimmen? Begründe deine Entscheidungen.

2 Fasse die wichtigsten Aufgaben der Parteien in der Demokratie zusammen (M2, Text).

3 Erkläre die Aussage in Artikel 21 Absatz 1 GG: „Die Parteien wirken bei der politischen Willensbildung des Volkes mit."

4 Erläutere, wie sich die Parteien finanzieren (M3). Welche Probleme oder Gefahren siehst du?

Wahlrecht – Verpflichtung für mündige Bürger

Seit Generationen wählen wir in der Familie die gleiche Partei.

Max Stiefel (54 Jahre, Landwirt)

Erst in der Wahlkabine habe ich mich entschieden. Wie die Partei hieß, weiß ich heute nicht mehr.

Doris Burger (18 Jahre, Azubi)

Ich wähle Rechts, die werden es den Roten und Schwarzen schon zeigen.

Bernd Huber (25 Jahre, Fernfahrer)

Wählen? – nein danke.

Mike Feller (21 Jahre, Student)

M 1 Aussagen zum Wahlverhalten

Wählergruppen, z. B.

- **Stammwähler** wählen traditionell immer die gleiche Partei.
- **Protestwähler** sind politisch enttäuscht und wollen „ihrer Partei" einen Denkzettel verpassen.
- **Nichtwähler** sind häufig politisch uninteressiert und wählen aus Trotz oder Gleichgültigkeit nicht.

Artikel 38 GG

(1) Die Abgeordneten des Deutschen Bundestages werden in allgemeiner, unmittelbarer, freier, gleicher und geheimer Wahl gewählt. Sie sind Vertreter des ganzen Volkes, an Aufträge und Weisungen nicht gebunden und nur ihrem Gewissen unterworfen.

Wahlen in der Demokratie

In einer Demokratie geht alle Staatsgewalt vom Volke aus und Herrschaft wird auf Zeit ausgeübt. Das Volk muss in regelmäßigen Abständen das Recht haben zu entscheiden, wem es die Ausübung seines Willens überträgt und ob es die amtierende **Regierung** behalten oder wechseln will. In Deutschland finden Wahlen auf verschiedenen Ebenen statt: Wahlen zum Bundestag, zu Landtagen und zu Gemeinde- und Stadträten sowie Kreistagen. Seit 1979 gibt es außerdem die Wahlen zum Europäischen Parlament.

Wahlverhalten von Wählern

Politische Wahlen fordern den wahlberechtigten Bürger immer wieder auf, seinen politischen Standpunkt zu überprüfen, sich mit Parteiprogrammen und Wahlversprechen kritisch auseinanderzusetzen und die richtige **Wahlentscheidung** zu treffen. Wahlforscher stellen immer wieder fest, dass Wahlen überwiegend durch das Verhalten der Wechselwähler und durch die Höhe der Wahlbeteiligung entschieden werden. Die Zahl der Nichtwähler hat in den letzten Jahren stark zugenommen.

Wahlen werden für Parteien besonders dann interessant, wenn die Wahlentscheidung bis kurz vor der Wahl nicht feststeht. Die Wechselwähler sind besonders empfänglich für medienwirksam aufbereitete Wahlinformationen, Wahlwerbungen und Politikshows – z. B. Fernsehduelle zwischen den Spitzenkandidaten.

Wahlrecht

Das Wahlrecht unterscheidet zwischen aktivem Wahlrecht (= das Recht, zu wählen) und passivem Wahlrecht (= das Recht, gewählt zu werden). Das **aktive Wahlrecht** darf jeder Staatsbürger ausüben, der mindestens 18 Jahre alt ist, seit mindestens drei Monaten im Wahlkreis wohnt und nicht vom Wahlrecht ausgeschlossen ist. Auch im Ausland lebende Deutsche sind unter bestimmten Voraussetzungen wahlberechtigt. Ist man im Wählerverzeichnis vermerkt, so kann man sein Wahlrecht im Wahllokal ausüben. Bei Krankheit, Gebrechen oder Abwesenheit am Wahltag ist auch Briefwahl möglich.

Das **passive Wahlrecht** genießen alle Deutschen, die das aktive Wahlrecht besitzen. Es ist das Recht, als Kandidatin oder Kandidat gewählt zu werden.

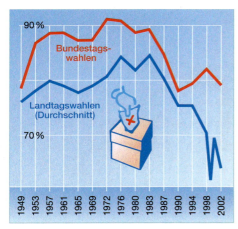

M 2 Entwicklung der Wahlbeteiligung

Wahlgrundsätze

- **Allgemein:** Jeder Staatsbürger darf unabhängig von Geschlecht, Religion usw. das Wahlrecht ausüben.
- **Unmittelbar:** Die Kandidaten werden vom Bürger direkt gewählt und nicht über Wahlmänner bzw. -frauen.
- **Frei:** Der Wähler kann frei auswählen und entscheiden. Ein Wahlzwang besteht nicht. Der Wählende darf weder durch Drohungen noch durch Versprechen von irgendjemandem in seiner Wahl beeinflusst werden.
- **Gleich:** Jeder Wähler besitzt die gleiche Anzahl an Stimmen, die alle gleich viel zählen.
- **Geheim:** Die Entscheidung des Wählers darf nicht nachprüfbar sein. Er muss zur Stimmabgabe allein in die Wahlkabine gehen.

Liebe Mitbürgerinnen und Mitbürger, jetzt haben Sie es in der Hand.
Schauen Sie bitte genau hin. Demokratie heißt, die Wahl zu haben zwischen politischen Alternativen.
Machen Sie von Ihrem Wahlrecht sorgsam Gebrauch.

Fernsehansprache von Bundespräsident Horst Köhler, 21.7.2005, Berlin

M 3 Wahlaufruf des Bundespräsidenten

Auch im Knast ist die Wahl geheim

„Die ausgefüllten Briefwahlzettel unterliegen natürlich keiner Postkontrolle", sagt der für die Wahl zuständige Beamte im zweitgrößten Gefängnis des Landes. Der Umschlag bleibt zu, die Wahl geheim. Eine eigene Wahlurne stellen die Justizbeamten hier nicht auf, denn abgestimmt wird hinter Gittern gemäß Wahlordnung per Post.
Wer zu einer Freiheitsstrafe von mindestens einem Jahr verurteilt wird, darf zwar fünf Jahre lang kein öffentliches Amt bekleiden und damit nicht bei der Landtagswahl antreten. Das aktive Wahlrecht bleibt davon aber unberührt. Nur in besonderen Fällen droht Verurteilten ein Wahlverbot. „Diese Maßnahme kann der Richter nur bei wenigen bestimmten Deliktgruppen anordnen, beispielsweise bei Hochverrat oder Gefährdung des demokratischen Rechtsstaates", sagt Michael Grauel, Sprecher des Justizministeriums. Kein Stimmrecht haben außerdem Personen, die durch Gerichtsbeschluss unter Vollbetreuung gestellt wurden.

M 4 Aus: Süddeutsche Zeitung vom 15.9.2003, S. 48

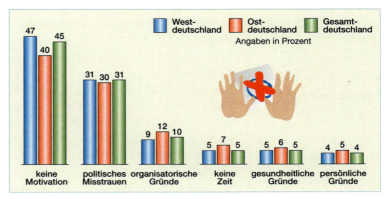

M 5 Motive der Nichtwähler

1 Ordne die Aussagen zum Wahlverhalten (M 1) den Wählergruppen zu.

2 Werte M 2 und M 5 aus. Nenne mögliche Gründe dafür, nicht wählen zu gehen.

3 Verfasse ein Flugblatt, mit dem du Jungwähler überzeugen möchtest, ihr Wahlrecht zu nutzen.

4 Gegen welche Wahlrechtsgrundsätze wird bei den folgenden Beispielen verstoßen?
   a) Jungwähler haben doppelte Stimmenzahl.
   b) Frauen dürfen nur Frauen wählen.
   c) Bei Stimmenthaltung wird ein Bußgeld fällig.

5 Diskutiert über den Satz: „Ohne Wahlen keine Demokratie, ohne Demokratie keine Wahlen." Erklärt, warum Demokratie und Wahlen in einem so engen Zusammenhang gesehen werden.

Wie wird gewählt?

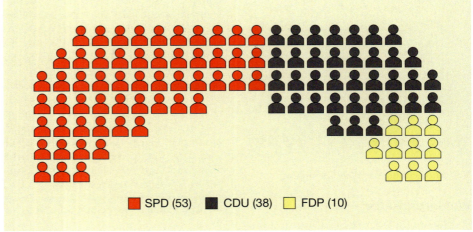

M 1 Sitzverteilung im Landtag von Rheinland-Pfalz 2006

SPD (53) CDU (38) FDP (10)

Mehrheitswahl – Wahl von Personen

Das Wahlgebiet (also z.B. Rheinland-Pfalz) wird in so viele Wahlkreise eingeteilt, wie insgesamt Sitze im Parlament zu vergeben sind. Der Kandidat, der in seinem Wahlkreis die Stimmenmehrheit erhält, zieht ins Parlament ein. Da man seine Stimme einer Person gibt, spricht man auch von **Persönlichkeitswahl.**

Vorteile der Mehrheitswahl:

- Zwischen den Kandidaten und den Wählern im Wahlkreis besteht enger Kontakt.
- Dadurch fühlt sich der gewählte Abgeordnete seinen Wählern mehr verpflichtet.
- Die Regierungsbildung wird erleichtert, da Zwei- oder Drei-Parteien-Parlamente begünstigt werden.

Nachteile der Mehrheitswahl:

- Viele Wählerstimmen gehen verloren. Insgesamt repräsentieren die unterlegenen Parteien häufig die Wählermehrheit.
- Dadurch drückt die Zusammensetzung des Parlaments den Wählerwillen nur unzureichend aus.
- Die Kandidaten kleinerer Parteien sind chancenlos.
- Wenn ein Abgeordneter während der Legislaturperiode ausscheidet, muss in seinem Wahlkreis neu gewählt werden.

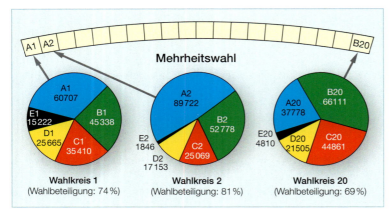

M 2 Das Mehrheitswahlrecht

Verhältniswahlrecht – Wahl von Parteien

Beim Verhältniswahlrecht muss die Anzahl der Wahlkreise nicht der Anzahl der zu vergebenden Parlamentssitze entsprechen. Der Wähler kreuzt eine Parteiliste an und wählt damit indirekt die von der Partei aufgestellten Kandidaten. Die Parlamentssitze werden auf die einzelnen Parteien nach deren prozentualem Stimmenanteil aufgeteilt.

Um zu verhindern, dass viele kleine Parteien die Arbeit im Parlament erschweren, ist eine Sperrklausel ins Wahlsystem eingebaut: Nur Parteien mit über fünf Prozent der Stimmen ziehen in das Parlament ein.

Vorteile der Verhältniswahl:

- Es gehen auf diese Weise keine Wählerstimmen verloren.
- Die Zusammensetzung des Parlaments entspricht exakt dem Wählerwillen.
- Beim Ausscheiden eines Abgeordneten rückt der gerade nicht mehr zum Zuge gekommene Listenkandidat nach.

Nachteile der Verhältniswahl:

- Die Kandidaten sind den Wählern meistens unbekannt.
- Die Abgeordneten fühlen sich mehr ihrer Partei als dem Wähler verpflichtet.

Landtagswahl in Rheinland-Pfalz

Das Wahlsystem für die Landtagswahl ist eine Mischung aus Mehrheits- und Verhältniswahl. Wer einen Wahlkreis gewonnen hat, ergibt sich durch das Auszählen der Stimmen nach den Regeln der Mehrheitswahl. Die Gewinner erhalten in jedem Fall einen Sitz im Landtag. Die verbleibenden Sitze stehen den Bewerberinnen und Bewerbern auf den Landeslisten zu. Dabei gelten die Regeln der Verhältniswahl. Durch die Kopplung von Mehrheits- und Verhältniswahl ist in der Regel ausgeschlossen, dass eine Partei alle Mandate

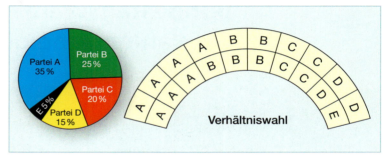

M 3 Das Verhältniswahlrecht

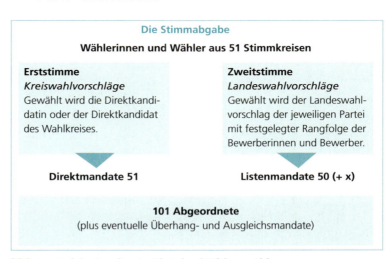

M 4 So wird der Landtag in Rheinland-Pfalz gewählt

erhält. Es entsteht eine Sitzverteilung, die der politischen Meinung der wählenden Bevölkerung annähernd entspricht.

1 Erläutere die Sitzverteilung im Landtag von Rheinland-Pfalz (M 1).

2 Analysiert das Stimmergebnis in den Wahlkreisen 1, 2 und 20 (M 2) in Partnerarbeit: a) abgegebene Stimmen; b) jeweiliger absoluter und prozentualer Anteil der Stimmen, die verlorengehen; c) prozentualer Anteil der Siegerstimmen im Verhältnis zur Zahl der abgegebenen Stimmen.

3 Vergleiche Mehrheits- und Verhältniswahlrecht. Begründe, welche Vor- und Nachteile dir besonders schwerwiegend erscheinen (M 2, M 3, Text).

4 Entwerft in Gruppen ein Wahlsystem, bei dem die Nachteile von Mehrheits- und Verhältniswahlrecht weitestgehend entfallen.

5 Beschreibe in einem Text, wie der Landtag von Rheinland-Pfalz gewählt wird (M 4, Text).

Bundestagswahl – die Zweitstimme ist wahlentscheidend

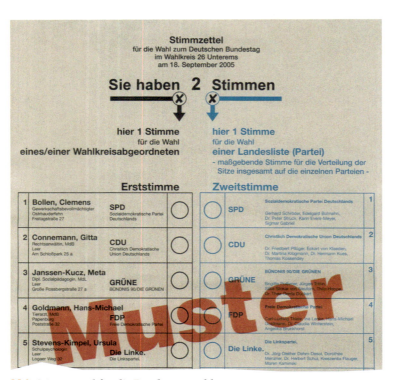

M 1 Stimmzettel für die Bundestagswahl

Die Wahlkreise

Nach einer Entscheidung des Bundesverfassungsgerichts muss jede abgegebene Wählerstimme annähernd gleiches Gewicht haben. Dies ist zum Beispiel nicht der Fall, wenn in einem Wahlkreis 100 000 und in einem anderen 500 000 Einwohner einen Abgeordneten in den Bundestag entsenden können.

Deshalb sind seit der Bundestagswahl 2002 die 299 Wahlkreise so abgegrenzt, dass zum einen die jeweilige Einwohnerzahl annähernd gleich ist und zum anderen der Zuschnitt der Wahlkreise die Grenzen der Bundesländer und Regierungsbezirke berücksichtigt.

*Mandat
Lat.: *mandatum* = der erteilte Auftrag

Die personalisierte Verhältniswahl

Bei der Bundestagswahl nutzt man die Vorteile von Mehrheits- und Verhältniswahl in dem Wahlsystem der personalisierten Verhältniswahl.

Bei diesem Wahlsystem kann jeder Wahlberechtigte zwei Stimmen abgeben. Mit der **Erststimme** wählen die Wahlberechtigten in den 299 Wahlkreisen jeweils einen Direktkandidaten. Durch diese Persönlichkeitswahl wird die Hälfte aller Bundestagsabgeordneten direkt gewählt. Diese Direktmandate* bleiben auch bestehen, wenn die Partei an der Sperrklausel scheitert. Es gewinnt jeweils der Kandidat, der mindestens eine Stimme mehr erhält als jeder andere Mitbewerber im Wahlkreis (Mehrheitswahl).

Mit der **Zweitstimme** wählen die Wahlberechtigten die Liste einer Partei. Bei der Bundestagswahl stellen die Parteien für jedes Bundesland Landeslisten auf, es gibt also keine Liste für das gesamte Bundesgebiet. Das über die Landeslisten zu vergebende Mandat heißt deshalb „Listenmandat". Nach dem prozentualen Anteil der bundesweit abgegebenen Zweitstimmen erhält jede Partei die ihr zustehenden Sitze im Parlament (Verhältniswahl).

Von den Listenmandaten werden die Direktmandate abgezogen. Die verbleibenden Sitze werden auf die Kandidaten nach ihrer Reihenfolge auf den Landeslisten verteilt. Werden in einem Bundesland mit der Erststimme mehr Kandidaten gewählt, als einer Partei nach der Zweitstimme zustehen, bleiben diese Mandate erhalten. Die Zahl der Abgeordneten wird dann entsprechend erhöht. Man spricht in solchen Fällen von **Überhangmandaten**.

Das Auszählverfahren

Die Zweitstimmen bei der Bundestagswahl werden nach dem Hare-Niemeyer-Verfahren ausgezählt. Dabei werden alle Zweitstimmen einer Partei durch die Summe der gültigen Zweitstimmen dividiert und mit der Anzahl der Parlamentssitze multipliziert.

In dem modellhaften Berechnungsbeispiel (M 2) bewerben sich fünf Parteien (A bis E) um insgesamt 56 Parlamentssitze. Nach dem Hare-Niemeyer-Verfahren werden bei der Bundestagswahl zunächst die jeder Partei zustehenden Gesamtsitze berechnet. Im zweiten Schritt rechnet man die Gesamtsitze einer Partei auf die 16 Landeslisten um. Das Hare-Niemeyer-Verfahren begünstigt das Wahlergebnis von kleineren Parteien und löste auf Betreiben der FDP das früher gültige Verfahren ab.

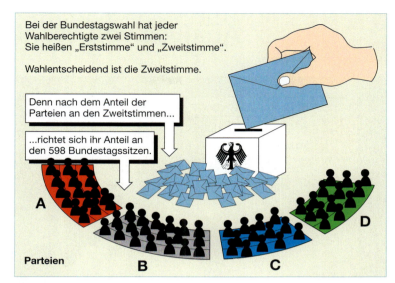

M 3 Die Wahl zum Deutschen Bundestag

Mandate nach Hare-Niemeyer-Verteilung der Zweitstimmen		
Partei	**absolut**	**prozentual**
A	15 551	44,52 %
B	11 717	33,54 %
C	3732	10,68 %
D	2349	6,72 %
E	1585	4,54 %
Summe	**34 934**	**100,00 %**

Partei A:

$$\frac{15\,551}{33\,349} \times 56 = 26,11 \rightarrow 26 \text{ Mandate}$$

Partei B:

$$\frac{11\,717}{33\,349} \times 56 = 19,68 \rightarrow 19 + 1 \text{ Mandate}$$

Partei C:

$$\frac{3732}{33\,349} \times 56 = 6,27 \rightarrow 6 \text{ Mandate}$$

Partei D:

$$\frac{2349}{33\,349} \times 56 = 3,94 \rightarrow 3 + 1 \text{ Mandate}$$

Anmerkung: Es werden nur die Stimmen der Parteien zur Berechnung herangezogen, die mehr als 5 % Wählerstimmen erhalten haben.

M 2 Mandate nach Hare-Niemeyer

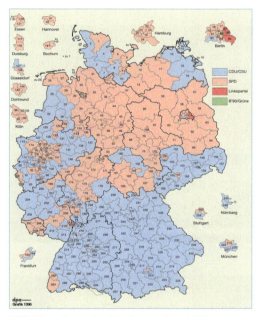

M 4 Verteilung der Direktmandate 2005

1 Erläutert das Wahlverfahren zum Deutschen Bundestag im Partnergespräch (M 1 bis M 3).

2 Werte M 4 aus: Was lässt sich für einige Bundesländer feststellen? Beurteile, wie sich ein Wahlsystem, das nur die Mehrheitswahl kennt, auf das Regierungssystem auswirken könnte.

3 „Die Zweitstimme für die FDP" – dies ist eine oft gehörte Wahlkampfparole. Welche Wahltaktik steckt hinter dieser Aussage?

Analyse von Wahlplakaten

M 1 Wahlplakat der SPD

M 2 Wahlplakat der CDU

M 3 Wahlplakat der FDP

Wahlplakate – „Blickfang" für Wählerinnen und Wähler

Im Kampf um Wählerstimmen setzen die Parteien neben Anzeigen in Zeitungen, Zeitschriften und Illustrierten, Flugblättern und Broschüren auch Wahlplakate ein. Dafür nehmen die Wahlkampforganisatoren die Hilfe von Werbeagenturen in Anspruch.

Plakate sind vielfach eine Kombination aus Bild und kurzem, einprägsamem Text (Slogan). Dabei wird versucht, die Kandidaten von ihrer besten Seite zu präsentieren. Die Wirkung auf das Wahlverhalten ist nicht genau einzuschätzen. Sie sollen, wie es ein Werbemann ausdrückte, „die eigenen Leute ins Rennen bringen".

Vor allem unentschlossene Wähler dürften durch eine geschickte Plakatwerbung zu beeinflussen sein.

Allerdings kann die Wirkung von Wahlplakaten nie getrennt vom allgemeinen Verlauf des Wahlkampfs, den Stimmungen bei den Wählerinnen und Wählern und dem gesamten Auftreten der Kandidaten beurteilt werden.

M 4 Wahlplakat von Bündnis 90/Die Grünen

Die Anbetung des Heiligen Oskar

Die Linkspartei überrascht mit einem ungleichen Paar – eine Bildbetrachtung zum Wahlkampf:

Das, bitte, soll die Spitze der neuen Linkspartei sein? Wer auf den Straßen Berlins das neue Wahlplakat der vereinigten Linken sieht, traut seinen Augen nicht: Das sieht ja aus, als müsste Gregor Gysi froh sein, dass er überhaupt noch mit aufs Bild durfte! Links, wo das Herz schlägt und wohin der kleine rote Pfeil auf dem „i" von „Linke" weist, steht Oskar Lafontaine, den genusserprobten Körper zum Betrachter hin geöffnet, und strahlt uns zuversichtlich an. Von links auch fällt helles Licht herein. Der breite schwarze Hintergrund macht die Figur noch imposanter.

Rechts, auf schmalem weißem Hintergrund – sollen die Farben die Größenverhältnisse von West und Ost abbilden? – hat sich Gregor Gysi hineingezwängt. Es wirkt, als hätte er sich auf ein Bild geschmuggelt, das ohne ihn schon vollständig war. Er blickt nicht zum Betrachter, er schaut in das Licht der Zukunft, also zu Lafontaine herauf, dem so viel größeren, breiteren. Gysis Kopf ist aus der Körperachse gedreht und ge-

kippt; würde er die Augen noch nach oben drehen, hätten wir eine Verzückungspose des Barock. Der verkrümmte Gysi macht Lafontaine zum strahlenden Ruhepunkt, zum Souverän des Bildraumes.

Was will uns die Partei damit sagen? Was soll Gysis Körperhaltung ausdrücken? Ist es Anbetung? Dazu schaut er zu listig.

Ist er der Einflüsterer, der Mächtige hinter dem Mächtigen? Dazu schaut er zu fröhlich. Und was vor allem bedeutet er uns mit seiner – linken – Hand? Es sind bekanntlich die Hände, die vor 60 Jahren die letzte Vereinigung von Kommunisten und Sozialdemokraten symbolisierten – damals, als eine neugeschaffene Linkspartei in ihrer Bildsprache noch Wert auf die Gleichrangigkeit der Verei-

nigungspartner legte. Nun sehen wir statt des Handschlags von einst nur noch eine Hand. Gregor Gysi darf mit ihr wedeln auf der symbolträchtigen Grenze von schwarzem und weißem Hintergrund, die Finger bilden eine Geste wohl der Anerkennung, des Lobs. Und wo sind Lafontaines Hände? In den Hosentaschen, als Zeichen weltmännischer Nonchalance des Westpolitikers?

„Das Bild entstand auf dem ersten gemeinsamen Fototermin und es scheint, dass sich die beiden bestens verstehen – bereit, den selbstzufriedenen Politikbetrieb hierzulande gehörig durcheinander zu bringen" – so erklärt „die Linke" selbst ihr Plakat, das von der Berliner Agentur DIG/Plus stammt. Sprecher Hendrik Thalheim sieht die Provokation darin, dass hier Politiker mal nicht glatt und kämpferisch gezeigt werden, sondern als Menschen, die Spaß haben: „Keine andere Partei würde sich so ein Bild trauen", sagt er. Und die optische Dominanz des großen Lafontaine über den kleinen Gysi? „Das hat keinerlei Zweck", sagt Thalheim. Die tatsächlichen Kräfteverhältnisse bildet sie jedenfalls nicht ab; aber vielleicht ist das ja der Zweck.

M 5 Interpretation eines Wahlplakates von Christian Esch (Berliner Zeitung vom 27. 8. 2005, S. 28)

Fragen zur Analyse von Wahlplakaten

Sender und Adressat:
Wer ist der „Urheber" des Plakats? Wer wird angesprochen?

Text des Plakats:
Arbeitet das Plakat mit einzelnen „plakativen" Begriffen oder ganzen Sätzen? Werden Wörter mit doppelter Bedeutung verwendet? Handelt es sich um Informationen oder wird in erster Linie appelliert?

Gestaltung des Plakats:
Welche Farben werden mit welcher Wirkung verwendet? Wie wirken die verwen-

deten Schriften? Kann der Betrachter erkennen, für welche Partei geworben wird?

Gesamteindruck:
Wie stellt die Partei sich selbst, wie die Konkurrenz dar? Würdest du aufgrund des Plakats die Partei wählen?

1 Analysiert in Partnerarbeit die Plakate (M 1 bis M 4) mithilfe der Fragen.

2 Schreibe über eines der Plakate einen Zeitungsartikel wie in M 5.

3 Entwerft in Gruppenarbeit das „optimale Wahlplakat".

Deutschland – ein Bundesstaat

M 1 Landesvertretung von Rheinland-Pfalz in Berlin

Bund und Länder

Deutschland ist ein **Bundesstaat**. So bezeichnet man den Zusammenschluss mehrerer Staaten – das sind die Bundesländer – zu einem übergeordneten Gesamtstaat. Die politische Macht und die staatlichen Aufgaben werden aufgeteilt zwischen der Zentralregierung in Berlin, dem Bund und den Regierungen der einzelnen Bundesländer.

Diese Form der Machtverteilung zwischen Bund und Bundesländern nennt man **Föderalismus**.

Die Bundesrepublik Deutschland ist nach dem Zweiten Weltkrieg aus den Ländern der westlichen Besatzungszonen entstanden die sich 1949 zur Bundesrepublik zusammenschlossen. Nach dem Ende der Deutschen Demokratischen Republik (DDR) traten am 3. Oktober 1990 fünf weitere Länder der Bundesrepublik bei.

Jedes Bundesland hat ein eigenes **Parlament***, eine eigene Regierung sowie einen Staats- und Verfassungsgerichtshof.

Deutschland ist seit 1990 in 16 Bundesländer untergliedert, die selbstständige Staaten mit eigenen Verfassungen und Staatsorganen sind. Drei der Bundesländer sind Stadtstaaten: Bremen, Hamburg sowie Berlin.

*Parlament:
(Franz.: *parler* = reden) Volksvertretung, die aus einer oder zwei Kammern (z. B. Großbritannien: Ober- und Unterhaus) bestehen kann

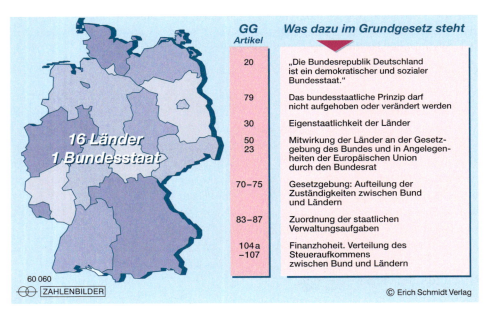

16 Länder
1 Bundesstaat

60 060
ZAHLENBILDER

GG Artikel	Was dazu im Grundgesetz steht
20	„Die Bundesrepublik Deutschland ist ein demokratischer und sozialer Bundesstaat."
79	Das bundesstaatliche Prinzip darf nicht aufgehoben oder verändert werden
30	Eigenstaatlichkeit der Länder
50 23	Mitwirkung der Länder an der Gesetzgebung des Bundes und in Angelegenheiten der Europäischen Union durch den Bundesrat
70–75	Gesetzgebung: Aufteilung der Zuständigkeiten zwischen Bund und Ländern
83–87	Zuordnung der staatlichen Verwaltungsaufgaben
104 a –107	Finanzhoheit. Verteilung des Steueraufkommens zwischen Bund und Ländern

© Erich Schmidt Verlag

M 2 Die bundesstaatliche Ordnung

Aufgabenteilung

In einem Bundesstaat sind die staatlichen Aufgaben zwischen der Bundesregierung und den Länderregierungen aufgeteilt. Wer wofür zuständig ist, wird durch das Grundgesetz geregelt. Danach gilt, dass für bestimmte Bereiche nur der Bund zuständig ist (z. B. Außenpolitik), für andere Bereiche nur die Länder. Das gilt insbesondere für Kultur und Bildung, also auch für das Schulwesen. Die meisten Aufgaben werden von Bund und Ländern gemeinsam behandelt.

Der Bundesrat

Der Bundesrat vertritt die Interessen der Landesregierungen gegenüber der Bundesregierung. In den Bundesrat – die Vertretung der Bundesländer auf Bundesebene – entsenden die Landesregierungen je nach der Einwohnerzahl des Bundeslandes zwischen drei und sechs Mitglieder ihrer Landesregierung (zum Beispiel den Ministerpräsidenten oder Minister). Sie dürfen nur einheitlich für ihr Land abstimmen.

In der Verfassung ist festgelegt, dass der Bundesrat bei allen Gesetzen mindestens angehört werden muss. Gesetze, welche die Länder besonders betreffen, bedürfen der Zustimmung des Bundesrates. So werden die Interessen der Länder gegenüber der Bundesebene geschützt.

Aufgabenverteilung zwischen Bund und Ländern (Auswahl)

Bundesangelegenheiten: Außenpolitik, Passwesen, Staatsangehörigkeitsrecht, Zoll, Währungswesen, Verkehrsrecht, Bundeskriminalamt, Bundeswehr

Länderangelegenheiten: Schul- und Kulturpolitik, Universitätswesen, Länderfinanzpolitik, Wirtschaftspolitik, Gemeinderecht, Kommunalpolitik

Angelegenheiten von Bund und Ländern: Rechtswesen, Vereins- und Versammlungsrecht, Flüchtlinge und Vertriebene, Fürsorge, Kernenergie, Arbeitsrecht, Förderung der Landwirtschaft, Straßen- und Schienenverkehr, Energiepolitik, Umweltschutz, Besoldungsrecht

M 4 Aufgabenverteilung zwischen Bund und Ländern (Auswahl)

Der Bundesrat

Die 69 Stimmen der Bundesländer im Bundesrat

Nordrhein-Westfalen ——— ✓✓✓✓✓✓
Bayern ————————— ✓✓✓✓✓✓
Baden-Württemberg ——— ✓✓✓✓✓✓
Niedersachsen ————— ✓✓✓✓✓✓
Hessen ————————— ✓✓✓✓✓
Sachsen ————————— ✓✓✓✓
Rheinland-Pfalz ———— ✓✓✓✓
Berlin —————————— ✓✓✓✓
Sachsen-Anhalt ———— ✓✓✓✓
Thüringen ——————— ✓✓✓✓
Brandenburg ————— ✓✓✓✓
Schleswig-Holstein —— ✓✓✓✓
Mecklenburg-Vorpommern ✓✓✓
Hamburg ———————— ✓✓✓
Saarland ———————— ✓✓✓
Bremen ————————— ✓✓✓

64 510 ZAHLENBILDER

© Erich Schmidt Verlag

M 5 Die Vertretung der Bundesländer im Bundestag

M 3 Bund und Länder, Karikatur: Mester

---

1 Erstelle eine Liste der 16 Bundesländer mit ihren Hauptstädten (Atlas, M 5).

2 Nenne die charakteristischen Merkmale eines Bundesstaates. Beachte dabei auch die entsprechenden Artikel des Grundgesetzes (M 2, Text).

3 Erläutere, über welche Angelegenheiten die Landesregierungen der Bundesländer alleine entscheiden dürfen (M 4).

4 Erläutere die Aufgaben der Vertreter von Rheinland-Pfalz im Bundesrat. Welches Gewicht haben sie (Text, M 5)?

5 Werte die Karikatur M 3 aus: Wie ist die „Aufgabenverteilung" zwischen Bund und Ländern dargestellt?

6 Diskutiert in der Klasse die Vor- und Nachteile des Föderalismus.

Die Staatsgewalt ist geteilt

Gesetzgebende Gewalt
Bundestag – Bundesrat

Bundestag wählt Bundeskanzler/-in.
Bundestag und Bundesrat
beschließen Gesetze.
Bundestag und Bundesrat wählen
Bundesrichter.

Vollziehende Gewalt
Bundesregierung

Bundeskanzler/-in bestimmt die Richtlinien der Politik. Bundesregierung
schlägt Gesetze vor.
Verwaltung (z. B. Polizei, Finanzbe-
hörden) führt die Gesetze aus.

Rechtsprechende Gewalt
Bundesverfassungsgericht

Bundesverfassungsgericht überprüft
Gesetze, Urteile und Entscheidungen
auf ihre Übereinstimmung mit
Verfassung und Gesetzen.
Es entscheidet endgültig.

Verbände

Parteien

| Die Linke. PDS | Bündnis 90/ Die Grünen | SPD | CDU/CSU | FDP |

In den Parteien finden sich Menschen mit gemeinsamen
Interessen und gleichen politischen Zielen zusammen.
Sie werben bei den Wählerinnen und Wählern um die Wahlstimmen.
Im Allgemeinen werden Mitglieder der Parteien als
Abgeordnete in den Bundestag gewählt.

Medien

Das Volk

Die Wählerinnen und Wähler bestimmen alle vier Jahre, wer
die Macht im Staat – auf Zeit – ausüben soll.
Dazu wählen sie die Abgeordneten des Bundestages.

Über die Wahlen zu den Länderparlamenten nimmt das Volk
indirekt Einfluss auf die Mitglieder des Bundesrates; das sind
Mitglieder der Regierungen der Bundesländer.

M 1 Gewaltentrennung in der Bundesrepublik Deutschland

Erfahrungen aus der Geschichte

Die Aufteilung der Macht im Staat auf verschiedene Institutionen hat ihren Ursprung im Kampf der Bürger mit dem Adel um Freiheitsrechte im 18. und 19. Jahrhundert. Nicht selten hatten Fürsten oder Könige ihre absolute Macht ausgenutzt und die Bevölkerung musste darunter leiden.

Vom französischen König Ludwig XIV. (1661–1715) stammt der Ausspruch: „Der Staat bin ich!" Er wollte damit ausdrücken, dass er als König die alleinige Macht habe und nicht an Gesetze gebunden sei.

Viele Bürger hielten diese Machtanhäufung in einer Hand für gefährlich. Um Missbrauch durch die Herrscher zu verhindern, haben sie Machtteilung (Gewaltenteilung) gefordert. Sie verlangten, dass auch der König und seine Minister sich nach Recht und Gesetz richten sollten. Eine weitere Forderung war die nach unabhängigen Richtern, denen niemand aus der Regierung vorschreiben konnte, wie ihre Urteile auszusehen hatten.

Machtbegrenzung durch Gewaltenteilung

In einem demokratischen Staat wird die politische Macht auf verschiedene Organe verteilt, um **Machtmissbrauch** zu verhindern. In Artikel 20 des Grundgesetzes heißt es, dass die Staatsgewalt „durch besondere Organe der Gesetzgebung, der vollziehenden Gewalt und der Rechtsprechung ausgeübt" wird. Der Gesetzgeber – das Parlament – erlässt die Gesetze, die Regierung und die Verwaltung führen sie aus und die Gerichte wachen über die Einhaltung der Gesetze. Die rechtsprechende Gewalt ist immer von den anderen Gewalten unabhängig.

Die Aufteilung politischer Macht führt zur gegenseitigen Kontrolle der Staatsorgane und bewirkt eine **Machtbalance**. Sie schützt damit die individuellen Freiheiten der Bürger.

M2 Gewaltenteilung. *Zeichnung: Holger Appenzeller*

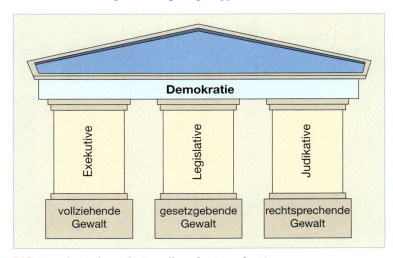

M3 Gewaltenteilung als Grundlage der Demokratie

1 Beschreibe M1. Erläutere dabei die Beziehungen zwischen den verschiedenen Gruppen.

2 Nenne die drei Säulen der Gewaltenteilung in Deutschland (M3).

3 Werte M2 aus und erläutere, wen die drei Personen darstellen und warum drei Schlüssel für ein Schloss nötig sind.

4 Erkläre, warum die Staatsgewalt geteilt sein sollte. Welchen Gefahren soll damit vorgebeugt werden (M2, Text)?

5 Stelle zusammen, welche Rolle das Volk, die Medien, die Parteien und die Verbände im Zusammenhang mit der Gewaltentrennung im politischen System der Bundesrepublik Deutschland spielen (M1).

Das Parlament –
Herzstück der Demokratie

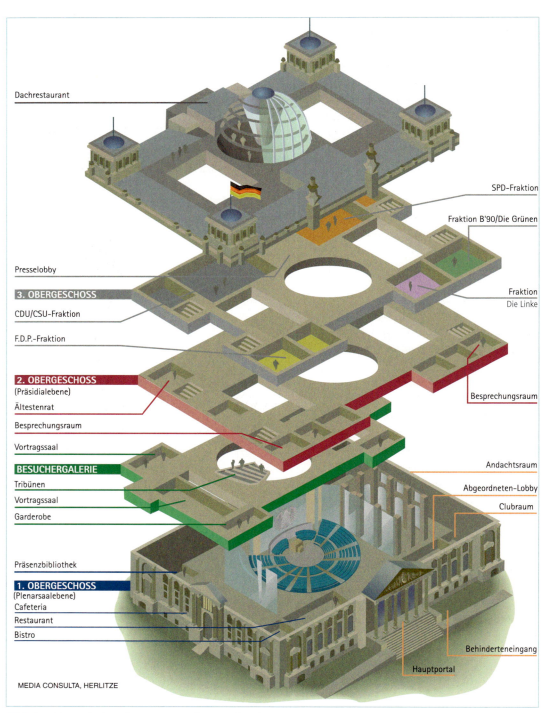

Dachrestaurant

SPD-Fraktion

Fraktion B'90/Die Grünen

Fraktion
Die Linke

Presselobby

3. OBERGESCHOSS

CDU/CSU-Fraktion

F.D.P.-Fraktion

Besprechungsraum

2. OBERGESCHOSS
(Präsidialebene)
Ältestenrat

Besprechungsraum

Vortragssaal

BESUCHERGALERIE

Tribünen

Vortragssaal

Garderobe

Andachtsraum

Abgeordneten-Lobby

Clubraum

Präsenzbibliothek

1. OBERGESCHOSS
(Plenarsaalebene)
Cafeteria

Restaurant

Bistro

Behinderteneingang

Hauptportal

MEDIA CONSULTA, HERLITZE

M 1 Der Deutsche Bundestag im Reichstagsgebäude

Vertretung des Volkes

Das Parlament vertritt das Volk (Art. 20 GG). Die Mitglieder des Deutschen Bundestages sind direkt gewählt und vertreten die Interessen des ganzen Volkes. Bei Abstimmungen sind sie nur ihrem Gewissen verantwortlich (Art. 38 GG).

Abgeordnete sind besonders geschützt, um sicherzustellen, dass das Parlament reibungslos arbeiten kann. So darf kein Abgeordneter wegen seines Abstimmungsverhaltens oder wegen einer Äußerung im Parlament rechtlich oder dienstlich verfolgt werden. Abgeordnete genießen darüber hinaus **Immunität**. Das bedeutet, dass ein Abgeordneter nur mit Genehmigung des Bundestages wegen einer Straftat zur Verantwortung gezogen und verhaftet werden darf.

Die Arbeitsweise des Parlaments

Im Plenum finden die öffentlichen Debatten der Bundestagsabgeordneten sowie die Abstimmungen statt. Die **Fraktionen** (Zusammenschlüsse der Abgeordneten einer Partei) organisieren und lenken die Arbeit im Bundestag. Sie können Anträge und Gesetzesvorlagen einbringen oder Anfragen an die Regierung richten. Die eigentliche Abgeordnetentätigkeit vollzieht sich jedoch in den ständigen **Ausschüssen**. Hier arbeiten Abgeordnete aus allen Fraktionen parteiübergreifend zusammen.

Zur Vorbereitung von Entscheidungen über bedeutsame Sachkomplexe kann der Bundestag **Enquête-Kommissionen** einsetzen, die aus Abgeordneten und Sachverständigen bestehen, die nicht dem Parlament angehören. Sie legen dem Bundestag Berichte und Empfehlungen vor.

Eine besondere Aufgabe haben **Untersuchungsausschüsse**, die der Bundestag auf Antrag mindestens eines Viertels seiner Mitglieder einsetzen kann. In der Regel fordert die Opposition solche Untersuchungsausschüsse, um vermeintliche Skandale und Affären aufzuklären.

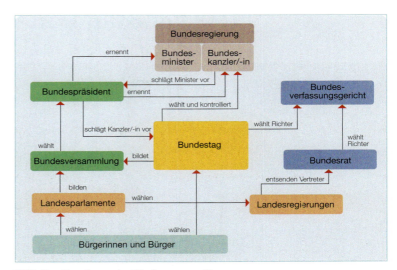

M 2 Der Bundestag im Verfassungsgefüge

M 3 Die Organisation des Deutschen Bundestages

www.bundestag.de

1 Führe einen erdachten (virtuellen) Rundgang durch das Reichstagsgebäude durch und erkläre die Stationen (M 1).

2 Erläutere Zusammensetzung, Aufgaben und Organisation des Bundestages (M 2, M 3).

3 Stelle zusammen, welche Aufgaben die Abgeordneter des Bundestages haben (M 2, M 3).

4 Nimm zur Überschrift dieser Doppelseite Stellung und kommentiere.

Der Landtag von Rheinland-Pfalz

M 1 Der Landtag von Rheinland-Pfalz

M 2 Das Wappen von Rheinland-Pfalz

Ministerpräsidentin oder den Ministerpräsidenten. Außerdem wirkt der Landtag an der Regierungsbildung mit und kontrolliert die Landesregierung.

Grundlage der Arbeit des Landtags ist die Verfassung für Rheinland-Pfalz.

Die Landesregierung

Die Landesregierung besteht in Rheinland-Pfalz aus dem Ministerpräsidenten, dem Chef der Staatskanzlei und derzeit sieben Ministerinnen und Ministern, die gemeinsam das Kabinett bilden. Das Kabinett bestimmt die Leitlinien der Landespolitik, verteilt die Aufgaben zwischen den verschiedenen Ministerien und beschließt Gesetzesentwürfe, die dann dem Landtag zur Abstimmung vorgelegt werden.

Auf die Bundesgesetzgebung nimmt die Landesregierung Einfluss über den Bundesrat. Das Kabinett legt jeweils fest, wie die Vertreter des Landes im Bundesrat abstimmen sollen.

Der Landtag

Der Landtag ist die gewählte Vertretung des Volkes und somit das oberste Verfassungsorgan des Landes. Der Landtag verabschiedet die Landesgesetze, beschließt den Landeshaushalt und wählt die

*Verfassung für Rheinland-Pfalz Artikel 74
(1) Rheinland-Pfalz ist ein demokratischer und sozialer Gliedstaat Deutschlands.
(2) Träger der Staatsgewalt ist das Volk.

*Artikel 74 a
Rheinland-Pfalz fördert die europäische Vereinigung und wirkt bei der Europäischen Union mit [...].

M 3 Die Verfassung von Rheinland-Pfalz

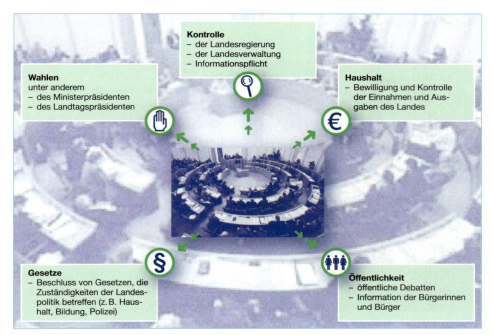

Kontrolle
- der Landesregierung
- der Landesverwaltung
- Informationspflicht

Wahlen
unter anderem
- des Ministerpräsidenten
- des Landtagspräsidenten

Haushalt
- Bewilligung und Kontrolle
  der Einnahmen und Aus-
  gaben des Landes

Gesetze
- Beschluss von Gesetzen, die
  Zuständigkeiten der Landespolitik betreffen (z. B. Haushalt, Bildung, Polizei)

Öffentlichkeit
- öffentliche Debatten
- Information der Bürgerinnen
  und Bürger

M 4 Die Aufgaben des Landtags

Die Neuordnung des Verhältnisses von Bund und Ländern, genannt "Föderalismusreform", über die am Freitag im Bundestag abgestimmt wurde, führt zwar zur umfangreichsten Änderung des Grundgesetzes in dessen Geschichte; aber dessen Geschichte währt erst 57 Jahre.

Die Änderungen, die jetzt beschlossen wurden, sind in Wahrheit nur ein Kapitel, eher ein Kapitelchen in dem tausendjährigen Machtkampf, der die deutsche Geschichte begleitet: Früher war dies der Machtkampf zwischen dem Kaiser und den Fürsten, heute ist es der zwischen Bund und Ländern, immer ging es um das Verhältnis zwischen Zentralgewalt und den Landesherrschern. Nie wurde es befriedigend gelöst. Die Ministerpräsidenten der Länder werden nicht ohne Grund noch immer "Landesfürsten" genannt. Ob im Heiligen Römischen Reich deutscher Nationen oder in der Bundesrepublik. Die Zentralgewalt tat und tut sich nicht leicht. Die Regierungsmacht des Kaisers war ähnlich beschränkt wie die des Bundeskanzlers.

Unter dem Strich stärkt die Föderalismusreform von 2006 die Macht der Länder. Der Bund kann zwar ein Landesgesetz, so er es für falsch oder schädlich hält, wieder durch ein Bundesgesetz übertrumpfen; wenn das Land hartnäckig bleibt, kann es aber das Bundesgesetz mit einem neuerlichen Landesgesetz wieder ausstechen. Es ist also wie bei einer Litfaßsäule: Es gilt, was zuletzt geklebt worden ist.

(Heribert Prantl, Süddeutsche Zeitung, 21. 7. 2006)

M 5 Mehr Macht den Ländern

Der Landtag von Rheinland-Pfalz hat seinen Sitz in der Landeshauptstadt Mainz. Er trifft sich einmal im Monat für mehrere Tage, um z. B. Gesetze zu beschließen. Darüber hinaus ist er für die Beratung und Bewilligung des Landeshaushalts zuständig. Zwischen den Sitzungen arbeiten die Abgeordneten in Fachausschüssen.

1 Vergleiche Aufbau und Aufgaben des Landtags von Rheinland-Pfalz mit denen des Bundestages. Welche Gemeinsamkeiten, welche Unterschiede kannst du feststellen (M 3, M 4)?

2 Werte M 5 aus: Womit vergleicht der Autor die Bundesländer? Was kritisiert er?

3 Nenne Politikbereiche, für die der Landtag zuständig ist (M 4).

Kanzleramt und Regierung

M1 Kabinettssitzung – die Bundesregierung tagt

Das Kanzleramt

Die herausragende Rolle der Bundeskanzlerin/des Bundeskanzlers für den Bürger wird schon im Wahlkampf deutlich. Bei der Stimmabgabe spielt der Kanzlerkandidat/die Kanzlerkandidatin eine wesentliche, oft entscheidende Rolle.

Die Bundeskanzlerin/der Bundeskanzler bestimmt nach Artikel 65 GG die **Richtlinien** der Politik. Sie/er entscheidet, welche Minister vom Bundespräsidenten ernannt und entlassen werden. Da nur die Kanzlerin/der Kanzler vom Bundestag gewählt wird, steht sie/er allein gegenüber dem Parlament in direkter Verantwortung.

Die Amtszeit ist in der Regel identisch mit der Legislaturperiode* des Bundestages; die Kanzlerin/der Kanzler kann nicht abgewählt werden. Eine **vorzeitige Beendigung** der Amtszeit ist durch einen freiwilligen Rücktritt oder durch das vom Bundestag ausgesprochene konstruktive Misstrauensvotum* möglich. Die Bundeskanzlerin/der Bundeskanzler kann aber auch die Vertrauensfrage an die Abgeordneten richten. Verweigert der Bundestag das Vertrauen, so kann sie/er zurücktreten. Der Bundestag wählt dann einen neuen Bundeskanzler. Möglich ist aber auch die **Auflösung des Bundestages** durch den Bundespräsidenten. Als Folge muss der Bundestag neu gewählt werden.

Die Bundesregierung – das wichtigste Organ der Exekutive

Der Bundestag ist zwar das Herzstück der Demokratie. Aber im Blickpunkt der Öffentlichkeit und der Medien stehen die Ministerinnen sowie Minister der Bundesregierung und vor allem die Bundeskanzlerin bzw. der Bundeskanzler. Die Bundesregierung hat das Gesamtinteresse Deutschlands nach innen und außen zu vertreten, sie ist das wichtigste **Exekutiv- und Koordinierungsorgan** in der Verfassungsordnung. Deshalb ist die Bundesregierung auch der Adressat, an den sich der Volkswille wendet.

***Legislaturperiode**
Zeitdauer zwischen zwei Wahlen

***konstruktives Misstrauensvotum**
Bundestag wählt mit der Mehrheit seiner Mitglieder eine/-n neue/-n Kanzler/-in

Bundeskanzler/-in ...	Bundesregierung ...	Opposition ...
• bestimmt die grundsätzlichen Richtlinien der Regierungspolitik	• arbeitet Gesetzesvorlagen aus und bringt diese in den Bundestag zur Abstimmung ein	• gestaltet in Teilbereichen die Politik konstruktiv mit
• schlägt die Bundesminister dem Bundespräsidenten zur Ernennung bzw. Entlassung vor	• nimmt Stellung zu Gesetzesvorlagen des Bundesrates	• kritisiert und kontrolliert die Regierungstätigkeit
• übernimmt im Verteidigungsfall die Befehlsgewalt über die Bundeswehr	• erlässt Rechtsverordnungen und Verwaltungsvorschriften zur Umsetzung von Bundesgesetzen	• versucht, eigene politische Ziele bei der Gesetzgebung durchzusetzen
• kann über den Bundestagspräsidenten eine Bundestagssitzung anberaumen	• kontrolliert die Ausführung der Bundesgesetze durch die Bundesländer	• hält sich für die Übernahme der Regierungsverantwortung bereit

M2 Beispielhafte Aufgabenverteilung innerhalb der Bundesregierung

Mit dem **Bundeskanzleramt** verfügt die Kanzlerin über einen umfangreichen Apparat, der die Regierungsarbeit aufeinander abstimmt. Der Kanzlerin/dem Kanzler untersteht außerdem das Bundespresseamt, das die Öffentlichkeit über die Politik der Bundesregierung unterrichtet. Wegen der herausragenden Stellung des Bundeskanzleramtes spricht man auch von einer **Kanzlerdemokratie**.

Funktionsweise und Aufgaben der Bundesregierung

Die Kanzlerin/der Kanzler bestimmt die Richtlinien, aber jede einzelne Ministerin/jeder Minister ist für ihren/seinen Aufgabenbereich allein verantwortlich. Minister und Kanzler bilden zusammen das so genannte **Kabinett**, das gemeinschaftlich über die von der Bürokratie erarbeiteten Vorlagen entscheidet.

Den einzelnen Ministerien sind die obersten Bundesbehörden unterstellt – z. B. die Bundesagentur für Arbeit, die Bundesfinanzverwaltung, das Bundeskriminalamt oder der Bundesgrenzschutz.

Eine wichtige Aufgabe der Ministerien ist die Vorbereitung von Gesetzen. Die meisten **Gesetzesvorlagen** gehen von hier aus in den Bundestag und den Bundesrat. Auch wenn der Bundestag die Gesetzesinitiative ergreift, werden die fachlichen Aspekte weitgehend in den Ministerien erarbeitet.

Eine erfolgreiche Bundesregierung muss sich auf ausreichende Mehrheiten im Bundestag verlassen können. Um dies zu gewährleisten, werden wichtige Entscheidungen mit den Fraktionen der Regierungsparteien abgesprochen.

In der Geschichte der Bundesrepublik gelang es bisher keiner Partei allein, die Regierungsmehrheit zu erlangen. Stets mussten Koalitionen gebildet werden. Grundlage einer Koalitionsregierung ist der zwischen den Regierungsparteien ausgehandelte **Koalitionsvertrag.**

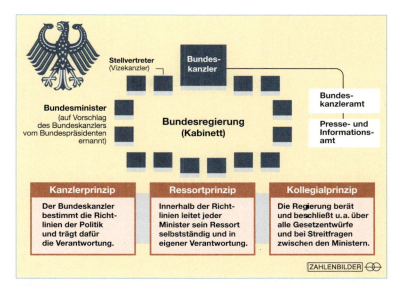

M 3 So arbeitet die Bundesregierung

M 4 „Sie sparen eine Menge Zeit, seit sie ihre Argumente nummeriert haben!" *Karikatur: Haitzinger*

1 Benenne die Aufgaben der Bundeskanzlerin/des Bundeskanzlers und der Bundesregierung (M 2, M 3, Text).

2 Werte M 4 aus: Was kritisiert der Karikaturist an den Debatten zwischen Regierung und Opposition?

3 Erkläre, was man unter „Kanzlerdemokratie" versteht. Welche Vor- und Nachteile hat sie? Begründe.

4 Beurteile, was es für die Demokratie bedeutet, wenn wichtige Entscheidungen in der Koalitionsrunde getroffen werden.

Wir verfolgen eine Bundestagsdebatte

Regierungsbank

Direktor Präsident Plenar-assistenten

Presse-tribüne

Redner Schriftführerin

Bundesratsbank

Besucher-tribüne

Stenografen

Fraktion der FDP

Fraktion Die Linken

Fraktion der SPD

Fraktion der CDU/CSU

Fraktion Bündnis 90/ Die Grünen

Diplomaten-tribüne

M 1 Sitzverteilung im Deutschen Bundestag

Die Plenarsitzungen

Das Plenum, die Vollversammlung der Abgeordneten, verhandelt öffentlich in Sitzungen. Während der Plenarsitzungen werden alle Vorlagen behandelt sowie Wahlen durchgeführt. Termin und Tagesordnung jeder Sitzung werden vereinbart und dann der Bundesregierung sowie dem Bundesrat mitgeteilt. Die Sitzungen werden vom Bundestagspräsidenten oder einem seiner Stellvertreter geleitet.

Während der Parlamentsdebatten wird das, was vorher in der Regierungskoalition, in den Ministerien, Fraktionen und Ausschüssen vorbereitet wurde, öffentlich diskutiert. Es wird so der Öffentlichkeit die Möglichkeit gegeben, sowohl den Entwurf der Regierung als auch die Gegenentwürfe der Opposition kennenzulernen.

Die Redezeit

Parlamentsdebatten laufen nach strengen Regeln ab. So ist auch die Redezeit der einzelnen Abgeordneten genau festgelegt. Die Fraktionen haben sich auf einen Schlüssel verständigt: Von einer Debattenstunde entfallen auf die SPD 24 Minuten, auf die CDU/CSU 24, auf Bündnis 90/Die Grünen acht Minuten und auf die FDP sechs. Weil das zusammen 62 Minuten sind, spricht man auch von der „Berliner Stunde". Die Redezeiten der Mitglieder von Bundesregierung und Bundesrat werden vom Kontingent der jeweiligen Fraktion abgezogen.

Analyse einer Bundestagsdebatte

Alle Bundestagsdebatten werden live im Parlamentsfernsehen gesendet, das über Internet empfangen werden kann. Wichtige Debatten – z. B. die Debatten über den Bundeshaushalt – werden im Fernsehen übertragen. Zudem gibt es die Möglichkeit, eine Plenarsitzung von der Besuchertribüne aus zu verfolgen. Dazu ist eine frühzeitige Anmeldung erforderlich.

1. Vorbereitung

a) Festlegung des Themas

Eine Parlamentsdebatte kann man unter verschiedenen Gesichtspunkten analysieren, zum Beispiel:

- An wen richten sich die Redebeiträge, z. B. die Parlamentskollegen, den politischen Gegner oder die Wähler?
- Wie setzen sich die Redner mit dem Diskussionsgegenstand auseinander?
- Mit welchen inhaltlichen und sprachlichen Mitteln versuchen die Redner zu überzeugen?

b) Thema der Debatte

Informiert euch rechtzeitig über den Inhalt der Bundestagsdebatte. Besorgt euch Hintergrundinformationen, die vor wichtigen Debatten in den Medien veröffentlicht werden. Je besser ihr euch über den Diskussionsgegenstand informiert habt, desto mehr könnt ihr euch auf den Ablauf der Debatte konzentrieren.

2. Durchführung

Bei der Durchführung der Analyse kann sich eine Gruppe auf die Beobachtung der Regierungsparteien und eine auf die der Opposition spezialisieren. Bei der Analyse solltet ihr darauf achten, ob

- sachliche Argumente zum Thema vorgetragen werden
- Angriffe auf den politischen Gegner dominieren
- Werbung für die eigene Partei gemacht wird
- die Unterstützung von Interessengruppen deutlich wird.

4. Abgabe einer Erklärung durch die Bundesregierung:
Weißbuch 2006 zur Sicherheitspolitik Deutschlands und zur Zukunft der Bundeswehr
(TOP 4, RegErkl 00:20 Minuten, Ausspr 01:30 Stunden)

6. Aktuelle Stunde auf Verlangen BÜNDNIS 90/DIE GRÜNEN:
Mangel an Studienplätzen – Mögliches Scheitern des Hochschulpaktes
(TOP 6, 01:00 Stunden)

7. a Zweite Beratung u Schlussabst Bundesregierung:
Gesetz zum Vertrag vom 25.04.2005 über den Beitritt der Republik Bulgarien und Rumäniens zur Europäischen Union

9. Beratung Antrag FDP:
Begrenzung der Staatsverschuldung durch restriktive Haushaltsregeln
(TOP 9, 00:30 Stunden)

13. Beratung Antrag BÜNDNIS 90/DIE GRÜNEN:
Kinder entschlossen vor Vernachlässigung schützen
(TOP 13, 00:30 Stunde)

M 2 Auszug aus der Tagesordnung der 60. Sitzung, Donnerstag, 26. 10. 2006, 09.00 bis ca. 00.15 Uhr

M 3 Jugendliche auf der Besuchertribüne des Bundestages

3. Auswertung

Jede Gruppe kann die Ergebnisse ihrer Analyse der Klasse vortragen und auf einem Lernplakat sichern. An eure Analyse könnte sich zum Beispiel eine Diskussion zum Thema „Das Parlament – Herzstück der Demokratie?" anschließen, in die ihr eure neu gewonnenen Erkenntnisse einbringen könnt.

Der Bundespräsident – unabhängig und überparteilich

Berliner Rede von Bundespräsident Horst Köhler in der Kepler-Oberschule in Berlin-Neukölln (21.9.2006)

In Deutschland erwerben vergleichsweise wenig junge Menschen die Hochschulreife und zu wenige schließen ein Studium ab. Andere Nationen wandeln sich mit Begeisterung zu Wissensgesellschaften, in denen Lernen und Können als Auszeichnung gelten – Deutschland tut sich schwer damit.

Wir hören von Schulen, in denen Gleichgültigkeit, Disziplinlosigkeit, ja Gewalt den Alltag bestimmen. Auch dadurch verliert unser Land intellektuell und sozial jedes Jahr einen Teil seiner jungen Generation.

Und: Ein Kind aus einer Facharbeiterfamilie hat im Vergleich zu dem Kind eines Akademikerpaares nur ein Viertel der Chancen, aufs Gymnasium zu kommen. Die Ursachen dafür mögen vielschichtig sein; der Befund ist beschämend. Bildungschancen sind Lebenschancen. Sie dürfen nicht von der Herkunft abhängen. Darum werde ich immer auf der Seite derer sein, die leidenschaftlich eintreten für eine Gesellschaft, die offen und durchlässig ist und dem Ziel gerecht wird: Bildung für alle.

M 1 Bundespräsident Horst Köhler

Theodor Heuss (1949–1959)

Heinrich Lübke (1959–1969)

Gustav Heinemann (1969–1974)

Walter Scheel (1974–1979)

Karl Carstens (1979–1984)

Richard von Weizsäcker (1984–1994)

Roman Herzog (1994–1999)

Johannes Rau (1999–2004)

Horst Köhler seit 2004

M 2 Die Bundespräsidenten Deutschlands seit 1949

Das Amt des Bundespräsidenten

Der Bundespräsident ist in Deutschland nur mit geringen Machtbefugnissen ausgestattet. Die Bedeutung des Amtes wird besonders dann sichtbar, wenn der Bundespräsident mit seinen öffentlichen Reden nicht nur zur Meinungsbildung beiträgt, sondern auch das politische Klima zwischen den Parteien und deren Politikern im Innern und das politische Ansehen Deutschlands nach außen nachhaltig prägt. Diese **integrierende Funktion** zwischen Politik und Volk ist weit bedeutsamer als die formalen Rechte auf der Ebene der gesetzgebenden und vollziehenden Gewalt.

Der Bundespräsident ist zur **politischen Neutralität** verpflichtet. Er darf nicht der Regierung angehören und muss seine Parteimitgliedschaft für die Dauer seines Amtes ruhen lassen. Seine Aufgaben sind in den Artikeln 59 und 60 des Grundgesetzes klar umrissen. Ist der Bundespräsident in Bezug auf die Ausübung seiner Amtsgeschäfte verhindert, wird er vom **Bundesratspräsidenten** vertreten.

Der Bundespräsident – von der Bundesversammlung gewählt

Nach Artikel 54 GG wird der Bundespräsident – Mindestalter 40 Jahre – alle fünf Jahre von der **Bundesversammlung** gewählt. Sie besteht aus den Mitgliedern des Deutschen Bundestages und einer gleichen Anzahl von Gesandten aus den Bundesländern. Diese müssen nicht Abgeordnete des Landtags sein. Wie viele Gesandte aus jedem der 16 Bundesländer zugelassen sind, wird anhand der vom Statistischen Bundesamt ermittelten deutschen Bevölkerung festgelegt. Diese Gesamtzahl für jedes Bundesland wird wiederum entsprechend der Fraktionsstärke unter den Parteien aufgeteilt. Die Fraktionen erstellen getrennte Wahllisten mit Wahlfrauen und Wahlmännern, die als Kandidaten in die Bundesversammlung geschickt werden sollen. Darüber stimmen dann die Landesparlamente ab.

M4 Aufgaben des Bundespräsidenten

Bundespräsident Horst Köhler fertigt Gesetz zur Neuregelung der Flugsicherung nicht aus

Bundespräsident Horst Köhler hat entschieden, das Gesetz zur Neuregelung der Flugsicherung nicht auszufertigen. Er hat seine Entscheidung in gleich lautenden Briefen der Bundeskanzlerin, dem Präsidenten des Deutschen Bundestages und dem Präsidenten des Bundesrates mitgeteilt.

Der Bundespräsident hat gemäß Artikel 82 Absatz 1 Satz 1 Grundgesetz (GG) die verfassungsrechtliche Pflicht, die ihm zur Ausfertigung vorgelegten Gesetze darauf zu prüfen, ob sie „nach den Vorschriften dieses Grundgesetzes" zustande gekommen sind. Er ist nach eingehender Prüfung zu dem Ergebnis gekommen, dass das am 7. April 2006 vom Bundestag verabschiedete Gesetz gegen Art. 87 d Abs. 1 GG verstößt.

M3 Pressemitteilung des Bundespräsidialamtes, 24. 10. 2006

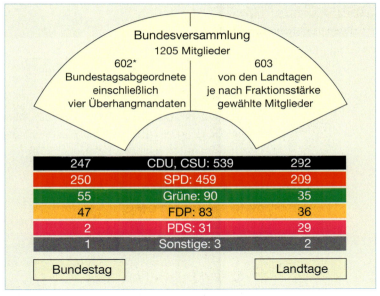

M5 Zusammensetzung der Bundesversammlung 2004

1 Erläutere, wie und von wem der Bundespräsident gewählt wird.

2 Erkläre die Stellung des Bundespräsidenten im Verfassungsgefüge (M4).

3 Beurteile die Bedeutung des Bundespräsidenten (M1, M3 und M4). Sollte er zusätzliche politische Aufgaben erhalten? Begründe.

4 Bildet Gruppen und erarbeitet je einen Kurzvortrag über einen der (in M2 abgebildeten) Bundespräsidenten.

Das Bundesverfassungsgericht – Hüter der Verfassung

M 1 Das Bundesverfassungsgericht

Das Bundesverfassungsgericht ist ein von allen anderen Verfassungsorganen unabhängiger Gerichtshof des Bundes und hat seinen Sitz in Karlsruhe. Er besteht aus zwei Senaten mit fest umrissenen Zuständigkeiten. Seit seiner Gründung 1951 hat das Bundesverfassungsgericht über die **Einhaltung des Grundgesetzes** der Bundesrepublik Deutschland gewacht. Das Gericht ist aber kein politisches Organ. Fragen der politischen Zweckmäßigkeit dürfen für das Gericht keine Rolle spielen.

Unabhängigkeit des Bundesverfassungsgerichts

Im Grundgesetz wurde besonderer Wert darauf gelegt, dass bei der Gesetzgebung **Kontrollen** eingebaut wurden. Eine besondere Bedeutung kommt hier dem Bundesverfassungsgericht zu.

Die Verfassungsbeschwerde

Fühlt sich ein Bürger in einem seiner Grundrechte verletzt und hat er bereits alle Gerichtsinstanzen ohne Erfolg durchlaufen, kann er schriftlich Verfassungsbeschwerde beim Bundesverfassungsgericht einreichen. Von 1951 bis heute sind mehr als 130 000 Anträge auf Verfassungsbeschwerde dort eingegangen. Davon waren bisher jedoch nur etwa 2,5 Prozent erfolgreich.

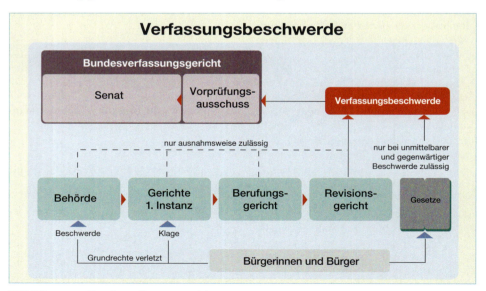

M 2 Wege zum Bundesverfassungsgericht

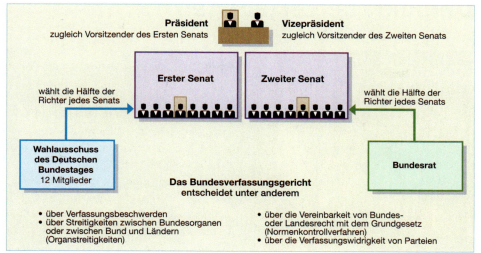

M 3 Aufbau des Bundesverfassungsgerichtes

Das Normenkontrollverfahren

Das Bundesverfassungsgericht prüft auf Antrag, ob ein Gesetz mit dem Grundgesetz übereinstimmt (**Normenkontrollverfahren**). Solche Verfassungsklagen können die Bundesländer, die Bundesregierung oder ein Drittel der Mitglieder des Bundestages einreichen.

Nur das Bundesverfassungsgericht darf feststellen, ob ein Gesetz mit dem Grundgesetz vereinbar ist oder nicht. Wenn ein anderes Gericht ein Gesetz für verfassungswidrig hält und es deshalb nicht anwenden will, muss es zuvor die Entscheidung des Bundesverfassungsgerichtes einholen. Das Verfahren wird so lange ausgesetzt, bis eine Entscheidung des Bundesverfassungsgerichts vorliegt.

Das Gericht – Schiedsrichter der Politik?

In der politischen Auseinandersetzung zwischen den Parteien im Bundestag wird das Bundesverfassungsgericht immer häufiger als Schiedsrichter von der jeweils unterlegenen Partei angerufen. Dabei gerät das Gericht in Gefahr, ein **Ersatzgesetzgeber** zu werden, da es Aufgaben übernimmt, die Sache des Bundestages sind.

Die Regierung und die sie tragende Parlamentsmehrheit müssen bei der Planung, Entscheidung und Umsetzung exekutiver bzw. legislativer Maßnahmen stets damit rechnen, dass verfassungsrechtlich bedenkliche Aktionen vor das Bundesverfassungsgericht gebracht werden können. Insbesondere die parlamentarische Opposition, die der Regierung im parlamentarischen System kontrollierend gegenübertritt, erhält durch die Existenz einer starken Verfassungsgerichtsbarkeit die Chance, Regierungsaktionen und parlamentarische Mehrheitsentscheidungen zu stoppen und ihre eigenen rechtlichen Standpunkte durchzusetzen.

Die Bedeutung des Ausgangs von Wahlen nimmt ab, wenn die Opposition das Handeln und die Gesetzgebungsvorhaben der demokratisch legitimierten Mehrheit ständig der politischen Diskussion entzieht und durch fortwährende Verfassungsklagen das Verfassungsgericht zum eigentlichen Entscheidungsorgan macht.

(Klaus Stüwe, Das Bundesverfassungsgericht als verlängerter Arm der Opposition?, in: Aus Politik und Zeitgeschichte B 37–38 (2001), S. 34–44)

M 4 Regiert das Bundesverfassungsgericht mit?

1 Beschreibe Zusammensetzung und Aufgaben des Bundesverfassungsgerichts (M 3).

2 Welche Stellung nimmt es im Rahmen der Gewaltenteilung ein?

3 Erläutere das Schaubild M 2.

4 Begründe, warum eine zu häufige Anrufung des Bundesverfassungsgerichts als „Schiedsrichter" zwischen Regierung und Opposition dem Ansehen der Politik schaden kann (M 4).

Demokratie verteidigen

M 1 Demonstration gegen Rechtsextremismus in Kirchheim

M 2 Wappen des Bundesamts für Verfassungsschutz

Abwehr von Verfassungsfeinden

Als nach dem Zweiten Weltkrieg eine neue Verfassung – das Grundgesetz – für die Bundesrepublik Deutschland erarbeitet wurde, wollte man auf jeden Fall verhindern, dass die Grundrechte von verfassungsfeindlichen Gruppen außer Kraft gesetzt werden konnten:

- Bestimmte Grundsätze der Verfassung unterstehen der Ewigkeitsgarantie (Art. 79 Abs. 3 GG). Das bedeutet, dass sie niemals verändert oder gar abgeschafft werden dürfen. Dazu gehören u. a. die Menschenwürde und das Prinzip des sozialen Rechtsstaates.
- Die Grundrechte bilden die Leitschnur für die gesamte Gesetzgebung und sind beim Bundesverfassungsgericht einklagbar.

Unsere heutige Verfassung kann durch diese Schutzmaßnahmen in ihrem Kern durch keinen Rechtsakt beeinträchtigt oder gar beseitigt werden.

Parteienverbot

Damit sich der Staat vor erklärten Feinden der Verfassung schützen kann, sieht das Grundgesetz ausdrücklich die Möglichkeit eines Verbots von verfassungsfeindlichen Parteien und Gruppierungen vor (Art. 21 Abs. 2 GG). Über ein mögliches Parteienverbot kann jedoch nur das Bundesverfassungsgericht entscheiden. Es muss mit mindestens einer Zweidrittelmehrheit feststellen, dass eine Partei verfassungsfeindlich ist, wenn sie verboten werden soll. Andere verfassungswidrige Organisationen können vom Bundesinnenminister bzw. den Innenministern der Länder verboten werden. So wurde z. B. im Januar 2004 die Skinhead-Gruppierung „Fränkische Aktionsfront" durch das Bayerische Innenministerium verboten.

In Deutschland hat es bisher zwei Parteiverbote gegeben: 1952 wurde die rechtsextreme Sozialistische Reichspartei (SRP) verboten, 1956 die linksextreme Kommunistische Partei Deutschlands (KPD).

Rechtsextremismus

Der Rechtsextremismus in Deutschland stellt kein einheitliches ideologisches* Gefüge dar, sondern weist unterschiedliche Begründungen und Zielsetzungen auf. Die rechtsextremistische Ideenwelt ist von nationalistischen und rassistischen Anschauungen geprägt. Dabei ist die Überzeugung vorherrschend, die Zugehörigkeit zu einer Nation oder Rasse entscheide über den Wert eines Menschen.

Linksextremismus

Linksextremisten sind Gegner der Staats- und Gesellschaftsordnung der Bundesrepublik Deutschland. Je nach ideologisch-politischer Orientierung wollen sie ein sozialistisches/kommunistisches System oder eine „herrschaftsfreie Gesellschaft" (Anarchie) etablieren.

Islamismus

Der Islamismus fordert unter Berufung auf den Urislam des 7. Jahrhunderts die Wiederherstellung einer „islamischen Ordnung".

Militante Islamisten denken, sie seien dazu bestimmt, die „islamische Ordnung" mit Gewalt durchzusetzen. Diese Ansicht widerspricht grundlegenden Prinzipien der freiheitlichen demokratischen Grundordnung.

(Extremismus in Deutschland. Ein Kurzlagebild. www.verfassungsschutz.de)

M 3 Formen des Extremismus

Kampf gegen den Extremismus

Zu den staatlichen Instrumenten zur Verteidigung der Demokratie gegen Extremisten zählen der Verfassungsschutz und spezielle Abteilungen innerhalb der Polizei. Aufgabe des Verfassungsschutzes ist die systematische Beobachtung aller extremistischen Aktivitäten. Jährlich werden die Erkenntnisse im **Verfassungsschutzbericht** zusammengefasst. Er dient dazu, die Bevölkerung zu informieren, welche Bestrebungen und Tätigkeiten im jeweiligen Beobachtungsjahr aufgedeckt wurden, die sich gegen die demokratische Grundordnung des Staates richten.

Der Verfassungsschutz liefert nur Informationen und Analysen. Er hat aber keine

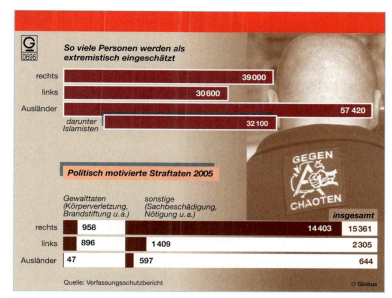

So viele Personen werden als extremistisch eingeschätzt

rechts	39 000
links	30 600
Ausländer	57 420
darunter Islamisten	32 100

Politisch motivierte Straftaten 2005

	Gewalttaten (Körperverletzung, Brandstiftung u.a.)	sonstige (Sachbeschädigung, Nötigung u.a.)	insgesamt
rechts	958	14 403	15 361
links	896	1 409	2 305
Ausländer	47	597	644

Quelle: Verfassungsschutzbericht © Globus

M 4 Extremismus in Deutschland

polizeilichen Befugnisse, darf z. B. keine Verhaftungen vornehmen. Deshalb gibt es innerhalb der Polizei besondere Abteilungen, die für **Staatsschutzdelikte** zuständig sind. Damit sind alle Straftaten gemeint, die sich gegen den demokratischen Rechtsstaat richten, wie Landesverrat, Terrorismus, aber auch Delikte wie Wahlfälschung und Abgeordnetenbestechung.

*ideologisch
auf eine Weltanschauung oder ein System von Wertvorstellungen bezogen

www.verfassungsschutz.de

1 Schreibe einen Artikel für die Schülerzeitung, in dem du erklärst, welchen Schutz unsere Verfassung vor verfassungsfeindlichen Gruppen bietet (Text, GG-Artikel in der Randspalte auf S. 150).

2 „Die Wiedereinführung der Monarchie ist in Deutschland ausgeschlossen." Nimm begründet Stellung zu dieser Behauptung.

3 Erläutere, welche extremistischen Gefahren in Deutschland drohen (M 3, M 4).

4 Sind Verbote verfassungsfeindlicher Parteien undemokratisch? Führt in der Klasse ein Streitgespräch pro und kontra Parteienverbote.

5 Informiere dich über aktuelle Entwicklungen im Kampf gegen den Extremismus in Deutschland. Verfasse dazu einen kurzen Zeitungsartikel.

Fallstudie Rechtsextremismus: Der Fall

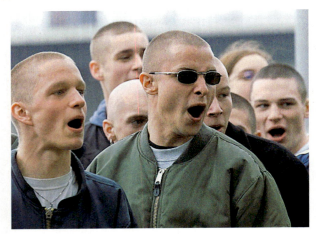

M 1 Rechtsextremistische Jugendliche

M 2 Neonazi-Parolen an einem Flüchtlingsheim

Bei einer Fallstudie handelt es sich um die Analyse einer konkreten Lebenssituation aus dem Alltag oder Beruf. Diese soll selbstständig untersucht werden. Dabei sollte man nach Ursachen für das Problem forschen und eventuell mögliche Lösungsvorschläge erarbeiten.

Untersuchung des Falls

Im Text M 3 wird der Lebensweg eines jungen rechtsextremistischen Mannes geschildert. Es soll untersucht werden, wie es zu der Entwicklung kommen konnte und welche Lösungsmöglichkeiten denkbar sind.

1. Schritt: Studieren des „Falls"

Lest den Text über Axel sorgfältig und stellt die Entwicklung von Axel mit eigenen Worten dar.

2. Schritt: Erkennen des Problems

Axel bezeichnet sich selbst als „rechts". Untersucht in Arbeitsgruppen, welche Einstellungen und Werte er vertritt. Sind seine Gedanken und Taten mit unseren Gesetzen im Einklang? Verstößt Axel gegen die freiheitlich-demokratische Grundordnung? Vergleicht seine Äußerungen mit den Hintergrundmaterialien zum Rechtsextremismus (S. 154/155).

3. Schritt: Erforschen der Ursachen

Untersucht, welche verschiedenen Faktoren Axel dazu bewogen haben, sich der rechten Szene zuzuwenden. Welche Rolle spielen die Familie, Freunde und die Schule? Hätte eine der Gruppen eurer Meinung nach während der Entwicklung noch die Möglichkeit gehabt, Axel positiv zu beeinflussen?

4. Schritt: Lösungsmöglichkeiten anbieten

Überlegt und diskutiert in der Klasse, welche Lösungen denkbar wären. Wer könnte am Erreichen einer Lösung mitarbeiten?

5. Schritt: Schlussfolgerungen

Lassen sich nach Analyse des Falls Schlussfolgerungen ziehen, wie man mit rechtsextremistischen Jugendlichen umgehen könnte bzw. welche Maßnahmen man ergreifen sollte, um den Rechtsextremismus zu bekämpfen?

1 Untersuche anhand der Arbeitsschritte zur Fallstudie den Fall „Axel" (M 3).

2 Sammele in den Medien weitere Berichte über extremistische Jugendliche und analysiere sie.

Axel, 17, Neonazi West

Was er werden möchte? Nicht eine Sekunde braucht Axel R. zum Nachdenken. „SA-Standarten-Führer", sagt er. Wie zur Bestätigung streicht er langsam seine schwarze Krawatte glatt, richtet die Schulterklappen am beigen Militärhemd. Dann, ungefragt und emotionslos, hebt er an zu einer wirren Version der NS-Vergangenheit Deutschlands. Spricht über die „gesunde Jugend", die ohne „geistige Verunreinigung war", von den „erheblichen Zweifeln bezüglich der Juden-Vergasung".

Seine Nazi-Karriere beginnt, als er zwölf Jahre alt ist. In der Familie, auf der Straße, im Supermarkt, „überall hörte ich, wie die Leute sich beschwerten. Zu hohe Steuern, wieder eine alte Frau ausgeraubt und, und, und". Da müsse man doch was gegen tun, denkt der Junge. Vielleicht sucht er auch nur eine Beschäftigung.

Rumtoben auf der Straße oder Fußball mit den Kumpels ist nicht seine Sache. Der Knirps, kleiner als die meisten Gleichaltrigen, leidet unter Gleichgewichtsstörungen, ist zuckerkrank, muss sich deshalb täglich spritzen.

Auf Rat des Vaters, damals Außendienstmitarbeiter bei einem Chemieunternehmen, schließt er sich der CDU-Jugendorganisation Junge Union an. Doch die ersten Treffen verlaufen nicht nach seinem Geschmack. „Stundenlanges Gerede ohne den Anflug eines Resultats" vermiest ihm die Stimmung. Er bittet andere demokratische Parteien um Unterlagen. In einem Geschichtsbuch, das er in der Stadtbücherei ausgeliehen hat, findet er einen Aufkleber der NSDAP/AO.

Die verbotene Nazi-Partei reagiert am schnellsten auf sein Anschreiben. „Von dem Material, das ich dann bekommen habe, war ich begeistert", erzählt er. Die imposanten Uniformen in den Zeitschriften, die gewaltigen Aufmärsche, die nötigen ihnen Respekt ab. Aber auch das Programm imponiert. Von Uneigennützigkeit ist die Rede, von Gemeinschaftssinn: „Eben davon, dass einem nicht alles scheißegal ist." Hinzu kommt die Forderung nach Gemeinschaftssinn, „nach wölfischer Kameradschaft". Die neuen Freunde versorgen ihn mit weiteren „Informationen". Sie kümmern sich um ihn, geben ihm das Gefühl, wichtig zu sein. Dabei versteht er die Bücher kaum, die er heimlich liest. Als er seinen Vater um ein Buch von Joseph Goebbels bittet, fragt der: „Was willst du mit dem Quatsch?" Das macht den Jungen erst recht neugierig.

Mit 13 tritt er der Jugendorganisation der NPD bei. Aber auch dort ist es ihm bald zu langweilig: „Immer wurde nur darüber gesprochen, dass man sich nicht offen zum Nationalsozialismus bekennen dürfe. Noch nicht einmal ein Uniformhemd war erlaubt." Unterlagen, Abzeichen und SA-Uniform bewahrt er bei „Kameraden" auf, die Familie bemerkt die verhängnisvolle Entwicklung zunächst nicht. Erst als Antifaschisten das erste Mal „Nazi" auf eine Wand des Einfamilienhauses am Kölner Stadtrand schmieren, Flugblätter mit dem Bild des Sohnes verteilt werden, gerät die heile Welt ins Wanken. Der Staatsschutz, der später Dauergast werden soll, kommt das erste Mal ins Haus, berichtet von Volksverhetzung und rechtsextremen Umtrieben. Die Eltern wissen zunächst nicht, wie ihnen geschieht. Schließlich haben sie bereits zwei Kinder großgezogen. „Da ist doch alles gut gegangen", sagt Vater R. Er versucht auf jede erdenkliche Art, den Jungen „zur Räson zu bringen". Zuerst mit verständnisvollen, dann mit lauten Worten, schließlich aber auch mit Hausarrest, Fernsehverbot und Taschengeldsperre. Die Wirkung ist fatal, denn Axel bestätigt das nur noch in seiner Sturheit. Nach endlosen Streitereien wird in der Familie irgendwann nur noch das „Nötigste" gesprochen. „Wir konnten ihn einfach nicht mehr erreichen", erinnert sich der Vater. Wie ein Sektenanhänger sei ihm sein Kind erschienen.

Gerade 15, gründet Axel mit gewaltbereiten Aktivisten der verbotenen Nazi-Partei FAP die „Kameradschaft Köln", die er bald schon anführt. Die Realschule schloss er im Juni mit dem Hauptschulabschluss ab, sein Vater hat ihn vor einem halben Jahr vor die Tür gesetzt. Axel R. ist viermal wegen Volksverhetzung vorbestraft, zwei weitere Verfahren laufen, diesen Monat muss er zwei Wochen zum Jugendarrest in die JVA Remscheid.

Axel R. ist heute stolz, dass er bereits zweimal im nordrhein-westfälischen Verfassungsschutz als Neonazi erwähnt worden ist: „Das ist der Ritterschlag des Systems." Was er mit seinen Gegnern vorhat, ließ er während einer der zahlreichen Veranstaltungen wissen, bei denen er als Redner auftrat: „Die werden dann auf den Marktplatz gestellt und erschossen für das, was sie getan haben. In diesem Sinne: Sieg Heil!"

M3 Artikel von: *Detlef Schmallenberg, „Die werden dann erschossen", in: Stern Nr. 34/17. 8. 2000, S. 30 f.*

Fallstudie Rechtsextremismus: Materialien

M 1 Aufmarsch von Neonazis

**Kleidungsstücke, Auf-
näher und Schriftzüge**

sind Kennzeichen der
Zusammengehörigkeit
der rechtsextremistischen
Szene. Beliebt sind z. B.
T-Shirts der Marke
„CONSDAPLE" (womit man
die Buchstabenfolge NSDAP
zeigen kann).
Symbole mit dem Schriftzug
„White Power" und der
geballten weißen Faust
dienen Rechtsextremisten
dazu, ihre rassistischen
Überzeugungen zu zeigen.

**M 2 Was Rechtsextremisten wollen und
wie sie denken**

Rechtsextremisten

– denken übersteigert national und sind
fremdenfeindlich.
– sind rassistisch, halten bestimmte Völker für minderwertig und sind anti-
jüdisch eingestellt.
– sind intolerant gegenüber Minderheiten.
– wollen eine Diktatur.
– suchen die Auseinandersetzung in bru-
taler körperlicher Gewalt bis hin zum
Mord.
– orientieren sich am Gedankengut aus
der Hitlerzeit und verwenden deren
Symbole und Gesten.
– sind über ein internationales Netzwerk
gut organisiert.
– nutzen Unzufriedenheit bei Jugendlichen, sie für ihre Ziele einzuspannen.

*H.-J. van der Gieth/W. Kneip: Werkstatt Politik.
Gewalt stoppen. Berlin, 2000, S. 60*

M 3 Der extreme Osten

Besonders hoch ist das rechtsextreme Po-
tenzial in Ostdeutschland. […] Experten
nennen als wichtigste Ursache den radikalen Wandel der Orientierung in Ostdeutschland seit der Wende. Aus Autori-
täten wurden über Nacht Feinde, der

„Klassenfeind" wurde plötzlich zum
Freund. Für die Jugendlichen hat sich nach
der Wende viel verändert. Gab es vor der
Wende allein in Dresden rund hundert
Treffpunkte für Jugendliche, sind es jetzt
weniger als zwanzig. Mit dem Zusammenbruch vieler Betriebe schlossen deren Ju-
gendclubs. Wichtige soziale Verbindungen
gingen verloren. Hohe Arbeitslosigkeit,
wenig Geld – und alles in Zeiten des ra-
senden Videoclips und der allgegenwär-
tigen Werbung. Viele, die an der schönen
schnellen Welt nicht teilhaben konnten,
suchten Halt bei rechtsextremen Gruppen.
Das LKA (Landeskriminalamt) Sachsen
nennt denn auch Orientierungslosigkeit,
Alkohol und Gruppenzwänge als Haupt-
gründe für einen drastischen Anstieg der
Fremdenfeindlichkeit in Sachsen.

*H.-J. van der Gieth/W. Kneip: Werkstatt Politik.
Gewalt stoppen. Berlin, 2000, S. 60*

**M 4 Was suchen Jugendliche in der
rechtsextremen Szene?**

– Geborgenheit, Zusammengehörigkeits-
gefühl, soziale Wärme
– „Ich will da sein, wo meine Freunde
sind."
– Selbstwertgefühl und Anerkennung
– Erkennbare Strukturen
– Deutung gesellschaftlicher Widersprü-
che […]
– Mal richtig Dampf ablassen und die
„Sau rauslassen"
– Orientierung und Halt auch in schwie-
rigen Lebenssituationen
– Risiko- und Abenteuererfahrungen
– „Ich brauche jemanden, dem ich nicht
gleichgültig bin."
– „Ich brauche jemanden, an dem ich
mich mal festhalten kann."

Arbeitsgruppe SOS-Rassismus NRW

M5 **Der Staat ist nicht wehrlos –**
Auszüge aus dem Strafgesetzbuch

§ 86 a Verwendung von Kennzeichen verfassungswidriger Organisationen.

(1) Mit Freiheitsstrafe bis zu drei Jahren oder mit Geldstrafe wird bestraft, wer [...] Kennzeichen einer der [...] bezeichneten Parteien und Vereinigungen verbreitet oder öffentlich in einer Versammlung [...] verwendet. [...] Kennzeichen im Sinne des Absatzes 1 sind namentlich Fahnen, Abzeichen, Uniformstücke, Parolen und Grußformen. [...]

§ 130 Volksverhetzung

Wer in einer Weise, die geeignet ist, den öffentlichen Frieden zu stören, die Menschenwürde anderer dadurch angreift, dass er

1. zum Hass gegen Teile der Bevölkerung aufstachelt,

2. zu Gewalt- oder Willkürmaßnahmen gegen sie auffordert oder

3. sie beschimpft, böswillig verächtlich macht oder verleumdet, wird mit Freiheitsstrafe von drei Monaten bis zu fünf Jahren bestraft. [...]

§ 131 Gewaltdarstellung, Aufstachelung zum Rassenhass.

(1) Wer Schriften [...], die zum Rassenhass aufstacheln oder die grausame oder sonst unmenschliche Gewalttätigkeiten gegen Menschen in einer Art schildern, die eine Verherrlichung solcher Gewalttätigkeiten ausdrückt [...],

1. verbreitet,

2. öffentlich ausstellt, anschlägt, vorführt oder sonst zugänglich macht oder

3. herstellt, bezieht, liefert, vorrätig hält, anbietet, ankündigt, anpreist, [...] wird mit Freiheitsstrafe bis zu einem Jahr oder mit Geldstrafe bestraft. [...]

1. Präsenz zeigen

Aus Angst vor rechter Gewalt trauen sich Ausländer und Linke in Ostdeutschland vielerorts kaum auf die Straße. Das muss sich ändern. In den Regionalzügen können Beamte des Bundesgrenzschutzes mitfahren; auf dem Marktplatz, in der Fußgängerzone, an der Tankstelle – überall, wo sich gewaltbereite Jugendliche treffen – sollten Busse der Bereitschaftspolizei stehen.

2. Null Toleranz

Für rechtsextremistische Symbole darf es keine Nachsicht geben. Mitläufer beeindruckt es schon, wenn nach einem Hitlergruß nicht nur die Personalien aufgenommen werden und irgendwann ein Verfahren anläuft, sondern sie – „zur Gefahrenabwehr" – von der Bierparty direkt in Polizeigewahrsam kommen und dort übernachten.

3. Maßgeschneidert strafen

Warum sollen Jugendrichter nicht ungewöhnliche Auflagen machen? Wird ein Jungnazi zu gemeinnütziger Arbeit verurteilt, kann ihm während dieser Zeit auch das Tragen der typischen Kleidung verboten werden. Das wirkt durchaus erzieherisch, ohne Springerstiefel und Bomberjacke den Stadtpark harken zu müssen – das ist gar nicht cool.

4. Politische Bildung

Viele Ostdeutsche wissen noch immer nicht, wie das neue politische System – die Demokratie – funktioniert, viele wollen es auch gar nicht wissen. Zu groß sind die Enttäuschungen aus dem Wiedervereinigungsprozess. Der neue Staat hat ihr gesamtes Leben durcheinandergewirbelt und ihnen seine Institutionen übergestülpt. Und durch Erfolg hat es bisher nicht überzeugt: Dem Osten hat es Millionen Arbeitslose und Perspektivlosigkeit gebracht. Kein Wunder also, dass nur wenige das Grundgesetz gegen rechte Schläger verteidigen.

Toralf Staud, Kampf den Nazis! In: Die Zeit vom 17. 8. 2000

M6 Handlungskatalog im Kampf gegen die Neonazis

Zahlen und Zahlenkombinationen

verwenden Rechtsextremisten, um ihre Einstellung zu zeigen. In der Zahl 88 stehen die Ziffern für entsprechende Buchstaben des Alphabets: „H" ist der achte Buchstabe, „88" ergibt damit „Heil Hitler".

Deutschland – ein demokratischer Bundesstaat

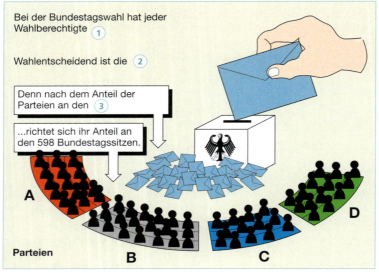

Bei der Bundestagswahl hat jeder Wahlberechtigte ①

Wahlentscheidend ist die ②

Denn nach dem Anteil der Parteien an den ③

...richtet sich ihr Anteil an den 598 Bundestagssitzen.

A

Parteien   B   C   D

M 1 Die Wahl zum Deutschen Bundestag

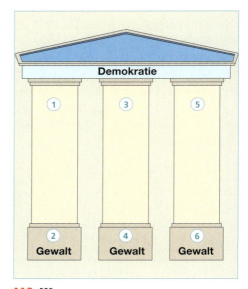

Demokratie

① ③ ⑤

② ④ ⑥
Gewalt   Gewalt   Gewalt

M 3 ???

M 2 Die Bundespräsidenten Deutschlands seit 1949

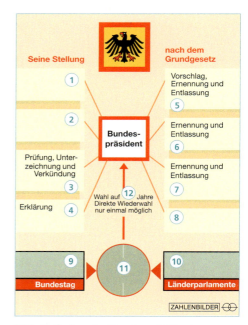

Seine Stellung   nach dem Grundgesetz

①   Vorschlag, Ernennung und Entlassung ⑤

②   Ernennung und Entlassung ⑥

Bundes-präsident

Prüfung, Unter-zeichnung und Verkündung   Ernennung und Entlassung ⑦

③

Erklärung ④   Wahl auf ⑫ Jahre Direkte Wiederwahl nur einmal möglich   ⑧

⑨   ⑩
Bundestag   ⑪   Länderparlamente

ZAHLENBILDER

M 4 Aufgaben des Bundespräsidenten

Bundeskanzler/-in …	Bundesregierung …	Opposition …
• bestimmt die grundsätzlichen Richt-linien der ▩▩▩	• arbeitet ▩▩▩ aus und bringt diese in den Bundestag zur ▩▩▩ ein	• gestaltet in Teilbereichen die Politik konstruktiv mit
• schlägt die Bundesminister ▩▩▩ ▩▩▩ zur Ernennung bzw. Entlassung vor	• nimmt Stellung zu ▩▩▩ des Bundes-rates	• ▩▩▩ und ▩▩▩ die Regierungstätigkeit
• übernimmt im Verteidigungsfall die Befehlsgewalt über ▩▩▩	• erlässt ▩▩▩ und ▩▩▩ zur Umsetzung von Bundesgesetzen	• versucht, eigene ▩▩▩ ▩▩▩ durchzusetzen
• kann über den Bundestagspräsidenten eine Bundestagssitzung ▩▩▩	• kontrolliert die Ausführung der Bundesgesetze durch ▩▩▩	• hält sich für die Übernahme der ▩▩▩ bereit

M 5 Beispielhafte Aufgabenverteilung innerhalb der Bundesregierung

M 6 Länderwappen

Einigkeit und Recht und Freiheit …

M 7 Nationalhymne und Fahne

1 Vervollständige die drei fehlenden Angaben zu M 1.

2 Nenne die Namen und jeweiligen Amtszeiten der Deutschen Bundes-präsidenten nach 1949 (M 2).

3 Finde für M 3 eine zutreffende Bildunterschrift sowie für die sechs markierten Stellen passende Begriffe.

4 Füge die Aufgaben des Bundespräsidenten ein (M 4).

5 Ergänze die Aufgabenverteilung in M 5.

6 Kombiniere zu den 16 Wappen aus M 6 die zutreffenden Länder mit ihren Hauptstädten sowie die Stadtstaaten. Wer regiert wo?

7 M 7: Wie geht die Hymne weiter? Was weißt du über die Fahne?

6 Alles, was Recht ist

Unser Leben ist von Rechtsbestimmungen, Gesetzen und Verordnungen begleitet. Das ist so selbstverständlich, dass wir es gar nicht merken, z. B. wenn wir uns im Verkehr bewegen. Jeder weiß, was erlaubt und was verboten ist und nach welchen Regeln Konflikte gelöst werden.

Was gilt, ist das Recht in den Gesetzen und Vorschriften, die von staatlicher Seite erlassen werden. Jeder Staat regelt auf diese Weise das Zusammenleben seiner Gesellschaft.

Und es gibt Polizei und Gerichte, die dafür sorgen, dass diese Regeln durchgesetzt werden. In dem folgenden Kapitel kannst du mehr über das Recht und unsere Rechtsordnung erfahren. Dabei geht es um folgende Fragen:

– Warum brauchen wir überhaupt Rechtsvorschriften?
– Wer legt eigentlich fest, was „Recht" ist?
– Wie schützen Gerichte das Recht?
– Welche Rechte und Pflichten haben Jugendliche?
– Wie gehen wir mit Menschen um, die das Recht brechen?

1 Beschreibe, was die auf dieser Seite dargestellten Situationen mit Recht zu tun haben.

2 Diskutiert darüber, warum hier rechtliche Regelungen notwendig sind.

3 Sammelt eigene „Begegnungen" mit dem Recht: Erfahrungen, Fragen, Probleme und Interessen.

Wir leben in einem Rechtsstaat

Trio greift 22-Jährigen an

red. LORCH Drei Männer griffen Dienstag gegen 23.30 Uhr einen 22-Jährigen aus Sauerthal an und fügten ihm gefährliche Verletzungen zu. Wie das Opfer der Polizei sagte, habe ihn „unvermittelt" einer ...

Mann überfiel seine Hausbank

MAINZ (dpa) Ein 40-jähriger Mann hat vor dem Mainzer Landgericht gestanden, dass er seine Hausbank im Abstand von wenigen Monaten dreimal überfallen hat. „Ich kannte die alle, deshalb war ich auch nie beleidigend, als ich das Geld forderte", schilderte der Bauzeichner bei Prozessbeginn vor Gericht sein Vorgehen. Nach eigenen Angaben hatte der 40-Jährige im Februar, August und November 2007 jeweils kurz ...

flüchtete das Tr... der Männ... nenbesch... 1,80 Met... „Segeloh... scharte... berjacke... pha" auf... eine schv... Hinwei... station in... 06722/9... de ander... gen.

Räuber-Duo geschnappt

be. WIESBADEN Opfer eines Handtaschenraubes wurde am Montag eine 77-Jährige in Biebrich. Die Frau konnte z... junge Männer bes... nach d...

Einbruchsverdächtige von Polizei gefasst

DARMSTADT (dpa) Nach einer Serie von Diebstählen in Südhessen hat die Polizei drei Verdächtige verhaftet. Der ... len Frauen in mehrere... en Kreisen ...roß-Gerau ...lt eingebro... Polizei ges... eim stahlen aus einem ...amit an Au... 0 Euro ab.

Haftstrafe für Verkehrsrowdy

FRANKFURT (dpa) Ein Jeep-Fahrer, der einen Radfahrer mit seinem Geländewagen absichtlich zu Fall gebracht hat, muss für zwei Jahre und drei Monate ins Gefängnis ...

M 1 Aus dem Polizeibericht

M 2 Justitia, Göttin der Gerechtigkeit

Grundgesetz Art. 103 Abs.2:

„Eine Tat kann nur bestraft werden, wenn die Strafbarkeit gesetzlich bestimmt war, bevor die Tat begangen wurde."
Der § 1 des Strafgesetzbuches hat denselben Wortlaut.

*Rechtsstaat
Im Grundgesetz Art. 20 Abs. 3 heißt es dazu:
„Die Gesetzgebung ist an die verfassungsmäßige Ordnung, die vollziehende Gewalt und die Rechtsprechung sind an Gesetz und Recht gebunden."

Recht und Rechtsempfinden

Überall gibt es Vorschriften, Gebote, Verbote. Einige befolgt jeder automatisch, andere mit Widerstreben, manche nur von Fall zu Fall.

Die meisten Menschen sind sich darüber einig, was Recht und Unrecht ist. Dennoch deckt sich das, was in Gesetzen als Recht festgelegt ist, nicht immer mit unserem persönlichen **Rechtsempfinden**. Bestimmte Regeln werden nicht so ernst genommen wie andere: So empfinden es die meisten Menschen nicht als Unrecht, trotz Rotlichts an der Ampel über die Straße zu laufen, wenn gerade kein Auto kommt. Das Rechtsempfinden meldet sich nur schwach oder gar nicht – obwohl diese Handlung gesetzlich verboten ist.

Ganz anders ist es, wenn uns persönlich etwas gestohlen wird. Wir regen uns auf oder würden am liebsten die Sache selbst in die Hand nehmen und uns auf eigene Faust Recht verschaffen.

Aufgaben des Rechts

Die wichtigste Aufgabe des Rechts ist die Sicherung des Friedens. Das Recht sorgt dafür, dass alle Formen von Konflikten nach bestimmten Regeln ausgetragen werden müssen. In unserem heutigen **Rechtsstaat*** zählt dazu vor allem das Verbot privater Gewaltanwendung. Bis auf den Fall von Notwehr ist der Gebrauch von Gewalt nur dem Staat erlaubt.

Niemand kann sich sein Recht, von dem er glaubt, es stehe ihm zu, selbst verschaffen. Duelle, Blutrache oder Selbstjustiz sind verboten. Jeder muss sich zur Durchsetzung seiner Rechte immer an die dafür vorgesehenen staatlichen Instanzen wie Polizei und Gerichte wenden.

Das setzt voraus, dass der Staat selbst auch an die Gesetze und an bestimmte allgemein gültige Rechtsgrundsätze gebunden ist. Diese Grundsätze sind in der **Verfassung** niedergelegt. Durch die Verfassung wird der Staat zu einem Rechtsstaat.

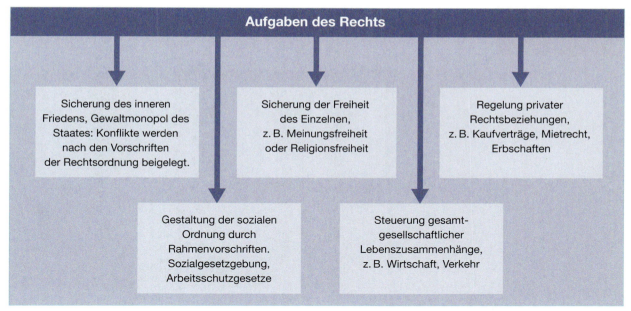

Aufgaben des Rechts

| Sicherung des inneren Friedens, Gewaltmonopol des Staates: Konflikte werden nach den Vorschriften der Rechtsordnung beigelegt. | Sicherung der Freiheit des Einzelnen, z. B. Meinungsfreiheit oder Religionsfreiheit | Regelung privater Rechtsbeziehungen, z. B. Kaufverträge, Mietrecht, Erbschaften |
| Gestaltung der sozialen Ordnung durch Rahmenvorschriften. Sozialgesetzgebung, Arbeitsschutzgesetze | Steuerung gesamt-gesellschaftlicher Lebenszusammenhänge, z. B. Wirtschaft, Verkehr | |

M 3 Die Aufgaben des Rechts

Recht im Rechtsstaat

Das Rechtsstaatsprinzip soll den Einzelnen vor staatlicher Willkür schützen. In einem Rechtsstaat beschließen gewählte Vertreter des Volkes die Gesetze. Staatliche Institutionen sorgen dafür, dass dem Recht Geltung verschafft wird. Dabei ist der Staat selbst an Gesetze gebunden. Ein Polizist, ein Richter oder ein Verwaltungsbeamter darf nur solche Maßnahmen anordnen, die ihm die Gesetze erlauben. Diese rechtsstaatlichen Grundsätze sind bei uns in der Verfassung, dem **Grundgesetz**, festgelegt.

Grundsätze des Rechtsstaats

Die „Justitia" ist das Symbol der Gerechtigkeit und wird oft mit verbundenen Augen dargestellt. Damit soll verdeutlicht werden, dass Richter in einem Rechtsstaat „gerecht" urteilen müssen.
Gerechtigkeit vor Gericht soll durch drei wesentliche Grundsätze erreicht werden:
Rechtsgleichheit: „Alle Menschen sind vor dem Gesetz gleich" (Grundgesetz, Artikel 3 Abs. 1). Niemand darf bevorzugt oder benachteiligt werden.

Rechtssicherheit: Jeder Bürger muss sich auf die Gültigkeit des Rechts verlassen können und wissen, was erlaubt und verboten ist. Gesetze sollen klar und widerspruchslos formuliert sein.
Verhältnismäßigkeit: Bei der Rechtsprechung müssen die Lebensumstände des Einzelnen berücksichtigt werden, z. B. die Einkommensverhältnisse bei der Festsetzung der Höhe von Geldstrafen. Ein leichtes Vergehen darf nicht so schwer bestraft werden wie ein schweres.

1 Stelle an einem Beispiel den Unterschied zwischen persönlichem Rechtsempfinden und dem gesetzlich festgelegten Recht heraus (Text).

2 Aus dem Polizeibericht (M 1): Erläutere, welcher Verstoß gegen das Recht hier jeweils das Eingreifen der Polizei erforderlich gemacht hat.

3 Erkläre, warum die römische Göttin der Gerechtigkeit mit einer Waage, einem Schwert und mit verbundenen Augen dargestellt wird (M 2).

4 Erkläre mit eigenen Worten, welche Aufgaben das Recht hat (Text, M 3).

5 Erläutere anhand von Beispielen den Unterschied zwischen „Gleichheit" und „Verhältnismäßigkeit" in der Rechtsprechung.

Umgang mit Gesetzestexten

M 1 Geld zurück?

M 2 Gesetzessäule des Hammurabi. Auf der Säule (2,5 m hoch) ist zu sehen, wie der Sonnengott dem König Hammurabi die Gesetze übergibt. Darunter sind die Gesetze eingemeißelt. Der Basaltstein stammt aus der Zeit um 1750 v. Chr.

Überall Paragrafen

Unser Zusammenleben ist geregelt – durch Gesetze und andere rechtliche Bestimmungen. „Überall Paragrafen", ist oft zu hören. Aber ginge es auch ohne sie?

Wenn die Rechtsverhältnisse schriftlich festgelegt sind, kann jeder Einzelne viel leichter einschätzen, was er tun kann oder lieber lassen sollte.

Schon der babylonische König Hammurabi ließ im 18. Jahrhundert v. Chr. seine Gesetze in eine Basaltsäule meißeln, die öffentlich aufgestellt wurde. Jede Gesetzesregel enthielt ein konkretes Vergehen (Straftat) und die dafür vorgesehene Strafe.

Unsere Gesetzesregeln sind hingegen häufig nur schwer zu verstehen. Sie sind sehr allgemein formuliert, weil sie auf viele verschiedene Einzelfälle angewendet werden müssen. Bestimmte Ausdrücke haben im Gesetz oft eine festgelegte Bedeutung, die man kennen muss, um den Text richtig zu verstehen. Wenn man aber seine Rechte kennen will, lohnt sich ein Blick in das Gesetz.

Gesetzestexte auswerten

1. Art und Inhalt des Textes klären

Stellt fest, ob es sich z. B. um einen Verfassungstext, ein Gesetz oder eine Verordnung handelt. Klärt unbekannte Begriffe und sucht die Schlüsselwörter. Fasst zusammen, worum es im Text geht.

2. Regelungsbereich und Regelungsabsicht klären

Untersucht, für welche Bereiche die Bestimmung gilt (z. B. Straßenverkehr, Jugendschutz, Verbraucherschutz) und was mit ihr bewirkt werden soll (z. B. Schutz, Strafandrohung).

3. Bestimmung auf einen Fall anwenden

Versucht festzustellen, ob die Bestimmung auf einen Fall anzuwenden ist, und was sich daraus für Betroffene ergibt.

4. Beurteilung

Erörtert, ob die Regelung aus eurer Sicht gerecht (ungerecht), bzw. zu hart (zu milde) ist. Ist sie einleuchtend und passt sie auf den Einzelfall?

Fall 1: „Wir haben nur etwas gegessen …"

Lars und Tim verstehen die Welt nicht mehr. Sie wollten im „Mambo" doch nur ein oder zwei Bier trinken und eine Currywurst mit Pommes essen. Es war auch erst gegen 20 Uhr. Sie wussten wohl, dass zur Gaststätte auch eine Nachtbar gehörte, aber damit hatten sie nichts im Sinn. Und dann – Polizeikontrolle. „Wir haben nur etwas gegessen und getrunken, Auf unserer letzten Klassenfahrt waren wir so spät auch noch in einer Gaststätte." „Wie alt?" – „Fünfzehn." Gibt es Ärger?

---

§ 3 (Aufenthalt in Gaststätten)
(1) Der Aufenthalt in Gaststätten darf Kindern und Jugendlichen unter 16 Jahren nur gestattet werden, wenn ein Erziehungsberechtigter sie begleitet. Dies gilt nicht, wenn Kinder und Jugendliche […]
2. sich auf Reisen befinden oder
3. eine Mahlzeit oder ein Getränk einnehmen.
(2) Jugendlichen ab 16 Jahren ist der Aufenthalt in Gaststätten ohne Begleitung eines Erziehungsberechtigten bis 24 Uhr gestattet.
(3) Der Aufenthalt in Gaststätten, die als Nachtbar oder Nachtklub geführt werden […], darf Kindern und Jugendlichen nicht gestattet werden.

M 3 Aus dem Gesetz zum Schutz der Jugend in der Öffentlichkeit

---

So kannst du den Gesetzestext auswerten

Zu 1. Art und Inhalt des Textes

Textsorte: Es handelt sich um ein Gesetz.
Schlüsselwörter: Schutz, Jugend, Gaststätten, 16 Jahre, Erziehungsberechtigter, Mahlzeit, Getränk, 24 Uhr, Nachtbar, Nachtclub.
Sachverhalt: Es geht um den Aufenthalt von Kindern und Jugendlichen in Gaststätten, der nur unter bestimmten Bedingungen erlaubt ist. Kinder sollen vor Gefahren geschützt werden, die sich durch den Aufenthalt dort ergeben können.

Zu 2. Regelungsbereich und Regelungsabsicht

Regelungsbereich: Die Bestimmung regelt den Aufenthalt von Kindern sowie Jugendlichen in Gaststätten und ist zu deren Schutz gedacht.

Zu 3. Anwendung der Bestimmung

Das Jugendschutzgesetz passt auf den Fall 1 „Wir haben nur etwas gegessen …". Nach § 3 Absatz 3 durften sie sich nicht in der Gaststätte aufhalten sowie keine Speisen und Getränke erhalten.

Fall 2: „Da haben Sie aber auch Pech …"

Herr Engelbrecht kaufte sich vor einem halben Jahr eine neue Digitalkamera. Die Kamera wurde schon zweimal eingeschickt, weil sie keine scharfen Bilder macht. „Da haben Sie aber auch Pech", meinte der Herr vom Kundenservice, „dann müssen wir sie halt noch mal nach Bielefeld schicken." Herr Engelbrecht kennt seine Rechte und schlägt etwas anderes vor …

---

§ 437 Rechte des Käufers bei Mängeln
Ist die Sache mangelhaft, kann der Käufer, wenn die Voraussetzungen der folgenden Vorschriften vorliegen und soweit nicht ein anderes bestimmt ist,
1. nach § 439 Nacherfüllung verlangen,
2. nach den §§ 440, 323 und 326 Abs. 5 von dem Vertrag zurücktreten oder nach § 441 den Kaufpreis mindern und
3. nach den §§ 440, 280, 281, 283 und 311a Schadenersatz oder nach § 284 Ersatz vergeblicher Aufwendungen verlangen.

M 4 Verbraucherrechte nach dem Bürgerlichen Gesetzbuch

---

1 Untersuche den Fall von Herrn Engelbrecht (Fall 2) mithilfe der Arbeitsschritte und M 4.

2 Bearbeite Schritt 4 zum Fall von Lars und Tim (Fall 1).

Mehr Einsicht – mehr Rechte

Ein Graffitisprayer

Hannes ist vor vier Wochen vierzehn Jahre alt geworden. Zum Geburtstag hatte ihm sein Lieblingsonkel heimlich zusätzlich 30 Euro in die Hand gedrückt und gesagt: „Du hast sicher einen Extrawunsch, den nicht alle zu erfahren brauchen. Hier, kauf dir was!"

Hannes hatte tatsächlich einen Extrawunsch. Seit drei Monaten ist er unter die Graffitisprayer gegangen. Ihm gefallen die herrlich bunten Bilder auf den öden Hauswänden und den einfallslosen Vorortzügen. Die 30 Euro kann er gut für neue Spraydosen gebrauchen.

Heute will er seiner Freundin Gabi seine Kunst vorführen. Die allerdings scheint nicht sehr begeistert zu sein. „Das ist doch verboten. Und was passiert, wenn uns jemand erwischt?", fragt sie. „Keine Sorge", erwidert Hannes, „bis jetzt hat mich noch keiner gesehen. Außerdem, was kann schon groß passieren? Bestrafen kann mich keiner. Ich bin doch noch nicht volljährig. Ich bin erst vierzehn!"

M 1 Graffitisprayer

Bürgerliches Gesetzbuch (BGB) § 110 („Taschengeldparagraf"):

Ein von dem Minderjährigen ohne Zustimmung des gesetzlichen Vertreters geschlossener Vertrag gilt als von Anfang an wirksam, wenn der Minderjährige die vertragsmäßige Leistung mit Mitteln bewirkt, die ihm zu diesem Zweck oder zu freier Verfügung von dem Vertreter oder mit dessen Zustimmung von einem Dritten überlassen worden sind.

Peter strahlt. Er hatte Geburtstag. Allen hatte Peter erklärt, dass er sich als Geschenk Geld wünschen würde. Er möchte sich nämlich gerne einen großen Wunsch erfüllen und ein Fahrrad kaufen. Zudem hat der 13-Jährige bereits ein halbes Jahr gespart und mit Zeitungsaustragen, Rasenmähen und Autowaschen in der Nachbarschaft schon die Hälfte des Kaufpreises für das Rad angespart. Nun ist es so weit: Mit dem Geburtstagsgeld hat er die Summe für den Kauf des Rades beisammen und er kauft sich ein Rennrad mit allen Schikanen. Vorsichtig und voller Stolz radelt er nach Hause und zeigt seinen Eltern sein Fahrrad.

Groß ist seine Enttäuschung, als sein Vater ihn entsetzt anschaut und lospoltert: „Das Fahrrad bringst du auf der Stelle zurück! Unsere Straßen sind viel zu gefährlich und du bist viel zu unvorsichtig. Ich erlaube es dir nicht und der Händler darf es dir auch gar nicht verkaufen."

M 2 „Ich kaufe mir mein erstes eigenes Rennrad."

Gilt das Recht nur für Erwachsene?

„Das Grundgesetz gilt doch sowieso nur für Erwachsene. Eine Wohnung darf nicht durchsucht werden – aber meine Eltern können jederzeit in mein Zimmer kommen und herumschnüffeln. Wenn ich morgens, bevor ich zur Schule gehe, mein Zimmer abschließen würde – ich glaube, meine Eltern würden durchdrehen!" So reagierte ein Schüler der Klasse 9, als das Grundgesetz im Unterricht behandelt wurde.

Tatsächlich kann man erst mit Erreichen der Volljährigkeit, also ab dem 18. Geburtstag, alle Rechte eines Staatsbürgers in Anspruch nehmen. Bis dahin sind in der Regel die Eltern für ihre Kinder verantwortlich. Mit zunehmendem Alter wird die Verantwortlichkeit der Eltern aber geringer und die eigene Verantwortung steigt.

Die Rechtsfähigkeit

Rechtsfähigkeit beinhaltet die Fähigkeit, Rechte und Pflichten zu übernehmen, weil man in der Lage ist, seine Handlungen und ihre Folgen zu beurteilen. Diese Fähigkeit ist abhängig vom Entwicklungsprozess der Heranwachsenden. Deshalb

Lebensalter	Rechtsstellung	Gesetz
Geburt	Rechtsfähigkeit	Bürgerliches Gesetzbuch (BGB)
6 Jahre	Schulpflicht	Schulgesetz
7 Jahre	beschränkte Deliktsfähigkeit	BGB
	beschränkte Geschäftsfähigkeit	BGB
14 Jahre	beschränkte Strafmündigkeit	Jugendgerichtsgesetz (JGG)
	Religionsmündigkeit	Gesetz über religiöse Kindererziehung
	Ende des Beschäftigungsverbots	Jugendarbeitsschutzgesetz
16 Jahre	Ehefähigkeit	Ehegesetz
	Eidesfähigkeit	Zivilprozessordnung (ZPO) Strafprozessordnung (StPO)
	Besuch von Gaststätten	Jugendschutzgesetz
18 Jahre	Volljährigkeit	BGB
	volle Deliktsfähigkeit	BGB
	volle Geschäftsfähigkeit	BGB
	Strafmündigkeit	JGG
	Ehemündigkeit	Ehegesetz
	aktives und passives Wahlrecht	Grundgesetz
	Beginn der Wehrpflicht	Wehrpflichtgesetz
	Pkw-Führerschein	Straßenverkehrszulassungsordnung (StVZO)
21 Jahre	volle Strafmündigkeit	JGG
25 Jahre	Befähigung zum Schöffen	Gerichtsverfassungsgesetz
40 Jahre	Wahl zur/zum Bundespräsidentin/ Bundespräsidenten möglich	Grundgesetz

M 3 Überblick zu den Rechten einer/eines Bürgerin/Bürgers in Deutschland

*Delikt
strafbare Handlung, die vom Gesetz verboten und mit Strafe bedroht ist

Je älter du wirst, desto mehr Freiheiten hast du. Auf dieser Seite kannst du dich über deine Rechte als Jugendlicher informieren:
www.deine-rechte.de

Das Bundesministerium der Justiz bietet im Internet die Möglichkeit, sich die Gesetzestexte in der geltenden Fassung abzurufen:
www.gesetze-im-internet.de

werden im Recht bestimmte Altersphasen unterschieden. Grundsätzlich beginnt die Rechtsfähigkeit mit der Geburt.

Die Geschäftsfähigkeit

Die **Geschäftsfähigkeit** ist das erste Recht, das Kinder aktiv ausüben dürfen. Allerdings wird sie zwischen dem 7. und 18. Lebensjahr beschränkt. Die meisten solcher Rechtsgeschäfte bedürfen der Einwilligung des gesetzlichen Vertreters, normalerweise also der Eltern. Eine wichtige Ausnahme bildet der Taschengeldparagraf.

Deliktsfähigkeit und Strafmündigkeit

Bis zum 7. Lebensjahr sind Kinder nicht **deliktsfähig***, d. h., sie können wegen ihres Alters rechtlich für ihre Handlungen nicht verantwortlich gemacht werden.

Bei der **Strafmündigkeit** geht es um die strafrechtliche Verantwortlichkeit, das Einstehen des Täters für eine Straftat vor der Öffentlichkeit, vor der Gesellschaft.

1 Werte M 1 aus: Welcher „Tatbestand" liegt vor? Hat Hannes Recht? Begründe.

2 Diskutiert darüber, ob Peter das Rad kaufen durfte (M 2).

3 Beurteile folgende Fälle nach M 3:
 – Zwei Jungen (13 und 14 Jahre) zerstören beim Spielen eine Schaukel und eine Wippe auf dem Spielplatz.
 – Anne (17 Jahre) möchte in den Gemeinderat gewählt werden.

4 Fasse die Übersicht M 3 in Form eines kurzen mündlichen Vortrags zusammen.

5 Welche Antwort gibst du auf die Frage: „Gilt das Recht nur für Erwachsene?"

2 x Recht:
Öffentliches Recht und Zivilrecht

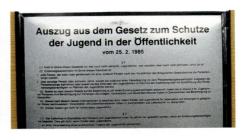

M 3 In jeder Gastwirtschaft muss ein Schild hängen, das auf das Jugendschutzgesetz hinweist: Das Verbot, Alkohol an Jugendliche unter 16 Jahren auszuschenken, ist Teil des öffentlichen Rechts.

M 1 Ein Jugendlicher hat ein Erfrischungsgetränk gekauft. Der Kaufvertrag liegt im Bereich des Zivilrechts.

Das Recht lässt sich in zwei große Bereiche einteilen: das öffentliche Recht und das Zivilrecht (auch „Privatrecht" genannt).

Im **öffentlichen Recht** stehen sich als Streitpartner meist Staat und Bürger gegenüber. Auch staatliche Behörden müssen sich an bestehende Gesetze halten und können vom Bürger verklagt werden. Es geht dabei um den Ausgleich zwischen den Interessen des Einzelnen und dem Interesse der Gemeinschaft (Gemeinwohl).

Im **Strafrecht**, das zum öffentlichen Recht gehört, droht der Staat jedem Strafe an, der sich mit schädlichen Handlungen am Leben, an der Gesundheit oder am Besitz

anderer vergeht. Bei jeder Straftat, die angezeigt wird, muss die Polizei Ermittlungen aufnehmen. Tatverdächtige werden von der Staatsanwaltschaft vor Gericht angeklagt. **Das Strafgesetzbuch (StGB)** enthält dazu wichtige Regelungen.

Im **Zivilrecht** geht es um Streitfragen zwischen Privatpersonen (z. B. um Mietfragen). Privatpersonen sind vor Gericht gleichberechtigt. Ein unabhängiges Gericht entscheidet, wer von wem geschädigt wurde und wer welchen Schadensersatz zu leisten hat. Anzeige wird im Zivilrecht nicht vom Staat, sondern von privater Seite erstattet. Die bestehenden Gesetze im **Bürgerlichen Gesetzbuch (BGB)** sollen besonders die schwächeren Vertragspartner schützen.

Öffentliches Recht		Zivilrecht
Straftaten		Scheidung
Jugendschutz		Erbschaft
Straßenverkehr		Schulden
Baugenehmigung		Erfindungen
Steuer und Rente		Handel
…		…

M 2 Öffentliches Recht und Zivilrecht

Fall 1: Mietstreit

Wenn das Baby weiter schreit, kann es passieren, dass der Vermieter der Familie Meier die Wohnung kündigt. Falls Familie Meier die Kündigung nicht für gerechtfertigt hält, kann sie der Kündigung widersprechen. Wenn der Vermieter die Kündigung dann doch noch durchsetzen will, muss er vor dem Amtsgericht klagen.

(Wichtige Gesetze bei Mietstreitigkeiten: Bürgerliches Gesetzbuch [BGB] Paragraf 535 und folgende, besonders Paragraf 565)

Fall 2: Einbruch

Der ertappte Einbrecher wird vor dem Strafrichter landen. Je nach der Schwere der Tat urteilt am Amtsgericht ein Einzelrichter oder ein Schöffengericht* (ein oder zwei Berufsrichter mit zwei Laienrichtern*).

(Wichtige Gesetze im Strafrecht: Strafgesetzbuch [StGB], Strafprozessordnung [StPO])

*Schöffengericht
gemäß Gerichtsverfassungsgesetz (GVG) eine gerichtliche Organisationsform, wo neben beruflich ausgebildeten Richtern (mit Studienabschluss) auch nicht beruflich ausgebildete Richter eine Entscheidung treffen

Fall 3: Autokauf

Wenn sich Käufer und Verkäufer im Streitfall nicht einig werden, kann der Autokäufer vor dem Gericht den Autohändler auf Herausgabe des Kaufpreises und Rücknahme des Autos verklagen.

(Wichtige Gesetze bei Kauf und Verkauf: BGB Paragraf 433 und folgende sowie Paragraf 459 und folgende)

*Laienrichter
Richter, der ehrenamtlich tätig ist und keine entsprechende Berufsausbildung (Studium) benötigt

M 4 Öffentliches Recht oder Zivilrecht?

Mit Tempo 120 durch
die Innenstadt

Überfall auf Kreissparkasse

Bauherr verklagt Architekt

Immer mehr Schüler schwänzen
den Unterricht

Umgehungsstraße in Neustadt:
Bürgerinitiative zieht vor Gericht

M 5 Zeitungsschlagzeilen

1 Gib mithilfe des Textes an, wie sich Zivilrecht und öffentliches Recht unterscheiden.

2 Nenne anhand der Übersicht M 2 wichtige Bereiche des öffentlichen Rechts und des Zivilrechts. Ergänze weitere Beispiele.

3 Entscheide, zu welchem Rechtsbereich die dargestellten Fälle gehören, und begründe deine Entscheidung (M 4).

4 Diskutiert, wie ein Gericht vermutlich die Fälle entscheiden würde. Wenn ihr einen Gerichtsbesuch plant, könnt ihr auch die/den Richter/-in nach ihrer/seiner Einschätzung fragen.

5 Sammelt Artikel oder Schlagzeilen aus Zeitungen über Streitfälle vor Gericht. Ordnet die geschilderten Fälle den Bereichen öffentliches Recht oder Zivilrecht zu (M 5).

Gerichte schützen das Recht

M 1 Gerichtsverhandlung

Richterinnen und Richter

Wenn es zu einem Streitfall oder zu einer Straftat gekommen ist, liegt die Rechtsprechung, also die Auslegung und Anwendung der Gesetze, bei den Gerichten und dort wiederum bei den Richterinnen und Richtern. Ihre Aufgabe ist es, Recht zu sprechen.

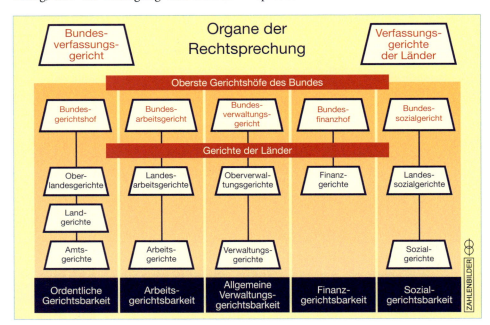

M 2 Die Gerichte

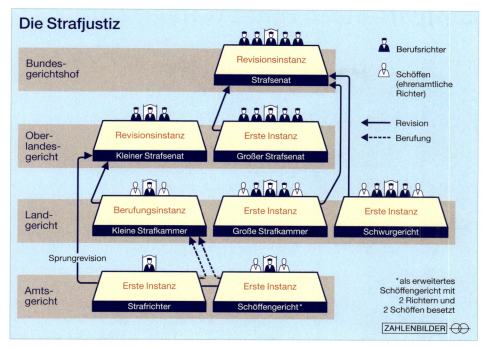

M 3 Der Weg durch die Instanzen

Berufung:

Eine Berufung ist eine Anfechtung des Urteils, bei der der komplette Prozess neu aufgerollt wird. Sie muss beim Strafprozess innerhalb einer Woche, beim Zivilprozess innerhalb eines Monats eingelegt werden.

Revision:

Bei einer Revision wird das Urteil auf Rechtsfehler überprüft. Es gibt keine Verhandlung in der Sache selbst. Im Falle einer Revision wird das Urteil nicht rechtskräftig, bis das Revisionsverfahren abgeschlossen ist. Revision muss beim Strafprozess innerhalb einer Woche, beim Zivilprozess innerhalb eines Monats beantragt werden.

Aufgabe und Aufbau der Gerichte

Gerichte müssen in jedem Einzelfall darüber entscheiden, was Recht ist. Dazu gehört, dass genau erforscht wird, was geschehen ist. Im Amtsdeutsch heißt das: „Klärung des Sachverhalts". Erst danach werden die infrage kommenden Paragrafen angewendet.

Vor den **ordentlichen Gerichten** werden Strafrechtsfälle und Streitigkeiten aus dem Bereich des Privatrechts behandelt. Weil viele Rechtsgebiete ein ganz spezielles Wissen erfordern, gibt es für bestimmte Sachgebiete **besondere Gerichte**, für die sich Juristen in hohem Maße spezialisiert haben. Dazu gehören z. B. Verfassungs-, Verwaltungs-, Finanz-, Sozial- und Arbeitsgerichte.

Die Unabhängigkeit des Rechtswesens kann nur garantiert sein, wenn die Unabhängigkeit der Richterinnen und Richter besonders geschützt ist. Bei uns in Deutschland ist das ausdrücklich im Grundgesetz formuliert (Art. 97).

Der Weg durch die Instanzen

Die Gerichtsbarkeit ist in einzelne Stufen gegliedert – die „Instanzen". Für jeden Rechtsfall gibt es eine Eingangsinstanz oder „erste Instanz", in der das Gerichtsverfahren begonnen wird.

Nach Abschluss des Rechtsverfahrens besteht für die beteiligten „Parteien" die Möglichkeit, gegen das Urteil vorzugehen (Rechtsmittel einzulegen): in die **Berufung** zu gehen oder **Revision** einzulegen.

1 Beschreibe die Situation vor Gericht (M 1).

2 Beschreibe den Aufbau unseres Gerichtswesens und erkläre die Notwendigkeit der besonderen Gerichtsbarkeit (Text, M 2).

3 Beschreibe den Weg durch die Instanzen a) wenn Berufung gegen ein Urteil eingelegt wird und b) wenn Revision eingelegt wird. Erkläre den Unterschied (M 3, Text).

4 Erläutere, inwiefern die Unabhängigkeit der Richter rechtlich besonders geschützt ist. Erkläre, warum dies ein wichtiges Element des Rechtsstaates ist.

Zivilverfahren und Strafverfahren

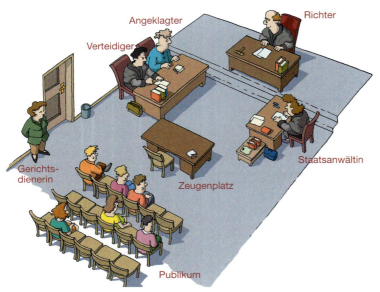

Angeklagter
Verteidiger
Richter
Gerichts-dienerin
Zeugenplatz
Staatsanwältin
Publikum

M 1 Im Gerichtssaal

che nicht selbst auf, sondern hört und prüft, was beide Parteien vorbringen. Er entscheidet aufgrund dessen durch ein Urteil oder vermittelt einen Vergleich.

Strafprozesse

Im Strafprozess erhebt die Staatsanwaltschaft gegen einen Bürger Anklage, der mutmaßlich Gesetze des Staates gebrochen hat. Den Staat vertritt vor Gericht der Staatsanwalt. Dieser trägt vor, worin er welche Rechtsverletzung sieht, wie der Beschuldigte sie begangen habe könnte und welche Strafe er für angemessen hält. Der Angeklagte hat das Recht, sich zu verteidigen, wobei ihn ein Rechtsanwalt unterstützt. Kann er sich einen solchen finanziell nicht leisten, wird ihm ein Pflichtverteidiger von Staats wegen zugeteilt.

Der Richter untersucht den Tathergang und entscheidet, ob und wodurch sich der Angeklagte strafbar gemacht hat. Er fällt dann ein Urteil oder stellt das Verfahren ein.

Zivilprozesse

Zu einem Zivilprozess kommt es in privaten Rechtsstreitigkeiten, wenn zwei Personen einen Streit haben und sich nicht einigen können. Einer oder beide müssen das Gericht anrufen. Der Richter klärt die Sa-

Artikel 103 GG [Grundrechte des Angeklagten]

(1) Vor Gericht hat jedermann Anspruch auf rechtliches Gehör.
(2) Eine Tat kann nur bestraft werden, wenn die Strafbarkeit gesetzlich bestimmt war, bevor die Tat begangen wurde.
(3) Niemand darf wegen derselben Tat aufgrund der allgemeinen Strafgesetze mehrmals bestraft werden.

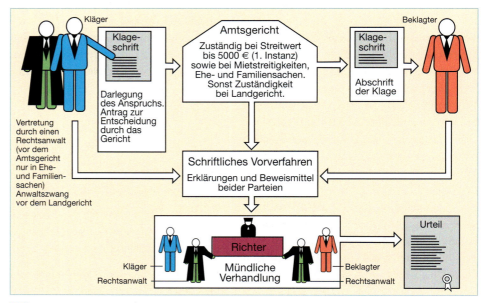

Kläger
Klage-schrift
Darlegung des Anspruchs. Antrag zur Entscheidung durch das Gericht
Amtsgericht
Zuständig bei Streitwert bis 5000 € (1. Instanz) sowie bei Mietstreitigkeiten, Ehe- und Familiensachen. Sonst Zuständigkeit bei Landgericht.
Klage-schrift
Abschrift der Klage
Beklagter
Vertretung durch einen Rechtsanwalt (vor dem Amtsgericht nur in Ehe- und Familiensachen) Anwaltszwang vor dem Landgericht
Schriftliches Vorverfahren
Erklärungen und Beweismittel beider Parteien
Richter
Mündliche Verhandlung
Kläger
Rechtsanwalt
Beklagter
Rechtsanwalt
Urteil

M 2 Der Gang eines Zivilprozesses

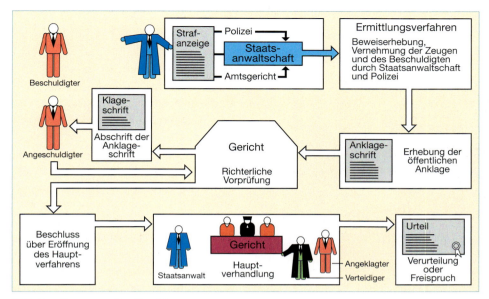

M 3 Der Gang eines Strafverfahrens

Beschuldigter

Strafanzeige — Polizei
Staatsanwaltschaft
— Amtsgericht

Ermittlungsverfahren
Beweiserhebung, Vernehmung der Zeugen und des Beschuldigten durch Staatsanwaltschaft und Polizei

Klageschrift
Abschrift der Anklageschrift
Angeschuldigter

Gericht
Richterliche Vorprüfung

Anklageschrift

Erhebung der öffentlichen Anklage

Beschluss über Eröffnung des Hauptverfahrens

Staatsanwalt
Gericht
Hauptverhandlung
— Angeklagter
— Verteidiger

Urteil
Verurteilung oder Freispruch

Der eigentliche Strafprozess hat folgende Phasen:

• Das Gericht lässt die Sache aufrufen.
• Der Staatsanwalt verliest die Anklage.
• Der Beschuldigte kann sich zur Sache äußern.
• Das Gericht führt die Beweisaufnahme durch.
• Staatsanwalt und Verteidiger stellen ihre Schlussanträge.
• Der Angeklagte hat das Schlusswort.
• Das Gericht zieht sich zur Beratung zurück.
• Das Gericht spricht das Urteil.

Grundsätze des Verfahrensrechts

Vor Gericht gelten bestimmte Verfahrensvorschriften, nach denen der Prozess ablaufen muss. Diese sind in den Prozessordnungen der verschiedenen Gerichte niedergeschrieben. Einige allgemeine Grundsätze gelten übereinstimmend für die meisten Prozessordnungen.

Wichtige **Prozessgrundsätze** sind:

• **Grundsatz des rechtlichen Gehörs:** Vor Gericht hat jedermann Anspruch, gehört zu werden. Dieser Grundsatz ist als Grundrecht garantiert.
• **Öffentlichkeitsprinzip:** Auch an der Verhandlung unbeteiligte Personen dürfen an dem Prozess teilnehmen. In besonderen Fällen (z. B. Schutz von Zeugen, aber auch des Angeklagten) kann die Öffentlichkeit ausgeschlossen werden.
• **Unmittelbarkeitsprinzip:** Verhandlung und Beweisaufnahme müssen unmittelbar vor dem Gericht stattfinden, welches das Urteil zu fällen hat.
• **Mündlichkeitsprinzip:** Vor dem Gericht muss mündlich verhandelt werden und nur das mündlich Verhandelte darf Grundlage der Entscheidung sein.

Lediglich im **Zivilprozess** gilt das
• **Verhandlungsprinzip:** Die Parteien können bestimmen, welche Tatsachen sie dem Gericht im Rechtsstreit zur Entscheidung unterbreiten.

Nur im **Strafprozess** gelten:
• **Untersuchungsprinzip:** Hier hat das Gericht die für die Entscheidung des Rechtsstreits wichtigen Tatsachen von Amts wegen zu ermitteln.
• **Offizialprinzip:** Danach sind nur staatliche Organe, insbesondere die Polizei und die Staatsanwaltschaft, befugt, den Straftäter zu verfolgen.

1 Erläutere, welche Personen während des in M 1 dargestellten Prozesses im Gerichtssaal anwesend sind. Handelt es sich um ein Zivil- oder Strafverfahren? Begründe deine Antwort.

2 Gib in deinen Worten wieder, was man unter einer „Prozessordnung" versteht.

3 Bildet Expertengruppen und beschäftigt euch mit Zivil- oder Strafprozessen: Beteiligte, Ablauf, Prozessgrundsätze (M 2, M 3, Text).

4 Stellt die Ergebnisse der Klasse vor und sammelt an der Tafel oder auf einem Lernplakat die Gemeinsamkeiten und Unterschiede beider Prozessarten.

Besuch einer Gerichtsverhandlung

M 1 Ein Zivilprozess: Kläger und Beklagter (jeweils mit Anwalt) stellen ihre Streitsache vor dem Gericht dar

M 2 Ein Schöffengericht im Strafverfahren: in der Mitte die drei Richter, außen zwei Schöffinnen

M 3 Skizze einer Verhandlung vor dem Jugendschöffengericht

Während der Beschäftigung mit dem Thema Recht bietet es sich an, einmal eine Gerichtsverhandlung zu besuchen. Nachdem ihr den Verlauf eines Zivil- und Strafprozesses schon theoretisch erarbeitet habt, wäre es doch vielleicht auch interessant, die beteiligten Personen einmal live zu erleben.

Eine Gerichtsverhandlung besuchen

Schritt 1: Kontaktaufnahme
Wenn eure Lehrerin oder euer Lehrer einen Gerichtsbesuch vereinbart, wird sich herausstellen, ob es sich um ein Zivilverfahren oder einen Strafprozess handelt. Nach der Verhandlung sollte die Richterin oder der Richter Zeit für ein Gespräch haben.

Schritt 2: Inhaltliche Vorbereitung
Macht euch mit den Besonderheiten und den Unterschieden von Zivil- und Strafprozessen vertraut (s. S. 170/171).
Eine Besonderheit bei Strafprozessen ist das Schöffengericht. Ein Schöffengericht urteilt an Amtsgerichten über Verfahren, bei denen
- nicht das Landgericht oder Oberlandesgericht zuständig ist
- weniger als vier Jahre Freiheitsstrafe zu erwarten sind
- eine Unterbringung im psychiatrischen Krankenhaus oder Sicherungsverwahrung nicht zu erwarten ist
- die Staatsanwaltschaft nicht wegen der besonderen Bedeutung des Falles beim Landgericht Anklage erhebt.

In das Schöffenamt kann jeder deutsche Staatsbürger im Alter zwischen 25 und 70 Jahren berufen werden.

Schritt 3: Aufgabenverteilung für die Beobachtung im Gericht

Besprecht, was ihr während der Gerichtsverhandlung beobachten wollt.

Erarbeitet genaue Beobachtungsaufträge für jede Gruppe. Einige Vorschläge:

Gruppe 1 achtet genau darauf, welche Aufgaben der Richter erfüllt und wie sich der Angeklagte bzw. Kläger und der Beklagte verhalten.

Gruppe 2 protokolliert den Prozessverlauf und vergleicht mit dem im Unterricht erarbeiteten Ablaufschema.

Gruppe 3 macht sich Notizen zum verhandelten Fall. Welches Vergehen bzw. welcher Streitfall liegt vor? Wie hat sich das Geschehen abgespielt?

Gruppe 4 beobachtet den Verteidiger und bei einem Strafprozess auch den Staatsanwalt. Wie argumentiert er bzw. wie argumentieren sie?

Gruppe 5 könnte den Sitzplan im Gericht festhalten. Da im Gerichtssaal das Fotografieren verboten ist, müsst ihr eine Zeichnung anfertigen.

Schritt 4: Durchführung

Jede Gruppe nimmt Block, Stift und Schreibunterlage mit in den Gerichtssaal und protokolliert, was für die gestellte Aufgabe wichtig ist.

Während der Verhandlung müssen sich Besucher absolut ruhig verhalten. Ihr dürft nicht lachen, klatschen, pfeifen, Zwischenfragen stellen oder euch laut unterhalten. Bei Störungen müsst ihr sofort den Saal verlassen. Notiert auch, wenn euch etwas auffällt oder unklar bleibt. Vielleicht könnt ihr nach der Verhandlung den Richter dazu befragen.

Schritt 5: Auswertung

Die Gruppensprecher berichten über ihre Beobachtungen. Schildert euch gegenseitig eure Beobachtungen und Empfindungen (War die Verhandlung feierlich, sehr nüchtern und förmlich …?).

M 4 Eine Arbeitsgruppe nach der Verhandlung

Diskutiert in der Klasse das Urteil. Habt ihr es als gerecht empfunden? Was hättet ihr anders beurteilt. Begründet eure Ansichten.

Gerichtsshows untersuchen

Gerichtsshows im Fernsehen erfreuen sich offenbar großer Beliebtheit. Sie bieten euch die Möglichkeit, euch begleitend zur Unterrichtseinheit mit entsprechenden TV-Fällen zu beschäftigen. Nach dem Besuch einer „echten" Gerichtsverhandlung könnt ihr vergleichen und den Realitätsgehalt des Fernsehens beurteilen.

Gerichtsshows haben am Nachmittag im Fernsehen die Talkshows abgelöst. Die scharfe Konkurrenz unter den Shows hat inzwischen dazu geführt, dass es oft weniger um die Rechtsfälle als um die Show geht. Die Rollen vor den Schranken des Gerichts werden mit interessierten Laien besetzt, die über Casting-Agenturen ausgesucht werden. Die „tragenden Rollen" wie Richter, Staatsanwalt und Verteidiger werden von echten Vertretern bzw. Vertreterinnen ihres Fachs „gespielt". Eine der Fernsehrichterinnen ist z. B. seit vielen Jahren Vorsitzende eines Jugendgerichts. Dort wurde sie für zwei Jahre freigestellt, um als Fernsehrichterin auftreten zu können.

Jugendkriminalität

M 1 Karikatur: Plaßmann

Jugendliche als Straftäter

Jugendliche können genauso wie Erwachsene in allen Bereichen straffällig werden, das heißt, dass sie gegen geltende Gesetze verstoßen. Im Strafgesetzbuch (StGB) sind die Delikte genau beschrieben.

Besonders viel Aufmerksamkeit erhalten Medienberichte über Gewalttaten von Jugendlichen. Doch sie machen nur einen kleinen Teil der Straftaten aus.

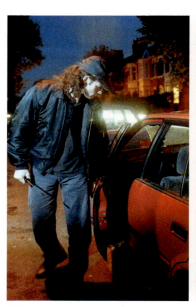

M 2 Diebstahl und Sachbeschädigung – die häufigsten Delikte

[...] Die Jugendkriminalität umfasst die Kriminalität der 14- bis 18-Jährigen. [...] 2006 betrug der Anteil der Jugendlichen (14 bis unter 18 Jahre) an den Tatverdächtigen insgesamt 12,2 Prozent (Kinder 4,4, Heranwachsende 10,6 Prozent). Jugendliche wurden dabei hauptsächlich wegen Ladendiebstahls oder Körperverletzung registriert. Analog zu den Jugendlichen insgesamt wurden auch deutsche Jugendliche (83,6 Prozent aller jugendlichen Tatverdächtigen) in erster Linie wegen Diebstahlsdelikten (42,8 Prozent) auffällig, die insbesondere den Ladendiebstahl (23,4 Prozent) betrafen. Bei den Körperverletzungsdelikten zeigten sie ebenfalls relativ hohe Anteile (23,2 Prozent). 16,4 Prozent der tatverdächtigen Jugendlichen besaßen im Jahr 2006 nicht die deutsche Staatsangehörigkeit (Heranwachsende 18,7 Prozent). Die Gruppe der nichtdeutschen tatverdächtigen Jugendlichen war mit einem nahezu gleich hohen Anteil wie die deutschen [...] am Ladendiebstahl (22,9 Prozent) beteiligt. Bei den Rohheitsdelikten und Straftaten gegen die persönliche Freiheit (35,0 Prozent), bei Körperverletzungsdelikten (28,5 Prozent) und bei der Gewaltkriminalität (22,6 Prozent) wiesen hingegen nichtdeutsche jugendliche Tatverdächtige innerhalb ihrer Gruppe höhere Anteile als deutsche jugendliche Tatverdächtige auf. [...] Insgesamt ist im Jahr 2006 gegenüber dem Vorjahr die Zahl der jugendlichen Tatverdächtigen um 2,1 Prozent (Kinder –2,6, Heranwachsende –2,3 Prozent) zurückgegangen. Ihr Anteil an der Gesamtheit der Tatverdächtigen sank um 0,1 Prozent. Der Anteil der tatverdächtigen nichtdeutschen Jugendlichen an der Gesamtheit der tatverdächtigen Jugendlichen sank im Vergleich zu 2005 um 5,6 Prozent (nichtdeutsche Heranwachsende gegenüber 2005: –9,4 Prozent). Der Rückgang fiel damit bei den nichtdeutschen Jugendlichen deutlich stärker aus als bei den deutschen Jugendlichen (gegenüber 2005: –1,4 Prozent) und den deutschen Heranwachsenden (gegenüber 2005: –0,5 Prozent).

http://www.bundestag.de/wissen/analysen/ 2008/Auslaender_und_Jugendkriminalitaet. pdf [25. 08. 2008]

M 3 Jugendkriminalität in Deutschland

Wie man in Deutschland kriminell wird? Ganz einfach! Indem man sich betrunken ans Steuer setzt. Seinen Müll in die Natur kippt. Einen anderen „Arschloch" nennt. Ohne Fahrkarte U-Bahn fährt. Mit 180 Stundenkilometern durch die Innenstadt rast. Mit unbezahlter Ware unterm Arm das Kaufhaus verlässt. Handgreiflich wird. Kriminalität im strafrechtlichen Sinne ist die Summe aller mit Strafe bedrohten Handlungen. […]

95 Prozent aller männlichen Jugendlichen werden mindestens einmal kriminell […]. Die wenigsten werden allerdings erwischt, und das ist gut so. Denn Jugendkriminalität ist fast immer eine „Krankheit", die sich selber heilt. Die Mahnung „Wehret den Anfängen!" ist deshalb übertrieben, denn nur wenige Täter gehen über den Anfang hinaus. Die Verstöße Jugendlicher sind in der Regel Bagatelldelikte: Schwarzfahren, Beleidigungen, Raufereien, Haschischkaufen, Klauen, Sachbeschädigung, kleine Einbrüche […]. Auch Mehrfach- und Vielfachtätern ist der Weg vom jugendlichen Nichtsnutz zum professionellen Panzerknacker nicht schicksalhaft vorbestimmt. Die meisten finden auf den Pfad der Tugend zurück. […]
Trotz alledem bleiben 92,5 Prozent der Jugendlichen und Heranwachsenden mit deutschem Pass polizeilich unauffällig. Von den 7,5 Prozent, die sich durch Straftaten hervortun, schlagen nur wenige (man spricht von 5 bis 10 Prozent der Auffälligen) tatsächlich eine kriminelle Karriere ein. Diese kleine Zahl chronischer Täter ist verantwortlich für über 50 Prozent der Jugendkriminalität und verdirbt den Ruf einer ganzen Generation. […]
Dem einzelnen Jugendrichter […] bleibt die schwierige Aufgabe überlassen, herauszufinden, ob er einen Berufskriminellen im Anfangsstadium oder einen jener vielen harmlosen Durchgangskandidaten vor sich hat. In diesem Alter sind sie kaum voneinander zu unterscheiden. Von der Einschätzung des Richters aber hängen die Folgen ab – welche erzieherische Maßnahme wird angeordnet? […]

(Sabine Rückert,
Die Zeit, Nr. 5, 22. 01. 2004)

M 4 Wer sind die Täter?

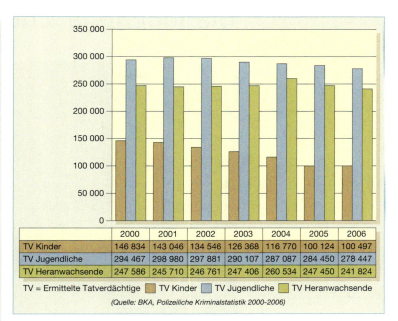

M 5 Jugendkriminalität in Deutschland

	2000	2001	2002	2003	2004	2005	2006
TV Kinder	146 834	143 046	134 546	126 368	116 770	100 124	100 497
TV Jugendliche	294 467	298 980	297 881	290 107	287 087	284 450	278 447
TV Heranwachsende	247 586	245 710	246 761	247 406	260 534	247 450	241 824

TV = Ermittelte Tatverdächtige ▨ TV Kinder ▨ TV Jugendliche ▨ TV Heranwachsende
(Quelle: BKA, Polizeiliche Kriminalstatistik 2000-2006)

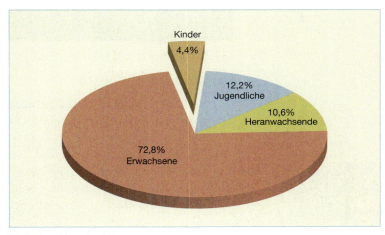

M 6 Das Alter der Täter

1 Kommentiere die Karikatur M 1.

2 Erkläre in eigenen Worten, was man unter „Jugendkriminalität" versteht und welche Delikte sowie Täter häufig vorkommen (M 2, M 3).

3 Ist fast jeder Jugendliche ein Krimineller? – Erläutere, wie die Autorin von M 4 das sieht.

4 Erläutere, wie alt „Kinder", „Jugendliche" und „Heranwachsende" in der Sprache der Gesetze sind (M 3, M 5, M 6).

5 „Immer mehr Jugendliche werden kriminell." – Überprüfe diese Behauptung anhand von M 5 und M 6. Vergleiche mit M 4.

Die Jugendgerichtsbarkeit

M 1 Sozialdienst

Jugendliche vor Gericht

Was als Straftat gilt, ist im Strafgesetzbuch festgelegt und gilt sowohl für Jugendliche als auch für Erwachsene nach dem Grundsatz „gleiches Recht für alle". Wenn es aber zur Anklage kommt und die Tat vor Gericht verhandelt wird, gibt es große Unterschiede bei der Behandlung Jugendlicher gegenüber Erwachsenen.

Bis zur Vollendung ihres 14. Lebensjahres können Kinder überhaupt nicht vor Gericht gestellt werden. Sie sind strafunmündig. Für Jugendliche (14 bis 18 Jahre) gibt es eine spezielle Gerichtsbarkeit, die **Jugendgerichte**. Sie urteilen nach dem **Jugendgerichtsgesetz** (JGG).

Dies gilt auch für Heranwachsende (18 bis 21 Jahre), wenn diese von ihrer Entwicklung her noch als Jugendliche einzustufen sind oder ihre Tat eine typische Jugendverfehlung ist.

Bei jugendlichen Straftätern geht man von dem Leitgedanken „Erziehung vor Strafe" aus, denn man berücksichtigt, dass Jugendliche sich noch in der Entwicklung befinden. Selbstverständlich müssen sich auch Jugendliche an die Regeln und Gesetze der Gesellschaft halten. Das will man ihnen verdeutlichen. Andererseits soll aber beachtet werden, dass eine übermäßige Strafe sich entwicklungsschädigend auswirken kann. Der Richter kann als Strafe Erziehungsmaßnahmen, Zuchtmittel oder Jugendstrafen anordnen. Sehr oft wird zum Beispiel gegen Jugendliche die Ableistung von unentgeltlichen Arbeitsstunden, beispielsweise in gemeinnützigen Einrichtungen, verhängt. Jugendliche können vor Gericht von der Jugendgerichtshilfe unterstützt werden – einer Abteilung innerhalb des Jugendamtes. Sie hilft den Jugendlichen, sich in der ungewohnten, fremden Umgebung eines Gerichts zurechtzufinden.

Erziehungsmaßregeln	Zuchtmittel	Jugendstrafen
• Verpflichtung zu Arbeitsstunden oder zur Teilnahme an einem sozialen Trainingskurs	• Verwarnungen	• Freiheitsentzug von sechs Monaten bis zu fünf Jahren
• Anordnung eines Erziehungsbeistands oder einer Fürsorgeerziehung	• Auflagen, z. B. Wiedergutmachung des Schadens durch gemeinnützige Arbeit	• Höchststrafe von zehn Jahren Freiheitsentzug
• Weisungen für die Lebensführung, z. B. Annahme einer Arbeitsstelle oder Verbot des Besuchs bestimmter Gaststätten	• Jugendarrest (Freizeitarrest) von maximal vier Wochen	

M 2 Mögliche Urteile bei jugendlichen Tätern

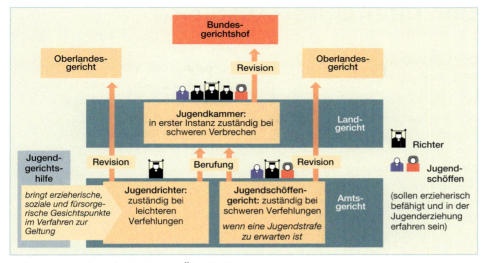

M3 Die Jugendgerichtsbarkeit im Überblick

Teen Court – Jugendliche richten über Jugendliche

Seit 2005 können in einem Modellprojekt in Wiesbaden Schüler über Schüler urteilen. Der mit drei Schülerinnen/Schülern besetzte Teen Court bekommt seine Fälle von der Staatsanwaltschaft zugewiesen. Voraussetzung dafür ist, dass der/die Beschuldigte geständig ist, der Sachverhalt vollständig aufgeklärt wurde und der/die Beschuldigte sowie die Erziehungsberechtigten zustimmen.

Das Projekt ist eine kriminalpädagogische* Maßnahme. Man geht dabei davon aus, dass Jugendliche im Gespräch mit Gleichaltrigen eher das Unrecht ihrer Tat einsehen, weil Gleichaltrige besser miteinander reden können. Das scheint sich zu bestätigen, denn die Rückfallquote liegt bei nur etwa sieben Prozent.

Im Teen Court spricht das Schülergremium mit dem/der Beschuldigten über die begangene Straftat und vereinbart anschließend eine erzieherische Maßnahme. Das kann z. B. das Schreiben eines Aufsatzes im Zusammenhang mit der Tat sein oder der befristete Entzug des Handys oder auch die Ableistung gemeinnütziger Arbeit sowie die Entschuldigung beim Opfer. Wenn der/die Beschuldigte die ihm/ihr auferlegte Maßnahme innerhalb einer bestimmten Frist ableistet, stellt die Staatsanwaltschaft das Verfahren ein.

Die Schülerinnen und Schüler, die bei dem Projekt mitwirken, arbeiten ehrenamtlich. Sie werden pädagogisch, psychologisch und rechtlich auf ihre Aufgabe vorbereitet. Außerdem steht ihnen eine Fachkraft zur Seite, die jedoch bei den Sitzungen mit dem/der Beschuldigten im Hintergrund bleibt. Zudem wird darauf geachtet, dass die Schülerinnen und Schüler sowie der/die Beschuldigte nicht aus dem gleichen Umfeld kommen oder sich kennen. 2007 wurden vor allem Fälle von Ladendiebstahl vor dem Teen Court verhandelt.

*kriminalpädagogisch
erzieherische Maßnahme im Zusammenhang mit Verbrechen und deren Verhütung

1 Vor dem Jugendgericht: Berichte, wie über jugendliche Straftäter gerichtet wird und welche Strafen sie gegebenenfalls zu erwarten haben (M2, M3).

2 Erläutere an einem Beispiel, nach welchem Grundsatz die Jugendgerichtsbarkeit verfährt.

3 Arbeitet in Gruppen: Besorgt euch je einen Medienbericht über einen jugendliche Straftäter und spielt eine Teen-Court-Sitzung nach: Gespräch über die Tat, Erziehungsmaßnahme.

Der Täter-Opfer-Ausgleich

Der Täter-Opfer-Ausgleich – eine Erziehungsmaßregel

Der Täter-Opfer-Ausgleich (TOA) ist eine der im Jugendgerichtsgesetz genannten möglichen Erziehungsmaßregeln.

Nach der Zielvorstellung des Täter-Opfer-Ausgleichs soll der Täter über die persönliche Begegnung mit dem Opfer erkennen, was er mit seiner Tat angerichtet hat. Aber auch für das Opfer kann diese Begegnung eine positive Funktion haben. Viele Menschen, die z. B. Opfer einer Gewalttat wurden, plagen sich nach dem Schrecken der an ihnen verübten Tat mit Angst- und Ohnmachtsgefühlen. Die Auseinandersetzung mit den Tätern im Rahmen des Täter-Opfer-Ausgleichs kann ihnen helfen, das Geschehene besser zu verarbeiten.
Die Teilnahme an einem Täter-Opfer-Ausgleich muss freiwillig sein. Zudem

§ 46a StGB

Hat der Täter
1. in dem Bemühen, einen Ausgleich mit dem Verletzten zu erreichen (Täter-Opfer-Ausgleich), seine Tat ganz oder zum überwiegenden Teil wiedergutgemacht oder deren Wiedergutmachung ernsthaft erstrebt oder

2. in einem Fall, in welchem die Schadenswiedergutmachung von ihm erhebliche persönliche Leistungen oder persönlichen Verzicht erfordert hat, das Opfer ganz oder zum überwiegenden Teil entschädigt, so kann das Gericht die Strafe nach § 49 Abs. 1 mildern oder, wenn keine höhere Strafe als Freiheitsstrafe bis zu einem Jahr oder Geldstrafe bis zu 360 Tagessätzen verwirkt ist, von Strafe absehen.

M 1 Täter-Opfer-Ausgleich

werden die Täter daraufhin überprüft, ob sie bereit sind, sich ernsthaft auf einen Dialog mit dem Opfer einzulassen.

1. Eine Strafanzeige ist erfolgt. Die Staatsanwaltschaft beauftragt die Jugendgerichtshilfe (JGH), einen TOA abzuklären. Die JGH überträgt die Durchführung des TOA an eine Konfliktschlichtungsstelle.

2. Ist der Fall für einen TOA geeignet, wird der Beschuldigte zuerst zum Vorgespräch eingeladen. Nach ausführlichen Informationen zum TOA, den Alternativen und der rechtlichen Einordnung wird die Meinung des Beschuldigten zum TOA nachgefragt. Erklärt sich der Beschuldigte zum TOA bereit, dient das weitere Gespräch der Vorbereitung des Ausgleichsgesprächs.

3. Ist der Beschuldigte zu einem TOA bereit, wird der Geschädigte zum Vorgespräch eingeladen. Es dient ebenfalls der Information über den TOA, der Abklärung der Bereitschaft und der Sicht auf den Konflikt. Somit sind sowohl Geschädigter als auch Beschuldigter vorbereitet, um sich fair begegnen zu können.

4. Im Ausgleichsgespräch treffen sich Opfer und Täter, um mit Unterstützung des Vermittlers über den Vorfall zu sprechen und den Konflikt aufzuarbeiten. Jeder kann nun dem anderen direkt ins Gesicht sagen, wie er den Vorfall erlebt hat. Wiedergutmachungsleistungen werden ausgehandelt.

5. Sind alle Beteiligten mit dem Ergebnis einverstanden, wird eine Vereinbarung über die Leistungen abgeschlossen. Die Einhaltung wird von der Konfliktschlichtungsstelle kontrolliert.

6. Die Konfliktschlichtungsstelle informiert den Staatsanwalt über das Ergebnis des Täter-Opfer-Ausgleichs.

www.jgh-dresden.de, 24. 3. 2006

M 2 Ablauf eines Täter-Opfer-Ausgleichs

„Die Sache ist gegessen"

Sara Schmidt traf den Mann, der ihr Nasenbein brach

An einem Frühlingsabend hatten die 17-jährige Sara Schmidt und ihre Freundin im Nordend eine heftige Begegnung mit drei angetrunkenen jungen Männern. Ein 21-Jähriger wollte auf einem Skateboard der Freundinnen fahren. Als Sara Schmidt sich weigerte, das Brett herauszugeben, brach ihr der Mann mit einem Kopfstoß das Nasenbein. Beim Täter-Opfer-Ausgleich traf die Schülerin den Schläger wieder. Über die Begegnung sprach sie mit FR-Redakteur Volker Mazassek.

FR: Hattest du damals im Nordend Angst vor dem Täter?
Sara Schmidt: Nein, gar nicht. Die Jungs haben uns zwar schnell beschimpft – wir hatten weite Hosen an, da hieß es gleich Mannsweiber –, aber dass der eine ein Schläger ist, hat man ihm nicht angesehen. Der war ein bisschen kleiner als ich. Ich denke, das war auch ein Problem von ihm. Er hat sich vor mich gestellt, mit dem Kopf ausgeholt, einmal direkt auf die Nase geknockt und es hat „krach" gemacht.

Warum hast du dem Täter-Opfer-Ausgleich zugestimmt?
Es war wohl eine einmalige Sache bei dem Täter. Ich habe mir gedacht: Warum soll ich für irgendeinen Eintrag in seine Akte sorgen? Ich wollte ihn auch mal sehen, ich hatte keine Angst vor dem Gespräch.

Aber wütend warst du schon?
Ja, natürlich. Am Anfang habe ich gesagt: Dem würge ich was rein, der kriegt jetzt richtig Strafe. Aber das Gespräch kam ja erst Monate später. Da ist das etwas abgeebbt. Irgendwann war ich es auch leid, das Thema immer wieder aufzugreifen.

Wie lief das Gespräch ab?
Ich habe gedacht, dass ich schon Wut im Bauch habe, wenn ich ihm gegenübersitze. Aber die Atmosphäre war relativ ruhig. Wir haben uns nicht angeschrien und konnten uns ganz sachlich unterhalten. Er hat die meiste Zeit geredet, weil es ihm so Leid tat. Er hat sich geschämt, weil er sich anscheinend wegen seines Rausches an gar nichts mehr erinnerte. Er wusste nicht mal, wie ich aussah und dass ich ein Mädchen bin.

Wie hat er seine Aggressivität begründet?
Dieses „Nein", was ich gesagt habe, hat ihn wohl so gereizt, dass er gleich zugeschlagen hat.

Tolle Begründung. Gab's eine Entschuldigung?
Ja. Er wollte sogar noch einen Kaffee mit mir trinken gehen, weil es ihm so unendlich Leid tut. Er zahlt auch 1200 Euro Schmerzensgeld in Raten. Also, er hat alles probiert, um es wieder gutzumachen. Bei dem Gespräch hat er mir seine Telefonnummer gegeben, damit wir uns treffen. Aber das war mir dann doch zu viel. Ich habe mich nicht gemeldet.

Warum?
Die Sache ist gegessen. Da muss man sich nicht extra noch mal treffen.

Hast du die Sache verarbeitet?
Direkt danach wurde mir immer relativ mulmig, wenn ich abends Jugendlichen begegnet bin. Und meine Eltern fanden das nicht so schön, dass ich gleich wieder abends weggehen wollte. Aber das hat sich dann auch alles gelegt.

Bist du vorsichtiger geworden?
Demnächst gebe ich meine Sachen einfach ab, wenn jemand mich bedroht. Da sage ich nicht mehr nein. Dann kriegt der halt das, was er will.

(Frankfurter Rundschau 20. 4. 1999, S. 23)

M 3 Zeitungsbericht zum Täter-Opfer-Ausgleich

	2006
TOA-Verfahren	3472
erfolgreicher Ausgleich/Einigung	1662
Täterbereitschaft/Opferablehnung	564
Täterablehnung	689
Einigung wurde nicht erzielt	179
Vereinbarung nicht erfüllt	54
Quelle: Landesstatistik Rheinland-Pfalz 2006	

M 4 Der TOA in Rheinland-Pfalz 2006

1 Werte M 1 aus und nenne das Ziel des Täter-Opfer-Ausgleichs.

2 Erläutere, warum der Täter-Opfer-Ausgleich in der Regel nur bei Bagatelldelikten wie Diebstahl oder leichter Körperverletzung angewendet wird (§ 46 a StGB, Text).

3 Erarbeite mithilfe von M 2 und des Autorentextes die wesentlichen Elemente des Täter-Opfer-Ausgleichs.

4 Werte M 3 aus: Bewerte anhand der Äußerungen des Opfers in einem Täter-Opfer-Ausgleich diese Erziehungsmaßregel.

5 Verfasse anhand der Tabelle einen Bericht über den TOA in Rheinland-Pfalz (M 4).

In der Jugendstrafanstalt

M 1 In einer Jugendstrafanstalt

Auch wenn das Jugendgerichtsgesetz für jugendliche Straftäter verschiedene Erziehungsmaßnahmen bevorzugt, führt oft doch kein Weg an einer Jugendstrafe vorbei.

Endstation Jugendstrafanstalt

Reichen z. B. wegen der Schwere der begangenen Tat Erziehungsmaßregeln oder Zuchtmittel zur Erziehung eines straffällig gewordenen Jugendlichen nicht mehr aus, hat das Jugendgericht Jugendstrafe zu verhängen. Auch die Jugendstrafe hat die Erziehung des Jugendlichen zum Ziel. Sie ist die härteste Maßnahme, die nur unter besonderen Voraussetzungen verhängt werden darf. Die Jugendstrafe wird in einer Jugendstrafanstalt als Freiheitsentzug abgeleistet. Die Dauer der Jugendstrafe kann von sechs Monaten bis zu fünf Jahren betragen. Für Verbrechen, für die das allgemeine Strafrecht mehr als zehn Jahre Freiheitsstrafe vorsieht – beispielsweise für Mord – beträgt sie ausnahmsweise bis zu zehn Jahren. Das Gericht muss die Strafe aber immer so bemessen, dass eine erzie-

*JVA
Abkürzung für „Justizvollzugsanstalt" = Gebäude, in dem Inhaftierte untergebracht sind (Gefangene), die zu einer Freiheits- oder Jugendstrafe verurteilt wurden

Wecken: 06.45 Uhr	Um 06.45 Uhr geht ein ganz normaler Tag in der JVA* los, und zwar, wie draußen auch – mit Aufstehen, Kaffeekochen, Zähneputzen, Waschen und Radio hören. Um 07.00 Uhr wird die Tür aufgeschlossen und das Frühstück wird ausgeteilt.
Arbeitsbeginn: 07.30 Uhr	07.30 Uhr ist Arbeitsbeginn. Die Ausnahmen sind Küchen- und Kammerarbeiter, die fangen schon um 06.00 Uhr an. Haben die Arbeiter die einzelnen Häuser verlassen, ihre Arbeitsplätze erreicht, dann ist für so genannte „Nichtarbeiter" Einschluss. Das heißt, die Türen sind wieder verschlossen.
Mittagessen: 11.20 Uhr	11.20 Uhr ist die Zeit, wo das Mittagessen verteilt wird. Immer ein Thema in jeder JVA: Man kann ja leider nicht selbst bestimmen, was man essen will, man bekommt es einfach vorgesetzt.
Arbeiterfreistunde: 15.15 Uhr	In der Regel ist um 15.15 Uhr Feierabend. Um 15.45 Uhr findet schon die so genannte „Arbeiterfreistunde" statt – eine Stunde hinaus an die frische Luft. Nach genau einer Stunde ist diese tägliche Freude aber auch schon wieder vorbei.
Abendbrot: 17.00 Uhr	Um 17.00 Uhr gibt es Abendbrot. In der Zeit von 15.15 Uhr bis 19.00 Uhr muss man alles erledigen, d. h. Duschen, Sport, Freizeitgruppen, soziales Training, eventuell Kochen, usw… Auch vollzugsinterne Dinge gehören dazu, wie: Gespräche mit dem sozialen Dienst, Termine mit der Suchtberatung. Und ganz wichtig: Man muss in der Zeit von 15.30 Uhr bis 18.30 Uhr auch seine sozialen Bindungen aufrechterhalten, mit dem Telefon. Denn nur zu dieser Zeit darf man telefonieren.

M 2 Tagesablauf in einer JVA – aus Sicht eines Betroffenen

herische Wirkung auf den Jugendlichen noch möglich ist. In der Jugendstrafanstalt haben die jugendlichen Straftäter die Chance, einen Beruf zu erlernen oder ihre Schulbildung abzuschließen, um die Eingliederung in den Alltag nach der Haft zu erleichtern.

Bei der Besichtigung der Schlosser-Werkstatt zeigen sich die typischen Bilder einer Ausbildung. Der Meister erklärt den Metallbauer-Auszubildenden die Handgriffe an einer Maschine, an anderer Stelle bedient ein Jugendlicher unter Anleitung des Werkmeisters fachmännisch das Schweißgerät. Sichtbare Unterschiede zu „draußen"? Nicht in der Justizvollzugsanstalt Wiesbaden. [...]
So bietet die JVA Ausbildungen in den Berufen Bäcker, Elektriker, Maler und Lackierer, Metallbauer, Tischler sowie Fachkraft im Gastgewerbe und Koch an.
Bei Haftantritt haben nur drei Prozent der Inhaftierten eine abgeschlossene Berufsausbildung. [...] Daher werde das Angebot einer anstaltseigenen Ausbildung gern angenommen – zurzeit befänden sich 27 Jugendliche in einer der drei bis dreieinhalb Jahre dauernden Ausbildungen. [...]
Da nur circa 30 bis 35 Prozent der Insassen einen Hauptschulabschluss besitzen, [...] kann der Haupt- oder Realschulabschluss nachgeholt werden. [...] Dabei würden durchaus gute Prüfungsergebnisse erzielt – der Notendurchschnitt der JVA-Schüler läge deutlich über dem von öffentlichen Schulen. Hierzu würden zum einen ein gezielter Förderunterricht in kleinen Gruppen, zum anderen Lerngruppen und Sprachunterricht beitragen. [...]
Schlussendlich dienen die Konzepte der Vollzugsanstalt dazu, die Gefangenen auf ein Leben ohne Straftaten vorzubereiten. [...] Um den Zugang in ein solches Leben zu erleichtern, [...] werden den einsitzenden Jugendlichen vier Monate vor ihrer Entlassung Mentoren* zur Seite gestellt, die sie in Fragen der Finanzierung, der Anschlussausbildung, Ausbildungs-, Arbeitsplatz- und auch der Wohnungssuche unterstützen. [...]

(Thorsten Glesmer, Wiesbadener Tagblatt, 20. 12. 2007)

M 3 Lernen für die zweite Chance

M 4 Berufsausbildung in der Jugendstrafanstalt

Geschlossener Vollzug	Offener Vollzug
Anstalten sind besonders gesichert, um die Flucht von Gefangenen zu verhindern.	Anstalten sind nicht oder weniger gesichert und die Insassen haben mehr Bewegungsfreiheit sowie größere Eigenverantwortung.
Bewegungsfreiheit der Gefangenen innerhalb der Anstalt ist eingeschränkt (Arbeit nur innerhalb der Anstalt, die Freizeit wird in der Zelle oder im Gemeinschaftsraum verbracht).	Einige Gefangene arbeiten tagsüber als Freigänger in einem Betrieb außerhalb der Anstalt und kehren abends in die Vollzugsanstalt zurück.
Besuchs- und Schriftverkehr wird überwacht.	

M 5 Offener und geschlossener Vollzug

*Mentor
Ratgeber/Begleiter, der einem anderen (meist jüngeren) Menschen zur Seite steht

1 Hinter Gittern: Betrachte M 1 und lies M 2 – überlege, was das für einen Jugendlichen bedeuten mag.

2 Erkläre die Zielsetzung und die Methoden im Jugendstrafvollzug (Text, M 1 bis M 5).

3 Knüpft Kontakte zu einer Jugendstrafanstalt in eurer Nähe. Wie wird dort gearbeitet? Welche Erfahrungen werden gemacht? Vergleicht mit den Materialien auf dieser Doppelseite.

4 Diskutiert in der Klasse: Welche Maßnahmen des Jugendstrafvollzugs haben eurer Ansicht nach die größten Chancen auf Erfolg?

Alles, was Recht ist

1. Alle Leute werden vom Gesetz gleich behandelt.
2. Die Bürgerinnen und Bürger können sich gerichtlich gegen staatliche Entscheidungen wehren.
3. Männer haben mehr Rechte als Frauen.
4. Ein Minister gibt einem Richter eine Weisung.
5. Die Verwaltung hält sich an die Gesetze.
6. Die/der Bundeskanzler/-in muss sich nicht an alle Gesetze halten.
7. Wer mehr Steuern zahlt, hat auch mehr Rechte.
8. Gleiches muss gleich, Ungleiches ungleich behandelt werden.
9. Die Grundrechte werden außer Kraft gesetzt.
10. Der Bundestag überträgt die Gesetzgebung auf die Regierung.
11. Es gibt Ausnahmegerichte.
12. Wegen ein und derselben Tat kann man zweimal bestraft werden.

(Politik und Unterricht. Heft 1, 1998)

M 1 Was ist rechtstaatlich?

Zivilprozess

a. In einem Zivilprozess wird die Anklage durch den Staatsanwalt erhoben.

b. Im Zivilprozess fällen die Geschworenen das Urteil.

c. Im Zivilprozess streiten Bürger gegen Bürger.

Strafe

a. Die Strafe dient dem Zweck, eine Wiederholung der Straftat zu verhindern.

b. Strafe soll andere Bürger davon abschrecken, eine Straftat zu begehen.

c. Strafe bedeutet Vergeltung. Der Täter soll am eigenen Leibe spüren, was er angerichtet hat.

Gewaltenteilung

a. Die Exekutive erlässt die Gesetze.

b. Richter sind unabhängig.

c. Die Judikative hat im Zweifelsfall zu entscheiden, ob etwas rechtens ist oder nicht.

Rechtsgrundsätze

a. Im Zweifel für den Ankläger.

b. Man soll nie jemand doppelt für dasselbe bestrafen.

c. Keine Strafe ohne gültiges Gesetz.

M 3 Richtig oder falsch?

von Geburt an	
6 Jahre	Beginn der Schulpflicht
7 Jahre	
12 Jahre	Schulpflicht
13 Jahre	
14 Jahre	Strafmündigkeit
15 Jahre	
16 Jahre	
18 Jahre	Ausweispflicht

beschränkte Geschäftsfähigkeit, bedingte zivilrechtliche Deliktsfähigkeit

Zustimmung bei einem Religionswechsel

Rechtsfähigkeit

Anhörung bzw. Mitentscheidungsrecht in familienrechtlichen Angelegenheiten

Beginn der Wehrpflicht

Eidesfähigkeit

leichte und geeignete Arbeiten sind stundenweise erlaubt

Religionsmündigkeit

M 2 Wann gilt was? Rechte und Pflichten als Kind und als Jugendlicher (Auswahl). Ordne richtig zu.

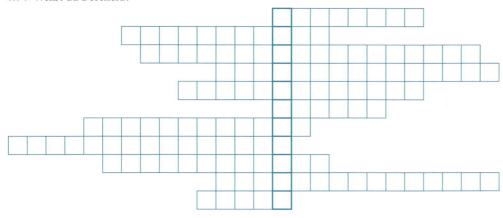

1. Die Anfechtung eines Gerichtsurteils heißt …
2. So heißt unsere Verfassung.
3. Sammelbegriff für Gesetze, die zum Schutz der Kinder und der Heranwachsenden erlassen werden.
4. Die Fähigkeit, Rechte und Pflichten zu übernehmen.
5. Nur der Staat darf die Geltung des Rechts mit Gewalt erzwingen, er hat das …
6. Erziehung, Sühne und Abschreckung sind wichtige Ziele bei einer …
7. In diesem Prozess streiten Bürger gegen Bürger.
8. Die Fähigkeit, Schadensersatz zu leisten, wenn der Schaden wegen einer unerlaubten Handlung entstanden ist.
9. Die schärfste Maßnahme, die ein Jugendrichter verhängen kann.
10. Nach diesem Grundsatz wird die Macht im Staat dreigeteilt.
11. Verbindliche, wenn nötig erzwungene Regeln bezeichnet man als …

M 5 Spiegel Nr. 15, 1998

1 Stelle fest: Was entspricht rechtsstaatlichen Grundsätzen, was nicht (M 1)?

2 Ordne die Rechte und Pflichten den passenden Altersstufen zu und übertrage M 2 als Übersicht in dein Heft.

3 Welche Behauptungen treffen zu, welche nicht (M 3)?

4 Löse das Rätsel M 4 und erkläre das Lösungswort. Umlaute werden als Umlaute geschrieben – also ä = ä, ü = ü usw.

5 Formuliere eine begründete Stellungnahme zu dem Spiegel-Titelbild (M 5).

7 Viele Welten – eine Welt

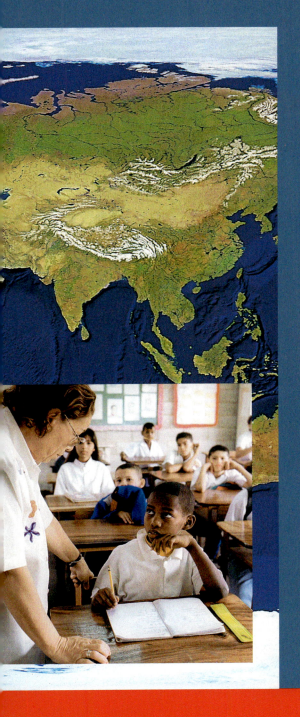

Unsere Welt ist eine Welt der Gegensätze – bittere Armut steht unvorstellbarem Reichtum gegenüber. Viele Kinder wachsen behütet und umsorgt auf, während andere unter unmenschlichen Bedingungen arbeiten müssen, um überleben zu können. In manchen Regionen der Erde gibt es weder Telefon noch Fernseher, in anderen Regionen der Erde sind viele Haushalte mit den modernsten technischen Geräten ausgestattet.

Eine der wichtigsten Aufgaben für die Zukunft wird es sein, allen Menschen auf der Erde ein menschenwürdiges Leben zu ermöglichen.

1 Die Fotos auf diesen Seiten zeigen ganz verschiedene Gesichter der Erde. Beschreibe sie und suche jeweils eine passende Bildunterschrift.

2 Welche Fotos würdest du eher der armen Welt, welche der reichen Welt zuordnen? Begründe.

Viele Welten in der einen Welt

Jeder Mensch ...
Jeder Mensch
hat das Recht auf Leben,
Freiheit und Sicherheit
der Person.
Jeder zweite Mensch
lebt von weniger als
zwei US-Dollar am Tag.
Jeder dritte Mensch
ist nicht an eine
Abwasserentsorgung
angeschlossen.
Jeder vierte Mensch
stirbt vor seinem
60. Geburtstag.
Jeder fünfte Mensch
lebt in absoluter Armut.
Jeder sechste Mensch
ist unterernährt oder
hungert.
**Niemand kann sagen,
er habe dies alles
nicht gewusst.**

M 1 Unsere Welt hat viele Gesichter

Arme Welt – reiche Welt

Unsere eine Welt, in der wir leben und die politisch, wirtschaftlich sowie ökologisch eng verflochten ist, weist erhebliche Entwicklungsunterschiede auf. Den Gegensatz zwischen den reichen Industriestaaten und den armen Entwicklungsländern fasst man unter den Begriffen **Nord-Süd-Gefälle** oder **Nord-Süd-Konflikt** zusammen. Diese Begriffe sind entstanden, als man anfing, sich mit dem ökonomischen Ungleichgewicht auf der Erde zu befassen. Zu dieser Zeit lagen die reichen Länder überwiegend auf der Nordhalbkugel und die armen auf der Südhalbkugel.

Der „Human Development Index"

Es gibt verschiedene Kriterien, nach denen versucht wird, ein Land nach seinem Entwicklungsstand einzuordnen. Die Weltbank legt ihrer Einteilung das Bruttoinlandsprodukt pro Kopf der Bevölkerung zugrunde. Doch das sagt wenig über die tatsächliche Lebenssituation der Menschen in einem Land aus. Deshalb zieht das Entwicklungsprogramm der Vereinten Nationen (UNDAP) seit 1990 den „Human Development Index" (HDI) als Grundlage zur Ermittlung des Entwicklungsstandes heran. Beim HDI werden Faktoren wie die durchschnittliche Lebenserwartung, der Bildungsstand der Bevölkerung und der Lebensstandard (z. B. Zugang zu sauberem Trinkwasser, Ernährung, gesundheitliche Versorgung) mit berücksichtigt.

Entwicklungsländer

Der Begriff „Entwicklungsländer" bezeichnet die Staaten, die hinsichtlich ihrer wirtschaftlichen, infrastrukturellen und sozialen Entwicklung hinter den Industrieländern zurückliegen (*developing countries* = zu entwickelnde Länder). Kennzeichnend für Entwicklungsländer sind aber auch die großen Gegensätze innerhalb des Landes – z. B. zwischen Stadt und Land oder Arm und Reich.

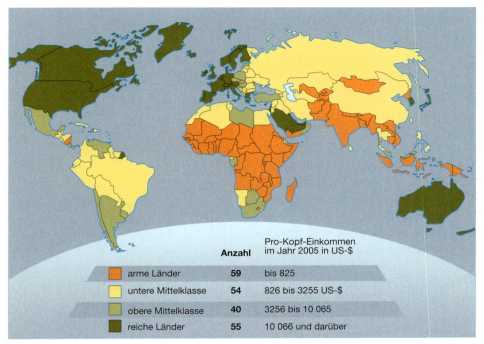

		Anzahl	Pro-Kopf-Einkommen im Jahr 2005 in US-$
🟧	arme Länder	59	bis 825
🟨	untere Mittelklasse	54	826 bis 3255 US-$
🟩	obere Mittelklasse	40	3256 bis 10 065
🟫	reiche Länder	55	10 066 und darüber

M2 Einteilung der Staaten der Erde nach Kriterien der Weltbank

Schwellenländer

Unter den Entwicklungsländern mit mittlerem Einkommen stehen einige aufgrund ihrer wirtschaftlichen Entwicklung an der Schwelle zu den Industrieländern und werden deshalb als „Schwellenländer" bezeichnet. Sie weisen eine steigende Lebensqualität auf und werden in absehbarer Zukunft die typischen Merkmale eines Entwicklungslandes überwinden können. Hierzu zählen einige Länder in Lateinamerika und Südost- und Ostasien.

Industrieländer

Sie haben ein hohes Bruttoinlandsprodukt und die Erwerbsbevölkerung ist überwiegend in der Industrie, in Handel und Gewerbe sowie im Dienstleistungssektor beschäftigt. Sie zeichnen sich durch einen hohen Technisierungsgrad und eine gut ausgebaute Infrastruktur aus.

Länder mit dem höchsten HDI-Rang		Länder mit dem niedrigsten HDI-Rang	
1	Island	168	Demokr. Rep. Kongo
2	Norwegen	169	Äthiopien
3	Australien	170	Tschad
4	Kanada	171	Zentralafrikanische Republik
5	Irland	172	Mosambik
6	Schweden	173	Mali
7	Schweiz	174	Niger
8	Japan	175	Guinea-Bissau
9	Niederlande	176	Burkina Faso
10	Frankreich	177	Sierra Leone

M3 Einteilung der Staaten nach dem HDI 2008. Deutschland belegt in dieser Rangliste Platz 22 (Quelle: UNDP).

1 In M1 werden einige Aspekte von Armut genannt. Notiere sie und ergänze weitere, die zeigen, was Armut bedeutet.

2 Werte M2 aus. Wo liegen überwiegend die reichsten und wo die ärmsten Länder der Erde?

3 Beschreibe die Lage der Länder mit dem höchsten und dem niedrigsten HDI (M3, Atlas). Versuche eine Erklärung.

Waren reisen um die Welt

Seit Jahrtausenden fahren Menschen zur See. Das Meer entwickelte sich zum weltweiten Verkehrsweg für Personen und Güter. Heute ist die Seeschifffahrt der Haupttransportträger des Welthandels. Es werden vorwiegend Rohstoffe und Industriegüter transportiert. Wie sieht das Netz von Seewegen für Rohstoffe aus, das die Weltmeere durchzieht? Welche Handelsbeziehungen entwickelten sich?

Weltseeverkehr

Handelsschiffe wählen aus wirtschaftlichen Gründen den kürzesten Weg. So bilden sich Seewege heraus, die oft von Hunderten von Schiffen in dichter Reihenfolge befahren werden. Nadelöhre des Seeverkehrs sind die europäischen Nebenmeere, Meerengen wie die Straße von Dover, die Floridastraße, das Kap der Guten Hoffnung, die Straße von Hormus und die Malakkastraße sowie die drei großen Seekanäle, der Nord-Ostsee-Kanal, der Suezkanal und der Panamakanal. Die **Seeschifffahrtskanäle** wurden gebaut, um die Wege zu verkürzen und den Verkehr zwischen Atlantik und Pazifik zu erleichtern.

Austausch von Rohstoffen

Die Rohstoffe der Erde sind ungleichmäßig verteilt. Ländern, die reich an Rohstoffen sind, stehen rohstoffarme Länder gegenüber. Es gibt Länder, die ihre Bevölkerung nicht mit eigener landwirtschaftlicher Produktion ausreichend ernähren können. Andere Staaten erzeugen jedoch hohe Überschüsse an Grundnahrungsmitteln. Genussmittel wie Kakao, Tee und Kaffee sowie Südfrüchte wachsen nur in Ländern der subtropischen und tropischen Landschaftszonen. Eine Reihe von Industrieländern, darunter auch Deutschland,

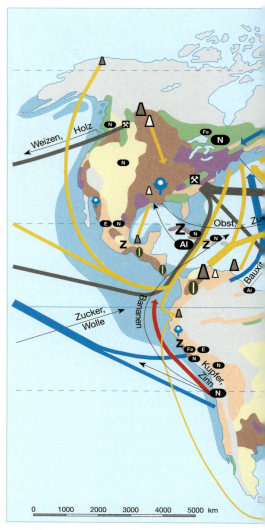

M 1 Hauptwege des Welthandels

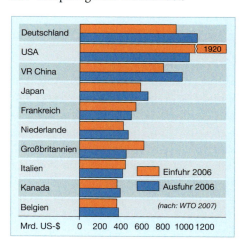

M 2 Die größten Welthandelsnationen

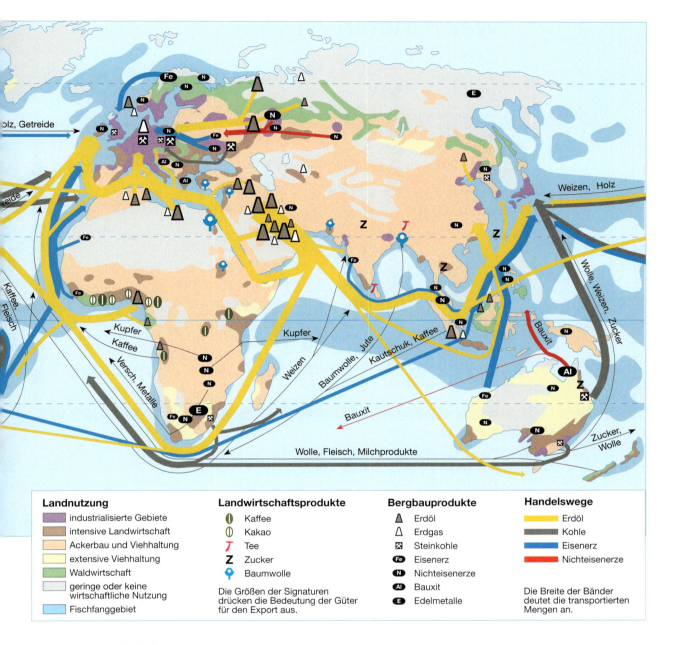

Landnutzung
- industrialisierte Gebiete
- intensive Landwirtschaft
- Ackerbau und Viehhaltung
- extensive Viehhaltung
- Waldwirtschaft
- geringe oder keine wirtschaftliche Nutzung
- Fischfanggebiet

Landwirtschaftsprodukte
- Kaffee
- Kakao
- Tee
- Zucker
- Baumwolle

Die Größen der Signaturen drücken die Bedeutung der Güter für den Export aus.

Bergbauprodukte
- Erdöl
- Erdgas
- Steinkohle
- Eisenerz
- Nichteisenerze
- Bauxit
- Edelmetalle

Handelswege
- Erdöl
- Kohle
- Eisenerz
- Nichteisenerze

Die Breite der Bänder deutet die transportierten Mengen an.

ist auf mineralische Rohstoffe aus anderen Ländern angewiesen. Japan muss mehr als 95 Prozent aller Rohstoffe für die industrielle Produktion importieren.

Energierohstoffe

Auch die Energierohstoffe sind äußerst ungleich verteilt. Neben den Schiffstransport tritt bei Erdöl und Erdgas auch der Transport per Pipeline.

1 Beschreibe den Weg des Erdöls aus dem Nahen Osten nach Europa. Benutze die Namen der Seehäfen, Länder, Kontinente, Meere, Meerengen und Seekanäle (M 1, Atlas).

2 Erläutere Seewege für den Handel mit einem Landwirtschaftsprodukt und einem Bergbauprodukt (M 1).

3 Welche Länder gehören zur Gruppe der größten Welthandelsnationen? Erläutere (M 2).

4 Gestaltet Wandzeitungen: „Die drei großen Seeschifffahrtskanäle".

Wer handelt mit wem?

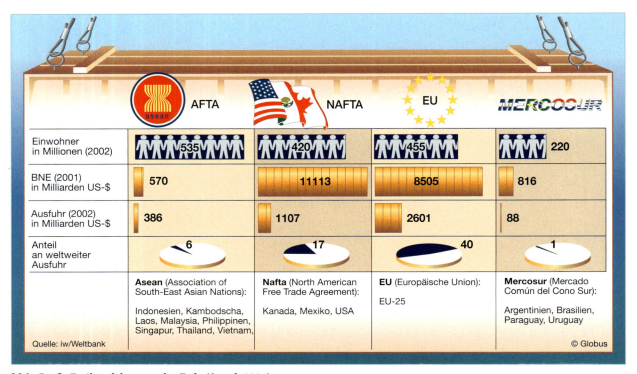

	AFTA	NAFTA	EU	MERCOSUR
Einwohner in Millionen (2002)	535	420	455	220
BNE (2001) in Milliarden US-$	570	11113	8505	816
Ausfuhr (2002) in Milliarden US-$	386	1107	2601	88
Anteil an weltweiter Ausfuhr	6	17	40	1
	Asean (Association of South-East Asian Nations): Indonesien, Kambodscha, Laos, Malaysia, Philippinen, Singapur, Thailand, Vietnam,	**Nafta** (North American Free Trade Agreement): Kanada, Mexiko, USA	**EU** (Europäische Union): EU-25	**Mercosur** (Mercado Común del Cono Sur): Argentinien, Brasilien, Paraguay, Uruguay

Quelle: iw/Weltbank

© Globus

M 1 Große Freihandelszonen der Erde (Stand: 2004)

*BNE
Bruttonational-
einkommen

*WTO
Abkürzung für:
Welthandelsorganisation
(Englisch: *World Trade
Organization*)

M 2 Einige Freihandelszonen
- AFTA (ASEAN Free Trade Area), seit 1994 (Vorgänger seit 1967):
   www.aseansec.org/economic/afta/afta.htm
- NAFTA (North American Free Trade Area), seit 1994:
  www.nafta-sec-alena.org/DefaultSite/index.html
- EU (Europäische Union), seit 1993 (Vorgänger seit 1957):
  www.europa.eu.int
- MERCOSUR (Mercado Común del Cono Sur), seit 1995:
  www.mercosur.org.uy

Freihandelszonen gegen einen freien Welthandel

Um für alle Staaten der Erde gleiche Voraussetzungen für den Zugang zum Weltmarkt zu schaffen, setzt sich die Welthandelsorganisation (WTO*) für den Abbau aller Zollschranken ein. Dem steht jedoch die Bildung von Freihandelszonen und Wirtschaftsblöcken entgegen.

Freihandelszonen sind Bündnisse mehrerer Staaten, die Zollschranken untereinander zwar abschaffen, die Handelshemmnisse gegenüber Nicht-Mitgliedsländern aber eher verstärken, um den eigenen Markt vor billiger Konkurrenz zu schützen. 2002 fand bereits mehr als die Hälfte des Welthandels innerhalb von Bündnissen statt. Besonders innerhalb der großen Freihandelszonen wie der EU und der NAFTA spielt sich der größte Teil des Handels unter den Mitgliedsstaaten ab.

Nicht so starke Organisationen wie MERCUSOR und AFTA sind weiterhin auf den Weltmarkt angewiesen, denn nur etwa ein Viertel des Handels findet innerhalb des jeweiligen Bündnisses statt.

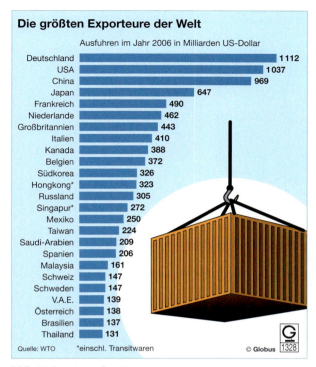

Die größten Exporteure der Welt

Ausfuhren im Jahr 2006 in Milliarden US-Dollar

Deutschland	1112
USA	1037
China	969
Japan	647
Frankreich	490
Niederlande	462
Großbritannien	443
Italien	410
Kanada	388
Belgien	372
Südkorea	326
Hongkong*	323
Russland	305
Singapur*	272
Mexiko	250
Taiwan	224
Saudi-Arabien	209
Spanien	206
Malaysia	161
Schweiz	147
Schweden	147
V.A.E.	139
Österreich	138
Brasilien	137
Thailand	131

Quelle: WTO   *einschl. Transitwaren   © Globus 1328

M 3 Weltmeister des Exports

Geteilte Welt

Anteile in %

Industrieländer

Schwellen- u. Entwicklungsländer

Weltwirtschaftsleistung: 56,4 / 43,6

Weltbevölkerung: 15,3 / 84,7 %

Weltexporte*: 66,4 / 33,6

* Waren und Dienstleistungen

Stand 2007
Quelle: IWF
© Globus 2134

M 4 Bevölkerungs- und Exportanteile

Welthandel = Handel von Wenigen

Obwohl 80 Prozent der Bevölkerung in Entwicklungsländern wohnen, kommt nur etwa ein Drittel der Exporte von dort. Besonders benachteiligt sind die am wenigsten entwickelten Länder – immerhin 49 Staaten, auf die 2002 nur 0,5 Prozent der weltweiten Exporte entfielen. Die Entwicklungsländer führen in erster Linie Rohstoffe in die Industrieländer aus, deren Preise auf dem Weltmarkt starken Schwankungen unterliegen. Fallen die Preise für ihre Exportprodukte, so können sie die Verluste in der Regel nicht durch den Verkauf anderer Waren ausgleichen.

Die führende Exportregion ist nach wie vor Westeuropa, gefolgt von Nordamerika und Asien. Dagegen werden Afrika und auch Lateinamerika mehr und mehr vom Welthandel abgeschnitten. Fast die Hälfte des Handels spielt sich zwischen Industriestaaten ab.

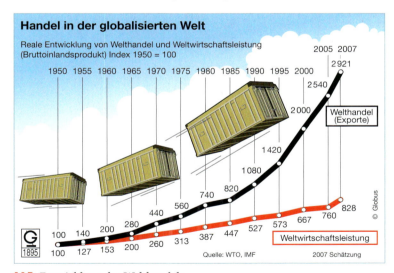

Handel in der globalisierten Welt

Reale Entwicklung von Welthandel und Weltwirtschaftsleistung (Bruttoinlandsprodukt) Index 1950 = 100

Welthandel (Exporte): 100, 140, 200, 280, 440, 560, 740, 820, 1080, 1420, 2000, 2540, 2921

Weltwirtschaftsleistung: 100, 127, 153, 200, 260, 313, 387, 447, 527, 573, 667, 760, 828

Jahre: 1950, 1955, 1960, 1965, 1970, 1975, 1980, 1985, 1990, 1995, 2000, 2005, 2007

Quelle: WTO, IMF   2007 Schätzung   © Globus 1895

M 5 Entwicklung des Welthandels

1 Bildet Gruppen und informiert euch ausführlich über je eine der Freihandelszonen. Berichtet vor der Klasse (M 1, M 2).

2 Bewerte die Bedeutung der Freihandelszonen für einen freien Welthandel.

3 Nenne die Regionen, die vom globalen Handel weitgehend ausgeschlossen sind (M 3, M 4).

Wirtschaftliche Abhängigkeiten

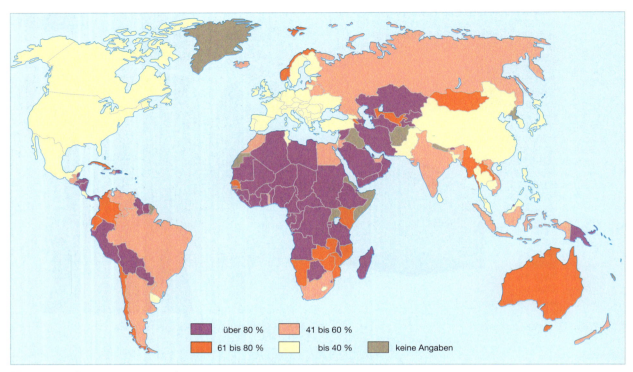

■ über 80 %	■ 41 bis 60 %	
■ 61 bis 80 %	■ bis 40 %	■ keine Angaben

M 1 Rohstoffexporte in Prozent des Gesamtexports

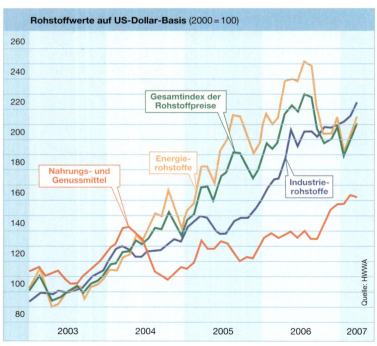

Rohstoffwerte auf US-Dollar-Basis (2000 = 100)

Gesamtindex der Rohstoffpreise

Energie-rohstoffe

Nahrungs- und Genussmittel

Industrie-rohstoffe

Quelle: HWWA

M 2 Entwicklung der Rohstoffpreise an den Warenbörsen

Rohstoffexporte

Jedes Land der Erde ist darauf angewiesen, Rohstoffe und Fertigprodukte aus dem Ausland zu beziehen. Die Einfuhren sollen möglichst mit dem Geld bezahlt werden, das man mit Exporten oder mit Dienstleistungen wie dem Tourismus verdient.

Zahlreiche Entwicklungsländer exportieren überwiegend Rohstoffe, um ihre Einfuhren an Fertigprodukten aus den Industriestaaten bezahlen zu können. Wird der Wert der Exportgüter (Rohstoffe) mit dem Wert der Importprodukte (Industriegüter) zu Weltmarktpreisen verglichen, so erhält man die **Terms of Trade.** Da die Preise für die meisten Rohstoffe im Vergleich zu den Preisen von Fertigprodukten starken Schwankungen unterliegen und eher sinken, müssen Entwicklungsländer immer mehr Rohstoffe exportieren.

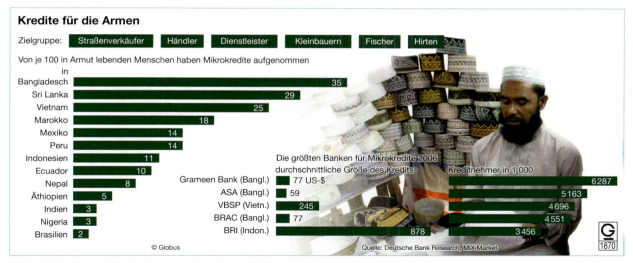

Kredite für die Armen

Zielgruppe: Straßenverkäufer | Händler | Dienstleister | Kleinbauern | Fischer | Hirten

Von je 100 in Armut lebenden Menschen haben Mikrokredite aufgenommen in

- Bangladesch 35
- Sri Lanka 29
- Vietnam 25
- Marokko 18
- Mexiko 14
- Peru 14
- Indonesien 11
- Ecuador 10
- Nepal 8
- Äthiopien 5
- Indien 3
- Nigeria 3
- Brasilien 2

© Globus

Die größten Banken für Mikrokredite 2006
durchschnittliche Größe des Kredits | Kreditnehmer in 1 000

- Grameen Bank (Bangl.) 77 US-$ | 6287
- ASA (Bangl.) 59 | 5163
- VBSP (Vietn.) 245 | 4696
- BRAC (Bangl.) 77 | 4551
- BRI (Indon.) 878 | 3456

Quelle: Deutsche Bank Research, MIX Market

M 3 Die Länder mit der höchsten Auslandsverschuldung

Hohe Auslandsverschuldung

Die Abhängigkeit von den Rohstoffexporten hat für die Entwicklungsländer schwerwiegende Nachteile. Wegen der stark schwankenden Rohstoffpreise sind finanzielle Planungen schwierig. Sinken die Rohstoffpreise, so müssen überwiegend vom Export abhängige Länder Schulden machen. Viele Entwicklungs- und auch Schwellenländer sind gegenüber ausländischen Regierungen und Banken so hoch verschuldet, dass eine Rückzahlung dieser Gelder praktisch unmöglich ist. Die hohen Schulden behindern die Entwicklung in den betroffenen Ländern, da ist z. B. für Schulen oder das Gesundheitswesen kein Geld vorhanden.

In jüngster Zeit haben deshalb die führenden Industriestaaten der Erde beschlossen, den ärmsten Entwicklungsländern ihre Schulden ganz oder zum Teil zu erlassen, wenn diese sich verpflichten, die eingesparten Gelder für die Entwicklung des Landes zu verwenden.

Langfristig können sich die Entwicklungsländer aber nur aus der Abhängigkeit von Rohstoffexporten lösen, wenn eine neue Weltwirtschaftsordnung gerechtere Bedingungen für alle Staaten auf dem Weltmarkt schafft.

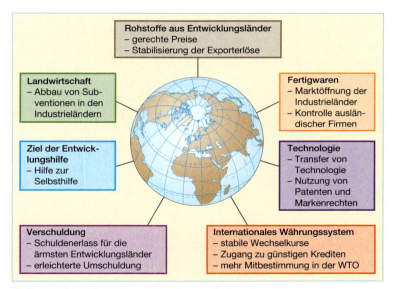

Rohstoffe aus Entwicklungsländer
– gerechte Preise
– Stabilisierung der Exporterlöse

Landwirtschaft
– Abbau von Subventionen in den Industrieländern

Ziel der Entwicklungshilfe
– Hilfe zur Selbsthilfe

Fertigwaren
– Marktöffnung der Industrieländer
– Kontrolle ausländischer Firmen

Technologie
– Transfer von Technologie
– Nutzung von Patenten und Markenrechten

Verschuldung
– Schuldenerlass für die ärmsten Entwicklungsländer
– erleichterte Umschuldung

Internationales Währungssystem
– stabile Wechselkurse
– Zugang zu günstigen Krediten
– mehr Mitbestimmung in der WTO

M 4 Vorschläge für eine neue Weltwirtschaftsordnung

1 Wo liegen die Länder mit einem besonders hohen Rohstoffanteil am Export (M 1)? Versuche eine Erklärung.

2 Werte M 2 aus. Informiere dich in Zeitungen oder im Internet über die aktuelle Entwicklung der Rohstoffpreise und warum die Rohstoffpreise in letzter Zeit wieder ansteigen.

3 Auf welchen Kontinenten liegen die Länder mit der höchsten Auslandsverschuldung (M 3, M 4 und Atlas)?

4 Fasse die Forderungen der Entwicklungsländer an eine neue Weltwirtschaftsordnung in einem zusammenhängenden Text zusammen (M 4).

Weltreise einer Jeans

Man nehme aus Italien: 1–2 m Denimstoff, 6 Nieten und ein Lederetikett. Aus Deutschland: 274 m Nähgarn, ein Stofflabel plus Edelstahlknopf. Dazu gebe man Taschenfutter aus Frankreich und einen Reißverschluss aus Belgien, nähe alles zusammen, und fertig ist es, das Jeansmodell „Sunny" der Firma H.I.S. – sollte man denken.

Leider ist es nicht ganz so einfach, denn bis „Sunny" gefaltet im Regal liegt, reist sie 3 Monate lang durch die Welt und legt mehr als 2000 km zurück. Ihre Geschichte beginnt auf einer Baumwollplantage in Amerika, Usbekistan, Griechenland oder Syrien. Von dort wird die gepflückte Baumwolle in eine italienische Weberei gebracht, zu Denimstoff verarbeitet und mit dem Farbstoff Indigo dunkelblau eingefärbt. In der H.I.S.-Zentrale im bayerischen Garching wird inzwischen der Schnitt entworfen.
Gemeinsam mit Reißverschluss, Nieten und Knöpfen gehen dann Schnitt und Stoffe nach Tunesien. Zwischen 150 und 250 Näher und Näherinnen arbeiten hier an „Sunny" – für zwei Euro pro Stunde. „Der Kunde würde uns den Stundenlohn einer deutschen Näherin von rund 15 Euro nicht zahlen", sagt der Vorstandsvorsitzende der H.I.S.-Sportswear AG.
Aus Nordafrika wird die fertig genähte Hose in die Wäscherei nach Italien geschickt. Um eine gebrauchte Optik zu bekommen, wird sie dort wahlweise mit Steinen gewaschen, mit Schmirgelpapier abgerieben oder mit einer dünnen, weißen Farbschicht besprüht und – um waschfest zu werden – im Backofen getrocknet. Anschließend fahren die fertigen „Sunnys" im LKW zurück nach Garching, werden kontrolliert, abgepackt und an 4000 Geschäfte in ganz Europa geliefert.
Die einzelnen Jeansmodelle werden genau kalkuliert, was bedeutet, dass jedes in einer anderen Näherei zusammengesetzt wird – in acht verschiedenen Ländern Nordafrikas oder Osteuropas. Rund fünf Millionen H.I.S.-Jeans entstehen so im Jahr, über 80 000 davon sind „Sunnys". Ihr Markenzeichen: leicht ausgestellte Beine. Im Geschäft zahlt man, je nach Waschung, zwischen 53 und 70 Euro. Was „Sunny" in der Produktion kostet, das will man uns natürlich nicht verraten.

W. K. Moeser, STERN 19/2002, S. 110, leicht verändert

M 1 Reisetagebuch einer Jeans

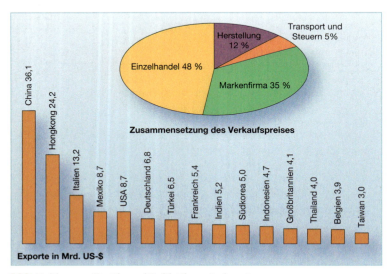

M 2 Zahlen zur Textil- und Bekleidungsindustrie

Textilien auf Reisen

Die Textil- und Bekleidungsindustrie in den Industrieländern begann schon in den 1960er-Jahren, ihre Produktionsstandorte in **Billiglohnländer** zu verlagern. So wurde Mittelamerika zur Nähstube der USA, Japan ließ in den südostasiatischen Staaten nähen und westeuropäische Textilunternehmer in den Mittelmeerländern, später auch in Osteuropa.

Heute wird der größte Teil der Textilien weltweit in Entwicklungsländern hergestellt, oft in Heimarbeit oder kleinen Hinterhof-Nähstuben.

M 3 Baumwollfasern

Baumwolle für die Jeansproduktion

Baumwolle ist ein wichtiger Rohstoff für die Bekleidungsindustrie. Aufgrund des steigenden Bedarfs hat man in den letzten Jahrzehnten die Produktion erheblich gesteigert. Das war möglich durch künstliche Bewässerung und den Einsatz von Pflanzenschutzmitteln. Dieser erfolgt in den ärmeren Ländern oft völlig unkontrolliert. So erleiden in den Entwicklungsländern jährlich über eine Million Arbeitskräfte schwere Vergiftungen, da sie ohne Schutzkleidung und häufig barfuß auf den Baumwollplantagen arbeiten. Aber auch Böden und Wasser werden durch den Einsatz von Pflanzenschutzmitteln vergiftet.

Produktionsbedingungen in Entwicklungsländern

Modefirmen und Bekleidungshäuser lassen ihre Kleidungsstücke bevorzugt in Entwicklungsländern herstellen, weil dort die Produktionskosten wesentlich niedriger sind. Da soziale Standards, wie sie in Industriestaaten üblich sind, nicht eingehalten werden, zahlen die Arbeitskräfte für diese niedrigen Produktionskosten oft einen hohen Preis:

- sehr niedrige Löhne
- keinerlei soziale Absicherung
- Unfallgefahr und Gesundheitsschäden durch fehlende Sicherheitsvorschriften
- Kinderarbeit.

Baumwollfasern (nicht entkörnt) Ernte in Mio. t			
	2004	**2003**	**2000**
VR China	18 960	14 580	13 251
USA	12 539	10 021	9 580
Indien	7 700	7 040	6 733
Pakistan	7 279	5 127	5 488
Brasilien	3 793	2 202	2 010
Usbekistan	3 535	2 823	3 006
Türkei	2 355	2 346	1 909
Australien	1 557	843	1 949
Griechenland	1 173	1 091	1 260
Syrien	1 023	807	1 082
Turkmenistan	1 000	714	1 030
Weltproduktion	**69 849**	**55 298**	**54 590**

M 4 Produktion von Baumwollfasern

Regionale Struktur des Außenhandels mit Textilien und Bekleidung		
	Ausfuhr (in Mio. Euro)	**Einfuhr (in Mio. Euro)**
EU	11 021	7 673
darunter Österreich	2 141	792
Niederlande	1 772	856
Frankreich	1 773	792
Italien	1 075	2 482
Großbritannien	1 058	521
Belgien/Luxemburg	974	997
Spanien	766	–
übriges Europa	6 499	9 430
darunter Schweiz	1 203	557
Tschechische Republik	973	816
Polen	986	978
Rumänien	597	1 095
Amerika	869	391
darunter USA	628	243
Afrika	404	745
Asien	976	9 439
Australien/Ozeanien	84	5
nicht ermittelte Länder und Gebiete	13	1
Welt	**19 865**	**27 684**

M 5 Struktur des Textilaußenhandels 2004

1 Zeichne in eine Weltkarte die Reisewege der Jeans und ihrer Bestandteile ein (M 1).

2 Nenne die Hauptexportländer von Baumwolle (M 4) und von Textilien (M 2 und M 5).

3 Berichte über die Situation der Arbeitskräfte in den Entwicklungsländern (Text, Internet).

Sportartikel – von Kindern für Kinder?

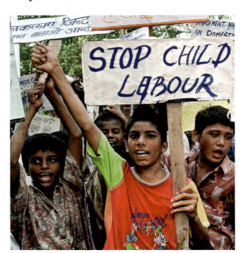

Wer bekommt die 100,– Euro für meine Sportschuhe?

Herstellungskosten 12 %
Produktionskosten 2 %
Fabrikgewinn 2 %
Material 8 %

Löhne 0,4 %

Transport und Steuern 5 %

Mehrwertsteuer 20 %

Markenfirma 33 %
Profit 13,5 %, Forschung 11 % Werbung 8,5 %

Einzelhandel ca. 30 %

M 1 Wer verdient was an einem Sportschuh für 100 €?

STOP CHILD LABOUR

M 2 Protest gegen Kinderarbeit

PLAY FAIR AT THE OLYMPICS

Clean Clothes Campaign

Oxfam

MAKE TRADE FAIR

GLOBAL UNIONS

M 3 Logos von Organisationen, die sich für menschenwürdige Bedingungen in der Textilproduktion einsetzen

Fußbälle aus Pakistan

In den letzten Jahrzehnten hat sich Sialkot im östlichen Pakistan an der Grenze zu Indien zum Zentrum der pakistanischen Sportartikelproduktion und zur „Welthauptstadt" der Fußballherstellung entwickelt. Nahezu 70 Prozent aller weltweit hergestellten Fußbälle und 75 Prozent aller Hockeyschläger kommen aus Sialkot.

Die meisten pakistanischen Sportartikelhersteller sind Kleinbetriebe, in denen etwa 100 000 Personen beschäftigt sind. 2004 wurden in Sialkot schätzungsweise 33 bis 35 Millionen Fußbälle hergestellt.

Die großen Sportartikelhersteller wie Adidas, Puma, Nike und Reebok sowie andere Importeure von Fußbällen vergeben ihre Aufträge für die Produktion nach Pakistan, da dort die Lohnkosten sehr gering sind (Billiglohnland). In pakistanischen Firmen sind die Arbeitsbedingungen extrem hart. Die Arbeitskräfte verdienen etwa 35 Euro im Monat, was auch für pakistanische Verhältnisse sehr wenig ist. Die Lohnkosten der Näher machen etwa zwei Prozent des Verkaufspreises eines Fußballs aus, nur etwa zehn Prozent des Verkaufspreises fließen nach Pakistan.

Fußbälle von Kindern

Während Fußball in Deutschland und vielen anderen Ländern der Erde zu den beliebtesten Sportarten bei Kindern und Jugendlichen zählt, kommen pakistanische Kinder auf ganz andere Art und Weise damit in Berührung. Noch Ende der 1990er-Jahre waren in den Fußballnäher-Werkstätten Pakistans 30 bis 50 Prozent aller Arbeitskräfte Kinder unter 15 Jahren. Die Jüngsten begannen bereits im Alter von sechs Jahren mit dem Nähen. Sie müssen mithelfen, ihre Familien zu ernähren.

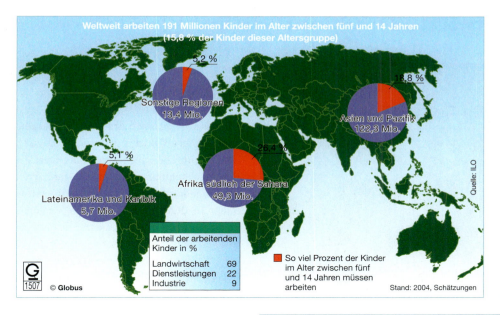

Weltweit arbeiten 191 Millionen Kinder im Alter zwischen fünf und 14 Jahren (15,8 % der Kinder dieser Altersgruppe)

5,2 %
Sonstige Regionen
13,4 Mio.

18,8 %
Asien und Pazifik
122,3 Mio.

5,1 %
Lateinamerika und Karibik
5,7 Mio.

26,4 %
Afrika südlich der Sahara
49,3 Mio.

Quelle: ILO

Anteil der arbeitenden Kinder in %

Landwirtschaft 69
Dienstleistungen 22
Industrie 9

So viel Prozent der Kinder im Alter zwischen fünf und 14 Jahren müssen arbeiten

Stand: 2004, Schätzungen

© Globus

M 5 Kinderarbeit

Kinderarbeit findet vor allem in Kleinstbetrieben und bei der Vergabe von Heimarbeit statt. Selbst wenn Firmen wie Nike ihre Aufträge nur an Firmen vergeben, die ihre Vorgaben einhalten, so ist es kaum zu kontrollieren, ob diese nicht Arbeiten wiederum an Subunternehmen weiterreichen, die auch Kinder beschäftigen. Aufgrund internationaler Proteste wurden bis Ende 2001 etwa 7000 Kinderarbeiter aus der Fußballherstellung entfernt. Es wird jedoch befürchtet, dass sie nun in anderen Branchen arbeiten, denn man schätzt, dass in Pakistan bis heute zehn Millionen Kinder arbeiten.

Im Vorfeld der Fußballweltmeisterschaft von 1998 gab es mehrere Berichte über Kinderarbeit bei der Herstellung von Fußbällen in Pakistan. Der Fußballweltverband und der Weltverband der Sportartikelindustrie trafen sich daraufhin mit Vertretern mehrerer Organisationen in Atlanta, wo die so genannte „Atlanta-Übereinkunft" unterzeichnet wurde, die folgende Ziele hatte:
- Verhinderung und schrittweise Beseitigung der Kinderarbeit in Sialkots Fußballproduktion,
- Identifizierung der Kinder unter 14 Jahren und ihre Versorgung mit Schulbildung,
- Veränderung der Einstellung von Eltern und insbesondere der ländlichen Bevölkerung zu Kinderarbeit.

Zur Umsetzung der Forderungen wurden die Näharbeiten in Sialkot in Nähzentren zusammengefasst, wo alle Arbeitskräfte namentlich und altersmäßig erfasst wurden. Es ist jedoch anzunehmen, dass immer noch viele Kinder außerhalb der Nähzentren oder in anderen Tätigkeiten arbeiten.

Nach: Geographische Rundschau, Heft 2, Februar 2005, S. 28

M 6 Schritte gegen Kinderarbeit

„Die Vertragspartner von Nike verpflichten sich zur Einhaltung folgender sozialer Standards:
• Verbot jeder Form von Zwangsarbeit
• Verbot von Kinderarbeit
• Zahlung von Mindestlöhnen
• Arbeitszeitbegrenzung auf sechs Tage die Woche bei max. 60 Wochenstunden
• Einhaltung von Umweltschutz-, Sicherheits- und Gesundheitsauflagen
• Dokumentation der Einhaltung dieser Richtlinien und Einverständnis zu angemeldeten und unangemeldeten Inspektionen"
www.nike.com (22. 01. 2005)

M 4 Nikes „Code of Conduct"

1 Fasse die Aussage von M 5 in einem schriftlichen Bericht zusammen.

2 Wie viel Prozent des Preises, den du für einen Sportschuh zahlst, bekommt der, der ihn hergestellt hat (M 1)?

3 Nenne Gründe, warum Kinder arbeiten müssen.

4 Informiere dich im Internet über Kinderarbeit. Stelle deine Ergebnisse in einer Mindmap dar.

Ruanda – ein Entwicklungsland

M 1 Landwirtschaftlich tätige Frauen in Ruanda

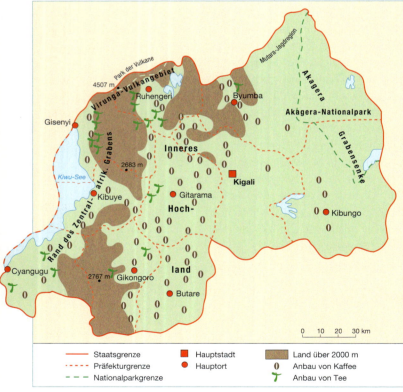

M 2 Anbau von Kaffee und Tee in Ruanda

Landesnatur

Ruanda ist mit einer Fläche von 26 338 Quadratkilometern etwa so groß wie Rheinland-Pfalz und das Saarland zusammen. Es liegt südlich des Äquators im zentralafrikanischen Hochland. Das Land ist in weiten Regionen hügelig und die höchsten Berge im Westen sind über 4000 Meter hoch. In den Bergwäldern des Virunga-Gebirges leben noch einige der fast ausgerotteten Berggorillas.

Entwicklungsprobleme

a) Bevölkerung

Ruanda gehört zu den ärmsten Ländern der Erde. Die Bevölkerung wächst stark. Mit 343 (Deutschland: 231) Einwohnern je Quadratkilometer (2005) ist es das am dichtesten besiedelte Land Afrikas.

Da Ruanda kaum Bodenschätze besitzt, gibt es nur wenig Industrie. Fast 90 Prozent der Erwerbstätigen arbeiten in der Landwirtschaft.

b) Landwirtschaft

Die Familien bewirtschaften kleine Familienbetriebe zur Selbstversorgung. Sie leben verstreut inmitten ihrer Felder. Direkt am Haus liegen die Bananenfelder. Es werden hauptsächlich Maniok, Süßkartoffeln und Bohnen angebaut. Da die Erträge oft nicht zur Versorgung der Bevölkerung ausreichen, müssen Nahrungsmittel zugekauft werden.

c) Infrastruktur

Ein großes Entwicklungsproblem ist die Energieknappheit. Zudem kommen auf 1000 Einwohner nur 2,6 Telefonanschlüsse (Deutschland: 667,5).

Die meisten Orte Ruandas sind über Straßen zu erreichen, die aber häufig in schlechtem Zustand sind. Nur die Verbindungen zwischen Kigali und den Städten sind geteert. Eisenbahnverbindungen gibt es nicht.

M3 Teeanbau in Ruanda

M4 Ländliches Dorf in Ruanda

Tee und Kaffee für den Weltmarkt

Die Landwirtschaft ist der wichtigste Wirtschaftszweig Ruandas. Kaffee und Tee sind die beiden Hauptausfuhrgüter. Sie machen zusammen mehr als die Hälfte des Exports des Landes aus. Kaffeeproduktion, -verarbeitung und -vermarktung wurden nach 1994 privatisiert, die Teeproduktion ist noch in staatlicher Hand. Kaffee- und Teeproduktion in Ruanda sollen weiter intensiviert werden. In Höhen bis zu 1500 Metern ist es warm genug und es fallen ausreichend Niederschläge für den Anbau von Kaffee und Tee. Die Hänge sind jedoch so steil, dass es immer wieder zu Erdrutschen kommt, die Teile der Ernte vernichten.

Handwerk und Kleinindustrie

Um Erwerbsmöglichkeiten für die wachsende Bevölkerung Ruandas zu schaffen, werden vor allem in den größeren Orten und Städten Handwerksbetriebe und kleinere Industriebetriebe gegründet. Diese Betriebe stellen Produkte her, die im Land gebraucht werden. Das hat zu einem Anstieg des Stromverbrauchs geführt. Der Bau neuer Kraftwerke ist deshalb dringend erforderlich. Die Regierung plant den Bau neuer Wasserkraftwerke und den Ausbau alternativer Energien.

	Ruanda	Deutschland
Lebenserwartung	44 Jahre	79 Jahre
Zugang zu sauberem Trinkwasser	73 Prozent	100 Prozent
Kindersterblichkeit	203 je 1000 lebend Geborenen	5 je 1000 lebend Geborenen
Kinder, die eine Grundschule besuchen	75 Prozent	87 Prozent
Alphabetisierung Frauen	59,7 Prozent	99,8 Prozent
Alphabetisierung Männer	71,4 Prozent	99,8 Prozent
Mobiltelefone	32 je 1000 Personen	960 je 1000 Personen

Quelle: Fischer Weltalmanach 2008

M5 Daten zur Bevölkerung 2005/2006

1 Beschreibe die Lage Ruandas und nenne Nachbarstaaten, die Hauptstadt, je zwei Flüsse, Seen und Gebirge (M1, Atlas).

2 Liste in einer Tabelle Merkmale der Unterentwicklung auf. Unterscheide dabei zwischen Bevölkerung und Wirtschaft (M4, Text).

3 Erläutere, mit welchen Entwicklungsproblemen Ruanda zu kämpfen hat (M5, Text).

4 Beschreibe die Landnutzung in Ruanda (M1 bis M4). Unterscheide dabei zwischen der Selbstversorgung und der Produktion für den Weltmarkt.

5 Der Industrialisierung Ruandas stehen mehrere Hindernisse im Weg. Nenne und erläutere sie (M4, Text).

6 Fasse in wenigen Sätzen zusammen, warum Ruanda ein Entwicklungsland ist.

Partnerschaft zwischen Nord und Süd

„Im Geist der deutsch-ruandischen Freundschaft soll die Partnerschaft in der Öffentlichkeit der beiden Länder die Bereitschaft zur Verständnis für Kultur, Geistesart und Wesensart des anderen Volkes fördern.

Die Partnerschaft soll die unmittelbare Zusammenarbeit und Begegnung der Bevölkerung von Rheinland-Pfalz und Ruanda durch Partnerschaften und andere geeignete Vorhaben getragen von Kommunen, Kirchen, Organisationen, Unternehmen und Bildungseinrichtungen ermöglichen.“

Briefwechsel zwischen dem Ministerpräsidenten von Rheinland-Pfalz und dem Außenminister der Republik Ruanda im Juni 1982

M 1 Hilfe durch Partnerschaft zwischen Ruanda und Rheinland-Pfalz

1982 gründete Rheinland-Pfalz eine Partnerschaft mit dem ostafrikanischen Staat Ruanda. Ihr gehören Vertreter der politischen Parteien im Landtag, der Landesregierung und Ministerien, der Kommunen, der Schulen, der Kirchen, der Handwerkskammer, der Industrie- und Handelskammer sowie der örtlichen Partnerschaftsvereine an. Aufgabe der Partnerschaft ist es, die Hilfestellung für die Partnerschaft zu leisten, die von der Landesregierung nicht selbst übernommen werden kann. Dazu gehört die Auszahlung der finanziellen Hilfen in Ruanda, die Überwachung der Projektplanung, Projektdurchführung und Projektabrechnung und die Beantragung von Zuschüssen aus Landesmitteln.

Hilfe zur Selbsthilfe

Die Regierung oder die Partnerorganisationen in Ruanda schlagen Projekte vor, die ihnen am wichtigsten und dringlichsten sind. In Rheinland-Pfalz versucht man dann, diese Projekte zu unterstützen.

Bei der „Hilfe zur Selbsthilfe" hat die Bildung eine Schlüsselrolle, denn Bildung ermöglicht berufliches Weiterkommen sowie die Mitwirkung an politischen und gesellschaftlichen Entscheidungen.

Schulpartnerschaften

Es bestehen über 200 Schulpartnerschaften zwischen Ruanda und Rheinland-Pfalz. Zum einen sammeln Schülerinnen und Schüler in Deutschland bei verschiedenen Projekten Geld, um ihre Partnerschule in Ruanda finanziell zu unterstützen. Zum anderen besuchen aber auch Kinder und Jugendliche aus Deutschland ihre Partnerschulen in Ruanda und umgekehrt. So lernen sie einander persönlich kennen und können sich ein besseres Bild von den Lebensumständen der jeweils anderen machen.

M 2 Schülerinnen und Schüler in Ruanda

Bildung
In ländlichen Gegenden werden neue Grundschulen gebaut oder bestehende renoviert. Zudem wird für Tausende Kinder – vor allem Waisenkinder – das Schulgeld bezahlt.

Gesundheit
In abgelegenen Gegenden werden Gesundheitszentren und Krankenstationen errichtet.

Infrastruktur
Die Versorgung mit sauberem Trinkwasser wird ermöglicht durch die Fassung von Quellen bzw. Bächen und den Bau von Verteilungsnetzen.

Landwirtschaft und Gewerbe
Ackerbau- und Viehzuchtprojekte werden finanziell gefördert und Beratung angeboten. Die Vermarktung der Produkte wird gefördert. Es werden Handwerker ausgebildet und Werkstätten errichtet.

M 3 Partnerschaftsprojekte

Seit Mai 2007 hat das Albert-Einstein-Gymnasium eine Partnerschule in Ruanda/Afrika. […] Wir möchten einerseits Kindern oder Jugendlichen im Entwicklungsland Ruanda zu besseren Chancen verhelfen. Andererseits möchten wir ein uns fernes Land und seine Menschen kennen und verstehen lernen.

Ste. Bernadette ist eine private Sekundarschule für Mädchen. 330 Schülerinnen (davon 173 Waisen!) besuchen zurzeit die Schule. Die meisten […] sind im Internat untergebracht. […] In der Ecole Ste. Bernadette gibt es kein fließendes Wasser und auch keinen Strom […]. Hier hat […] das Engagement […] des Albert-Einstein-Gymnasiums angesetzt. Alle Schüler und Schülerinnen der 8. Klassen haben Ende letzten Schuljahres eine Vokabelolympiade durchgeführt. […] Fast 3400 Euro wurden auf diese Weise für Ste. Bernadette gesammelt.

www.a-e-g-frankenthal.de/index.php?id=300 [26. 08. 08]

M 4 AG Schulpartnerschaft Ruanda

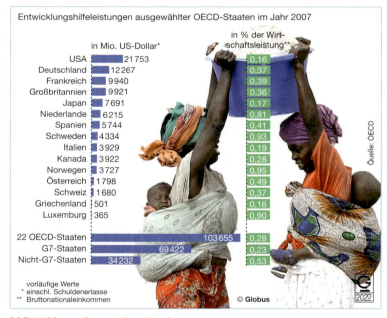

Entwicklungshilfeleistungen ausgewählter OECD-Staaten im Jahr 2007

	in Mio. US-Dollar*	in % der Wirtschaftsleistung**
USA	21 753	0,16
Deutschland	12 267	0,37
Frankreich	9 940	0,39
Großbritannien	9 921	0,36
Japan	7 691	0,17
Niederlande	6 215	0,81
Spanien	5 744	0,41
Schweden	4 334	0,93
Italien	3 929	0,19
Kanada	3 922	0,28
Norwegen	3 727	0,95
Österreich	1 798	0,49
Schweiz	1 680	0,37
Griechenland	501	0,16
Luxemburg	365	0,90
22 OECD-Staaten	103 655	0,28
G 7-Staaten	69 422	0,23
Nicht-G7-Staaten	34 232	0,53

vorläufige Werte
* einschl. Schuldenerlasse
** Bruttonationaleinkommen

Quelle: OECD

© Globus
2022

M 5 Hilfe aus dem reichen Norden

1 Nenne die Ziele der Partnerschaft mit Ruanda und die daran beteiligten Gruppen (M 1, M 3, Text).

2 Erläutere, warum Schulbildung für alle ein wichtiger Schritt der „Hilfe zur Selbsthilfe" ist (M 2, M 4, Text).

3 Werte M 5 aus: Wer hilft wie viel? Kommentiere.

Verteilung der Weltbevölkerung

Die Welt – ein Dorf

Wenn die Welt ein Dorf ...
mit nur 100 Einwohnern wäre ...

... wären davon:
  14 Afrikaner
  5 Nordamerikaner
  11 Europäer
  9 Lateinamerikaner
  und 61 Asiaten.

Bevölkerung

28 wären Kinder unter 15 Jahren. 7 älter als 65.
50 Menschen im Dorf sind Frauen. 50 sind Männer.

Armut

16 Bewohner würden von weniger als 1 US-Dollar am Tag leben.
11 Menschen hätten nicht genügend Wasser zur Verfügung.

Familienplanung

Im Durchschnitt bekämen die Frauen 3 Kinder.
Von den 26 Frauen zwischen 15 und 49 Jahren, die in einer
Partnerschaft leben, wenden 14 eine Verhütungsmethode an.

Zukunft
2050

Die Zahl der Dorfbewohner würde
jährlich um eine Person steigen.
Im Jahre 2050 würden bereits
140 Menschen im Dorf leben:
29 Afrikaner
7 Nordamerikaner
10 Europäer
und 82 Asiaten.

Grafik: Deutsche Stiftung Weltbevölkerung
Quelle: DSW-Datenreport; Weltbank 2004; Population Action International 2006; World Population Prospects: The 2006 Revision, 2007.

*stagnieren
stocken, sich stauen

M 1 Die Welt als Dorf

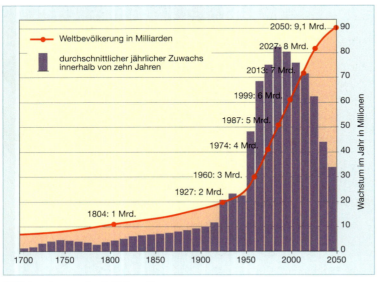

M 2 Wachstum der Weltbevölkerung

Ungebremstes Wachstum

Im 20. Jahrhundert hat sich die Weltbevölkerung fast vervierfacht – auf 6,5 Milliarden Menschen (2005). Jedes Jahr wächst die Zahl der Menschen auf der Erde um weitere 80 Millionen, also etwa um die Bevölkerungszahl Deutschlands.

Doch nicht überall wächst sie in gleichem Maße. Während in vielen Industriestaaten heute die Bevölkerungszahl stagniert* oder sogar leicht rückläufig ist, findet das **Bevölkerungswachstum** fast ausschließlich in den Entwicklungsländern statt. Wären alle Menschen gleichmäßig auf die Landfläche der Erde verteilt, ergäbe sich eine mittlere Bevölkerungsdichte von 42,6 Menschen pro Quadratkilometer.

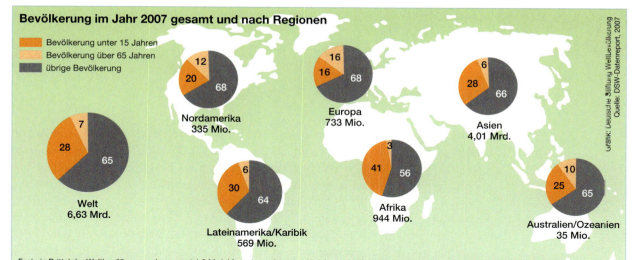

Bevölkerung im Jahr 2007 gesamt und nach Regionen

- Bevölkerung unter 15 Jahren
- Bevölkerung über 65 Jahren
- übrige Bevölkerung

Nordamerika 335 Mio. — 12 / 20 / 68

Europa 733 Mio. — 16 / 16 / 68

Asien 4,01 Mrd. — 6 / 28 / 66

Welt 6,63 Mrd. — 7 / 28 / 65

Lateinamerika/Karibik 569 Mio. — 6 / 30 / 64

Afrika 944 Mio. — 3 / 41 / 56

Australien/Ozeanien 35 Mio. — 10 / 25 / 65

Grafik: Deutsche Stiftung Weltbevölkerung
Quelle: DSW-Datenreport, 2007

Fast ein Drittel der Weltbevölkerung – insgesamt 1,9 Mrd. Menschen – ist unter 15 Jahren alt. 89 % dieser jungen Menschen leben in Entwicklungsländern Afrika ist die Weltregion mit der jüngsten Bevölkerung: 41 % der Afrikaner sind jünger als 15 Jahre. In Uganda sind sogar 50 % der Bevölkerung unter 15 Jahre alt Jedes Jahr bekommen etwa 14 Mio. Teenager ein Kind. Viele dieser jungen Frauen werden ungewollt schwanger. Die Folgen für ihre Zukunft sind oft verheerend: oft müssen sie die Schule verlassen oder ihre Ausbildung abbrechen. Eine Geburt ist für Teenager auch gesundheitlich deutlich riskanter als für Frauen über 20 Jahren.

Unzureichende Sexualaufklärung und der fehlende Zugang zu Verhütungsmitteln sind auch wesentliche Gründe für die rasche Ausbreitung von HIV/Aids unter Jugendlichen. Jeden Tag infizieren sich mehr als 6000 junge Menschen mit HIV/Aids. Sie machen die Hälfte aller HIV-Neuinfektionen aus.

M 3 Afrika ist am jüngsten ...

Ungleiche Verteilung

In der Realität gibt es jedoch Regionen mit sehr hoher Bevölkerungsdichte und Räume, die nahezu menschenleer sind, denn die tatsächliche Verteilung hängt von verschiedenen Faktoren ab: Gebiete mit fruchtbaren Böden, gemäßigtem Klima und Verkehrsgunst waren schon früh erschlossen und gehören heute zu den dicht besiedelten Räumen. Auffallend ist auch die Häufung von **Millionenstädten** am Meer. Im Landesinneren findet man die Siedlungsschwerpunkte entlang der großen Flüsse. Hingegen sind die Wüsten der Erde, Teile der inneren Tropen sowie die Polarregionen fast menschenleer. Sehr dünn oder gar nicht besiedelt sind auch die Hochgebirge. Je weiter man in die Höhe kommt, desto dünner wird die Besiedlung, bis sie schließlich ganz aufhört. Sehr dicht besiedelte Staaten stehen Staaten gegenüber, die kaum bewohnt sind, und auch innerhalb eines Staates kann es äußerst dicht besiedelte Regionen und solche mit einer deutlich geringen Bevölkerungsdichte geben.

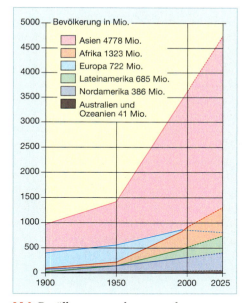

M 4 Bevölkerungswachstum nach Kontinenten

1 Berichte ausführlich über das Wachstum der Weltbevölkerung (M 1, M 2 und M 4).

2 Werte M 3 aus und erkläre, wo das Bevölkerungswachstum hoch ist.

3 Wo liegen die am dichtesten besiedelten Regionen der Erde?

Arbeit mit Bevölkerungsdiagrammen

Die Entwicklung der Weltbevölkerung

Trotz vieler Kriege, Hungersnöte und Epidemien ist die Weltbevölkerung im 20. Jahrhundert am meisten angewachsen. Durch medizinische Fortschritte und eine bessere Versorgung sank die **Sterberate** zunächst in den Industriestaaten und dann auch in den Entwicklungsländern. Es konnten sowohl die **Lebenserwartung** erhöht als auch die Säuglingssterblichkeit erheblich gesenkt werden. In den Industriestaaten stieg zu Beginn des 20. Jahrhunderts der Wohlstand im Zuge der Industrialisierung deutlich an. Dadurch kam es zu einem starken Rückgang der **Geburtenrate.** Heute bekommen in den Industriestaaten Frauen im Durchschnitt nur noch 1,5 Kinder.

Die Entwicklungsländer befinden sich in unterschiedlichen Phasen des **demographischen Übergangs.** In den meisten Entwicklungsländern sind die Sterberate und die Säuglingssterblichkeit bereits gefallen aufgrund besserer gesundheitlicher Versorgung. Die Geburtenrate ist jedoch vielfach noch sehr hoch. Das führt zunächst einmal zu einem sehr starken Anwachsen der Bevölkerung. Man spricht auch von einer **Bevölkerungsexplosion.**

In den letzten Jahren ist auch in den meisten Entwicklungsländern ein Rückgang der Geburtenrate zu erkennen. Sie liegt im Durchschnitt bei 3,2 Kindern pro Frau. In Afrika werden jedoch noch in vielen Ländern bis zu 5,3 Kinder pro Frau geboren.

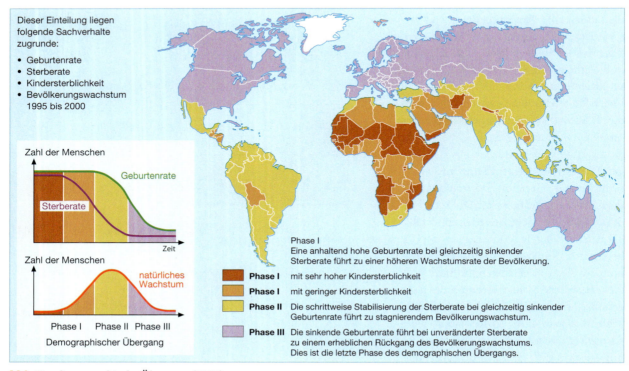

Dieser Einteilung liegen folgende Sachverhalte zugrunde:

- Geburtenrate
- Sterberate
- Kindersterblichkeit
- Bevölkerungswachstum 1995 bis 2000

Zahl der Menschen

Geburtenrate

Sterberate

Zeit

Zahl der Menschen

natürliches Wachstum

Phase I   Phase II Phase III

Demographischer Übergang

Phase I
Eine anhaltend hohe Geburtenrate bei gleichzeitig sinkender Sterberate führt zu einer höheren Wachstumsrate der Bevölkerung.

Phase I   mit sehr hoher Kindersterblichkeit

Phase I   mit geringer Kindersterblichkeit

Phase II   Die schrittweise Stabilisierung der Sterberate bei gleichzeitig sinkender Geburtenrate führt zu stagnierendem Bevölkerungswachstum.

Phase III   Die sinkende Geburtenrate führt bei unveränderter Sterberate zu einem erheblichen Rückgang des Bevölkerungswachstums. Dies ist die letzte Phase des demographischen Übergangs.

M 1 Der demographische Übergang (2000)

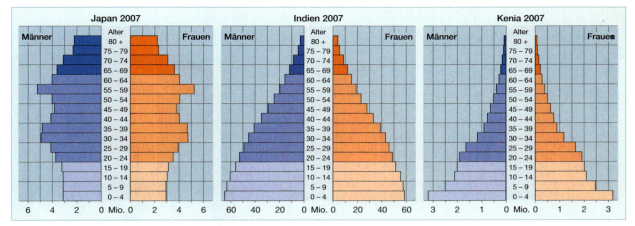

M 2 Bevölkerungsdiagramme von Japan, Indien und Kenia (2007)

Altersaufbau der Bevölkerung

Ob die Bevölkerung eines Landes zu- oder abnimmt, erkennt man auch am Altersaufbau, der in **Bevölkerungsdiagrammen** dargestellt wird.

Eine wachsende Bevölkerung erkennt man an der **Pyramidenform** des Bevölkerungsdiagramms: Jahr für Jahr nimmt die Zahl der Neugeborenen gegenüber dem Vorjahr zu. Die Bevölkerungspyramide ist typisch für viele Entwicklungsländer. Für die ständig anwachsende Zahl an Kindern und Jugendlichen müssen Nahrungsmittel produziert sowie Schulen und Ausbildungsplätze bereitgestellt werden, was vor allem für die armen Länder ein großes Problem darstellt.

Nimmt das Bevölkerungsdiagramm eines Landes **Glockenform** an, so verändert sich die Bevölkerungszahl nicht. Die Zahl der Geburten bleibt über Jahre nahezu gleich.

Typisch für die meisten Industriestaaten ist die **Urnen- oder Pilzform.** Sie ergibt sich, wenn die Zahl der Geburten von Jahr zu Jahr abnimmt. Die Bevölkerung schrumpft und der Anteil der über 65-Jährigen, die in der Regel nicht mehr erwerbstätig sind, nimmt zu. Diese sogenannte **Überalterung** kann zu Problemen bei der Finanzierung der Renten- und Krankenversicherung führen, da der Anteil der Erwerbstätigen in Bezug auf die gesamte Bevölkerung eines Landes zu gering ist.

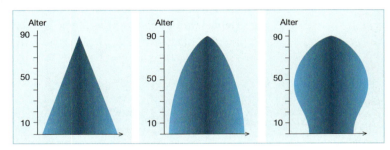

M 3 Modelle für den Altersaufbau der Bevölkerung

1 Wo konzentrieren sich die Länder, die erst die erste Phase des demographischen Übergangs erreicht haben (M 1)? Versuche eine Erklärung.

2 Beschreibe ausführlich den Altersaufbau der Bevölkerung in Japan, Indien und Kenia (M 2).

3 Vergleiche die Entwicklung der männlichen und der weiblichen Bevölkerung in den drei Ländern (M 2).

4 Ordne die Bevölkerungsdiagramme (M 2) jeweils einem Modell für den Altersaufbau der Bevölkerung zu (M 3).

5 Nenne Probleme, die auf Staaten mit stark wachsender oder stark abnehmender Bevölkerung zukommen.

6 Untersuche die Entwicklung in deiner Familie. Befrage dazu Eltern und Großeltern nach der Zahl der Geschwister.

Mädchen unerwünscht ...

Ich bin dreizehn Jahre alt. Ich heiße Nakusha. In meiner Muttersprache Hindi bedeutet mein Vorname „die Unerwünschte".
Meine Eltern haben mich nicht gewollt. Sie hatten bereits zwei Töchter, Sharmila und Kavita, zwei Mädchen zu viel. Sie wollten einen Jungen. In meiner Heimat Indien würde man, wenn man könnte, nur Jungen zur Welt bringen, vor allem wir Hindi, denn nach unserem Glauben kann nur ein Junge das Totenfeuer für die Verbrennung seiner Eltern anzünden. Damit befreit er die Seele des Toten und schenkt ihm ewiges Leben. Als ich geboren wurde, haben meine Eltern nicht einmal einen Vornamen für mich gesucht. Die Nachbarn haben mich dann Nakusha genannt, irgendeinen Namen brauchte ich ja schließlich. Den habe ich behalten – wie ein Brandzeichen, falls ich einmal vergessen sollte, dass ich unerwünscht war.

M 1 Nakusha, die Unerwünschte; Laurence Binet: Mädchen – unerwünscht und unterdrückt. Elefanten Press, Berlin 1999

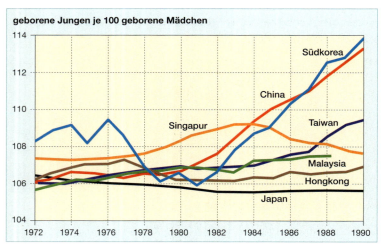

M 2 Geschlechterverhältnis bei der Geburt in Ostasien (Quelle: geographie heute, Nr. 175, November 1999, S. 34, M 2)

M 4 Junge Inderin

Familienpolitik in China und Indien

China und Indien sind die bevölkerungsreichsten Staaten der Erde. In beiden Staaten bemühen sich deshalb die Regierungen darum, die Kinderzahl zu begrenzen. Die indische Regierung setzt dabei auf Aufklärung: Überall im Land wurden Gesundheitszentren gegründet, die über Möglichkeiten der Empfängnisverhütung beraten und jungen Frauen erklären, welche Vorteile es hat, höchstens zwei Kinder zu haben. In China hingegen wird eine strenge „Ein-Kind-Politik" betrieben. Wer ein zweites Kind bekommt, muss für alle Kosten wie Schul- und Ausbildungsgeld selbst aufkommen.

Bevölkerung 1950		Bevölkerung 2005		Bevölkerung 2050 (mittlere Projektion)	
1 China	555	1 China	1312	1 Indien	1531
2 Indien	358	2 Indien	1095	2 China	1395
3 USA	158	3 USA	296	3 USA	409
4 Russland	103	4 Indonesien	221	4 Pakistan	349
5 Japan	84	5 Brasilien	186	5 Indonesien	294
6 Indonesien	80	6 Pakistan	156	6 Nigeria	258
7 Deutschland	68	7 Russland	143	7 Bangladesch	255
8 Brasilien	54	8 Bangladesch	142	8 Brasilien	233
9 Großbritannien	51	9 Nigeria	132	9 Äthiopien	170

M 3 Die neun bevölkerungsreichsten Länder 1950, 2005, 2050 (Bevölkerung in Mio.)

Mehr Jungen, weniger Mädchen

Seit in China, Indien und anderen asiatischen Staaten versucht wird, die Kinderzahl pro Familie zu senken, wird beobachtet, dass im Verhältnis mehr Jungen als Mädchen geboren werden. Normalerweise werden etwa 105 Jungen pro 100 Mädchen geboren, denn männliche Säuglinge und Kinder sterben etwas häufiger als weibliche. Bis zum Erwachsenenalter ist die Zahl dann ausgeglichen. In einigen asiatischen Staaten beobachtet man heute ein Verhältnis von 120 Jungen auf 100 Mädchen.

Jungen genießen vor allem in ländlichen Gegenden ein höheres Ansehen als Mädchen, da man sie als Arbeitskräfte benötigt. Zudem sind Söhne in vielen Ländern noch immer die einzig verlässliche Altersversorgung der Eltern, denn Mädchen gehören nach ihrer Heirat zur Familie des Mannes. Vor allem in Indien kommt noch hinzu, dass die Familie des Mädchens eine Mitgift zahlen muss. Deshalb wird ein Mädchen auf Hindi „paraydhan" (fremder Reichtum) und ein Junge „apanadhan" (ei-

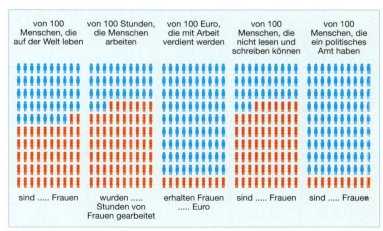

von 100 Menschen, die auf der Welt leben	von 100 Stunden, die Menschen arbeiten	von 100 Euro, die mit Arbeit verdient werden	von 100 Menschen, die nicht lesen und schreiben können	von 100 Menschen, die ein politisches Amt haben
sind ..... Frauen	wurden ..... Stunden von Frauen gearbeitet	erhalten Frauen ..... Euro	sind ..... Frauen	sind ..... Frauen

M 6 Bedeutung der Frauen

gener Reichtum) genannt. Demographen gehen davon aus, dass in wenigen Jahren in einigen asiatischen Staaten Millionen junger Männer keine Frauen zum Heiraten mehr finden werden.

M 7 China – Volk ohne Geschwister

M 5 Frauenmangel in China

1 Werte M 3 aus: In welchen Ländern wird in den nächsten Jahren das Bevölkerungswachstum am größten sein?

2 Überlege, welche Auswirkungen der Jungen-Überschuss in den nächsten Jahren für die ostasiatischen Staaten haben wird (M 2). Wo ist die Entwicklung am dramatischsten?

3 Gib die Aussagen von M 6 in einem Bericht wieder.

4 „Mädchen unerwünscht" – erkläre ausführlich die Ursachen und Folgen dieser Entwicklung (M 1, M 5, Text).

5 Diskutiert in der Klasse, wie man erreichen könnte, dass Mädchen das gleiche Ansehen genießen wie Jungen.

... aber Frauen ernähren die Welt

Frauen ernähren ihre Familien

In den Entwicklungsländern arbeiten die meisten Frauen in der Landwirtschaft. Obwohl die Männer die Felder pflügen, tragen die Frauen die Hauptlast bei der Ernährung der Familie. Sie produzieren etwa die Hälfte aller landwirtschaftlichen Güter, in Afrika sogar bis zu 80 Prozent. Sie verarbeiten die Grundnahrungsmittel und verkaufen Überschüsse auf dem Markt. Einen Teil des Erlöses müssen sie dabei häufig an den Mann abgeben.

Frauen in Entwicklungsländern arbeiten meist mehr als 16 Stunden am Tag, wobei der größte Teil der Arbeit der Sicherung der Ernährung der Familie dient. Studien in Afrika und Asien haben ergeben, dass dort Frauen bis zu 13 Stunden in der Woche länger arbeiten als Männer. Allein vier Stunden pro Tag sind sie in vielen Gegenden damit beschäftigt, Wasser und Feuerholz zu sammeln.

Frauen arbeiten für den Weltmarkt

Vor allem in Asien bauen Frauen nicht nur Grundnahrungsmittel für die eigene Familie an, sondern sie produzieren auf den Plantagen auch die Exportprodukte für den Weltmarkt. In manchen Ländern sind fast die Hälfte der Arbeitskräfte auf Plantagen Frauen. Im Reisanbau in Asien stellen sie 50 bis 90 Prozent der Arbeitskräfte. Aber auch in Afrika werden Frauen als Arbeitskräfte auf den Plantagen eingesetzt, die Nahrungsmittel für den Export anbauen. Sie arbeiten dort in der Regel als Saisonarbeiterinnen fürs Unkrautjäten oder bei der Ernte.

M 1 Frauen bei der Arbeit

In der Landwirtschaft tragen Frauen die Hauptlast der Arbeit.

Beispiel: täglich transportierte Last, umgerechnet in kg pro Kilometer

Wasser
Brennholz
Feldfrüchte

ein Mann trägt etwa 27 kg

eine Frau trägt etwa 220 kg

M 2 Frauen tragen die Hauptlast

Ein Mann ging mit einem Korb Kürbisse zum Markt, um sie dort zu verkaufen.

Auf dem Weg fragte ihn jemand:
„Wessen Früchte verkaufst du da?"
„Meine natürlich", antwortete der Bauer.
„Wer hat sie gesät?"
„Meine Frau."
„Wer hat sie gegossen und das Unkraut gejätet?"
„Sie, wer sonst?"
„Und wer hat die Früchte geerntet?"
„Nun, sie macht all diese Arbeiten!"
„Ja, warum sind dies dann deine Kürbisse?"
„Nun, sie ist meine Frau!"

Guten Appetit – schlechten Hunger, S. 74, Hrsg.: Deutsche Welthungerhilfe, Bonn

M 3 Eine Geschichte aus Bangladesch

Feminisierung der Landwirtschaft

In vielen Ländern, vor allem in Afrika werden die meisten landwirtschaftlichen Kleinbetriebe heute von Frauen geführt, da die Männer in die Städte abgewandert sind, um eine bezahlte Arbeit zu bekommen. Das bezeichnet man als **Feminisierung der Landwirtschaft.** Doch obwohl die Frauen die Betriebe führen, liegt der Landbesitz in Händen der Männer. In vielen Entwicklungsländern ist es Frauen verboten, Land zu besitzen, und ohne Landbesitz erhalten sie auch keine Kredite z. B. für Saatgut, Werkzeuge oder Düngemittel. Das behindert den wirtschaftlichen Erfolg dieser Länder.

Kleinkredite für Frauen

Da in den Entwicklungsländern vor allem die Frauen für die Ernährung der Familie sorgen, werden im Rahmen der Entwicklungshilfe häufig Projekte gefördert, die sie unterstützen. Verschiedene Organisationen unterrichten Frauen beispielsweise in neuen Methoden des Ackerbaus und der Viehhaltung. Damit sich die Frauen das Saatgut, ein paar Hühner oder eine Ziege leisten können, vergeben diese Organisationen Kleinkredite an sie. Auch in Selbsthilfegruppen werden Kleinkredite vergeben. In den Spar- und Kreditgruppen zahlen die Frauen wöchentlich einen kleinen Betrag auf ein gemeinsames Konto ein. Reihum wird das angesparte Geld dann als Kredit an die einzelnen Mitglieder vergeben – zum Beispiel um davon ein Huhn zu kaufen. Von den Erträgen zahlen die Frauen den ausgeliehenen Betrag in Raten zurück. Haben sie ihn abbezahlt, können sie ein neues Darlehen aufnehmen. Sind die Frauen mit der Hühnerzucht erfolgreich, ist häufig der nächste Schritt der Kauf einer oder mehrerer Kühe. Solche Tiere sind zwar teurer, werfen dafür aber auch einen größeren Gewinn ab.

TAG DER FRAU	TAG DES MANNES
steht zuerst auf	
macht Feuer	
säugt das Baby	
macht Frühstück, isst	steht auf
wäscht und kleidet die Kinder	frühstückt
holt Wasser aus 1 km Entfernung	
kehrt heim	
geht zum 1 km entfernten Feld	
füttert und tränkt die Tiere	
wäscht ab, räumt auf, putzt	arbeitet auf dem Feld
holt Wasser aus 1 km Entfernung	
kehrt heim	
macht die Wäsche, bereitet Essen	
säugt das Baby	
bringt dem Mann Essen aufs Feld	
kehrt heim	isst
geht zu ihrem 1 km entfernten Feld	
jätet	arbeitet auf dem Feld
säugt das Baby	
sammelt Feuerholz auf dem Heimweg	kehrt heim
stampft Getreide	ruht sich aus
holt Wasser aus 1 km Entfernung	
kehrt heim	
zündet Feuer an	
bereitet Essen, isst	isst
säugt das Baby	trifft sich mit anderen Männern
bringt die Kinder ins Bett	
wäscht ab, räumt auf	geht schlafen
geht als Letzte schlafen	

Quelle: GEO

M 4 Arbeitsteilung in Schwarzafrika

Die Erfahrung hat gezeigt, dass die Frauen die Kredite zuverlässig zurückzahlen. Mit den Gewinnen können sie nicht nur ihren eigenen Lebensstandard deutlich verbessern, sondern auch den ihrer Kinder.

1 Beschreibe die Situation der Landfrauen in Entwicklungsländern (M 1, M 2, M 4).

2 Erkläre, welche Rolle die Frauen bei der Versorgung ihrer Familien mit Nahrungsmitteln spielen (M 4).

3 Nimm kritisch Stellung zur Haltung des Mannes aus Bangladesch (M 3).

4 Verfasse einen Bericht zur Situation der Frauen (M 2 bis M 4).

Indien zwischen Hightech und bitterer Armut

M1 Computer-Spezialisten in Bangalore

M3 Bauer aus einem Dorf bei Bangalore

	Indien	Rang
Einwohner (Mio.)	1094,6	2
Bruttonationaleinkommen (in Mio. US-$)	880 074,0	10
landwirtschaftliche Nutzfläche (in Tausend ha)	159 650,0	2
Reisproduktion (in Mio. t)	136,6	2
Anteil der Bevölkerung mit Zugang zu Trinkwasser (in Prozent)	86,0	83
Anteil der Bevölkerung mit Zugang zu Sanitäreinrichtungen (in Prozent)	33,0	151
Alphabetisierungsrate Frauen (in Prozent)	47,8	121
Alphabetisierungsrate Männer (in Prozent)	73,4	113
Stromverbrauch (in kWh pro Kopf)	457,0	106
Mobiltelefone auf 1000 Personen	82,2	145
Telefone auf 1000 Personen	45,5	140
Computer auf 1000 Personen	15,5	127

M2 Indiens Stellung in der Welt (2005/2006)

Land der Gegensätze

In Indien leben auch heute noch fast zwei Drittel der Bevölkerung von der Landwirtschaft. Aber auch viele der besten Software-Spezialisten der Welt sind Inder. Neben modernen Hochhausvierteln und Technologieparks dehnen sich die Slums aus, in denen die vielen Zuwanderer in die Großstädte unter einfachsten Bedingungen leben. Auch in den Hunderttausenden Dörfern abseits der Städte gibt es häufig weder Sanitäreinrichtungen noch Zugang zu elektrischem Strom oder sauberem Trinkwasser. Da die Bevölkerung vor allem auf dem Land noch immer sehr stark wächst, reichen die Erträge der vielen Kleinbauern kaum aus, um die Familien zu ernähren.

Städte – Zentren der Hochtechnologie

In den Großstädten Indiens hat sich eine Vielzahl von Software-Firmen angesiedelt. In Technologieparks sind Tausende Ingenieure und Software-Spezialisten beschäftigt. Hier lassen Firmen aus Europa und den USA ihre Programme schreiben, denn ein Programmierer im eigenen Land kostet mehr als das Fünffache eines indischen Software-Spezialisten. Über Satellitenleitungen oder das Internet gelangen die fertigen Produkte ohne Zeitverlust und hohe Transportkosten zu den Auftraggebern. Aber auch Pharmafirmen und Betriebe der Biotechnologie gewinnen an Bedeutung in Indien. Sie entstehen in der Nähe der Universitäten und Forschungseinrichtungen, da hier hoch qualifizierte Mitarbeiter zur Verfügung stehen. Aber auch Inder oder Inderinnen, die in den USA oder Europa studiert haben, arbeiten hier.

Fortschritt durch Bildung

In Indien studieren etwa sieben Prozent der Jugendlichen (Deutschland: fast 40 Prozent). Sie werden vor allem an den Indian Institutes of Technology, die weltweit sehr angesehen sind, zu Informatikern, Technikern und Wissenschaftlern ausgebildet. Doch fast die Hälfte aller Inder kann weder schreiben noch lesen. Deshalb soll in Zukunft die Wissenschaft mehr bei der Entwicklung in den dörflichen Regionen eingesetzt werden.

Kinder in abgelegenen Regionen sollen mit Satellitenprogrammen unterrichtet werden und mithilfe der Biotechnologie erhofft man sich eine Steigerung der Erträge in der Landwirtschaft.

Wie gebildete Inder den Weltmarkt erobern

Heute gibt es „zwei Indien", getrennt durch einen digitalen Graben: das gebildete und das ungebildete Indien. Nach wie vor kann kaum mehr als jeder zweite Inder lesen und schreiben. Tausende von Dörfern haben keine Schule, viele Schulen kein Gebäude und kein Mobiliar. Obendrein zwingt die verbreitete Armut viele Kinder, zum Familieneinkommen beizusteuern; ihnen fehlt deshalb schlicht die Zeit zum Schulbesuch.

Wer den Wettbewerb um einen Platz an einer der Eliteinstitutionen allerdings für sich entscheiden konnte, ist bestens für den Weltmarkt gerüstet – entweder in einer der heimischen Hightech-Zonen wie dem berühmten Bangalore oder in Übersee. Das Durchschnittseinkommen der Asiaten in den USA liegt über dem der aus Europa stammenden Bevölkerung. Dies hat keine Einwanderergruppe zuvor geschafft.

Ausschnitt aus: Wolfgang-Peter Zingel: Reinheit des Geistes, Die Zeit, 27. 1. 2005, S. 21

M 4 Erfolg durch Bildung

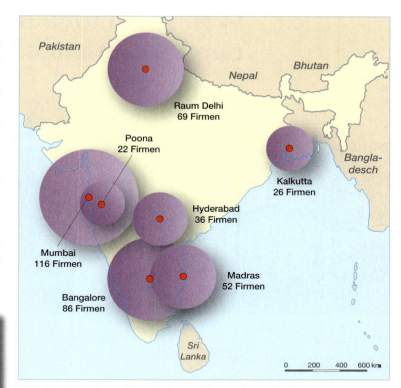

M 5 Standorte der größten Software-Unternehmen Indiens

M 6 Alltag in Indien

1 „Indien hat viele Gesichter". Nimm Stellung zu dieser Behauptung (M 1 bis M 6).

2 Werte M 2 aus: Welche Werte sind typisch für ein Entwicklungsland, welche zeigen an, dass Indien auf dem Weg der Industrialisierung ist.

3 Fortschritt durch Bildung – berichte ausführlich (M 1, M 4, M 5).

Wohlstand für alle durch wachsende Weltwirtschaft?

M1 Stadtzentrum von Bangkok (Thailand)

M2 Stadtzentrum von Accra (Ghana)

Globalisierung

Unter **Globalisierung** versteht man die enge Verflechtung der Staaten der Erde und ihrer Menschen, die durch Verbesserung der Kommunikationsbedingungen, Senkung der Transportkosten und Beseitigung von Handelshemmnissen ermöglicht wurde.

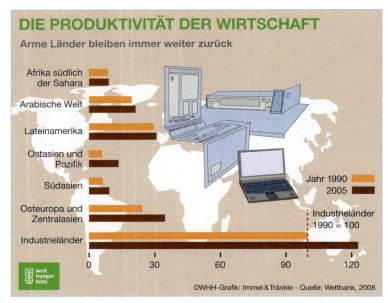

DIE PRODUKTIVITÄT DER WIRTSCHAFT
Arme Länder bleiben immer weiter zurück

Afrika südlich der Sahara
Arabische Welt
Lateinamerika
Ostasien und Pazifik
Südasien
Osteuropa und Zentralasien
Industrieländer

Jahr 1990
2005

Industrieländer 1990 = 100

0   30   60   90   120

welt hunger hilfe

DWHH-Grafik: Immel & Tränkle - Quelle: Weltbank, 2008

M3 Armut in Entwicklungsländern

Nur Gewinner der Globalisierung?

Die Zunahme des Welthandels und die immer engere weltweite Verflechtung der Güterherstellung haben zu einem ständigen Wachstum der Weltwirtschaft geführt. Das Wachstum verteilt sich jedoch nicht gleichmäßig auf die Wirtschaftsräume der Erde. Gewinner der Globalisierung sind derzeit die Industriestaaten und einige Länder Südostasiens. Dabei ist das Ungleichgewicht zwischen den reichen Industriestaaten und den armen Entwicklungsländern noch größer geworden, obwohl auch die Wirtschaft in den Entwicklungsländern insgesamt wuchs.

Vor allem in den Staaten, die hauptsächlich Rohstoffe exportieren, lebt mehr als die Hälfte aller Menschen in bitterer Armut. Dazu gehören zum Beispiel viele Staaten Afrikas.

Eine Ausnahme bilden die Staaten, die Rohöl fördern und exportieren. Dieser Rohstoff ist auf dem Weltmarkt äußerst begehrt, sodass hohe Preise dafür gezahlt werden müssen. Die Erdöl exportierenden Länder gehören deshalb zu den reichsten Staaten der Erde.

M 4 Einige Fakten zur Globalisierung

- Zwischen 1990 und 2000 hat sich der Export von Waren und Dienstleistungen verdoppelt.
- 1990 arbeiteten 17 Prozent aller Arbeitskräfte in den Entwicklungsländern für den Export in die reichen Länder des „Nordens". Heute verdanken zwei Drittel aller Arbeitskräfte dem Export ihren Arbeitsplatz.
- Seit 1990 holen internationale Konzerne wie IBM, Motorola oder Hewlett-Packard Tausende von Fachleuten aus Entwicklungsländern in ihre Werke in Europa und den USA,
- oder sie gründeten in den Entwicklungsländern Niederlassungen, in denen Menschen Arbeit fanden.

Arbeitslosigkeit

Sowohl in vielen Industrie- als auch in Entwicklungsländern ist die Arbeitslosigkeit sehr hoch. In den Entwicklungsländern wird die hohe Arbeitslosigkeit vor allem durch das starke Bevölkerungswachstum und die Zuwanderung vom Land in die Städte verursacht.

In den Industriestaaten gehen mehr und mehr Arbeitsplätze in der industriellen Produktion verloren. Viele Arbeitsschritte in der Produktion werden entweder durch Maschinen erledigt, oder die Produktion wird in Billiglohnländer verlegt. So verarmen auch in den Industriestaaten immer mehr Menschen.

Digitale Spaltung

Wer erfolgreich am globalen Handel und an der globalen Herstellung von Waren teilhaben will, für den sind Online-Verbindungen und Internet unverzichtbar. In vielen Entwicklungsländern vor allem Schwarzafrikas gibt es jedoch kaum Telefon- oder Internetanschlüsse, denn häufig fehlen die technischen Voraussetzungen sowie eine flächendeckende Stromversorgung.

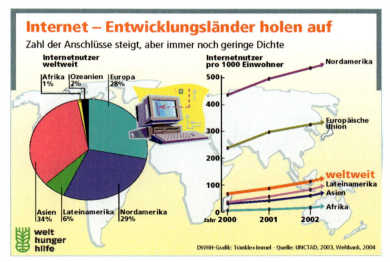

M 5 Internetnutzung weltweit

M 6 Arbeit in einem fremden Land

1 Beschreibe die Fotos und nenne die Kontinente, auf dem die Städte liegen (M 1, M 2, Atlas).

2 Werte M 3 aus: Nenne die Kontinente, a) deren Wirtschaftsleistung am geringsten ist, b) deren Wirtschaft am wenigsten wächst. Erläutere, welche Regionen vielleicht den Anschluss an die Industriestaaten schaffen könnten.

3 Armut und hohe Arbeitslosigkeit veranlassen Menschen, in fremden Ländern Arbeit zu suchen. Fasse die Aussagen von M 6 in einem Bericht zusammen.

4 Globalisierung – eine Chance oder eine Katastrophe? Diskutiert in der Klasse (M 4/M 5, Internet).

Bekämpfung der Armut – eine globale Herausforderung

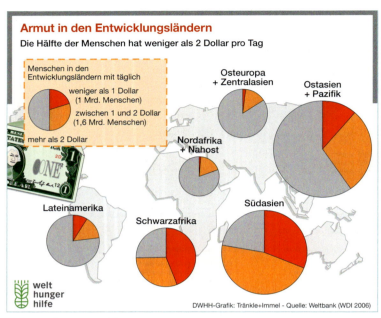

Armut in den Entwicklungsländern

Die Hälfte der Menschen hat weniger als 2 Dollar pro Tag

Menschen in den Entwicklungsländern mit täglich
- weniger als 1 Dollar (1 Mrd. Menschen)
- zwischen 1 und 2 Dollar (1,6 Mrd. Menschen)
- mehr als 2 Dollar

Osteuropa + Zentralasien

Ostasien + Pazifik

Nordafrika + Nahost

Lateinamerika

Schwarzafrika

Südasien

welt hunger hilfe

DWHH-Grafik: Tränkle+Immel - Quelle: Weltbank (WDI 2006)

M 1 Wo die Armen leben

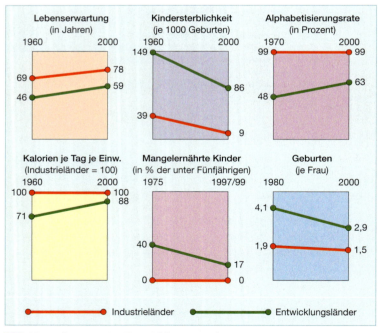

Lebenserwartung (in Jahren)
1960 — 2000
69 → 78
46 → 59

Kindersterblichkeit (je 1000 Geburten)
1960 — 2000
149 → 86
39 → 9

Alphabetisierungsrate (in Prozent)
1970 — 2000
99 → 99
48 → 63

Kalorien je Tag je Einw. (Industrieländer = 100)
1960 — 2000
100 → 100
71 → 88

Mangelernährte Kinder (in % der unter Fünfjährigen)
1975 — 1997/99
40 → 17
0 → 0

Geburten (je Frau)
1980 — 2000
4,1 → 2,9
1,9 → 1,5

Industrieländer — Entwicklungsländer

M 2 Veränderungen im Entwicklungsstand

Armut in Entwicklungsländern

In den letzten Jahren hat sich die Situation der Entwicklungsländer in vielen Bereichen deutlich verbessert, doch die Kluft zwischen den Reichsten und den Ärmsten der Weltbevölkerung wird immer größer. Aber auch die Unterschiede zwischen den Entwicklungsländern nehmen weiter zu. Besonders in den ärmsten Staaten verschlechtert sich die Situation weiter, vor allem dort, wo kriegerische Auseinandersetzungen und instabile politische Verhältnisse, aber auch Naturkatastrophen wie Dürren und Überschwemmungen die wirtschaftliche Entwicklung behindern.

Während es auf der einen Seite enormen Reichtum gibt, müssen von den rund sechs Milliarden Menschen etwa 1,2 Milliarden mit weniger als einem Dollar am Tag auskommen, sie leben in **extremer Armut.** Das reicht nirgendwo auf der Welt, um ein menschenwürdiges Dasein führen zu können. Arme Menschen sind vom wirtschaftlichen, gesellschaftlichen und sozialen Leben ausgeschlossen. Sie sind bedroht von Hunger, Unter- und Mangelernährung, Krankheit, geringer Lebenserwartung, Kinder- und Säuglingssterblichkeit, niedriger Bildung, schlechten Wohnverhältnissen und Obdachlosigkeit. Extreme Armut führt aber auch zu Umweltzerstörungen und bedroht Frieden sowie Sicherheit.
Nur wenn die Menschen in den ärmsten Regionen der Erde durch gezielte Maßnahmen eine Chance erhalten,
- sinkt die Gefahr von Gewalt und Krieg,
- werden sie ökologischen Gesichtspunkten gegenüber aufgeschlossen sein,
- können sie in ihrer Heimat bleiben,
- können sie Partner auf dem Weltmarkt werden.

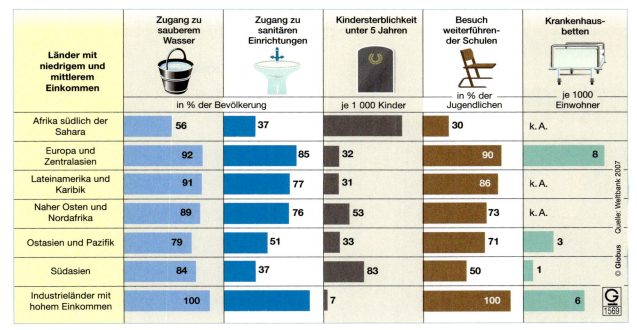

Länder mit niedrigem und mittlerem Einkommen	Zugang zu sauberem Wasser	Zugang zu sanitären Einrichtungen	Kindersterblichkeit unter 5 Jahren	Besuch weiterführender Schulen	Krankenhaus- betten
	in % der Bevölkerung		je 1 000 Kinder	in % der Jugendlichen	je 1000 Einwohner
Afrika südlich der Sahara	56	37		30	k. A.
Europa und Zentralasien	92	85	32	90	8
Lateinamerika und Karibik	91	77	31	86	k. A.
Naher Osten und Nordafrika	89	76	53	73	k. A.
Ostasien und Pazifik	79	51	33	71	3
Südasien	84	37	83	50	1
Industrieländer mit hohem Einkommen	100		7	100	6

Quelle: Weltbank 2007 © Globus 1569

M 3 Die Kluft zwischen Arm und Reich

Bekämpfung der Armut

Im Jahr 2000 haben die Mitgliedsstaaten der UNO beschlossen, bis zum Jahr 2015 die Zahl der Menschen, die von weniger als einem US-Dollar pro Tag leben müssen, zu halbieren. Um dieses Ziel zu erreichen, arbeiten verschiedene Organisationen der UNO (z. B. UNICEF, UNESCO, FAO, IWF), viele Staaten und die EU zusammen.

Wie können die Ziele erreicht werden?

Neben der direkten **Nahrungsmittelhilfe** durch Getreidelieferungen in Länder, die von akuten Hungersnöten bedroht sind, kann Armut nur erfolgreich bekämpft werden, wenn man den Entwicklungsländern die Möglichkeit eröffnet, ihre Situation aus eigener Kraft zu verbessern. Deshalb werden vor allem Projekte im Bereich Bildung, Gesundheit und Hygiene sowie zur Aufhebung der Benachteiligung von Frauen und zur besseren Integration der Entwicklungsländer in die Weltwirtschaft gefördert.

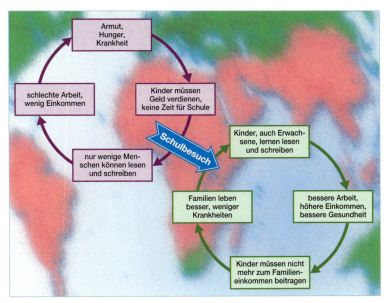

M 4 Kreislauf der Armut

1 Nenne die Regionen der Erde, wo die meisten armen Menschen leben (M 1, M 3).

2 Berichte, was Armut für die betroffenen Menschen und für ein Land bedeutet (M 3, M 4, Text).

3 Beschreibe die Veränderungen im Entwicklungsstand (M 2).

Viele Welten – eine Welt

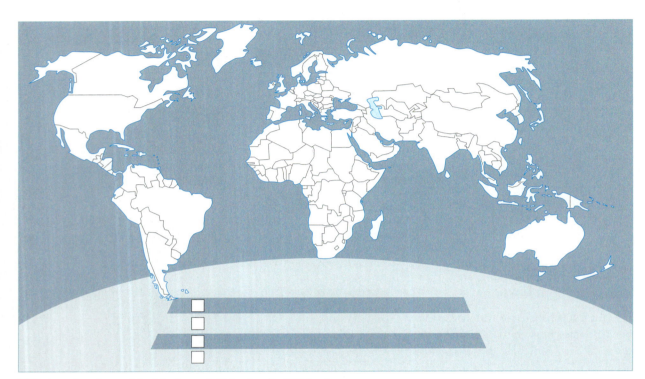

M 1 Arme Länder – reiche Länder nach Kriterien der Weltbank

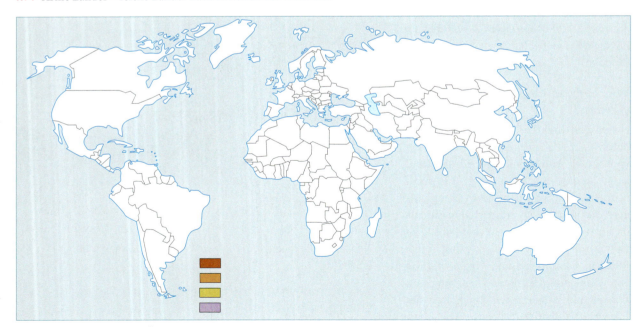

M 2 Der demographische Übergang

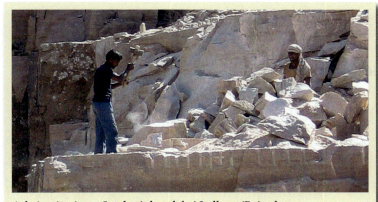

Arbeiter in einem Sandsteinbruch bei Jodhpur/Rajasthan

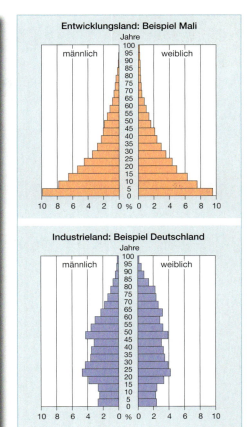

M4 Zwei Bevölkerungsdiagramme – zwei unterschiedliche Länder

Die Arbeit der Kinder in den indischen Steinbrüchen verstößt sowohl gegen nationale Gesetze als auch gegen internationale Konventionen. Über die Zahl der Kinder, die in der schnell wachsenden indischen Steinindustrie arbeiten, gibt es keine verlässlichen Angaben. Die wenigen vorhandenen Studien legen nahe, dass mindestens 15 Prozent der mehr als eine Million Beschäftigten der Branche Kinder sind. Die Arbeitsbedingungen in vielen Minen und weiterverarbeitenden Betrieben sind nach internationalen Maßstäben verheerend schlecht. Schwere gesundheitliche Schäden sind die Folge, von denen auch in besonderem Maße die Kinder massiv bedroht sind. Die Entlohnung der Beschäftigten reicht oftmals nicht aus, um auch nur der schlimmsten Armut zu entkommen. Die Erkenntnis, dass der Kauf „billiger" Steine in vielen Fällen mit einem hohen Preis für die Menschen in Indien verbunden ist, setzt sich in Deutschland erst langsam durch. Gemeinsames Ziel der lokalen indischen Exporteure wie auch der hiesigen Importeure sollte die Umsetzung der bestehenden gesetzlichen Bestimmungen sein.

Mehr als 120 deutsche Kommunen haben bis Mitte 2008 beschlossen, beim Einkauf von Steinen und anderen Produkten von ihren Lieferanten die Garantie zu verlangen, dass deren Zulieferer keine Kinderarbeit zulassen. Dies ist eine Kehrtwende von der bisherigen Auftragsvergabe. Lange zählte nur der Preis der Natursteine. Damit waren Städte, die beispielsweise Plätze mit Steinen aus Indien pflastern ließen, mitverantwortlich für schlechte Arbeitsbedingungen: Sie drückten die Preis so weit nach unten, dass die dortigen Produzenten sehr geringe Löhne zahlen mussten und zudem viele Arbeitsschutzgesetze außer Kraft setzten.

Die Zustände in den Steinbrüchen zeigen aber auch, dass allein die Forderung nach einem Verbot der Kinderarbeit nicht weiterhilft. Wenn Erwachsene für ihre Arbeit so schlecht bezahlt werden, dass sie mit ihrem Lohn ihre Familie nicht ernähren können, werden die Kinder arbeiten müssen, um zu überleben. Gleiches gilt, wenn durch die hohe Staubbelastung – die durch einfachste Maßnahmen verhindert werden könnte – Erwachsene schon mit Mitte 30 arbeitsunfähig sind und Väter oft im Alter von 40 Jahren sterben. Daher muss beim Einkauf nicht nur auf ein Verbot von Kinderarbeit geachtet werden, sondern auch auf menschenwürdige Arbeitsbedingungen und Löhne, die das Überleben sichern.

Quelle: Südwind e. V. (Friedel Hütz-Adams), Siegburg [2006]

M3 Schöne Steine im Sonderangebot – wer zahlt den Preis?

www.suedwind-institut.de

1 Fertige M1 eine Fotokopie an, färbe die Staaten entsprechend dem Pro-Kopf-Einkommen ein und vervollständige die Legende.

2 Fertige von M2 eine Fotokopie an. Trage darin die Staaten unterschieden nach den vier Phasen des demographischen Übergangs ein.

3 Nimm Stellung zu M3.

4 Fasse noch einmal zusammen, was sich an den beiden Bevölkerungsdiagrammen ablesen lässt (M4).

8 Frauen und Männer – gleichberechtigt?

Obwohl die Gleichberechtigung von Mann und Frau im Grundgesetz verankert ist, nehmen Frauen und Männer heute noch sowohl in der Familie als auch im Berufsleben sowie in der Gesellschaft unterschiedliche Aufgaben und Funktionen wahr. Lange Zeit wurden Mädchen und Jungen auf verschiedene Aufgaben vorbereitet. Mädchen sollten in erster Linie Mütter und Hausfrauen werden, während die Jungen später den Lebensunterhalt ihrer Familie erwirtschaften mussten und wichtige Entscheidungen zu treffen hatten. Heute werden eine partnerschaftliche Arbeitsteilung sowie die gemeinsame Verantwortung für Haushalt und Kinder zur Wirklichkeit geworden. Doch ist die Gleichberechtigung zwischen Männern und Frauen wirklich schon in allen Lebensbereichen erreicht? Welche Probleme können sich ergeben und welche Hindernisse müssen noch überwunden werden?

1 Beschreibe die Familie auf dem Foto und stelle Vermutungen an, ob Mann und Frau hier gleichberechtigt sind. Begründe.

2 Sammelt auf einem Lernplakat Aussagen zur Gleichberechtigung, die euch wichtig erscheinen. Ihr könnt in den folgenden Unterrichtsstunden weitere Aussagen zum Thema ergänzen.

Aufgabenteilung in der Familie

Alltägliche Streitigkeiten

*amnesty international
internationale Organisation, die sich für die Verteidigung der Menschenrechte einsetzt

Wer kennt das nicht?: Das schmutzige Geschirr türmt sich in der Küche, es müsste dringend Staub gesaugt werden und die Kinderzimmer sehen chaotisch aus – schon geht der Streit in der Familie los, wer welche Aufgaben erledigen soll.

M 1 Alle helfen mit

M 3 „Ist dort „amnesty international"*? Man mutet mir allen Ernstes die Entleerung des Mülleimers zu!"
Karikatur: Horst Haitzinger

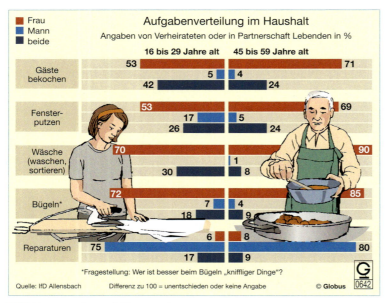

M 2 Frauensachen – Männersachen

In einer Familie leben Menschen zusammen, die unterschiedliche Interessen, Ziele und Meinungen haben. Wie in der Schule und in der Gesellschaft auch muss man Vereinbarungen treffen, damit man ohne ständigen Streit zusammen leben kann. Dabei ist es wichtig, dass alle Familienmitglieder Verantwortung übernehmen. Jeder in der Familie hat Rechte sowie Pflichten und jeder sollte seinen Teil dazu beitragen, dass das Zusammenleben funktioniert. Auch die Kinder übernehmen Aufgaben in der Familie – z. B. das Haustier pflegen, das eigene Zimmer aufräumen oder den Tisch decken. Wenn ein oder mehrere Familienmitglieder mit den zugeteilten Aufgaben unzufrieden sind, sollte man darüber sprechen.

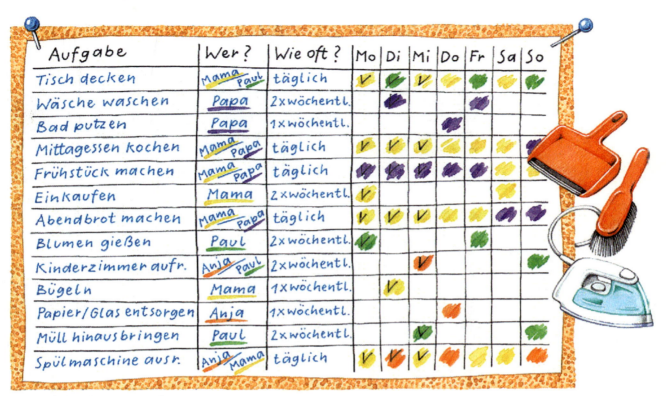

M4 Aufgabenplan einer Familie

Der Familienrat tagt

Mit zunehmendem Alter werden auch die Kinder mehr und mehr an den Entscheidungen innerhalb der Familie beteiligt und zu Aufgaben herangezogen. Sie dürfen mitbestimmen und ihre Meinung gegenüber den anderen Familienmitgliedern vertreten.

Der Familienrat will darüber diskutieren, wie die Aufgaben gerechter auf die verschiedenen Familienmitglieder verteilt werden können. In den meisten Familien erledigt die Frau die meisten anfallenden Hausarbeiten.

Beim Erstellen eines Aufgabenplans für die Familie muss man einiges bedenken:
- Die einzelnen Familienmitglieder haben Pflichten außerhalb der Familie – z.B. im Beruf oder in der Schule.
- Manche Aufgaben können nur von Erwachsenen übernommen werden – z.B. Autofahrten, Schriftverkehr mit Banken und Behörden.
- Die anfallenden Hausarbeiten beanspruchen unterschiedlich viel Zeit.

1 Stelle in einer Tabelle zusammen, welche Familienmitglieder deiner Familie welche Aufgaben im Haushalt erledigen:

Familienmitglied	Hausarbeit
Mutter	Wäsche waschen und bügeln

2 Vergleiche deine Aufstellung mit M2: Berichte über Übereinstimmungen und Unterschiede bei der Erledigung der Hausarbeit.

3 Erläutere, worüber sich der Junge in M3 beschwert. Ist er deiner Meinung nach im Recht oder im Unrecht. Begründe deine Antwort.

4 Werte M4 aus: Nenne Aufgaben, die nur von den Erwachsenen erledigt werden und solche, die nur die Kinder übernehmen.

5 „Zusammenarbeit in der Familie macht Spaß" (M1). Erläutere das anhand von einigen Beispielen.

Eine Befragung durchführen

M 1 Befragung auf dem Schulhof

In jeder Familie kommt es immer wieder zu Auseinandersetzungen darüber, wer welche Aufgaben im Haushalt erledigen muss. Oft fallen da Sätze wie diese: „Nur ich muss immer die Küche aufräumen. Keine/keiner meiner Freundinnen/Freunde muss so viel im Haushalt mithelfen."
Ob das wirklich stimmt, könnt ihr mithilfe einer Umfrage unter euren Mitschülerinnen und Mitschülern herausfinden.

Offene Fragen
Bei der „offenen Frage" kann der Befragte so antworten, wie er es wünscht – es sind keine Auswahlantworten vorgegeben. Sie sind schwer auszuwerten, da jeder Befragte anders antworten kann.

Geschlossene Fragen
Bei geschlossenen Fragen sind mögliche Antworten vorgegeben, die nur angekreuzt werden müssen. Bei der Auswertung lässt sich schnell ermitteln, wie viele der Befragten welche Möglichkeit angekreuzt haben.

M 2 Fragetypen

Die Befragung

Wenn ihr mithilfe eurer Befragung ein aufschlussreiches Ergebnis erzielen wollt, müsst ihr möglichst viele Personen befragen. Das muss gut organisiert sein.

1. Schritt:
Planung der Befragung

Legt zunächst das Thema der Befragung fest und wen ihr befragen wollt.
Wenn das geklärt ist, könnt ihr den Fragebogen entwerfen. Dabei müsst ihr euch zunächst festlegen, welche Art von Fragen ihr verwenden wollt. Nur, wenn die Fragen sorgfältig ausgewählt wurden, gelingt nachher die Auswertung.
Wenn ihr herausfinden wollt, was Mädchen und was Jungen im Haushalt tun, müsst ihr das Geschlecht der Befragten kennzeichnen, z. B. durch verschiedenfarbige Fragebogen oder durch Ankreuzen der Gruppenzugehörigkeit.
Informiert euch, ob ihr die Fragebogen in der Schule kopieren dürft.
Legt einen Zeitraum fest, in dem die Befragung durchgeführt werden soll.

2. Schritt: Durchführung der Befragung

Entscheidet euch, wann und wie ihr die Befragung durchführen wollt. Wenn ihr eure Mitschüler in den Pausen befragt, müsst ihr darauf achten, dass ihr nicht einige mehrmals und andere gar nicht befragt. Wenn ihr während der Unterrichtszeit durch die Klassen gehen wollt (Vorteil: Alle Schüler einer Klasse werden vollzählig angetroffen.), müsst ihr die Zustimmung der Schulleitung und der Lehrkräfte einholen.

Beachte: Zu viele „Interviewer" können den Befragten erschrecken. Auch wenn ihr nur eure Mitschüler befragt, solltet ihr höflich sein. Eine Befragung ist kein Verhör! Ihr seid auf die Mithilfe der Befragten angewiesen.

3. Schritt: Auswerten der Befragung

Sammelt zunächst alle ausgefüllten Fragebogen. Wenn ihr herausfinden wollt, ob Mädchen und Jungen unterschiedlich mithelfen müssen, sortiert die Fragebogen nach dem Geschlecht der Befragten.

Teilt euch zur Auswertung in Gruppen auf. Ihr könnt die Fragebogen zerschneiden und jede Gruppe wertet eine, zwei oder drei Fragen aus.

Bereitet Auswertungsbogen vor:

Wenn alle Fragebogen ausgewertet sind, könnt ihr eure Ergebnisse zusammentragen. Ihr könnt sie in einem zusammenhängenden Text, als Tabelle oder als Grafik präsentieren. Ihr könnt Auskunft geben

- wie viele Kinder im Haushalt mithelfen,
- ob es Unterschiede bei den Tätigkeiten in Bezug auf Mädchen und Jungen gibt.

	mehrmals in der Woche	einmal in der Woche	ganz selten	nie
Ich spüle, trockne das Geschirr ab bzw. räume die Spülmaschine ein und aus.				
Ich räume mein Zimmer auf.				
Ich helfe beim Putzen (z. B. Bad, Waschbecken, Küche, Treppenhaus)				
Ich bringe den Müll weg.				
Ich decke den Tisch oder räume ihn ab.				
Ich mache kleinere Reparaturen (Fahrrad reparieren, Glühbirnen auswechseln).				
Ich helfe beim Kochen oder koche selbst.				
Ich kümmere mich um die Wäsche (z. B. aufhängen, zusammenlegen oder bügeln).				
Ich kümmere mich um Wohnung und Garten (z. B. Blumen gießen, anstreichen, Rasen mähen).				
Ich versorge Geschwister und/oder Haustiere.				

Quelle: Bundesweite Koordinierungsstelle Girls'Day – Mädchen-Zukunftstag © 2006 | Kompetenzzentrum Technik – Diversity – Chancengleichheit (TeDiC) e. V.

M 4 Beispiel eines Fragebogens zum Thema „Mitarbeit im Haushalt"

	mehrmals in der Woche	einmal in der Woche	ganz selten	nie	ungültig/ keine Angaben
Jungen					
Mädchen					

M 3 Muster eines Auswertungsbogens für die einzelnen Fragen

Gleichberechtigung – ein langer Weg

In der Fassung von 1896 hieß es:

§ 1354 BGB (Rechtsstellung der Frau): Dem Manne steht die Entscheidung in allen das gemeinschaftliche eheliche Leben betreffenden Angelegenheiten zu; er bestimmt insbesondere Wohnort und Wohnung.

§ 1356 (Haushaltsführung): Die Frau ist, unbeschadet der Vorschriften des § 1354, berechtigt und verpflichtet, das gemeinschaftliche Hauswesen zu leiten. Zu Arbeiten im Hauswesen und im Geschäfte des Mannes ist die Frau verpflichtet, soweit eine solche Tätigkeit nach den Verhältnissen, in denen die Ehegatten leben, üblich ist.

In der Fassung von 1958 hieß es:

§ 1356 BGB (Haushaltsführung): Die Frau führt den Haushalt in eigener Verantwortung. Sie ist berechtigt, erwerbstätig zu sein, soweit dies mit ihren Pflichten in Ehe und Familie vereinbar ist. Jeder Ehegatte ist verpflichtet, im Beruf oder Geschäft des anderen Ehegatten mitzuarbeiten, soweit dies, nach den Verhältnissen, in denen die Ehegatten leben, üblich ist.

In der Fassung von 2002 heißt es:

§ 1356 BGB (Haushaltsführung): (1) Die Ehegatten regeln die Haushaltsführung im gegenseitigen Einvernehmen. Ist die Haushaltsführung einem der Ehegatten überlassen, so leitet dieser den Haushalt in eigener Verantwortung. (2) Beide Ehegatten sind berechtigt, erwerbstätig zu sein. Bei der Wahl und Ausübung einer Erwerbstätigkeit haben sie auf die Belange des anderen Ehegatten und der Familie die gebotene Rücksicht zu nehmen.

M 1 Rechte und Pflichten in der Ehe

	1882	1907	1925	1933
Anteil der erwerbstätigen Frauen an der Gesamtzahl der Frauen	33,8	31,2	35,6	34,2
davon tätig als				
mithelfende Familienangehörige	40,7	35,2	36,0	36,1
Dienstmädchen/Hausangestellte	17,9	16,1	11,4	10,5
Arbeiterinnen				
in Industrie und Handel	11,8	18,3	23,0	22,9
in der Landwirtschaft	15,5	14,5	9,2	7,5
Angestellte und Beamtinnen	1,7	6,5	12,6	14,8
Selbstständige	12,3	9,2	7,7	8,0

(Zusammengestellt nach: Ute Frevert, Frauen-Geschichte zwischen bürgerlicher Verbesserung und neuer Weiblichkeit, Frankfurt a. M. (Suhrkamp) 1986, S. 290)

M 2 Erwerbstätige Frauen 1882–1933

M 3 Aufruf zum 4. Frauentag

Gleichberechtigung in der Familie

Es ist noch gar nicht so lange her, dass eine Frau zum Beispiel nicht arbeiten durfte, wenn es ihr Ehemann nicht erlaubt hatte. Noch bis 1958 entschied der Mann über alles, was die gemeinsame Lebensführung betraf: Er legte fest, wo und wie die Familie wohnte. Er verwaltete das Geld und bestimmte, wofür es ausgegeben wurde. Er entschied, wie die Kinder erzogen wurden und welche Ausbildung sie machen durften. Der Familienname war selbstverständlich der Nachname des Mannes.

Erst seit 1977 legt das Ehe- und Familienrecht fest, dass Mann und Frau ihr gemeinsames Leben gleichberechtigt und partnerschaftlich regeln. Heute ist nicht mehr automatisch die Frau für die Haushaltsführung und der Mann fürs Geldverdienen zuständig. Doch die Gleichstellung vor dem Gesetz ist noch nicht in allen Familien angekommen und führt oft zu Streit.

Gespräch mit der Gleichstellungsbeauftragten Andrea Matzmorr-Aretz:

Wo arbeiten Gleichstellungsbeauftragte wie Sie?

Gleichstellungsbeauftragte gibt es in allen öffentlichen Einrichtungen (z. B. Behörden, Polizei, Universitäten). In den meisten Fällen arbeiten sie betriebsbezogen. In den Gemeinden haben sie eine Doppelfunktion. Zum einen haben sie mit der Arbeitssituation der Frauen in der Verwaltung zu tun, zum anderen sind sie Anlaufstelle für Bürgerinnen und Bürger. Sie können aber immer in ihrer Arbeit eigene Schwerpunkte setzen.

Was genau sind ihre Aufgaben?

Die Gleichstellungsbeauftragte macht auf Benachteiligungen von Frauen aufmerksam oder wird darauf von betroffenen Frauen aufmerksam gemacht und versucht, beim Abbau dieser Benachteiligungen zu helfen (z. B. bei Berufswahl, Beförderungen, Einstellungen). Sie beschäftigt sich mit Themen wie Mädchenarbeit, Gesundheit und Gewaltprävention*, Vereinbarkeit von Familie und Beruf sowie der Integration von Migrantinnen*. Sie führt Beratungen durch und organisiert Veranstaltungen zu bestimmten Themen oder führt sie selbst durch.

Welche Veränderungen erreichen Sie?

Die kurzfristig sichtbaren Erfolge liegen erst einmal in der Arbeit vor Ort – z. B. gut besuchte Informations- und Weiterbildungsveranstaltungen. Gesellschaftliche und politische Veränderungen finden nur sehr langsam statt, wenn sich das Bewusstsein vieler Einzelner ändert und sie sich für diese Veränderungen aktiv einsetzen.

*Gewaltprävention
Vorbeugung in Bezug auf Gewalt

*Migranten
Menschen, die für einen längeren Zeitraum den Ort, an dem sie leben, verändern (insbesondere Auswanderungen in andere Länder)

M 4 Gleichberechtigung ist noch nicht selbstverständlich

Gleichberechtigung in der Gesellschaft

Neben der Gleichstellung in der Familie kämpfen Frauen seit über 100 Jahren für die gesellschaftliche Gleichstellung. Es ging ihnen dabei zunächst um das Recht auf Bildung und freie Berufswahl. 1886 machten die ersten Frauen Abitur und ab 1900 durften Frauen studieren.

Um ihre Forderungen und Rechte durchsetzen zu können, kämpften Frauen vor allem um das Wahlrecht. Seit Beginn des 19. Jahrhunderts schlossen sich Frauen in Vereinen zusammen, um sich politisch engagieren zu können. Auf Versammlungen und Demonstrationen setzten sie sich für ein Wahlrecht für Frauen ein, das schließlich 1918 eingeführt wurde.

Heute ist die Gleichberechtigung von Mann und Frau im Artikel 3 des Grundgesetzes verankert. Danach darf niemand mehr u. a. wegen seines Geschlechts benachteiligt werden.

M 5 Frauenwahlrecht: erste weibliche Abgeordnete 1919 (von links nach rechts: Helene Weber, Marie Juchacz, Marie-Elisabeth Lüders)

1 Liste auf, welche Rechte und welche Pflichten Frauen in der Ehe bis 1958 hatten und heute haben (M 1).

2 Berichte, wie viele Frauen erwerbstätig waren und welche Tätigkeiten sie ausführten. Vergleiche mit ihren Rechten und Pflichten (M 2, M 1).

3 Erläutere, warum das Frauenwahlrecht ein wichtiger Schritt für die Gleichberechtigung war (M 3, M 5 und S. 126/127)

4 Erstelle die Lebensläufe der Frauen (M 5, Lexikon).

5 Erläutere, welche Aufgaben eine Gleichstellungsbeauftragte hat (M 4).

Männer und Frauen im Beruf

M 1 Ungerechtigkeit

Frauen und Männer müssen Familie, Haushalt und Beruf miteinander vereinbaren. Oftmals haben Männer, wenn sie nach der Arbeit nach Hause kommen, einen entspannten Feierabend, während auf erwerbstätige Frauen der zweite Arbeitsplatz wartet. Man spricht deshalb auch von der **Doppelbelastung der Frau**.

Der Beruf bedeutet für eine Frau mehr als nur bezahlte Arbeit. Er fördert die Selbstständigkeit und finanzielle Sicherheit, er bringt Anerkennung und soziale Kontakte mit sich. Gerade bei den veränderten Familienverhältnissen ist es für Frauen heute wichtig, finanziell unabhängig zu sein.

Berufstätigkeit und Familie

Frauen wollen heute mehrheitlich beides: in einer Partnerschaft oder Familie leben sowie Kinder aufziehen und einen interessanten, aber auch anspruchsvollen Beruf erlernen und diesen tatsächlich ausüben.

Gleiche Arbeit – weniger Lohn?

In Deutschland sind heute fast 70 Prozent der Frauen erwerbstätig. Dennoch kann ein großer Teil dieser erwerbstätigen Frauen nicht vom eigenen Verdienst leben. Das liegt zum einen daran, dass viele Frauen nur in Teilzeit arbeiten, um genügend Zeit für die Familie zu haben. Aber auch voll erwerbstätige Frauen verdienen in der Regel weniger als Männer – selbst dann, wenn sie denselben Job ausüben.

Männerberufe – Frauenberufe

Obwohl Frauen heute schulisch genauso gut ausgebildet sind wie Männer, ergreifen sie überdurchschnittlich häufig Berufe im kaufmännischen oder sozialen Bereich sowie in der Krankenpflege. Die **Löhne und Gehälter** in diesen Berufsgruppen sind niedriger als die in technischen und naturwissenschaftlichen Berufen, die von Männern bevorzugt werden. Die typischen Frauenberufe wie Friseurin, Arzthelferin, Erzieherin oder Bürokauffrau bieten zudem kaum Aufstiegsmöglichkeiten, sodass auch keine größeren Einkommenssteigerungen zu erwarten sind.

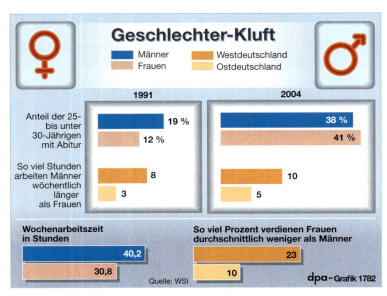

M 2 Gleichberechtigung?

Zuerst die gute Nachricht: Frauen sind immer gebildeter. In der Schulbildung haben sie die Männer inzwischen überholt, 40,6 Prozent der Frauen bis 30 Jahre hatten im Jahr 2004 Abitur. Von den Männern waren es nur 37,8 Prozent. Und unter den Hochschulabsolventen herrscht inzwischen Geschlechterparität*; die ehemalige Dominanz* der Männer ist gebrochen. Hurra, möchte man angesichts solcher Zahlen rufen. Denn wo Bildung immer wichtiger wird, sollten die Frauen ja nun gesellschaftlich und beruflich auf dem Vormarsch sein. [...]

Die gesellschaftliche Emanzipation der Frauen gerät vielmehr ins Stocken. [...] Immer noch ist Diskriminierung nach dem Geschlecht auf dem Arbeitsmarkt üblich. [...] Manch Grund für diese Ungleichbehandlung ist eher harmlos: Zum Beispiel werden typische Frauenberufe schlechter entlohnt als typische Männerjobs. [...] Kriminell wird es allerdings, wenn derlei Strukturunterschiede gar nicht existieren. [...] Hier diskriminieren Arbeitgeber die Frauen direkt. Sie verdienen weniger als ein Mann, der genau den gleichen Job macht. Nur, weil sie Frauen sind. [...]

Nicht viel besser sieht es bei der Verteilung der Arbeitszeit zwischen den Geschlechtern aus. [...] Die Zahl der Frauen, die voll beschäftigt sind, hat stark abgenommen: von 1991 bis 2004 um 1,6 Millionen. Die Frauenquote stieg nur, weil gleichzeitig 1,8 Millionen Frauen mehr in Teilzeit arbeiteten. [...] Unter den Frauen mit Kindern arbeitet nur noch ein Fünftel ganztags. Die Erwerbstätigkeit von Männern nimmt hingegen zu, wenn Kinder im Haushalt sind. [...]

In Deutschland dominiert immer noch das klassische Ernährermodell: Der Mann verdient das Geld, die Frau steigt aus dem Job, mindestens aber aus der Vollzeitarbeit, aus – und kümmert sich um die Kinder. Da tröstet auch der Hinweis nicht, dass es in anderen EU-Ländern ähnlich ist. Insgesamt kein gutes Zeugnis. Und schon ist sie da: die Schuldfrage. Unter medialem* [...] Generalverdacht stehen traditionell die Männer. Generell würden die Männer in der Gleichberechtigungs-Debatte zu negativ dargestellt. So hätten Befragungen ergeben, dass inzwischen sehr viele Männer gerne eine aktive Erzieherrolle einnehmen und dafür weniger arbeiten wollten. Andere Erhebungen allerdings zeigen: Sie tun es nicht. [...]

B. Schwentker; in: Die Zeit, 5. 01. 2006

M 3 Zurück am Herd

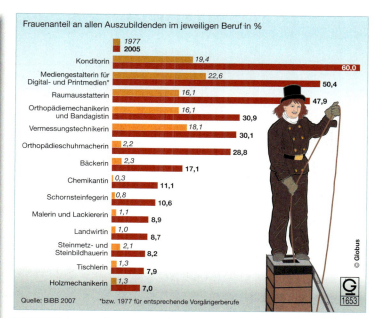

Frauenanteil an allen Auszubildenden im jeweiligen Beruf in %

1977
2005

Beruf	1977	2005
Konditorin	19,4	60,0
Mediengestalterin für Digital- und Printmedien*	22,6	50,4
Raumausstatterin	16,1	47,9
Orthopädiemechanikerin und Bandagistin	16,1	30,9
Vermessungstechnikerin	18,1	30,1
Orthopädieschuhmacherin	2,2	28,8
Bäckerin	2,3	17,1
Chemikantin	0,3	11,1
Schornsteinfegerin	0,8	10,6
Malerin und Lackiererin	1,1	8,9
Landwirtin	1,0	8,7
Steinmetz- und Steinbildhauerin	2,1	8,2
Tischlerin	1,3	7,9
Holzmechanikerin	1,3	7,0

Quelle: BiBB 2007   *bzw. 1977 für entsprechende Vorgängerberufe

© Globus
1653

M 4 Mädchen erobern Männerberufe

Anteil an Frauen im Management in %

1995	1999	2002	2004	2007
8,2 %	9,2	10,0	12,8	15,4

2007 in

Großunternehmen	11,8 %
Mittelständischen Unternehmen	17,2
Verbänden, Behörden, Organisationen	15,4

Quelle: Hoppenstedt

© Globus
1355

M 5 Frauen erobern die Chefsessel

*Geschlechterparität
Zahlenverhältnisse von Männern und Frauen, die ihren Anteilen an der Gesamtbevölkerung entsprechen

*Dominanz
Vorherrschaft

*medial
ein Medium bzw. mehrere Medien betreffend (gemeint sind hier die Massenmedien wie Fernsehen, Radio, Zeitungen, Illustrierte etc.)

1 Vergleiche M 1 und M 2: Erläutere, woran sich das kleine Mädchen gewöhnen soll.

2 Werte M 3 aus: Nenne Gründe, warum Frauen im Beruf benachteiligt sind.

3 Vergleiche M 3 mit M 4 und M 5: Berichte, welche Entwicklungen sich abzeichnen.

Vereinbarkeit von Beruf und Familie

M 1 Karikatur: Renate Alf

Kinderbetreuung – Aufgabe der Mutter?

Lange Zeit herrschte bei uns die Ansicht vor, dass es am besten für die Familie sei, wenn der Mann „voll im Berufsleben" stünde sowie die Frau sich daheim um Haushalt und Kinder kümmerte.

Neben dem traditionellen Rollenverständnis stehen der Berufstätigkeit beider Elternteile in Deutschland viele praktische

Hindernisse im Weg. Öffentliche Kinderbetreuung und familienfreundliche Arbeitszeitmodelle sind Voraussetzungen dafür, dass Frauen und Männer Familie, Haushalt und Beruf miteinander vereinbaren können.

Während die Väter in der Regel nach der Geburt ihrer Kinder ihre Berufstätigkeit weiter uneingeschränkt ausüben, nehmen Frauen zunächst eine Babypause und steigen erst frühestens nach einigen Monaten wieder in den Beruf ein – wenn überhaupt. Sie arbeiten dann häufig nur in Teilzeit. Dadurch verdienen sie nicht nur weniger, sie haben auch kaum Aufstiegsmöglichkeiten.

Elternzeit – Babypause auch für Väter

Damit Väter und Mütter sich in den ersten Lebensjahren ihrer Kinder intensiv um sie kümmern können, steht ihnen eine dreijährige sogenannte **Elternzeit** zu. Diese Elternzeit muss jeder Arbeitgeber bewilligen. Nach Ablauf der Elternzeit hat jeder das Recht, auf seinen ursprünglichen Arbeitsplatz, beziehungsweise auf einen, der mit dem vorherigen vergleichbar ist, zurückzukehren.

Obschon sowohl Väter als auch Mütter Elternzeit beantragen können, wird sie in erster Linie von Frauen in Anspruch genommen. Nicht einmal zehn Prozent aller Anträge auf Elternzeit stammen von Vätern – doch die Zahlen steigen langsam. Männer fürchten häufig noch, dass ihnen Nachteile am Arbeitsplatz entstehen und sie keine Karrierechancen mehr haben werden nach der Rückkehr in den Beruf. Zudem verdienen Männer in den Familien häufig mehr als ihre Frauen. Ein Verzicht auf das Einkommen des Mannes ist deshalb oft nicht möglich.

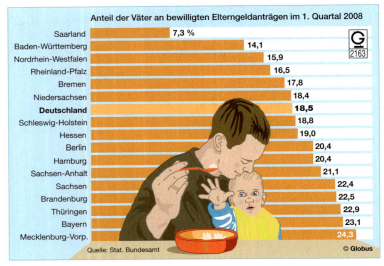

Anteil der Väter an bewilligten Elterngeldanträgen im 1. Quartal 2008

Saarland	7,3 %
Baden-Württemberg	14,1
Nordrhein-Westfalen	15,9
Rheinland-Pfalz	16,5
Bremen	17,8
Niedersachsen	18,4
Deutschland	**18,5**
Schleswig-Holstein	18,8
Hessen	19,0
Berlin	20,4
Hamburg	20,4
Sachsen-Anhalt	21,1
Sachsen	22,4
Brandenburg	22,5
Thüringen	22,9
Bayern	23,1
Mecklenburg-Vorp.	24,3

Quelle: Stat. Bundesamt   © Globus

M 2 Väter in der Babypause

Die 32-jährige Grafikdesignerin traute ihren Augen nicht, als sie ihre zurückgesandten Bewerbungsunterlagen durchblätterte. Mit dickem Rotstift hatte jemand die Namen ihrer drei Kinder im Lebenslauf unterstrichen. [...]

Im Kampf um die knappen Stellen sind Kinder ein Hindernis. Das wissen auch Profis wie die Personalberaterin Claudia Mann*: „Wenn ich unter fünf Kandidaten eine Mutter habe, hat die Frau keine Chance. Selbst wenn sie qualifizierter ist als alle anderen." [...] Die Vereinbarkeit von Beruf und Familie ist ein Problem der Frauen. [...] Kaum ein Vater wird im Vorstellungsgespräch gefragt, wie er die Betreuung seiner Nachkommen regelt. Bei Müttern dagegen kann sich an diesem Punkt entscheiden, ob sie einen Job kriegen oder nicht. [...]

Nach 30 Jahren Kampf haben Frauen in Deutschland einiges erreicht. Sie sind gut ausgebildet und beruflich erfolgreich – und sie sitzen nach dem ersten Kind mit Diplom und Auszeichnung zu Hause. In kaum einem anderen europäischen Land geben so viele Mütter ungewollt ihren Job auf. [...]

Fabienne Melzer; in: Die Zeit 9/2003

M 3 Kinder als Karriere-Bremse?

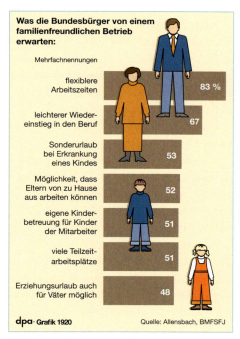

M 4 Wünsche an einen familienfreundlichen Betrieb

M 5 Väter bei der Kinderbetreuung?

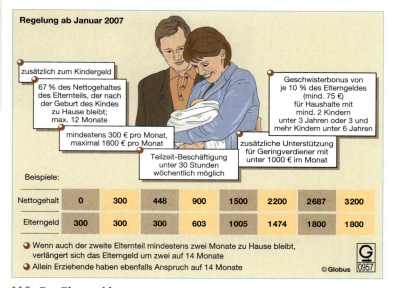

M 6 Das Elterngeld

1 Werte die Karikatur aus und äußere Vermutungen , warum die Pfeile „Kinder" und „Beruf" in unterschiedliche Richtungen zeigen (M 1).

2 Beschreibe die Unterschiede bei der Erwerbstätigkeit von Männern und Frauen mit Kindern (M 2, Text). Vergleiche mit deiner Familie.

3 Erstelle einen Katalog mit Maßnahmen, die es Frauen erleichtern könnten, Familie und Beruf zu vereinbaren (M 3, M 4, M 5, M 6).

4 „Mein Leben in 20 Jahren" – Skizziere kurz, wie du dir dein Leben in 20 Jahren wünschst (Beruf, Familie,...). Stellt eure Lebensentwürfe einander vor und diskutiert sie.

Männerbilder – Frauenbilder in der Werbung untersuchen

M 1 Traumauto – Traumfrau

Männer und Frauen in der Werbung

Werbung begegnet uns heute überall – in Zeitschriften, auf Plakaten, im Fernsehen oder Internet. Aufgabe der Werbung ist es, Wünsche zu wecken und so zum Kauf eines Produkts anzuregen. Um dieses Ziel zu erreichen, werden auch gezielt Männer und Frauen in der Werbung eingesetzt.

Männerbilder – Frauenbilder

Männer und Frauen in der Werbung verkörpern ein Idealbild, mit dem sich die Käufer identifizieren sollen. Beiden Geschlechtern werden von den Werbemachern aber wechselnde Rollen zugeschrieben. In eurem Projekt könnt ihr die Männer- und Frauenbilder in der Werbung untersuchen und feststellen, welche Rolle Mann und Frau in der Werbung zugewiesen wird.

1. Vorbereitung

Werbeplakaten, -bildern oder -videos begegnet ihr in den unterschiedlichsten Medien. Ihr müsst deshalb erst einmal entscheiden, ob ihr nur Werbung in Zeitschriften und Zeitungen untersuchen wollt – also Werbebilder – oder auch Fernsehwerbung, also Videos.

Ihr könnt Werbeanzeigen aus Zeitschriften mit unterschiedlichen Themenschwerpunkten wie Sport- und Autozeitschriften, Computer- und Spiele-Zeitschriften, Jugendzeitschriften sowie Frauenzeitschriften sammeln.

Für die Arbeit mit Fernsehwerbung könnt ihr einen Werbeblock aufzeichnen und in der Schule gemeinsam anschauen sowie analysieren.

Bildet Gruppen und wählt jeweils einen Themenschwerpunkt aus.

M2 Werbung für ein Deo für Frauen

M3 Werbung für ein Deo für Männer

2. Aspekte der Untersuchung

Damit ihr dem Männer- und Frauenbild in der Werbung auf die Spur kommt, könnt ihr Folgendes untersuchen:

*   Stellt den Anteil der Männer und der Frauen in der Werbung fest.
*   Gebt das ungefähre Alter der Werbepersonen an. Gibt es Unterschiede zwischen Männern und Frauen?
*   Beschreibt das Aussehen der Personen in der Werbung.
*   Betrachtet das Verhalten bzw. die Situation, in der die Personen dargestellt sind.
*   Untersucht, wofür Männer und wofür Frauen besonders häufig werben.
*   Gibt es Werbung, die nicht dem üblichen Rollenbild von Mann und Frau entspricht?
*   Wer (Männer oder Frauen) soll mit der Werbung angesprochen werden?
*   Erstellt eine Collage, in der ihr auf Werbefotos Frauen gegen Männer austauscht und umgekehrt. Welche Wirkung wird erzielt?

Vor Jahrzehnten, da war die Sache noch ganz einfach:
Es gab den Macho-Mann – verkörpert durch den Marlboro-Cowboy – und den Mann mit Karriere und Familie - wie „Herrn Kaiser" oder den „Melitta-Mann".

Und sowieso mussten nur die Frauen als Käufer ge- und beworben werden, denn „mann" ging nicht einkaufen, auch nicht Rasierwasser oder die eigene Unterwäsche. Heute dagegen ist alles komplizierter. […]
Mit neuen Rollen kommen jedoch auch neue Probleme: Männer sind heute eitler, sie haben den Ehrgeiz, sportlich und erfolgreich zu sein. Die Folge sind ein Boom von Kosmetikprodukten speziell für den Mann. Männer müssen also – genau wie Frauen – als Käufer beworben werden, denn sie brauchen nicht nur neue Produkte, sie kaufen sie auch immer häufiger selber ein.

M4 Allround-Mann (C. Uttermann, dpa)

3. Auswertung

Vergleicht eure Ergebnisse und notiert, was ihr für Rückschlüsse auf das Männer- und Frauenbild in der Werbung ziehen könnt. Stellt ihr Unterschiede oder Gemeinsamkeiten fest?
Diskutiert eure Ergebnisse in Hinblick auf das Thema „Gleichberechtigung von Mann und Frau". Ist sie verwirklicht oder könnt ihr Benachteiligungen erkennen?

Frauen und Männer – gleichberechtigt?

Nicht in das Buch schreiben!

Kreuzworträtsel-Gitter:

1	2 A	U			A				O			A		
	U													3
	4	A		I		I	E		A			5		
									6			I		E
	A				7					O				I
			8											
	E	9 E		A		A					E		
						U			E					
						E								
	E		E				10				E		E	
			E			U		E						
			U											
	E			O			A			E		U		
	I		E			A				U				
11	E	I		E		E		I		U				
	U		A				U							

Waagerecht:
1 In den deutschen Nachkriegsjahren war der Mann Familienoberhaupt und …
4 Konflikte zwischen Kindern und deren Eltern? Da beruft man am besten einen … ein.
11 Männer und Frauen unterschiedslos in der Gesellschaft – der Traum von der …

Senkrecht:
2 Nicht einer macht alles, sondern es machen einige alles – man spricht von …
3 In Gemeinden und großen Unternehmen gibt es hierfür Beauftragte …
5 Damit die Nachkommen tagsüber nicht allein sind …
6 Ein/-e Frau/Mann muss arbeiten und sich um ihre Kinder kümmern – eine echte …
7 Damit nicht nur Männer in führender Stellung sind, gibt es eine …
8 Gleich und gleich gesellt sich gern – man lebt in einer perfekten …
9 Vater oder Mutter unterbrechen ihren Job den Kindern zuliebe …
10 Eine der ersten weiblichen Abgeordneten 1919 – Marie …

M 1 Kreuzworträtsel

(06.08.2008) [...] Bei seiner jüngsten Sitzung in New York hat sich der UN-Frauenrechtsausschuss mit der Diskriminierung der Frauen weltweit befasst. Wenig überraschend war, dass sich die Situation in Finnland und im Jemen sehr unterscheidet. Beide Länder gelten als Positiv- und Negativbeispiel für Gleichberechtigung.

Eine weitere Feststellung des UN-Komitees war schon überraschender: Danach gehe es zwar Frauen in den Industriestaaten insgesamt besser, aber von der Gleichstellung mit Männern seien sie oft genauso weit entfernt wie die Frauen in Entwicklungsländern. Nicht nur bei den Gehältern schneiden sie schlechter ab als die Männer – Frauen haben oft auch einen geringeren Bildungsgrad und sitzen in Politik und Wirtschaft seltener auf den entscheidenden Posten. [...]

Das international finanzierte Netzwerk hat vor einigen Monaten 157 Länder danach aufgelistet, wie es um die Gleichberechtigung steht. Deutschland und Ruanda landeten auf demselben, nämlich dem vierten Platz. Deutsche Frauen haben zwar einen höheren Bildungsgrad und eine längere Lebenserwartung als ruandische Frauen, so die Wissenschaftler in ihrer Studie, doch gemessen an den Männern im eigenen Land stehen Frauen in Deutschland nicht besser da als in Ruanda.

Luxemburg und die Schweiz, so die Studie weiter, hätten ein hohes Pro-Kopf-Einkommen. Analysiert man aber auch die Hierarchien, die zwischen Mann und Frau in Unternehmen bestehen, so schnitten die beiden europäischen Länder nicht besser ab als Mozambique. Und auch arme Länder wie Burundi, Ruanda oder Ghana zählten zu jenen, in denen die Gehaltsunterschiede zwischen Männern und Frauen weltweit am geringsten sind. [...]

So lobte der UN-Frauenrechtsausschuss jetzt Finnland für seine seit kurzem geltende Vorschrift, nach der Unternehmen mit mehr als 30 Mitarbeitern den Angestellten offenlegen müssen, welche Posten von Frauen und Männern besetzt werden – und wie das tatsächliche Lohngefälle zwischen beiden aussieht.

Quelle: www.süddeutsche.de/politik/304/304280/text/ [14.08.2008]

M 2 Gleichberechtigung von Mann und Frau

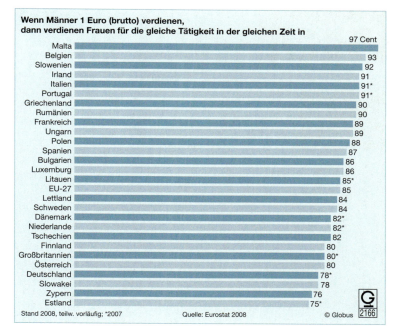

Wenn Männer 1 Euro (brutto) verdienen, dann verdienen Frauen für die gleiche Tätigkeit in der gleichen Zeit in

Land	Cent
Malta	97 Cent
Belgien	93
Slowenien	92
Irland	91
Italien	91*
Portugal	91*
Griechenland	90
Rumänien	90
Frankreich	89
Ungarn	89
Polen	88
Spanien	87
Bulgarien	86
Luxemburg	86
Litauen	85*
EU-27	85
Lettland	84
Schweden	84
Dänemark	82*
Niederlande	82*
Tschechien	82
Finnland	80
Großbritannien	80*
Österreich	80
Deutschland	78*
Slowakei	78
Zypern	76
Estland	75*

Stand 2008, teilw. vorläufig; *2007   Quelle: Eurostat 2008   © Globus 2166

M 3 Gleiche Arbeit – ungleicher Lohn

M 4 Gleichberechtigt – oder nicht?

1 Löse das Kreuzworträtsel (M 1).

2 Lies den Text der Süddeutschen Zeitung und schreibe auf dieser Informationsgrundlage einen engagierten Kommentar (M 2).

3 M 3: Gleiche Arbeit – ungleicher Lohn. Wo befindet sich Deutschland im europaweiten Vergleich? Hättest du das vermutet? Begründe.

4 Denke dir einen Text aus, den eine Frau, die weniger Lohn für gleiche Arbeit erhält, an ihren Arbeitgeber schreiben könnte.

5 Wäre viel erreicht, wenn alle Männer statt der Frauen die Kinderwagen schieben würden oder wäre es wenigstens ein Anfang (M 4)?

9 Europa wächst zusammen

Die Satellitenaufnahme zeigt Europa bei Nacht. Die Metropolen und Ballungsräume sind als helle Lichtpunkte zu erkennen.

Ein geeintes, friedliches Europa erschien noch in der ersten Hälfte des letzten Jahrhunderts wie ein Traum, den nur wenige Politiker verwirklichen wollten. Doch heute – mehr als sechzig Jahre nach dem Ende des Zweiten Weltkrieges – sind die meisten Staaten in der Europäischen Union zusammengeschlossen. Darüber hinaus besteht eine enge Zusammenarbeit mit den restlichen europäischen Staaten – insbesondere Russland.

Immer mehr bestimmen Beschlüsse, die auf europäischer Ebene getroffen werden, auch unser Alltagsleben. Viele Lebensbereiche unterliegen inzwischen europäischem Recht. Diese Entwicklung schlägt sich ebenfalls immer mehr in unserem Bildungswesen nieder.

1 Teste deine Kenntnisse der europäischen Landkarte: Benenne die hervorstechenden Metropolen und überprüfe deine Ergebnisse mit dem Atlas.

2 Sammelt eure eigenen Wünsche, aber auch Befürchtungen in Hinblick auf die Entwicklung in Europa.

Europa –
Kontinent mit vielen Gesichtern

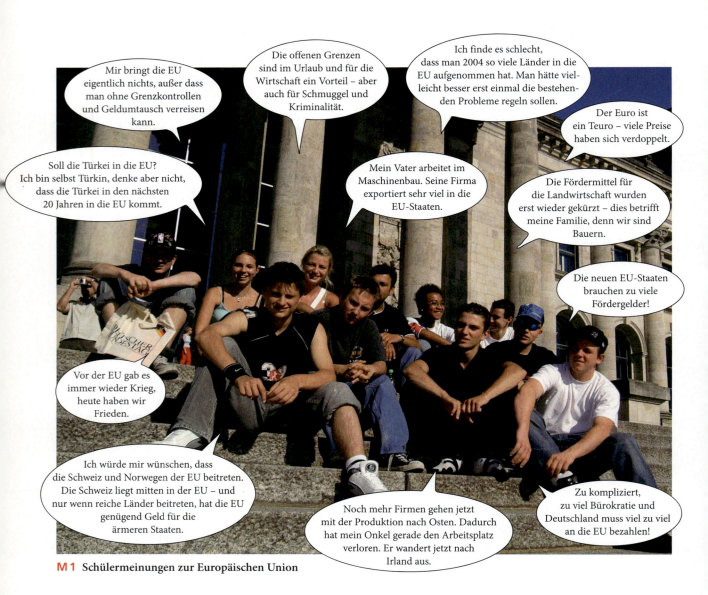

Mir bringt die EU eigentlich nichts, außer dass man ohne Grenzkontrollen und Geldumtausch verreisen kann.

Die offenen Grenzen sind im Urlaub und für die Wirtschaft ein Vorteil – aber auch für Schmuggel und Kriminalität.

Ich finde es schlecht, dass man 2004 so viele Länder in die EU aufgenommen hat. Man hätte vielleicht besser erst einmal die bestehenden Probleme regeln sollen.

Der Euro ist ein Teuro – viele Preise haben sich verdoppelt.

Soll die Türkei in die EU? Ich bin selbst Türkin, denke aber nicht, dass die Türkei in den nächsten 20 Jahren in die EU kommt.

Mein Vater arbeitet im Maschinenbau. Seine Firma exportiert sehr viel in die EU-Staaten.

Die Fördermittel für die Landwirtschaft wurden erst wieder gekürzt – dies betrifft meine Familie, denn wir sind Bauern.

Die neuen EU-Staaten brauchen zu viele Fördergelder!

Vor der EU gab es immer wieder Krieg, heute haben wir Frieden.

Ich würde mir wünschen, dass die Schweiz und Norwegen der EU beitreten. Die Schweiz liegt mitten in der EU – und nur wenn reiche Länder beitreten, hat die EU genügend Geld für die ärmeren Staaten.

Noch mehr Firmen gehen jetzt mit der Produktion nach Osten. Dadurch hat mein Onkel gerade den Arbeitsplatz verloren. Er wandert jetzt nach Irland aus.

Zu kompliziert, zu viel Bürokratie und Deutschland muss viel zu viel an die EU bezahlen!

M 1 Schülermeinungen zur Europäischen Union

Was ist Europa?

Aus dem Weltraum betrachtet erscheint Europa wie eine westliche Halbinsel Asiens. Dennoch wurde Europa immer als **eigener Kontinent** betrachtet: Eine gemeinsame Geschichte und Kultur verbindet die Völker, die Staaten arbeiten wirtschaftlich und politisch eng zusammen.

Dessen ungeachtet sind bei den Menschen die Meinungen darüber, wie eng die Zusammenarbeit oder wie groß die Eigenständigkeit der europäischen Staaten sein sollte und wer überhaupt zur Europäischen Union gehören sollte, äußerst unterschiedlich.

Viele Staaten – ein Kontinent

Betrachtet man eine politische Weltkarte, so fällt auf, dass in keinem anderen Raum der Erde von vergleichbarer Größe so viele Staaten anzutreffen sind. Europa sieht wie ein bunter Flickenteppich aus: 2006 zählte man **46 Staaten**. Manche dieser Staaten sind flächenmäßig sehr groß, andere – wie Andorra, Monaco oder Liechtenstein – bezeichnet man als „Zwergstaaten", da das Staatsgebiet äußerst klein ist. Aber auch die Bevölkerungsverteilung ist sehr unterschiedlich.

Dieser Staatenreichtum hat zur Folge, dass in Europa über **60 Sprachen** gesprochen werden – die Dialekte sind dabei nicht einmal mitgezählt. Selbst die Europäische Union hat 21 Amtssprachen. Auch die Schrift ist in Europa nicht einheitlich: Es gibt das lateinische, das griechische und das kyrillische Alphabet.

Kulturelle Vielfalt

Europa wird vielfach als „Abendland" bezeichnet – im Gegensatz zum Orient, dem sogenannten „Morgenland". Jedes europäische Land hat seine eigene Geschichte und damit auch seine Sitten und Gebräuche, eigene Rechtsvorstellungen und politische Ideen sowie geschichtliche Erfahrungen und Bildungswerte. Der **kulturelle Reichtum** in Europa ist auf der Welt einzigartig. Europäische Dichter und Philosophen, Komponisten, Wissenschaftler, Maler und Erfinder gaben der Welt entscheidende Impulse. Aber trotz aller Unterschiede haben die Europäer doch ähnliche Lebensweisen und Wertvorstellungen, die vom Christentum geprägt sind.

Trotz gemeinsamer Ideale und Vorstellungen führten die europäischen Völker zahllose **Kriege** gegeneinander. In deren Verlauf oder als Folge der Kriege kam es immer wieder zu neuen Grenzziehungen und sogar neuen Staatsgründungen.

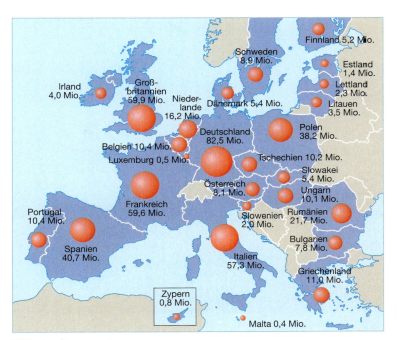

M 2 Bevölkerung der EU-Staaten

Der Tag wird kommen, da die Kugeln und Bomben durch Stimmzettel, durch das allgemeine Wahlrecht zu einem europäischen Parlament abgelöst werden.

Victor Hugo, französischer Schriftsteller, 1849

Das kann doch so nicht ewig weitergehen. Schon zum zweiten Mal in meinem Leben stehe ich mit meiner Familie vor dem Nichts. Warum können denn die Politiker unserer Nachbarländer nicht endlich mal so eine Art Vertrag schließen, der wenigstens für die nächste Zeit Frieden garantiert?

Anna W., 43 Jahre, Hausfrau, im Juni 1945

M 3 Meinungen zu Europa

1 Werte M 1 aus: Stelle in einer Tabelle zusammen, welche Aussagen die Europäische Union eher positiv und welche sie eher negativ bewerten.

2 Diskutiert in der Klasse, welchen Aussagen ihr zustimmen würdet, welchen eher nicht (M 1).

3 Nenne die drei bevölkerungsreichsten und -ärmsten Staaten der EU. Wie könnten sich die unterschiedlichen Einwohnerzahlen auf die Stellung innerhalb der EU auswirken (M 2)?

4 Welche gemeinsame Hoffnung haben Victor Hugo und Anna W. (M 3)? Erläutere, von welchen Kriegen die Rede ist.

Wir orientieren uns in Europa

M 1 In Dänemark

M 2 Am Montblanc

Kontinent Europa

Die meisten Kontinente sind durch Ozeane oder Meere voneinander getrennt. Der Kontinent Europa bildet jedoch mit Asien eine zusammenhängende Landmasse.

Im Norden, Westen und Süden bilden Meere die natürliche Grenze des Kontinents Europa. Da es im Osten keine natürliche Abgrenzung gegenüber Asien gibt, haben Wissenschaftler die Grenze zwischen den beiden Kontinenten festgelegt. Dabei gibt es verschiedene Ansichten. Am häufigsten wird die Abgrenzung entlang des **Uralgebirges** und des **Uralflusses** bis ins Kaspische Meer und von dort durch die Manytschniederung bis zum Nordrand des Schwarzen Meeres verwendet. Andere sehen das weiter südlich gelegene Kaukasusgebirge als Grenze zwischen Europa und Asien an.

Oberflächenformen

Europa reicht vom Atlantik bis zum Uralgebirge, vom Nordpolarmeer bis zum Mittelmeer. Kein anderer Erdteil ist so vielfältig gestaltet, denn der Atlantische Ozean greift mit Nord- und Ostsee weit in das Festland hinein. Im Süden ragen drei Halbinseln weit in das Mittelmeer. Ein Drittel der Fläche Europas besteht aus Inseln und Halbinseln. Europa hat dadurch mit 37 000 Kilometer eine längere Küstenlinie als das dreimal so große Afrika (30 000 km).

M 3 Nord-Süd-Profil durch Europa von Kopenhagen bis Marseille

M4 Die Oberflächengestalt Europas

Auch die Oberflächenformen sind sehr vielfältig. Gebirge, Hügelländer, Ebenen, Flusstäler, Hochflächen und Küstenebenen wechseln häufig innerhalb kurzer Entfernungen.

In Südeuropa wechseln Hochgebirge und Bergländer mit Beckenlandschaften und Tiefländern. Die Alpen, das bedeutendste europäische Hochgebirge, trennt den Mittelmeerraum von West- und Mitteleuropa. Nördlich der Alpen folgt abermals ein breiter Streifen von Bergländern und Mittelgebirgen. Daran schließt sich das europäische Tiefland an, das sich vom Atlantischen Ozean bis zum Ural erstreckt. Der Norden wird wieder von Bergländern und Hochflächen geprägt.

1 Verfolge auf einer Atlaskarte die Grenzen Europas. Benenne den höchsten Berg Europas, wenn man a) die Manytschniederung und b) den Kaukasus als Grenze annimmt. (M4, Atlas).

2 Beschreibe anhand der Bilder typische Oberflächenformen Europas und ordne sie dem Nord-Süd-Profil zu (M1, M2, M3).

3 Arbeitet in Gruppen: Jede Gruppe übernimmt einen Teilraum Europas und ermittelt Staaten und ihre Hauptstädte, Großlandschaften und Flüsse (M4, Atlas). Gestaltet Lernplakate und stellt euren Teilraum vor.

Zwischen Kälte und Wärme

M 1 Zweimal März in Europa (links: Halbinsel Kola; rechts: Süditalien)

Klimazonen Europas

Europa hat Anteil an mehreren Klimazonen. Der Norden Europas liegt in der **subpolaren Zone** (subpolar = unterhalb der Polarzone), in der die Sommer kurz und kühl, die Winter aber lang und sehr kalt sind. Der Süden Europas gehört zur **sub-**

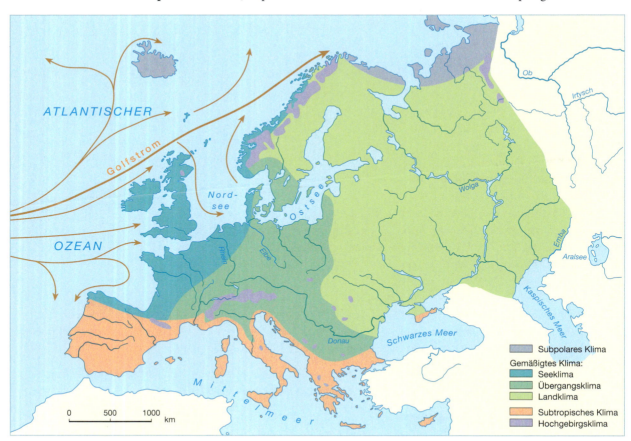

M 2 Klimazonen Europas

tropischen Zone mit heißen trockenen Sommern und milden feuchten Wintern. Der größte Teil Europas liegt in der **gemäßigten Zone.** Im langjährigen Mittel sind hier die Winter nicht so kalt wie in der subpolaren Zone und die Sommer nicht so heiß wie in der subtropischen Zone. Niederschläge fallen zu allen Jahreszeiten..

Seeklima und Landklima

Die gemäßigte Zone wird in Europa noch einmal untergliedert. Je nachdem, ob sich ein Gebiet in Meeresnähe oder weit im Innern des Festlandes befindet, unterscheidet man Seeklima und Landklima.

In Europa wehen überwiegend **Westwinde,** die feuchte Luftmassen transportieren. Große Wassermengen wärmen sich im Sommer langsamer auf und kühlen im Winter langsamer ab als Festland. Deshalb ist das Klima am Meer (= **Seeklima**) von milden Wintern und nicht so heißen Sommern gekennzeichnet. Je weiter aber ein Ort vom Meer entfernt liegt, desto geringer wird diese ausgleichende Wirkung.

Der ausgleichende Effekt wird durch warme Meeresströmungen wie den **Golfstrom** noch verstärkt. Er transportiert enorme Mengen warmen Wassers wie eine Heizung an die Küsten Europas. So können in machen Buchten Westschottlands sogar Palmen gedeihen. Landmassen erwärmen sich schnell, kühlen jedoch auch schnell wieder aus. Dadurch ist das Klima auf dem Festland durch kalte Winter und heiße Sommer gekennzeichnet. Man spricht vom **Landklima.** Dieser kontinentale Einfluss nimmt zu, je weiter ein Ort im Landesinneren liegt.

Zwischen dem Seeklima und dem Landklima gibt es einen Bereich mit **Übergangsklima.** Abhängig vom jeweiligen Wettergeschehen kann der Übergangsbereich mal mehr unter dem Einfluss von regenreichem Seeklima mit Westwinden oder von trockenem Landklima mit Ostwinden stehen.

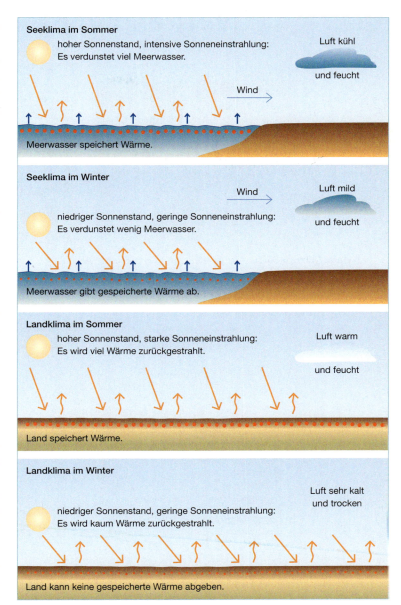

M 3 Bildung von Seeklima und Landklima

1 Benenne die Teile Nordeuropas, die in der subpolaren Klimazone liegen (M 2, Atlas).

2 Nenne die Staaten Europas, die Anteil an der subtropischen Zone haben (M 2, Atlas).

3 Beschreibe die Merkmale der Klimazonen, die in Europa vorherrschen (M 1, M 2, Text).

4 Erläutere die Bildung von See- und Landklima und beschreibe sie (M 3, Text).

Wirtschaftliche und politische Einheit

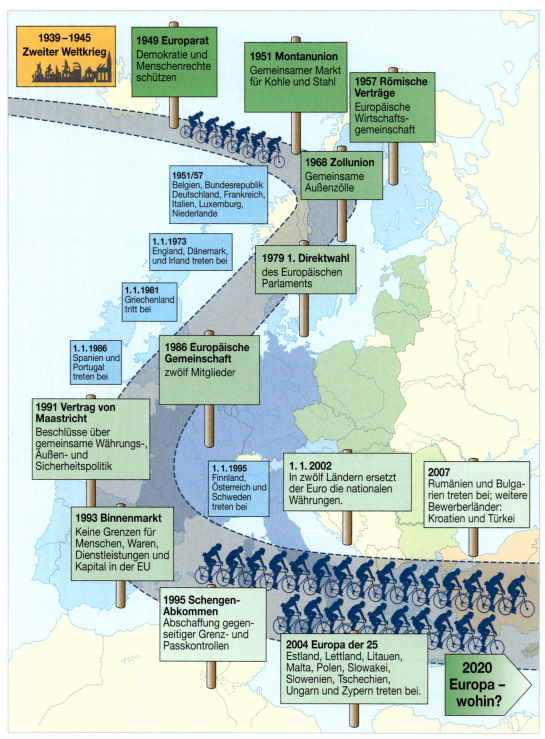

1939–1945 Zweiter Weltkrieg

1949 Europarat
Demokratie und Menschenrechte schützen

1951 Montanunion
Gemeinsamer Markt für Kohle und Stahl

1957 Römische Verträge
Europäische Wirtschaftsgemeinschaft

1968 Zollunion
Gemeinsame Außenzölle

1951/57
Belgien, Bundesrepublik Deutschland, Frankreich, Italien, Luxemburg, Niederlande

1.1.1973
England, Dänemark, und Irland treten bei

1979 1. Direktwahl
des Europäischen Parlaments

1.1.1981
Griechenland tritt bei

1.1.1986
Spanien und Portugal treten bei

1986 Europäische Gemeinschaft
zwölf Mitglieder

1991 Vertrag von Maastricht
Beschlüsse über gemeinsame Währungs-, Außen- und Sicherheitspolitik

1.1.1995
Finnland, Österreich und Schweden treten bei

1. 1. 2002
In zwölf Ländern ersetzt der Euro die nationalen Währungen.

2007
Rumänien und Bulgarien treten bei; weitere Bewerberländer: Kroatien und Türkei

1993 Binnenmarkt
Keine Grenzen für Menschen, Waren, Dienstleistungen und Kapital in der EU

1995 Schengen-Abkommen
Abschaffung gegenseitiger Grenz- und Passkontrollen

2004 Europa der 25
Estland, Lettland, Litauen, Malta, Polen, Slowakei, Slowenien, Tschechien, Ungarn und Zypern treten bei.

2020 Europa – wohin?

M 1 Stationen der europäischen Einigung

Wäre jemals ein vereintes Europa imstande, sich das gemeinsame Erbe zu teilen, dann genössen seine drei- oder vierhundert Millionen Einwohner Glück, Wohlstand und Ehre in unbegrenztem Ausmaße.

Und welches ist der Zustand, in den Europa gebracht worden ist? In weiten Gebieten starren ungeheure Massen zitternder menschlicher Wesen gequält, hungrig und verzweifelt auf die Ruinen ihrer Städte und Behausungen. Und doch gibt es ein Mittel, das in wenigen Jahren ganz Europa frei und glücklich machte. Es ist die Neuschöpfung der europäischen Völkerfamilie. Wir müssen eine Art Vereinigte Staaten von Europa errichten.

Winston Churchill, britischer Premierminister, am 19. 9. 1946 in Zürich [gekürzt]

M 2 Idee von einem vereinten Europa

Europa lässt sich nicht mit einem Schlage herstellen. Die Vereinigung der europäischen Nationen erfordert, dass der jahrhundertealte Gegensatz zwischen Frankreich und Deutschland ausgelöscht wird.

Die französische Regierung schlägt vor, die Gesamtheit der französisch-deutschen Kohle- und Stahlproduktion einer gemeinsamen Hohen Behörde zu unterstellen, in einer Organisation, die den anderen europäischen Ländern zum Beitritt offensteht. Die Solidarität der Produktion, die so geschaffen wird, wird bekunden, dass jeder Krieg zwischen Frankreich und Deutschland nicht nur undenkbar, sondern materiell unmöglich ist.

Robert Schuman, französischer Außenminister, am 9. 5. 1950 [gekürzt]

M 3 Der Schumanplan – die Montanunion

Erste Schritte der Einigung

Die Idee, aus den vielen Einzelstaaten ein vereintes Europa zu schaffen, tauchte immer wieder auf. Doch erst nach den beiden schrecklichen Weltkriegen, die Millionen von Toten forderten und Städte, Dörfer und Fabrikanlagen zerstört zurückließen, griffen auch mehr und mehr Politiker den Gedanken auf. Die Völker Europas sollten sich nie wieder als Feinde in einem Krieg gegenüberstehen, sondern als **Partner** gemeinsam an einer besseren Zukunft arbeiten.

EGKS – die Montanunion

Stahl und Kohle waren für den Wiederaufbau nach dem Zweiten Weltkrieg besonders wichtige Güter. Da es im Laufe der Geschichte immer wieder zu Auseinandersetzungen zwischen Frankreich und Deutschland um die Montanindustriegebiete (**Kohle- und Stahlindustrie**) Lothringen, Elsass und Saarland gekommen war, wollte man die Montanindustrie nach dem Vorschlag des französischen Außenministers Robert Schuman unter eine gemeinsame politische Kontrolle stellen. So unterschrieben am 18. April 1951 die sechs europäischen Staaten Bundesrepublik

Deutschland, Frankreich, Italien, Luxemburg, Belgien und die Niederlande den Vertrag über die Gründung der „Europäischen Gemeinschaft für Kohle und Stahl" (EGKS), der Montanunion. Die Staaten, die den Vertrag unterzeichnet hatten, waren sich schon damals einig, dass die EGKS nur ein erster Schritt auf dem Weg zur europäischen Einigung war. Weitere Zusammenschlüsse sollten folgen, die auch, ebenso wie die Montanunion, anderen europäischen Staaten offenstehen sollten.

M 4 Plakat von 1955

1 Erkläre, warum Churchill und Schuman den Zusammenschluss Europas fordern (M 2 und M 3).

2 Erläutere, warum die europäische Einigung ausgerechnet mit der Montanindustrie ihren Anfang nahm.

3 Stelle anhand des Plakats fest, mit welcher Zielrichtung 1955 für Europa geworben wurde (M 4).

4 Fasse die Etappen der europäischen Einigung in einem kurzen mündlichen Vortrag zusammen (M 1).

5 M 1 kann als Grundlage für Referate dienen z. B. zu folgenden Themen:
  – Stationen der wirtschaftlichen Einigung,
  – Etappen der politischen Integration.

Europa ohne Grenzen

M 1 Beseitigung von Grenzanlagen

(EURATOM) zur friedlichen Nutzung der Atomenergie beschlossen. Ziele der EWG waren u. a. die schrittweise Errichtung eines gemeinsamen Marktes durch die Abschaffung der Zölle zwischen den Mitgliedsstaaten und gemeinsame Regelungen der Landwirtschaft zur Sicherstellung der Ernährung.

Zehn Jahre später wurden EGKS, EWG und EURATOM zur **Europäischen Gemeinschaft (EG)** zusammengeschlossen. In den folgenden Jahren traten weitere Staaten der EG bei. 1992 gelang durch die Unterzeichnung des Vertrags über die **Europäische Union (EU)** in Maastricht (Niederlande), der am 1. 11. 1993 in Kraft trat, ein weiterer Schritt der Zusammenarbeit der europäischen Staaten. Aus der Wirtschaftsgemeinschaft wurde eine politische Union. Ziele waren u. a. eine gemeinsame Wirtschafts-, Außen- und Sicherheitspolitik sowie eine gemeinsame Währung.

Von der EWG über die EG zur EU

Die sechs Mitgliedsstaaten der Montanunion wollten die wirtschaftliche Zusammenarbeit weiter ausbauen. Sie unterzeichneten 1957 die **Römischen Verträge**, in denen sie die Gründung der Europäischen Wirtschaftsgemeinschaft (EWG) und der Europäischen Atomgemeinschaft

In Vielfalt geeint

9. Mai – Europatag

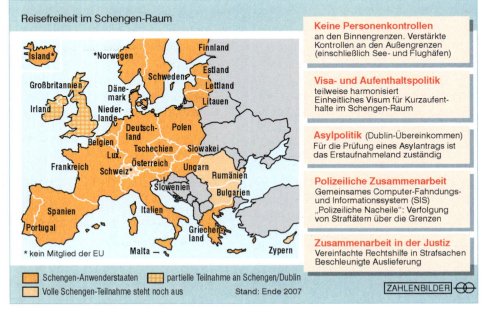

Reisefreiheit im Schengen-Raum

Keine Personenkontrollen
an den Binnengrenzen. Verstärkte Kontrollen an den Außengrenzen (einschließlich See- und Flughäfen)

Visa- und Aufenthaltspolitik
teilweise harmonisiert
Einheitliches Visum für Kurzaufenthalte im Schengen-Raum

Asylpolitik (Dublin-Übereinkommen)
Für die Prüfung eines Asylantrags ist das Erstaufnahmeland zuständig

Polizeiliche Zusammenarbeit
Gemeinsames Computer-Fahndungs- und Informationssystem (SIS)
„Polizeiliche Nacheile": Verfolgung von Straftätern über die Grenzen

Zusammenarbeit in der Justiz
Vereinfachte Rechtshilfe in Strafsachen
Beschleunigte Auslieferung

Schengen-Anwenderstaaten
partielle Teilnahme an Schengen/Dublin
Volle Schengen-Teilnahme steht noch aus
Stand: Ende 2007

ZAHLENBILDER

M 2 Das Schengener Abkommen

M 3 Die „vier Freiheiten" des Binnenmarktes

Keine Grenzen
für Kapital
Freier Geld-, Kapital-
und Zahlungsverkehr

Keine Grenzen
für Dienstleistungen
Freier Güterkraftverkehr, freier
Markt für Banken, Versicherungen
und Kommunikation

Der europäische
Binnenmarkt

Keine Grenzen für Waren
Wegfall von Grenzkontrollen,
Anerkennung von Normen und
Vorschriften

Keine Grenzen für Menschen
Grenzkontrollen entfallen,
Aufenthalts- und Niederlassungsfreiheit,
freie Arbeitsplatzwahl, gegenseitige Anerkennung
von Prüfungszeugnissen

In Schengen (Luxemburg) vereinbarten 1985 Belgien, Deutschland, Frankreich, Luxemburg und die Niederlande freien Warenverkehr und die Abschaffung von Personenkontrollen an den gemeinsamen Grenzen. Es vergingen aber noch zehn Jahre, bis das Abkommen, dem sich weitere Staaten anschlossen, in Kraft trat.

Die **Abschaffung der Grenzkontrollen** erleichtert den Warenaustausch und den Reiseverkehr innerhalb der EU, erschwert aber auch die Überwachung. Um die Sicherheit zu gewährleisten, müssen die Außengrenzen der EU deshalb strenger überwacht werden.

Der Binnenmarkt

Seit 1993 ist der Europäische Binnenmarkt mit seinen „vier Freiheiten" verwirklicht. Seitdem gibt es innerhalb der EU weder für Waren noch für Personen Grenzkontrollen.

Durch den **Wegfall der Binnengrenzen** können die Waren in Europa wesentlich preisgünstiger hergestellt werden. Zudem kann sich nun jede Region auf die Herstellung der Produkte spezialisieren, die sie besonders kostengünstig herstellen kann, andere Produkte können eingeführt werden. Das hat zu einer erheblichen Zunahme des Güterverkehrs auf den Straßen innerhalb der EU geführt.

Die **Einführung des Euro** als Zahlungsmittel hat den Binnenhandel wesentlich erleichtert, denn sowohl die Risiken durch sich verändernde Wechselkurse als auch die Aufwendungen für den Geldumtausch sind weggefallen.

Auch die **unterschiedlichen Normen** und Zulassungsbestimmungen in den einzelnen Ländern haben den Warenaustausch zwischen den Ländern erschwert. So brauchten Autos in Frankreich z. B. gelbes Scheinwerferlicht, in Italien Blinker seitlich an den Kotflügeln und in Deutschland gab es wieder andere Sicherheitsvorschriften. Besonders vielfältig sind die nationalen Normen im Bereich der Lebensmittel. Das hat immer wieder zu Streitigkeiten zwischen den Mitgliedsstaaten geführt, die vor dem Europäischen Gerichtshof geklärt werden müssen.

Urteilsbegründung des EuGH

Ein Erzeugnis darf grundsätzlich ungehindert verkauft werden, wenn es in einem Mitgliedsstaat rechtmäßig hergestellt und in den Verkehr gebracht worden ist. Importierte Erzeugnisse dürfen verkauft werden, auch wenn das Einfuhrland andere Anforderungen an das Erzeugnis stellt. Inländische Erzeuger bleiben jedoch an die nationale Gesetzgebung gebunden.

1 Erläutere die Regelungen des Schengener Abkommens (M 2).

2 Berichte über die vier Freiheiten des europäischen Binnenmarktes (M 3) und gib zu jeder der Freiheiten je zwei konkrete Beispiele an.

3 Erläutere, warum der Zusammenschluss zu einem Binnenmarkt für die Wirtschaft der EU-Staaten auch im internationalen Vergleich eine Notwendigkeit darstellt.

4 Erkläre das Urteil des Europäischen Gerichtshofes (EuGH) mit eigenen Worten und informiere dich über Produkte, für die in der nationalen Gesetzgebung andere Vorschriften gelten als auf dem europäischen Binnenmarkt.

Aufgaben und Organe der EU

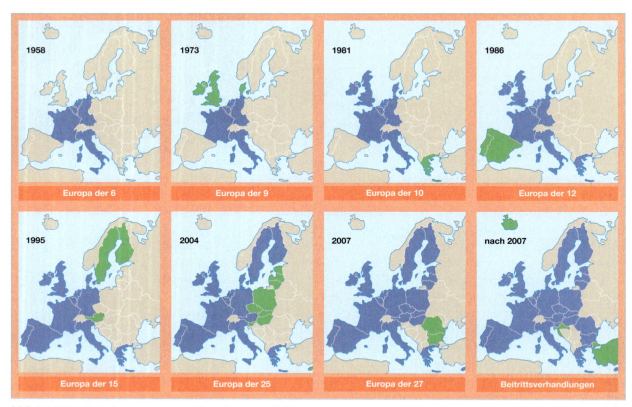

M 1 Die EU – Gründungsstaaten und Erweiterungsschritte

M 2 Die drei Säulen der Europäischen Union

Wer regiert Europa?

Seit 1957 gibt es das Europäische Parlament. Seine Mitglieder wurden zunächst durch die Parlamente der EU-Staaten bestimmt, seit 1979 werden sie alle fünf Jahre direkt durch die Bevölkerung gewählt.

Da bei wichtigen Entscheidungen noch immer **Einstimmigkeit** vorgeschrieben ist, ist das Regieren in der EU mit jeder Erweiterung schwieriger geworden. Damit die EU auch in Zukunft handlungsfähig und demokratisch bleibt, haben die Staats- und Regierungschefs der Mitgliedsstaaten im Juni 2004 eine **europäische Verfassung** verabschiedet, welche die Rechte des Europäischen Parlaments stärkt und den Entscheidungsprozess vereinfacht. Diese Verfassung trat jedoch nie in Kraft, da ihr nicht alle Mitgliedsstaaten zugestimmt

Die Organe der EU

Vorschläge

Entscheidungen

Die Kommission in Brüssel ist der Motor der Europäischen Union. Ihr gehören Fachvertreter aus den einzelnen Ländern an. Nur sie hat das Recht, neue Verordnungen und Richtlinien – also die Gesetze der EU – auf den Weg zu bringen. Gleichzeitig sorgt sie für die Ausführung bestehender Verordnungen.

Die Grundzüge der Gemeinschaftspolitik werden von den Außen- oder Fachministern bestimmt. Sie bilden den Ministerrat. Letztlich entscheiden sie über die Annahme von EU-Gesetzen. Die Staats- und Regierungschefs fällen im Europäischen Rat grundsätzliche Entscheidungen.

Anfragen, Kontrolle

Mitwirkung bei der Gesetzgebung

Anhörung

Kommt es über Verträge, Verordnungen und Richtlinien zu Streitfällen, entscheidet der Europäische Gerichtshof in Luxemburg.

Das Europäische Parlament in Straßburg kann keine eigenen Gesetzentwürfe einbringen. Wenn über Gesetzentwürfe abgestimmt wird, kann das Parlament diese jedoch ablehnen oder Änderungen verlangen.

M 3 Die Organe der EU

haben. Die wichtigsten Entscheidungen innerhalb der EU fallen in den Konferenzen der Staats- und Regierungschefs sowie der Fachminister. Heute sind das die Organe des Europäischen Rates und des Ministerrats.

1 Beschreibe ausführlich die einzelnen Schritte der EU-Erweiterung mithilfe von M 1.

2 Erkläre die Aufgaben der Organe der EU und befragt euch gegenseitig (M 3). Sucht aktuelle Beispiele, an denen sich das Handeln der Organe veranschaulichen lässt.

Das Europäische Parlament

M 1 Parlamentsgebäude des Europäischen Parlaments in Brüssel und Straßburg

Bedeutung des Parlaments

Das Europäische Parlament (EP) wird als einziges Organ der EU direkt von der Bevölkerung der Mitgliedsstaaten gewählt. Es hat **drei Arbeitssitze**: Straßburg, Brüssel und Luxemburg.

Die Verteilung der Sitze im Europäischen Parlament orientiert sich am **Bevölkerungsanteil** der Mitgliedsstaaten. Damit jedoch auch die Parteienvielfalt kleiner Mitgliedsstaaten repräsentiert werden kann, vertritt bei kleinen Mitgliedsstaaten jeder Abgeordnete weniger Bürger, als dies bei großen Mitgliedsstaaten wie Deutschland der Fall ist. So vertritt z. B. ein Abgeordneter aus Luxemburg 79 000 Einwohner, ein Abgeordneter aus Deutschland hingegen 828 283 Bürger.

Das Europäische Parlament hat im Laufe der Jahre immer mehr Macht hinzugewonnen. Fast alle EU-Gesetze unterliegen inzwischen dem **Mitentscheidungsverfahren**. Das bedeutet, dass das Parlament und der Europäische Rat bzw. Ministerrat einem Gesetz gemeinsam zustimmen müssen. Bei Einsprüchen von einer Seite gibt es ein kompliziertes Beratungsverfahren. Darüber hinaus übt das EU-Parlament eine Kontrolle über die Kommission aus. Vor der Ernennung der Kommissare, dem die Abgeordneten des Parlaments zustimmen müssen, prüft das Parlament in Ausschüssen die Kompetenz und Integrität der vorgeschlagenen Kommissare. Mit einer Zweidrittelmehrheit kann es den Rücktritt der Kommission erzwingen.

Das Europäische Parlament und der Rat bestimmen gemeinsam über den **Haushalt** der EU. Die Europäische Kommission schlägt einen Haushaltsentwurf vor. Anschließend können Parlament und Rat Änderungen beschließen. Bei den Einnahmen hat der Rat das letzte Wort, bei den Ausgaben das Parlament. Von diesen Befugnissen ist allerdings bisher der Agrarhaushalt weitgehend ausgenommen.

M 2 Das Europaparlament

Fast alle EU-Gesetze unterliegen inzwischen dem Mitentscheidungsverfahren. D. h., das EP und der Ministerrat müssen gemeinsam zustimmen. Bei Einsprüchen einer Seite gibt es ein kompliziertes Beratungsverfahren. Mit der Möglichkeit, am Ende ein Gesetz ganz verhindern zu können, hat das Parlament erheblichen Einfluss auf die Ausgestaltung der Gesetze gewonnen. Die Abgeordneten schließen sich zu zwischenstaatlichen Fraktionen zusammen. Ihre Parlamentsarbeit beschreibt Klaus Pöhle (ehemaliger Beamter im EP) wie folgt: „Da die Abgeordneten des EP noch keine europäische Regierung zu stützen oder zu bekämpfen haben, sondern mit großer Mehrheit der europäischen Integration verschrieben sind, kommen sie ihrer Aufgabe als Gesetzgeber weniger ideologisch, sondern eher sachbezogen nach. […] Diese Neutralität gegenüber nationalen oder regionalen Interessen vermindert die ohnehin geringe Unterstützung durch ihre nationalen oder europäischen Parteien. So weitgehend auf sich allein gestellt, streben sie nachhaltige Fortschritte im Interesse aller EU-Bürger an. […] Während das EP am Entstehen europäischen Rechts unmittelbar beteiligt ist, verbleibt nationalen Parlamenten immer häufiger die Aufgabe, EU-Richtlinien in nationales Recht zu transportieren."

Klaus Pöhle; in: In schwierigem Umfeld, Das Parlament Nr. 21/22 vom 17./24. 5. 2004, S. 2

M 3 Europaabgeordnete gewinnen an Macht

Wahlen als Stimmungsbarometer

Dass das Interesse am Europaparlament nicht sehr groß zu sein scheint, zeigt sich immer wieder an einer niedrigen Wahlbeteiligung, die z. B. bei der Europawahl 2004 bei 45,5 Prozent lag. Dennoch sind Europawahlen immer auch so etwas wie ein „Stimmungsbarometer" – denn viele Bürgerinnen und Bürger nutzen die Europawahlen, um die nationalen Regierungen „abzustrafen". Die **Bindung der Wähler** an die Parteien ist bei den Europawahlen geringer. Deshalb geben viele Wählerinnen und Wähler ihre Stimme einer Partei, die bei einer nationalen Wahl eher nicht in Frage gekommen wäre.

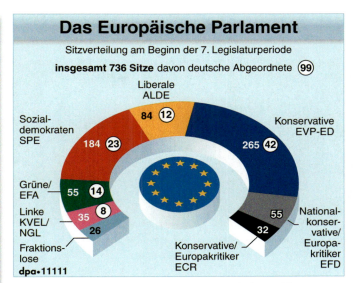

M 4 Sitzverteilung im Europa-Parlament nach der Wahl 2009

M 5 Aufgaben des Europa-Parlaments

1 Liste die wichtigsten Unterschiede zwischen dem Europaparlament und dem deutschen Bundestag auf (M 2, M 5, S. 138/139).

2 Die Sitzverteilung im EP widerspricht der demokratischen Grundregel, dass jede Stimme gleiches Gewicht haben soll. Diskutiert in der Klasse, ob sie dennoch gerechtfertigt ist.

3 Erläutere, welche Kompetenzen das Europaparlament im Laufe der Zeit hinzugewonnen hat (M 3, M 5).

4 Ladet die/den Europaabgeordnete(n) eures Wahlkreises in den Unterricht ein, um über Rolle und Aufgaben des Parlaments zu sprechen.

Europäische Gesetzgebung

M 1 EU-Regelungswut? *Karikatur: Mester*

Die EU-Gesetzgebung

Die EU bestimmt, ohne dass wir es immer merken, mehr und mehr unseren Alltag. Fast 80 Prozent aller unserer Gesetze beruhen inzwischen auf EU-Richtlinien. Bei EU-Gesetzen unterscheidet man zwischen

Richtlinien und Verordnungen. **Verordnungen** gelten direkt in allen Mitgliedsstaaten und sind in allen Teilen verbindlich. **Richtlinien** hingegen müssen erst in einer bestimmten Frist in nationales Recht umgewandelt werden.

Die Gesetzgebung in der EU ist Aufgabe des „institutionellen Dreiecks". Das sind die beiden Organe Kommission und Parlament sowie der Ministerrat, in dem die Regierungen der Mitgliedsstaaten vertreten sind.

Vorgeschlagen werden Gesetzesvorhaben von der Europäischen Kommission. Sie legt die **Gesetzesinitiative** dem Europäischen Parlament und dem Europäischen Rat vor. Der Rat ist das Rechtsetzungsorgan der Gemeinschaft. Er übt die Gesetzgebungsbefugnis gemeinsam mit dem Europäischen Parlament aus. Nach genauer

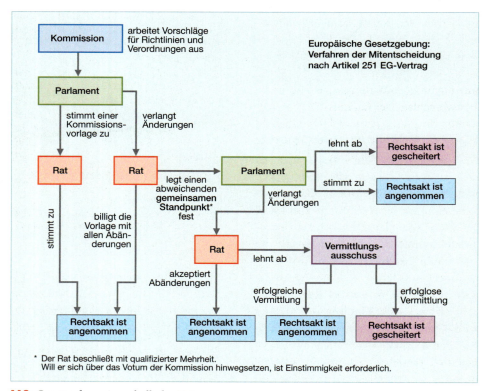

M 2 Gesetzgebung innerhalb der EU

Prüfung auf fachlicher und politischer Ebene kann der Rat den Kommissionsvorschlag annehmen, ändern oder ignorieren. Auch das Europäische Parlament prüft die Vorschläge der Kommission und nimmt im Rahmen der verschiedenen Verfahren gemeinsam mit dem Rat am Gesetzgebungsprozess teil.

Das **Mitentscheidungsverfahren** ist das wichtigste Gesetzgebungsverfahren in der Europäischen Union. Die von der Kommission vorgeschlagenen Gesetze werden vom Europäischen Parlament und vom Rat gemeinsam angenommen. Kommt eine Einigung zwischen Rat und Parlament nicht zustande, wird ein Vermittlungsausschuss einberufen, der aus Vertretern beider Gremien besteht. In der Regel wird dann ein Kompromiss gefunden, den Rat und Parlament gemeinsam verabschieden. Das **Anhörungsverfahren** ist das älteste Gesetzgebungsverfahren. Die Kommission legt einen Vorschlag für ein neues europäisches Gesetz vor, das dem Rat übermittelt wird. Dieser legt es dem Parlament vor, das eine Stellungnahme abgeben kann. In der Stellungnahme fordert das Parlament häufig Änderungen am Kommissionsvorschlag. Der Rat muss die Stellungnahme des Parlaments nicht berücksichtigen. Den Kommissionsvorschlag darf er aber nur einstimmig ändern.

Beim **Zustimmungsverfahren** einigt sich der Rat auf ein Gesetz, das er dem Parlament übergibt. Das Parlament muss seine Zustimmung erteilen, bevor der jeweilige Rechtsakt in Kraft treten kann, es hat also ein Vetorecht. Das Parlament hat jedoch keine Möglichkeit, Änderungsvorschläge einzureichen. Dieses Verfahren wird unter anderem bei völkerrechtlichen Verträgen der EU mit Drittstaaten, bei Verträgen zum Beitritt weiterer Staaten und der Festlegung eines einheitlichen Verfahrens für die Europawahl angewendet.

Europaparlament und Ministerrat haben soeben verordnet, dass Zigarettenschachteln – von Dublin bis Saloniki – auf mindestens 35 Prozent der Vorder- oder Rückseite den Hinweis tragen müssen: „Passivrauchen schadet ihren Mitmenschen, insbesondere Kindern." Die Gefahren des Rauchens dürfen nicht bagatellisiert werden.
Aber haben wir wirklich Abgeordnete nach Brüssel geschickt, damit sie sich mit Zigarettenschachteln beschäftigen? Können die Mitgliedsstaaten diese epochale Frage nicht allein lösen? Wäre es schlimm, wenn die einen dann Warnungen von 20 Prozent für ausreichend halten, während andere 60 Prozent der Schachtel bedrucken lassen?

Thomas Löffelholz; in: Handelsblatt, 22. 8. 2000

M 3 Europa ist auf dem Holzweg

Von der Streichung und Straffung hunderter EU-Vorschriften erhofft sich die Europäische Kommission nachhaltige Impulse für die Wirtschaft. Die Überregulierung in vielen Bereichen sei ein Investitionshindernis, sagte EU-Industriekommissar Günter Verheugen am Montag in Brüssel. „Wir können messbare Wachstumseffekte erzielen, wenn wir die psychologischen Hemmnisse durch zu viel Bürokratie beseitigen."
In einem ersten Schritt will die EU-Kommission an diesem Dienstag in Straßburg den Verzicht auf 68 europäische Gesetzesvorschläge beschließen, die sie selbst auf den Weg gebracht hatte. Der gesamte Rechtsbestand der Union werde „drastisch reduziert". Der deutsche Politiker wies aber Bedenken zurück, dadurch könnten soziale Errungenschaften oder der Umweltschutz eingeschränkt werden. Tatsächlich stehen auf der Liste der sofort zu streichenden Vorschläge nur vier aus den Ressorts Verbraucherschutz oder Umwelt.

Gerold Büchner; in: Berliner Zeitung, 27. 9. 2005, Wirtschaft, S. 10

M 4 Brüssel will Regulierungswut bremsen

1 Interpretiere die Karikatur: Auf welches Problem weist sie hin (M 1)?

2 Beschreibe das Gesetzgebungsverfahren der EU und informiere dich in den Medien über aktuelle Gesetzgebungsverfahren (M 2, Text).

3 Erläutere am Beispiel der Gesetzgebung, wie sich die politischen Entscheidungen von den einzelnen Mitgliedsstaaten in die EU verlagern.

4 Werte M 3 und M 4 aus: Was wird jeweils kritisiert?

Pro-und-Kontra-Diskussion: Braucht die EU eine Verfassung?

Eine Verfassung für Europa

Mit jeder neuen Erweiterung der EU ist auch eine Ergänzung der bestehenden Verträge zur Europäischen Union notwen-

M 1 Noch eine Verfassung?

dig geworden. Am Ende stand man vor einem Dickicht aus Vertragszusätzen und Protokollen, das man kaum noch durchschauen konnte. Deshalb beschlossen die Regierungschefs der EU-Mitgliedsstaaten 2001, einen Konvent einzusetzen, der die Reform der EU-Strukturen vorbereiten und konkrete Vorschläge für eine gemeinsame Verfassung erarbeiten sollte.

Der Konvent bestand neben Regierungsvertretern aktueller und zukünftiger EU-Mitgliedsländer aus Abgeordneten der Parlamente der Mitglieds- und Bewerberstaaten sowie aus Vertretern des Europäischen Parlaments und der Kommission.

Die EU-Verfassung ersetzt nicht die nationalen Verfassungen und Gesetze. Sie regelt die Zusammenarbeit der Einzelstaaten in Hinblick auf die EU-Gesetzgebung und sie regelt die Aufgaben der EU-Organe. Während in vielen Bereichen – z. B. der Sozial- und Steuerpolitik – die Eigenständigkeit der Staaten gewahrt bleibt, wird in anderen Bereichen die Zuständigkeit der EU ausgeweitet. Das gilt vor allem für die Bereiche Umwelt, Verkehr und Gesundheit. Außerdem soll sie eine gemeinsame Verteidigungs- und Außenpolitik ermöglichen. Kern der Verfassung ist jedoch die gemeinsame Wirtschaftspolitik mit dem europäischen Binnenmarkt.

Die EU-Verfassung kann erst in Kraft treten, wenn alle Mitgliedsstaaten sie unterzeichnet haben. Das ist bisher nicht geschehen. Deshalb hat man beschlossen, vorerst die bestehenden Verträge zu überarbeiten und zu ergänzen. So ist eine Weiterarbeit des EU-Parlaments vorerst gesichert.

M 2 Die Organe der EU

Es gibt ausschließliche Zuständigkeiten der Union – hier haben die Mitgliedsstaaten ihre Zuständigkeiten abgegeben. Das betrifft die Währungs-, Handels- und Zollunion. Es gibt Zuständigkeiten, die die Union mit den Mitgliedsstaaten teilt – das betrifft den größten Teil der sonstigen Wirtschaftspolitik, der Umwelt-, Verkehrs- und Gesundheitspolitik sowie bestimmte Aspekte der Innenpolitik und der Sozialpolitik. Für andere Bereiche wiederum bleiben die Mitgliedsstaaten allein verantwortlich: Das betrifft die Arbeitsmarkt- und Teile der Sozialpolitik sowie die Steuerpolitik (direkte Steuern); hier wird nichts vereinheitlicht, sondern die Konkurrenz zwischen den Mitgliedsstaaten gefördert. In diesen Bereichen fordert die Verfassung weiterhin einstimmige Beschlüsse, während in den vorher erwähnten Bereichen mit qualifizierter Mehrheit entschieden wird.

Die Bekämpfung der sozialen Ausgrenzung, die Modernisierung der sozialen Sicherungssysteme, Arbeitsentgelt, Arbeitszeiten, ein europäisches Koalitionsrecht und Streikrecht bleiben von europäischen Regelungen ausgeschlossen.

Angela Klein; in: Absolutismus statt Demokratie, in: Friedensforum 2/2004

M 3 Was wir von der EU-Verfassung zu erwarten haben

Pro-und-Kontra-Diskussion

Eine Pro-und-Kontra-Diskussion eignet sich für Themen, bei denen man eindeutig Stellung beziehen kann. Bei einer eventuellen Volksabstimmung über die europäische Verfassung müsstet ihr euch entscheiden, ob ihr dafür oder dagegen seid. Das setzt eine intensive Beschäftigung mit dem Thema voraus. Aktuelle und weitere Informationen findet ihr unter:

europa.eu/constitution/index_de.htm
www.europarl.de/verfassung/
www.europa-digital.de/
www.eu-verfassung.com/

Schritt 1: Thema vorstellen

Zunächst sollte man ein oder zwei Personen als Diskussionsleiter bestimmen und das Thema als Entscheidungsfrage an die Tafel schreiben.

Schritt 2: Abstimmung

Bevor die Diskussion beginnt, findet die erste Abstimmung statt. Das Ergebnis wird an der Tafel festgehalten.

Schritt 3: Wahl der Anwälte

Aus der Pro- und aus der Kontra-Gruppe werden je zwei bis drei „Anwälte" gewählt, welche die Argumente ihrer Seite vortragen und vertreten.

Schritt 4: Streitgespräch

Wenn die Argumente vorgetragen sind, können die Anwälte die Vertreter der Gegenseite befragen und mit ihnen ein Streitgespräch beginnen. Die Diskussionsleitung erteilt den Sprechern das Wort. Anschließend können auch die Zuschauer die Anwälte befragen.

Schritt 5: Plädoyer

Am Ende hält je ein Anwalt jeder Partei einen Schlussvortrag, das Plädoyer. Darin fasst er die wichtigsten Argumente seiner Gruppe zusammen.

Schritt 6: Abstimmung und Auswertung

Danach folgt die Schlussabstimmung. Vergleicht das Ergebnis mit der Abstimmung vor Beginn der Diskussion. Haben sich die Ansichten geändert? Welche Gründe dafür werden genannt? Sind die Teilnehmer nun sicher in ihrer Entscheidung oder sind noch Fragen offen?

Zeitschiene „Europäische Verfassung"

12/2001: „Konvent zur Zukunft Europas" nimmt seine Arbeit auf.

07/2003: Entwurf der Verfassung liegt vor.

12/2003: Regierungskonferenz der EU-Staaten stimmt dem Entwurf unter Einbringung kleinerer Änderungen zu.

06/2004: Regierungskonferenz der Mitgliedsstaaten einigt sich auf den endgültigen Verfassungstext.

10/2004: Vertreter der Mitgliedsstaaten unterzeichnen den Verfassungsvertrag.

1/2005: Europaparlament spricht sich für Ratifizierung aus.

5 und 6/2005: In Volksabstimmungen lehnen Frankreich und die Niederlande die Ratifizierung ab. Der Prozess wird ausgesetzt.

10/2005: Vertreter der Mitgliedsstaaten unterzeichnen den Vertrag von Lissabon, einen Reformvertrag, der die Verfassung vorläufig ersetzen soll.

Zusammenarbeit in Europa

M 1 Zusammenarbeit über die Grenzen Deutschlands hinaus

menarbeiteten. Im Süden verfolgen alle Alpenländer ähnliche Ziele und im Norden die Regionen entlang der Nord- und Ostsee.

EUREGIO – Zusammenarbeit in Grenzregionen

EUREGIO fördert die Zusammenarbeit in Grenzregionen. Dabei müssen nicht alle beteiligten Staaten Mitglied in der EU sein. In der EUREGIO Bodensee arbeiten zum Beispiel Regionen aus Deutschland, der Schweiz, Österreich und Liechtenstein.

Zusammenarbeit über Landesgrenzen hinweg

In den zahlreichen Grenzregionen Europas bestand schon immer ein **reger Austausch** über Staatsgrenzen hinweg. Eine Reihe von grenzüberschreitenden Projekten der EU soll diese Zusammenarbeit erleichtern und gleichzeitig die Interessen der Regionen wahren.

Besonders viele **Partnerschaftsregionen** der EU befinden sich entlang der deutschen Grenzen. Sowohl im Westen als auch im Osten sind als Folge der Weltkriege Regionen durch Staatsgrenzen getrennt worden, die lange Zeit eng zusam-

- Förderung der Wettbewerbsfähigkeit der Region: grenzübergreifende Raumplanung, Fremdenverkehr, Erfahrungsaustausch im Bereich Technologie und Innovation sowie Förderung von kleinen und mittleren Unternehmen

- Schaffung eines grenzübergreifenden Arbeitsmarkts: Abbau möglicher Hindernisse, Fragen zur gegenseitigen Anerkennung von Berufsabschlüssen

- Schutz und Nutzung natürlicher Ressourcen, Verbesserung der Nachhaltigkeit: Maßnahmen zum Schutz der Umwelt, der Natur und der Landschaft, zum Einsatz regenerativer Energien

- Förderung des gegenseitigen Verständnisses: gemeinsame Maßnahmen in den Bereichen Sport, Kultur, Jugendarbeit, Förderung der Begegnung von Bürgern im Alltag.

M 2 Ziele von EUREGIO

Pomerania – Land am Meer

Die Europaregion Pomerania liegt an der Nordostgrenze Deutschlands und verbindet deutsche, polnische sowie schwedische Gebiete. Sie ist so ein Bindeglied zwischen Mittel- und Osteuropa sowie Skandinavien.

Gemeinsam ist allen drei Gebieten die Lage an der Ostsee. Schon im Mittelalter waren die Städte an der Ostseeküste wichtige Handelszentren und es bestanden enge Beziehungen über Staatsgrenzen hinweg. An diese Gemeinsamkeiten soll die grenzüberschreitende Zusammenarbeit der 1998 gegründeten Europaregion Pomerania anknüpfen.

Mögliche Zusammenarbeit

a) Verkehr

In der Europaregion Pomerania kreuzen sich wichtige Verkehrslinien zwischen Nord- und Südeuropa sowie zwischen West- und Osteuropa. Eine wichtige Rolle spielen dabei die Ostseehäfen.

Während das Straßen- und Eisenbahnnetz in Südschweden sehr gut ausgebaut ist, besteht auf diesem Gebiet im deutsch-polnischen Grenzgebiet noch erheblicher Nachholbedarf. Mit dem Beitritt Polens zur EU sind die Warenströme zwischen Ost und West erheblich angewachsen. Deshalb ist der grenzüberschreitende Ausbau des Straßennetzes von großer Bedeutung für die Region.

b) Umwelt und Tourismus

Neben den Stränden an der Ostsee und den Seenlandschaften sind auch die alten Handelsstädte und die zahlreichen Burgen und Schlösser beliebte Touristenziele. Die Touristen finden darüber hinaus eine geringe Umweltbelastung und eine Vielzahl von Naturschutzgebieten vor. Die Fremdenverkehrssaison ist jedoch stark auf die Sommermonate beschränkt. Im Rahmen der EU-Förderprogramme bemüht man sich um Maßnahmen, welche die Fremdenverkehrssaison verlängern könnten.

	Fläche (km²)	Einwohner	Dichte (E/km²)	Arbeitslosenquote
Deutschland Mecklenburg-Vorpommern Brandenburg	8 Kreise / 11 300	839 606	74 / 18,6 %	10,3 % / 19,9 %
Polen Pomorze Zachodnie (Westpommern) Szczecin (Stettin)	77 Gemeinden und Städte / 15 356	900 700 / 420 000	19,2 % / 63 (ohne Stettin)	17,8 %
Schweden Skåne	33 Gemeinden / 11 000	1 111 000	101	4,9 % / 4,8 %

Staatsgrenze — Oberzentrum ⬤ Entwicklungsachse
Grenze der Euregio ---- Mittelzentrum ● 0 25 50 75 km

M3 Europaregion Pomerania

1 Beschreibe die Lage der Partnerschaftsregionen innerhalb Deutschlands (M1).

2 Erläutere in einem zusammenhängenden Text die Ziele der regionalen Zusammenarbeit innerhalb der EU (M2).

3 Berichte über die grenzüberschreitende Zusammenarbeit in der Region Pomerania (M3).

4 Diskutiert: Warum ist eine Zusammenarbeit der grenznahen Regionen innerhalb der EU von großer Bedeutung?

Europaregion Pamina

PA steht für den französischen Begriff „Palatinat" (= Pfalz).

NA steht für „Nord Alsace" (= Elass).

MI steht für das Gebiet Mittlerer Oberrhein

Kaiserslautern · Ludwigs-hafen · Mannheim · Neckar
A6 · A61
A62 · Neustadt · Speyer · Heidelberg
A8 · A65 · A6
Saarbrücken · B10 · Landau · A5
Pirmasens · **PA** · Germers-heim · Bruchsal
Kandel · B9
FRANKREICH · Lauter · Karlsruhe
Wissembourg
Lauterbourg · **MI** · A8
A4 · N263 · Stuttgart
NA · Rastatt
Haguenau
Sarrebourg · Saverne · A35 · Baden-Baden
DEUTSCHLAND
Straßburg · 0 · 25 · 50 km

REGIO PAMINA
PALATINAT·MITTLERER OBERRHEIN·NORDALSACE

M 1 Die Region Pamina

Grenzüberschreitende Region

Die Region Pamina erstreckt sich beiderseits des Oberrheintals, das im Westen von den Vogesen und dem Pfälzerwald und im Osten vom Schwarzwald eingerahmt wird. Hier grenzen die Staaten Deutschland mit den Bundesländern Baden-Württemberg und Rheinland-Pfalz und Frankreich mit dem Elsass aneinander. Von den Gebirgen bis zum Oberrhein erstrecken sich auf deutscher und französischer Seite Gebiete mit intensiver landwirtschaftlicher Nutzung. Hier werden unter anderem Wein, Hopfen, Erdbeeren, Spargel und Tabak angebaut.

In der Region Pamina leben etwa einein-halb Millionen Menschen. Diese sind sehr ungleichmäßig über den Raum verteilt. Während am mittleren Oberrhein in Baden etwa 450 Einwohner pro Quadratkilometer wohnen, sind es in der Südpfalz nur 195 und im Nordelsass sogar nur 124.

Aufgrund ihrer Geschichte besitzt die Region Pamina eine Fülle von Gemeinsamkeiten. So werden auf beiden Seiten des Rheins noch immer von vielen Bewohnern beide Sprachen gesprochen.

M 2 Saverne im Nord-Elsass

Grenzgänger

Die drei Teilräume der Region Pamina haben eine unterschiedliche Wirtschaftskraft. Die größten Städte mit Industriesiedlungen liegen in der Region Mittlerer Oberrhein. Deshalb überqueren täglich etwa 16 000 Grenzgänger aus dem Nordelsass den Oberrhein, um zu ihren Arbeitsplätzen auf der deutschen Seite zu gelangen. Aber auch aus der Südpfalz kommen viele Menschen auf die andere Rheinseite zur Arbeit. Unterschiedliche Sozialsysteme sowie Probleme bei der Anerkennung von Schulabschlüssen erschweren das Arbeiten über Staatsgrenzen hinweg.

Fördermaßnahmen der EU

Die Förderprogramme für die Region Pamina verfolgen das Ziel, die grenzüberschreitende Zusammenarbeit zu verbessern. Dabei sollen
- die Wettbewerbsfähigkeit gesteigert
- ein gemeinsamer Arbeitsmarkt geschaffen
- der Umweltschutz verbessert
- touristische Einrichtungen erschlossen
- der Schüleraustausch intensiviert werden.

Praktische Erfahrungen

a) auf dem Gebiet des Tourismus

Eine Zunahme des Tourismus fördert zum einen die Verständigung zwischen der Bevölkerung in beiden Ländern und zum anderen die Wirtschaftskraft in der gesamten Region. Es wurden Reiseführer und Radwanderkarten erstellt, Radwege im Lautertal und in den Rheinauen wurden ausgebaut und die Burgen für den Tourismus erschlossen. Daneben wurden Naturschutzgebiete eingerichtet und Informationszentren eröffnet.

b) auf dem Gebiet des grenzüberschreitenden Arbeitsmarktes

Als Anlaufstelle für alle, die Hilfe bei grenzüberschreitenden Aktivitäten benötigen, wurde eine Informations- und Bera-

M 3 Der Rhein-Marne-Kanal

tungsstelle für grenzübergreifende Fragen eingerichtet. Spezielle Informationsbroschüren für Grenzgänger beantworten z.B. Fragen zum Sozialsystem und Arbeitsrecht in beiden Staaten. Ein deutsch-französisches Betriebspraktikum soll auf einen möglichen Arbeitsplatz im anderen Land vorbereiten. Der Ausbau des Schüleraustauschs in den grenznahen Regionen soll die Zweisprachigkeit fördern.

c) auf dem Gebiet des Verkehrs

Während der Ausbau des Radwegenetzes vor allem dem Tourismus zugute kommt, ist für die Berufspendler der Ausbau des öffentlichen Nahverkehrs über die Staatsgrenze hinweg von großer Bedeutung.

---

1 Erläutere den Begriff „Pamina" und beschreibe die Lage dieser Euoparegion (M 1).

2 Berichte über grenzüberschreitende Maßnahmen in der Region Pamina (M 3, Text).

3 Verfolge den Verlauf des Rhein-Marne-Kanals im Atlas und nenne vier Städte, an denen er entlang führt.

4 Informiert euch über weitere Projekte in der Region Pamina (www.regio-pamina.org).

5 Suche eine weitere Europaregion, an der Rheinland-Pfalz beteiligt ist (M 1, S. 254), informiere dich über die Ziele und berichte vor der Klasse.

Jugendliche im gemeinsamen Haus Europa

M 1 Sitzung des Europäischen Jugendparlaments

Kontakte auf schulischer Ebene

Die Europäische Union und die EU-Staaten selbst bemühen sich, das gegenseitige Kennenlernen innerhalb Europas zu fördern. Dabei spielen die Schulen eine besondere Rolle. Zwischen vielen Schulen bestehen **Schulpartnerschaften** mit einem regelmäßigen Schüleraustausch. Dieser findet sowohl klassenweise als auch auf privater Ebene statt. Darüber hinaus gibt es mittlerweile eine Vielzahl von **Förderprogrammen**, die es den Schulen, den Lehrkräften sowie den Jugendlichen erleichtern, sich gegenseitig zu besuchen und voneinander zu lernen. Besonders bei Kontakten zu den neuen EU-Mitgliedsstaaten sind sie häufig eine wertvolle Hilfe.

Jugendprojekte

Über Reisen und Schüleraustausch hinaus haben Jugendliche innerhalb der EU die Möglichkeit, in anderen Ländern zu studieren, zu arbeiten, Praktika zu machen oder z. B. ein freiwilliges soziales Jahr abzuleisten. Für all diese Aktivitäten stellt die EU eine Vielzahl von Informationen zur Verfügung.

Grenzüberschreitende Bildungsprogramme

Weil der europäische Arbeitsmarkt jedem offensteht, sind auch Schulen, Universitäten sowie die berufliche Bildung jedem EU-Bürger überall zugänglich. Die **grenzüberschreitenden Bildungsprogramme** sollen dabei helfen.

Das Ziel von **Ploteus** ist es, Schülern und Studierenden, Jobsuchenden, Arbeitern und Angestellten, Eltern, Berufsberatern und Lehrern bei der Suche nach Aus- und Weiterbildungsmöglichkeiten in Europa zu helfen:

- Lernangebote und Weiterbildungsmöglichkeiten innerhalb der EU,
- Aus- und Weiterbildungssysteme: Beschreibungen und Erläuterungen zu den verschiedenen Bildungssystemen der Staaten Europas,
- Austauschprogramme und Stipendien (Erasmus, Sokrates, Tempus, …), die in Europa in Anspruch genommen werden können,
- wichtige praktische Hinweise und Tipps für den Aufenthalt in einem der europäischen Länder.

Comenius richtet sich an Schüler/-innen aller Schulformen und Stufen – von der Vorschule bis zum Abitur. Im Mittelpunkt stehen Schulpartnerschaften und Sprachprojekte.

Leonardo gibt Azubis, jungen Berufstätigen und Studenten die Chance, Auslandserfahrungen zu sammeln. Zwischen zwei Wochen und zwölf Monaten kann man im Ausland ein Praktikum machen oder einen Teil der Ausbildung absolvieren.

Das Europäische Jugendparlament

EUROPEAN **YOUTH** PARLIAMENT
PARLEMENT EUROPÉEN DES **JEUNES**

Das Europäische Jugendparlament wurde bereits 1987 in Fontainebleau (Frankreich) gegründet und hat seinen Sitz in Witney (Großbritannien). Ziel ist es, Jugendliche aus ganz Europa zu motivieren, sich mit der Europäischen Einigung auseinanderzusetzen und sie durch eigene Aktivitäten mitzugestalten.

Das Europäische Jugendparlament tagt zweimal im Jahr in jeweils anderen europäischen Städten. Die Mitgliedsstaaten der Europäischen Union entsenden jeweils eine **Schülerdelegation**, andere europäische Staaten eine Gastdelegation*. Die Parlamentssprachen sind gleichberechtigt Englisch und Französisch.

Das Europäische Jugendparlament in Deutschland e.V. wurde gegründet, um das Auswahlverfahren für die Sitzungen des European Youth Parliament durchzuführen. Jährlich bewerben sich über 700 Schülerinnen und Schüler von mehr als 80 Schulen mit gymnasialen Oberstufen aus dem gesamten Bundesgebiet. In der ersten Auswahlrunde schreiben die Schuldelegationen eine Resolution* zu einem vorgegebenen Thema. Eine unabhängige Jury wählt dann die zwölf besten Resolutionen aus. Für die zweite Auswahlrunde werden die zwölf erfolgreichsten Delegationen zu der Nationalen Auswahlsitzung eingeladen. Auf der Sitzung werden alle Resolutionen nach den **Debattierregeln des Europäischen Parlaments** diskutiert. Die beiden besten Delegationen der Sitzung dürfen Deutschland auf einer zehntägigen internationalen Sitzung des Europäischen Jugendparlaments vertreten.

M 2 Jugendliche mit Europaflagge

Wie nun, fragte sich die Europäische Kommission, ist es bestellt um die politische Partizipation junger Menschen in Europa? Die Gesamtdaten zeichnen zunächst das ernüchternde Bild, dass der Großteil der befragten europäischen Jugendlichen nicht an Politik interessiert ist. In der Abfrage zum generellen Interesse an Politik geben 63 Prozent ihrem Desinteresse Ausdruck. Entsprechend steht ihnen lediglich etwas mehr als ein Drittel (37 Prozent) gegenüber, das sich ziemlich oder sehr für politische Belange interessiert. Differenziert man das Interesse weiter nach nationaler und europäischer Politik, sind immerhin 46 Prozent der jungen Europäer an der Politik ihres jeweiligen Heimatlandes sehr oder ziemlich interessiert.

Das Interesse an Europa-Politik fällt auf 35 Prozent bei den 15- bis 25-Jährigen ab. Gefragt nach der eigenen Identität fühlen sich 79 Prozent der Jugendlichen sehr stark ihrer „Heimatnation" verbunden. Immerhin fühlen sich aber auch 47 Prozent als Europäer.

Franziska Wächter; in: Das Parlament, 31. 10. 2005

M 3 Schwierigkeiten mit der europäischen Identität

* Resolution
Erklärung, Beschluss

* Delegation
Abordnung von Personen zur Wahrnehmung bestimmter Aufgaben; Abgesandte

1 Deine Schule/Klasse plant ein Austauschprogramm mit einer Schule in einem EU-Staat. Erläutere, welche Förderprogramme der EU dabei hilfreich sein können und welche Unterstützung sie bieten.

2 Informiert euch über das Europäische Jugendparlament. Diskutiert in der Klasse, ob eine Teilnahme am nationalen Auswahlverfahren für euch interessant wäre.

3 Werte M 3 aus: Wie beurteilst du das Interesse Jugendlicher an der Politik der EU? Führt eine Umfrage an eurer Schule durch und vergleicht die Ergebnisse.

Reiche Länder – arme Länder

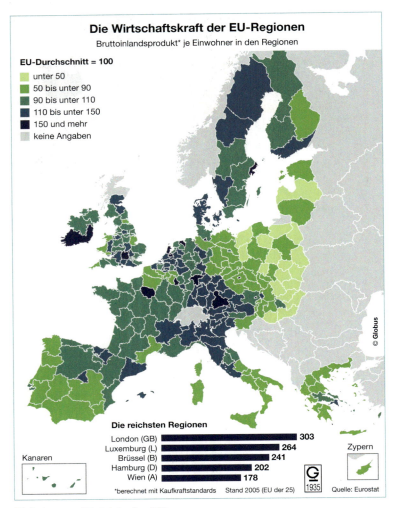

Die Wirtschaftskraft der EU-Regionen
Bruttoinlandsprodukt* je Einwohner in den Regionen

EU-Durchschnitt = 100

- unter 50
- 50 bis unter 90
- 90 bis unter 110
- 110 bis unter 150
- 150 und mehr
- keine Angaben

© Globus

Die reichsten Regionen

Region	
London (GB)	303
Luxemburg (L)	264
Brüssel (B)	241
Hamburg (D)	202
Wien (A)	178

Kanaren

Zypern

*berechnet mit Kaufkraftstandards   Stand 2005 (EU der 25)   Quelle: Eurostat

M 1 Arm und Reich in der EU

- Räume, die von der Natur benachteiligt sind (z. B. Gebirge; Norden Skandinaviens)
- ländliche Räume mit wenig ertragreicher Landwirtschaft
- Regionen mit Kohleförderung und Eisen- und Stahlindustrie in denen der Strukturwandel noch nicht erfolgreich abgeschlossen ist
- Regionen mit ungünstiger Verkehrslage
- Küstengebiete, die einseitig von der Fischerei abhängig sind
- Grenzräume, auch ehemalige
- Gebiete mit einer besonderen politischen Problematik (z. B. Konflikträume).

M 2 Problemräume in Europa: Ursachen

Wirtschaftliche Vielfalt

So vielfältig wie die Landschaften, die Vegetationszonen und das Klima, so vielfältig ist auch die **Wirtschaft** in Europa. Neben Regionen, die in erster Linie landwirtschaftlich genutzt werden, gibt es hochindustrialisierte Räume.

Europa war reich an Bodenschätzen. Auf dieser Grundlage entwickelten sich in England, Nordfrankreich und Deutschland schon im 19. Jahrhundert ausgedehnte **Industriegebiete**. Hier wurden die ersten Maschinen entwickelt und die moderne Wissenschaft nahm ihren Anfang, sodass Europa wirtschaftlich lange Zeit weltweit führend war. Die Eisen- und Stahlindustrie, der Schiff- und Fahrzeugbau sowie die Textilindustrie waren die wichtigsten Wirtschaftszweige. In den letzten Jahrzehnten ist deren Bedeutung jedoch zurückgegangen. Moderne Wachstumsindustrien sind die chemische Industrie sowie die Elektronik- und Kommunikationstechnologien. Da diese Wirtschaftszweige nicht mehr an Rohstoffvorkommen, sondern eher an das Vorhandensein **qualifizierter Arbeitskräfte** gebunden sind, findet man industrielle Ballungsgebiete heute weitläufig über den Kontinent verteilt vor allem im Umkreis der großen Städte.

Regionale Unterschiede

Die Menschen in Europa leben unter sehr unterschiedlichen wirtschaftlichen und sozialen Bedingungen. Neben äußerst reichen Regionen gibt es auch Gebiete, in denen die Menschen in großer Armut und Not leben.

Mit dem Beitritt der mittel- und osteuropäischen Staaten zur Europäischen Union hat sich das **Einkommensgefälle** innerhalb der Gemeinschaft deutlich vergrößert. Zu den reichsten Regionen innerhalb der EU gehören einige Hauptstädte von EU-Staaten, die einen hohen Zustrom von Pendlern haben. Hier liegt das Pro-Kopf-Einkommen deutlich über dem Durchschnittswert der EU. Die Hauptstädte können eine Vielzahl von sehr gut bezahlten Arbeitsplätzen im Dienstleistungssektor bereitstellen. In London sind das vor allem Arbeitsplätze im Finanzwesen, in Brüssel in der EU-Verwaltung.

In den **armen Regionen** Europas ist in der Regel die Arbeitslosigkeit hoch. Es fehlen Wachstumsindustrien, die Arbeitsplätze bereitstellen könnten. Oft sind die armen Regionen noch stark landwirtschaftlich geprägt, was z. B. in großen Teilen der neuen osteuropäischen Mitgliedsstaaten der Fall ist. Aber auch einige der altindustrialisierten Räume, in denen jahrzehntelang die Schwerindustrie vorherrschte, sind heute von hoher Arbeitslosigkeit geprägt. Da die Menschen in den EU-Mitgliedsstaaten in jedem EU-Land leben und arbeiten dürfen, wandern viele Menschen aus den Problemgebieten in die Wachstumsregionen ab.

M 3 Noch nicht in der EU angekommen
Trostlosigkeit, leere Straßen, in manchen Geschäften sind durch verschmierte Scheiben kaum die Auslagen zu erkennen. Auf dem Parkplatz vor dem Rathaus von Narwa warten Taxis auf Fahrgäste, die nicht kommen. Sieht man von Zypern ab, dann ist Narwa die östlichste Stadt der Europäischen Union. Narwa ist die Stadt der traurigen Superlative. Was immer man aus Estland an Erfolgsmeldungen zu hören bekommt, für Narwa, die drittgrößte Stadt Estlands, gilt es nicht. Hier ist die Arbeitslosigkeit doppelt so hoch wie im restlichen Estland. Hier stehen zwei Ölschieferkraftwerke, die 95 Prozent des Staubes in ganz Estland produzieren. Hier ist der Drogenumschlagplatz Nummer 1. Narwa, direkt an der russischen Grenze, ist Teil der

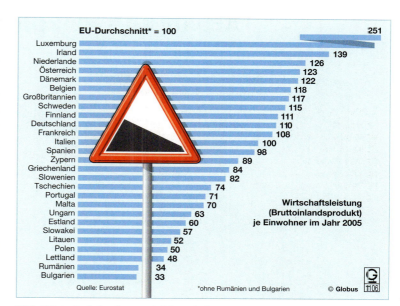

M 4 Wirtschaftskraft – ungleich verteilt

Europäischen Union, aber längst nicht in Europa angekommen.
Vizebürgermeisterin Reet Välja ist die Sozialexpertin im Rathaus. „Der EU-Beitritt war ein glückliches Ereignis", sagt sie optimistisch. Denn jetzt sprudeln die Fördergelder. Mit einer Million Euro wurde gerade der Ausbau des Berufsbildungszentrums gefördert.

Tobias Zell, Perspektiven 1/2005, Bayerische Landeszentrale für politische Bildungsarbeit

1 Beschreibe die Lage der reichsten und der ärmsten Regionen Europas (M 1).

2 Auch innerhalb von Staaten gibt es arme und reiche Regionen. Nenne drei Staaten, die sowohl reiche als auch ganz arme Regionen haben (M 1).

3 Liste fünf die ärmsten Mitgliedsstaaten der EU auf (M 4) und versuche, ihnen jeweils eine der Ursachen aus M 2 zuzuordnen.

4 Werte M 3 aus: Welche Probleme werden angesprochen, welche Ursachen werden genannt und was erhofft man sich von der EU-Mitgliedschaft?

5 Begründe, warum ein Strukturausgleich zwischen den Regionen eine der wichtigsten Aufgaben der EU-Politik ist.

Arbeit und Einkommen in der EU

M 1 *Karikatur: Pepsch Gottscheber*

Der europäische Wirtschaftsraum

Eines der großen Ziele bei der Verwirklichung eines geeinten Europas war von Anfang an die Schaffung eines einheitlichen **Wirtschaftsraums**, für den keinerlei nationale Beschränkungen mehr bestehen sollten. Der einheitliche Binnenmarkt soll dazu beitragen, dass Europa auf dem Weltmarkt konkurrenzfähig bleibt.

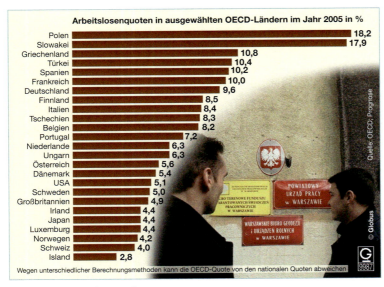

Arbeitslosenquoten in ausgewählten OECD-Ländern im Jahr 2005 in %

Land	%
Polen	18,2
Slowakei	17,9
Griechenland	10,8
Türkei	10,4
Spanien	10,2
Frankreich	10,0
Deutschland	9,6
Finnland	8,5
Italien	8,4
Tschechien	8,3
Belgien	8,2
Portugal	7,2
Niederlande	6,3
Ungarn	6,3
Österreich	5,6
Dänemark	5,4
USA	5,1
Schweden	5,0
Großbritannien	4,9
Irland	4,4
Japan	4,4
Luxemburg	4,4
Norwegen	4,2
Schweiz	4,0
Island	2,8

Quelle: OECD-Prognose

Wegen unterschiedlicher Berechnungsmethoden kann die OECD-Quote von den nationalen Quoten abweichen.

© Globus 9987

M 2 Arbeitslosigkeit in der EU

Grenzenloser Arbeitsmarkt

Der europäische Binnenmarkt ermöglicht es EU-Bürgern, dass sie sich in jedem EU-Mitgliedsstaat frei einen Arbeitsplatz suchen können. Davon machen verstärkt Menschen Gebrauch, in deren Heimatland eine hohe Arbeitslosigkeit herrscht.

Aber auch die **Höhe des Lohnes** spielt bei der Arbeitsplatzsuche eine Rolle. Vor allem die Menschen in den neuen EU-Mitgliedsstaaten in Ost- und Südosteuropa können in einem anderen EU-Land deutlich mehr verdienen als in ihrem Heimatland. Umgekehrt ist es für viele Firmen z. B. in Deutschland attraktiv, ihre Produktion in ein osteuropäisches Land mit niedrigeren Lohnkosten zu verlegen.

Freier Dienstleistungsverkehr

Mit der Einführung des europäischen Binnenmarktes konnten Dienstleistungen in jedem EU-Staat frei angeboten werden. Es fehlten jedoch Regelungen, die festlegten, ob sich die Dienstleistungsfirmen nach den Gesetzen ihres Herkunftslandes oder des Landes, in dem sie ihre Dienstleistungen anboten, richten mussten. In Deutschland zeigte sich vor allem am Beispiel ausländischer Bauarbeiter diese Problematik. Da sie nicht an deutsche Tariflöhne gebunden waren und die hohen **Lohnnebenkosten,** die in Deutschland entstehen, entfielen, waren sie gegenüber einheimischen Bauarbeitern konkurrenzlos billig. Das führte dazu, dass viele einheimische Baufirmen Konkurs machten. Als Schutz für einheimische Firmen führte man deshalb einen **Mindestlohn** in der Baubranche ein. Doch solche Schutzmaßnahmen sind umstritten, da sie auch als Mittel eingesetzt werden können, um ausländische Konkurrenz auszuschalten.

Mit einer Dienstleistungsrichtlinie sollten deshalb verbindliche Regeln für ganz Europa eingeführt werden. Damit sollte verhindert werden, dass beim Nebeneinander von Dienstleistungsfirmen aus verschiedenen Ländern verschiedene Lohnsysteme und verschiedene Arbeitsrechtssysteme miteinander konkurrieren.

Die Debatte über die **Dienstleistungsrichtlinie** hat sich über eine lange Zeit hingezogen und war zum Teil von massiven Protesten von Arbeitnehmern aus verschiedenen EU-Staaten begleitet. Besonders umstritten war ein Entwurf, der vorsah, dass für Firmen, die ihre Dienstleistungen in einem anderen Land anbieten, die Gesetze des Herkunftslandes gelten sollten. Die nun verabschiedete Richtlinie sieht dies deshalb nicht mehr vor.

M3 EU beschließt Dienstleistungsrichtlinie

Die einst heftig umkämpfte EU-Dienstleistungsrichtlinie hat ihre letzte Hürde genommen. Das Europäische Parlament stimmte den abgeschwächten Regeln für mehr grenzüberschreitenden Wettbewerb im Dienstleistungsbereich zu. Die Abgeordneten bestätigten mit deutlicher Mehrheit einen auch von Gewerkschaften akzeptierten Kompromiss mit den EU-Regierungen.

Darin verzichtet die Europäische Union auf die ursprünglich geplante fast vollständige Öffnung des Dienstleistungsmarktes über Ländergrenzen hinweg. Stattdessen schützt sie Arbeitnehmer in den alten EU-Staaten weitgehend vor der gefürchteten preiswerteren Konkurrenz aus Osteuropa. Zugleich baut sie aber auch bürokratische Hürden ab. Die Regeln müssen nun von den EU-Staaten umgesetzt werden. Dafür haben sie drei Jahre Zeit.

Kern der neuen EU-Richtlinie ist: Jeder, der in seinem Heimatland ordnungsgemäß ein Gewerbe ausübt, darf seine Dienstleistung auch im EU-Ausland anbieten, ohne dort gleich eine Niederlassung zu gründen. Dabei gelten künftig für

in Euro pro Stunde (Stand Januar 2007)

Luxemburg	9,08
Irland	8,30
Frankreich	8,27
Niederlande	8,13
Großbritannien	7,96
Belgien	7,93
Griechenland	4,22
Spanien	3,99
Malta	3,47
Slowenien	3,02
Portugal	2,82
Tschechien	1,76
Ungarn	1,50
Polen	1,34
Estland	1,33
Slowakei	1,32
Litauen	1,00
Lettland	0,99
Rumänien	0,66
Bulgarien	0,53

Quelle: WSI ©Globus 1454

M4 Unterschiedliche Löhne in der EU

den Dienstleister aus dem Ausland die Bestimmungen des Landes, in dem die Dienste angeboten werden. Das bedeutet unter anderem: Mindestlöhne, Bestimmungen der Tarifverträge, Arbeitszeitbestimmungen oder Bauvorschriften müssen eingehalten werden.

Auch im Vertragsrecht gelten künftig die Bestimmungen des Ziellandes. Das heißt: Bei Reklamationen kann sich zum Beispiel ein deutscher Kunde, der eine Leistung von einer polnischen Handwerksfirma erbringen lässt, auf das deutsche Recht berufen.

www.tagesschau.de/aktuell/meldungen, 15.11.2006

1 Interpretiere die Karikatur: Wen stellt der kleine Mann dar? Welche Probleme werden angesprochen (M1)?

2 Erläutere, wie sich die unterschiedlichen Arbeitslosenzahlen und die ungleichen Löhne auf dem EU-Binnenmarkt auswirken (M2, M4).

3 Stelle anhand eines Beispiels dar, welche Probleme sich durch den freien Dienstleistungsverkehr ergeben können.

4 Die beschlossene Dienstleistungsrichtlinie legt fest, dass die Bestimmungen des Ziellandes gelten sollen. Stelle Vor- und Nachteile dieses Beschlusses nebeneinander. Wer wird dadurch benachteiligt (M3)?

Unterschiede überwinden

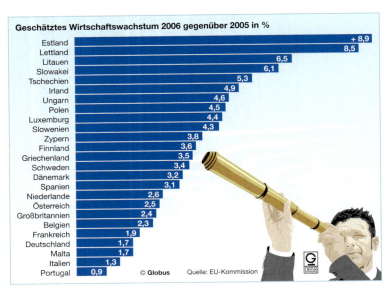

Geschätztes Wirtschaftswachstum 2006 gegenüber 2005 in %

Land	%
Estland	+ 8,9
Lettland	8,5
Litauen	6,5
Slowakei	6,1
Tschechien	5,3
Irland	4,9
Ungarn	4,6
Polen	4,5
Luxemburg	4,4
Slowenien	4,3
Zypern	3,8
Finnland	3,6
Griechenland	3,5
Schweden	3,4
Dänemark	3,2
Spanien	3,1
Niederlande	2,6
Österreich	2,5
Großbritannien	2,4
Belgien	2,3
Frankreich	1,9
Deutschland	1,7
Malta	1,7
Italien	1,3
Portugal	0,9

© Globus   Quelle: EU-Kommission

M 1 Wirtschaftswachstum in der EU

Artikel III-220

Die Union entwickelt und verfolgt weiterhin ihre Politik zur Stärkung ihres wirtschaftlichen, sozialen und territorialen Zusammenhalts, um eine harmonische Entwicklung der Union als Ganzes zu fördern.

Die Union setzt sich insbesondere zum Ziel, die Unterschiede im Entwicklungsstand der verschiedenen Regionen und den Rückstand der am stärksten benachteiligten Gebiete zu verringern.

Unter den betreffenden Gebieten wird den ländlichen Gebieten, den vom industriellen Wandel betroffenen Gebieten und den Gebieten mit schweren und dauerhaften natürlichen oder demografischen Nachteilen, wie den nördlichsten Regionen mit sehr geringer Bevölkerungsdichte sowie den Insel-, Grenz- und Bergregionen, besondere Aufmerksamkeit geschenkt.

Artikel III-221

Die Mitgliedsstaaten führen und koordinieren ihre Wirtschaftspolitik in der Weise, dass auch die in Artikel III-220 genannten Ziele erreicht werden.

Die Union unterstützt diese Bemühungen auch durch die Politik, die sie mithilfe der Strukturfonds (Europäischer Ausrichtungs- und Garantiefonds für die Landwirtschaft, Europäischer Sozialfonds, Europäischer Fonds für regionale Entwicklung), der Europäischen Investitionsbank und der sonstigen vorhandenen Finanzierungsinstrumente führt.

M 2 Vertrag über eine Verfassung für Europa vom 29. 10. 2004

Regionalförderung in der EU

Die großen Unterschiede zwischen den armen und den reichen Regionen führen dazu, dass viele Menschen ihre Heimat verlassen, um in den reicheren Regionen Arbeit zu finden. Da die meisten Gebiete den Entwicklungsrückstand nicht aus eigener Kraft aufholen können, bemüht sich die Regionalförderung der EU mit verschiedenen Fördermaßnahmen darum, eine wirtschaftliche und soziale Angleichung aller Regionen zu erreichen. Sie will damit zum einen den Bewohnern der ärmeren Gebiete aus ihrer wirtschaftlichen und sozialen Benachteiligung heraushelfen. Zum anderen werden aber auch die Zusammenarbeit und der Zusammenhalt aller Regionen gestärkt, wenn die Kluft zwischen den reicheren und den ärmeren Regionen überwunden wird.

Mit den **Fördergeldern** der EU wird vor allem die Schaffung neuer Arbeitsplätze gefördert, aber auch die Verbesserung der Bildungs- und Ausbildungssysteme, die Überwindung von Problemen in Regionen mit tiefgreifendem wirtschaftlichem Strukturwandel, die grenzüberschreitende Zusammenarbeit sowie der Umweltschutz.

EU-Osterweiterung

Mit der EU-Osterweiterung wurden vor allem Staaten Mitglieder, die zu den armen Regionen Europas gehören. Nach dem Zusammenbruch der Sowjetunion befindet sich ihre Wirtschaft häufig noch in einer **Umbauphase.** Damit die Anpassung an den EU-Durchschnitt möglichst rasch gelingt, bekommen diese Regionen fast alle die höchsten Fördersummen.

Dafür werden viele Regionen Mittel- und Westeuropas keine oder nur noch geringe Fördermittel von der EU bekommen, da sie inzwischen nicht mehr zu den armen Regionen gehören.

Rumänien: Der Bau von Kläranlagen wird wie z. B. auch der Bau von Krankenhäusern oder Verkehrswegen sowie Umweltschutzmaßnahmen durch Finanzhilfen unterstützt.

Irland: Das durch die EU unterstützte „Cavan Innovation and Technology Centre" soll dortige Unternehmensneugründungen fördern.

Deutschland: Die grenzüberschreitende Zusammenarbeit bei der Erforschung und Umsetzung von umweltschonenderen kontrollierten Anbaumethoden im Obst- und Gemüseanbau wird von der EU unterstützt.
Das Bild zeigt einen mit Fördergeldern unterstützten Verkaufsstand zur Direktvermarktung in Ravensburg.

M 3 Beispiele für Fördermaßnahmen

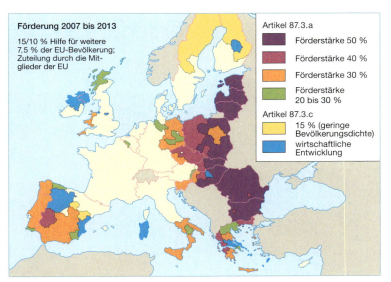

Förderung 2007 bis 2013

15/10 % Hilfe für weitere 7,5 % der EU-Bevölkerung; Zuteilung durch die Mitglieder der EU

Artikel 87.3.a
- Förderstärke 50 %
- Förderstärke 40 %
- Förderstärke 30 %
- Förderstärke 20 bis 30 %

Artikel 87.3.c
- 15 % (geringe Bevölkerungsdichte)
- wirtschaftliche Entwicklung

M 4 Regionalförderung in der EU ab 2007

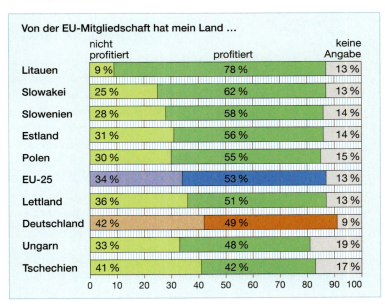

Von der EU-Mitgliedschaft hat mein Land …

	nicht profitiert	profitiert	keine Angabe
Litauen	9 %	78 %	13 %
Slowakei	25 %	62 %	13 %
Slowenien	28 %	58 %	14 %
Estland	31 %	56 %	14 %
Polen	30 %	55 %	15 %
EU-25	34 %	53 %	13 %
Lettland	36 %	51 %	13 %
Deutschland	42 %	49 %	9 %
Ungarn	33 %	48 %	19 %
Tschechien	41 %	42 %	17 %

M 5 EU-Mitgliedschaft als Gewinn? Eurobarometer Herbst 2005

1 Werte die Karte M 4 aus. Welche Staaten der EU haben Regionen, die ab 2007 mit dem Höchstsatz gefördert werden? Welche Staaten haben gar keine Förderregionen? Wo liegen in den 15 „alten" EU-Staaten Regionen mit hoher Förderung?

2 Nenne die Ziele der Strukturförderung mithilfe von M 2.

3 In M 3 werden Beispiele für Fördermaßnahmen aufgezeigt. Berichtet darüber. Informiert euch über weitere Förderprojekte der EU:
ec.europa.eu/regional_policy/index_de.htm.

Viele Länder – eine Währung

M 1 *Karikatur: Mester*

Seit 2007 sind 27 Staaten Mitglied in der EU, jedoch nur 13 Staaten sind bei der Wirtschafts- und Währungsunion (WWU) dabei. Bereits seit 1999 bereiteten sie sich auf die Einführung der europäischen Gemeinschaftswährung vor. Zunächst wurde der Euro nur als reine Rechengröße im Handel zwischen den Geldinstituten eingesetzt. Seit 2002 ist er alleiniges Zahlungsmittel. Das ist ein wichtiger Schritt auf dem Weg zu einem **gemeinsamen Binnenmarkt**, denn so wird der Handel zwischen den Mitgliedsstaaten der WWU vereinfacht, da der Geldumtausch und die schwankenden Wechselkurse entfallen. Die neuen EU-Mitgliedsstaaten möchten deshalb möglichst schnell auch Mitglied in der WWU werden. Dazu müssen sie jedoch erst in den EU-Binnenmarkt eingebunden werden und die vier Konvergenzkriterien erfüllen (M 4).

Die WWU gehört zu den drei mächtigsten **Wirtschaftsräumen** der Erde. Sie hat mit über 300 Millionen Menschen mehr Einwohner als die USA (285 Mio.) oder Japan (127 Mio.). Ihre Bedeutung wird noch zunehmen, wenn die neuen Mitgliedsstaaten der WWU beitreten.

Die Wirtschafts- und Währungsunion

Bis vor wenigen Jahren galten im europäischen Wirtschaftsraum noch viele verschiedene Währungen. Das war nicht nur bei Reisen hinderlich, sondern wirkte sich auch nachteilig auf den Handel und Zahlungsverkehr innerhalb des gemeinsamen Binnenmarktes aus. Erst seit 2002 kann man in anfangs zwölf europäischen Ländern mit **einer Währung** bezahlen – dem Euro, der in Deutschland die Deutsche Mark (DM) abgelöst hat.

1979	Das Europäische Währungssystem (EWS) tritt in Kraft. Als Währungseinheit wird die European Currency Unit (ECU – sprich: Ekü) eingeführt. Den ECU hat es nie wirklich gegeben, er diente nur als Recheneinheit.
1992	In der niederländischen Stadt Maastricht beschließen die Staats- und Regierungschefs der Europäischen Gemeinschaft (EG) die Umwandlung in die Europäische Union (EU), zu der auch die Wirtschafts- und Währungsunion (WWU) gehört.
1998	Die Europäische Zentralbank mit Sitz in Frankfurt/Main wird gegründet.
1999	Der Euro wird eingeführt und löst den ECU ab, der 1:1 auf den Euro umgestellt wird.
2002	In 12 Staaten der EU wird der Euro als Zahlungsmittel eingeführt und löst die alten Währungen ab.

M 2 Der Weg zur gemeinsamen Währung

M 3 Die Euro-Länder

Konvergenzkriterien

Die neuen Mitgliedsstaaten der EU können nicht wählen, ob sie der Wirtschafts- und Währungsunion beitreten wollen. Wenn sie die Bedingungen erfüllen, müssen sie der WWU beitreten und den Euro einführen. Neben einem mindestens zweijährigen relativ stabilen Wechselkurs gegenüber dem Euro muss jeder Staat der EU, der Mitglied der Wirtschafts- und Währungsunion sein möchte, vier Bedingungen erfüllen, die sogenannten **Konvergenzkriterien**:

- Die durchschnittliche **Inflationsrate** darf nur 1,5 Prozent über derjenigen der drei Euroländer liegen, welche die niedrigste Teuerung haben.
- Die langfristigen **Zinsen** dürfen nur zwei Prozentpunkte über dem der drei preisstabilsten Mitgliedsstaaten liegen.
- Das jährliche **Haushaltsdefizit** (das heißt, die jährliche Neuverschuldung des Staates) darf drei Prozent des Bruttoinlandsprodukts (BIP: der Wert aller innerhalb eines Jahres in einem Land erzeugten Waren und Dienstleistungen) nicht überschreiten.
- Die öffentlichen **Schulden** (Schulden des Staates) dürfen nicht mehr als 60 Prozent des BIP betragen – es sei denn, es wäre eine deutlich rückläufige Tendenz ersichtlich.

Die Europäische Zentralbank überprüft anhand der Konvergenzberichte, ob alle Beitrittskriterien erfüllt sind. Ist dies der Fall, entscheidet der Europäische Rat über die endgültige Aufnahme der Kandidaten. Die Konvergenzkriterien sind nicht nur beim Beitritt zur Wirtschafts- und Währungsunion von Bedeutung, sie müssen generell von allen Euro-Ländern eingehalten werden. Werden sie von einem Staat schwerwiegend verletzt, so kann die EU-Kommission Sanktionen verhängen – angefangen bei Ermahnungen bis hin zur zinslosen Hinterlegung eines Eurobetrags oder zur Zahlung einer Geldstrafe.

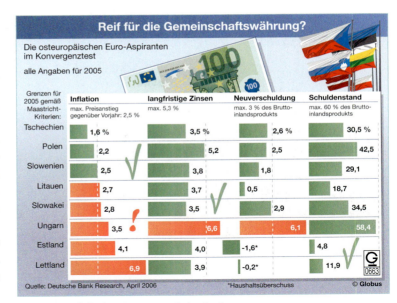

M 4 Wer erfüllt die Konvergenzkriterien?

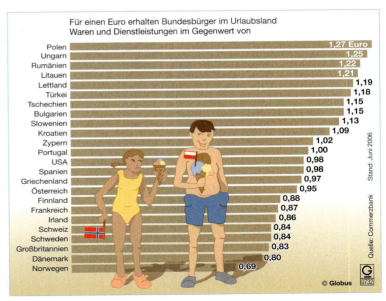

M 5 Der Wert des Euro auf Reisen

1 Erläutere, welche Vorteile eine einheitliche Währung für den EU-Binnenmarkt hat (M 1, Text).

2 Mit dem Euro kann man sich nicht in jedem Mitgliedsstaat der WWU gleich viel kaufen. Erkläre das mithilfe von M 5.

3 Erläutere die Konvergenzkriterien. Welche neuen EU-Staaten sind auf dem Weg, sie zu erfüllen (M 4)? Warum ist es sinnvoll, dass sie von alle Euro-Staaten erfüllt werden müssen?

Die gemeinsame Agrarpolitik

Butterberge und Milchseen

Wichtige Entscheidungen für die deutschen Landwirte werden nicht durch die Bundesregierung in Berlin, sondern durch die EU in Brüssel getroffen. Schon seit Gründung der EWG bestehen Verträge über eine gemeinsame Agrarpolitik.

Ziel der gemeinsamen Agrarpolitik der EU war es, die Nachteile der Landwirtschaft gegenüber anderen Wirtschaftszweigen auszugleichen, ihre Produktivität zu steigern und den Bauern durch ein einheitliches Preisniveau ihr Einkommen zu sichern.

So wurden für bestimmte landwirtschaftliche Produkte Mindestpreise festgelegt. Sank der Marktpreis unter den Garantiepreis oder konnten die Bauern einen Teil der Ernte nicht verkaufen, half die EU. Sie kaufte die überschüssigen Produkte auf und lagerte sie ein.

Auf diese Weise wurden die Landwirte zu Produktionssteigerungen angeregt, was durch zunehmende Mechanisierung und Spezialisierung auch gelang. Es kam zu ei-

Beispiele für Subventionsraten in der EU
(inkl. Zollbarrieren)

Dosenerbsen **80 %**

Verarbeitete Tomaten **65 %**

Milch **75 %**

Dosenpfirsich **20 %**

So viel Prozent des Einkommens der Landwirte stammen aus staatlichen Subventionen, Preis- und Marktstützungsmaßnahmen

in diesen Regionen	
Schweiz	68
Norwegen	68
EU-25	33
USA	18
Neuseeland	3

bei diesen Produkten*	
Reis	75
Zucker	58
Milch	36
Eier	9
Wolle	6

Quelle: OECD, Attac, Oxfam · Stand 2004, Schätzung   *OECD-Durchschnitt   dpa-Grafik 1762

M 1 Unterstützung für die Landwirtschaft

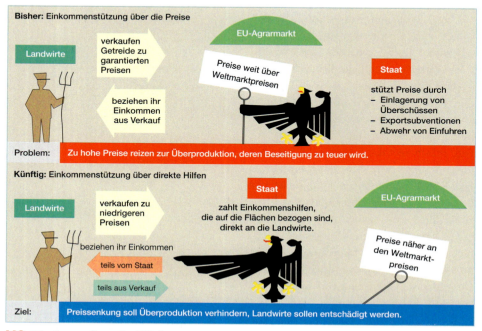

Bisher: Einkommenstützung über die Preise

Landwirte

verkaufen Getreide zu garantierten Preisen

beziehen ihr Einkommen aus Verkauf

EU-Agrarmarkt

Preise weit über Weltmarktpreisen

Staat

stützt Preise durch
– Einlagerung von Überschüssen
– Exportsubventionen
– Abwehr von Einfuhren

Problem: Zu hohe Preise reizen zur Überproduktion, deren Beseitigung zu teuer wird.

Künftig: Einkommenstützung über direkte Hilfen

Landwirte

verkaufen zu niedrigeren Preisen

beziehen ihr Einkommen
teils vom Staat
teils aus Verkauf

Staat

zahlt Einkommenshilfen, die auf die Flächen bezogen sind, direkt an die Landwirte.

EU-Agrarmarkt

Preise näher an den Weltmarktpreisen

Ziel: Preissenkung soll Überproduktion verhindern, Landwirte sollen entschädigt werden.

M 2 Die Agrarreform der EU ab 2005

ner Überproduktion: Es entstanden Butterberge, Milchseen und Getreideberge, was für die Lagerhaltung und die Garantiepreise erhebliche Kosten verursachte. Zeitweise wurden zwei Drittel aller Ausgaben der Europäischen Gemeinschaft nur in die Landwirtschaft investiert.

Neue Ziele der EU-Agrarpolitik

2005 trat eine EU-Agrarreform in Kraft, nach der bis 2013 alle direkten Zuschüsse an die Landwirte für Agrarprodukte wie Getreide, Milch oder Rindfleisch gestrichen werden sollen. Stattdessen erhalten die europäischen Landwirte finanzielle Zuschüsse, die sich nach der Größe der Betriebsflächen richten. Gleichzeitig wurden in 19 EU-Verordnungen neue Richtlinien zum Tier- und Umweltschutz festgelegt. Die vollen Betriebszuschüsse bekommt nur der Landwirt, der diese Tier- und Umweltschutzauflagen einhält.

Die Agrarpolitik der EU verfolgt folgende Ziele:
- Anpassung an die Weltmarktpreise
- Unterstützung und Einkommenssicherung der europäischen Landwirte
- Festlegung einer Obergrenze für Agrarausgaben im EU-Haushalt
- Förderung des Tier- und des Umweltschutzes.

Das deutsche Kombimodell

Bei der Umsetzung der neuen Agrarreform haben die EU-Mitgliedsstaaten große Spielräume. Deutschland hat sich für ein Kombimodell entschieden, um seinen Landwirten den Übergang bis 2013 zu erleichtern. Die direkten Zuschüsse für die Erzeugung von Agrarprodukten (betriebsindividuelle Prämien) betragen 2005 noch 50 Prozent. Bis 2013 werden sie schrittweise reduziert, sodass nur noch flächenbezogene Zuschüsse gezahlt werden und das „reine Regionalmodell" in Kraft tritt.

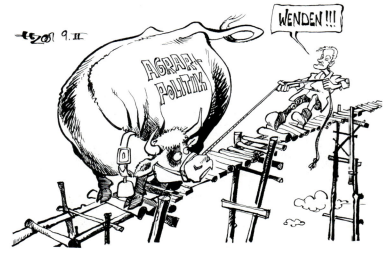

M 3 Wende in der Agrarpolitik. *Karikatur: Haitzinger*

Betriebsdaten: 50 ha Ackerland, 50 ha Grünland, 10 Bullen, 70 Kühe, 560 000 kg Milchquote	
Bis 2005	**Direktzahlungen in Euro**
Milchprämie: 3,55 Cent pro kg	19 880
Ackerbau: 350 € pro ha	17 500
Schlachtprämie: 28 Kühe mal 100 €	2 800
Bullenprämie: 310 € pro Bulle	3 100
Gesamt	*43 280*
Ab 2005 beginnt in Deutschland das Kombimodell	
Ackerland: 301 € [1] pro ha	15 050
Grünland: 79 € [1] pro ha	3 950
Milchprämie: 3,55 Cent pro kg	19 880
Bullenprämie: 210 € pro Bulle	2 100
Gesamt	*40 980*
Ab 2013 gilt nur noch das Regionalmodell	
Einheitliche Flächenprämie von 328 € pro ha	32 800
Gesamt	*32 800*

[1] Hierbei handelt es sich jeweils um die Bundesdurchschnittswerte. Je nach Bundesland unterscheiden sich diese Prämien.

M 4 Veränderungen der Zuschüsse am Beispiel eines Milchbetriebes

1 Erläutere die Folgen der bisherigen Agrarpolitik der EU (M 1, M 2)

2 Beschreibe die Ziele und die Veränderungen der Agrarreform 2005 (M 2).

3 Erläutere, was sich vom Kombimodell hin zum „reinen Regionalmodell" ändert (M 4).

4 Bewerte die Reform der gemeinsamen Agrarpolitik 2005 (M 2, M 4).

Der EU-Außenhandel

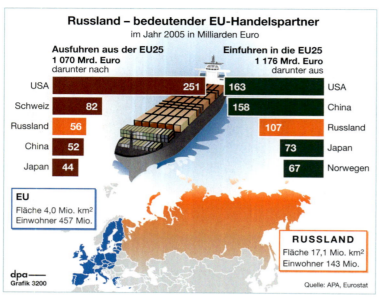

M 1 Handelspartner der EU

Ziele der Handelspolitik

Die Europäische Union ist mit einem Anteil von ca. 20 Prozent am weltweiten Import und Export die bedeutendste Welthandelsregion. Nach dem EG-Vertrag gehört die **Handelspolitik** zu den gemeinschaftlichen Politikbereichen, das heißt, dass hier alle Entscheidungen auf EU-Ebene getroffen werden.

Ein wichtiges Ziel der EU-Handelspolitik ist es, **Absatzmärkte** für europäische Ausfuhren zu öffnen. Dies geschieht zum einen auf internationaler Ebene in der Welthandelsorganisation (WTO). Zum anderen hat die Europäische Union zahlreiche Freihandelsabkommen mit anderen Staaten oder Handelsbündnissen abgeschlossen, um dieses Ziel zu erreichen. Handelsregeln sind international, der Handel selbst jedoch findet zwischen Käufern und Verkäufern, Exporteuren und Importeuren statt. Aus diesem Grund hat die EU auch ein Netz aus Handelsabkommen mit einzelnen Ländern und Regionen in der ganzen Welt geknüpft – z. B. mit ihren Nachbarn im Mittelmeerraum und mit Russland und den anderen Republiken der ehemaligen Sowjetunion.

Ihren Wohlstand verdankt die EU maßgeblich dem **Abbau von Handelshemmnissen**: Sie setzt sich daher auch nachdrücklich für die Liberalisierung des Welthandels ein. Mit der Aufhebung der Handelszölle zwischen den Mitgliedsstaaten wurden auch die Zölle gegenüber Einfuhren aus Drittländern vereinheitlicht. Das bedeutet, dass auf Waren, die in die EU eingeführt werden, einheitliche Einfuhrzölle erhoben werden – unabhängig davon, ob sie über Genua oder Hamburg eingeführt werden. Dadurch kann ein Fahrzeug aus Japan, auf das bei der Einfuhr nach Deutschland eine Zollgebühr erhoben wird, nach Belgien oder in die Niederlande gebracht und dort genauso verkauft werden wie ein in Deutschland produziertes Fahrzeug. Es werden keine zusätzlichen Zölle erhoben. Die EU hat mit einem Durchschnittszoll auf die Einfuhren gewerblicher Erzeugnisse von vier Prozent das niedrigste Zollniveau weltweit.

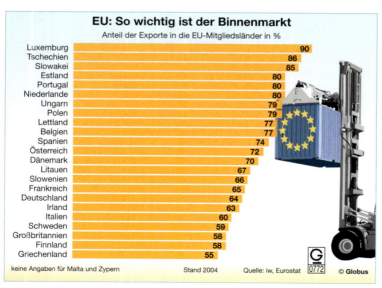

M 2 Handel innerhalb der EU

Europa darf nicht in Protektionismus verfallen. Protektionismus erhöht die Preise für Unternehmen und Verbraucher und verringert die Auswahl. Mittelfristig binden Maßnahmen, die einzelne Branchen vor auswärtiger Konkurrenz schützen sollen, Ressourcen, die produktivere Wirtschaftszweige besser verwenden könnten. Unser Wohlstand hängt vom Handel ab, deshalb würden Handelsschranken, die andere als Reaktion auf protektionistische Maßnahmen errichten könnten, unserer Wirtschaft nur schaden.

Kommission der EU, Brüssel, 4. 10. 2006

M 3 Offenheit der Märkte

Die EU-Kommission wirft China und Vietnam vor, mit Dumpingpreisen den Markt für europäische Schuhmarken zu unterlaufen.

Ausgenommen von den Strafzöllen sind lediglich Sportschuhe, die in Europa kaum noch hergestellt werden. Die Zölle gelten vorerst für eine Dauer von zwei Jahren. Die EU-Kommission wollte ursprünglich fünf Jahre durchsetzen. Für China wird eine Zusatzabgabe von 16,5 Prozent fällig, für Vietnam von zehn Prozent. Bereits seit April galten vorläufige EU-Strafzölle gegen die beiden Länder.

Die 25 EU-Staaten einigten sich nur mit einer hauchdünnen Mehrheit auf die umstrittenen Zölle. Während sich 13 Mitgliedsländer dafür aussprachen, waren zwölf dagegen. Bisher war eine Mehrheit von freihändlerischen Mitgliedsstaaten – darunter auch Deutschland und Großbritannien – gegen dauerhafte Strafzölle aufgetreten. An der Spitze der Zollbefürworter steht Italien, wo es noch viele kleine Schuhhersteller gibt, die sich bedroht sehen. Auch Spanien und Portugal befürworten das harte Vorgehen. Sie sehen ihre heimischen Hersteller durch die asiatischen Billigschuhe bedroht.

Zeit online, 4. 10. 2006

M 4 Strafzölle gegen China und Vietnam

M 5 Die EU und die USA – ein Vergleich

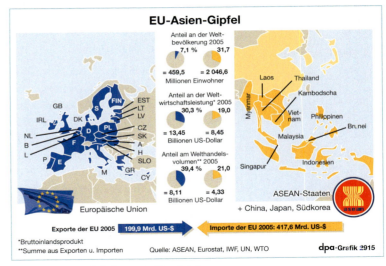

M 6 Die EU und Asien – ein Vergleich

1 Werte M 1 aus: Welche Staaten sind die wichtigsten Handelspartner der EU?

2 Vergleiche die USA, den asiatischen Wirtschaftsraum und die EU: Bevölkerung, Wirtschaftsleistung und Exporte (M 5, M 6).

3 Erläutere die Ziele der EU-Handelspolitik (M 3).

4 Werte M 4 aus: Ist die darin geschilderte Maßnahme mit den Zielen der EU-Handelspolitik vereinbar? Diskutiert darüber in der Klasse.

5 Für viele EU-Staaten ist die EU der wichtigste Handelspartner (M 2). Nenne Vorteile und Gefahren.

Gemeinsam gegen Hunger und Armut

M 1 Lieferung von Hilfsgütern nach Nordkorea

Kampf gegen Armut

Über 800 Millionen Menschen, davon 200 Millionen Kinder, leiden weltweit an Unterernährung. Dieser Entwicklung haben die Industriestaaten und internationale Organisationen den Kampf angesagt. Die Europäische Union ist dabei eine der treibenden Kräfte. Bereits im April 2000 hatte die EU-Kommission eine Neuregelung der europäischen **Entwicklungszusammenarbeit** vorgeschlagen und den

Informationen zur humanitären Hilfe der EU:
ec.europa.eu/echo

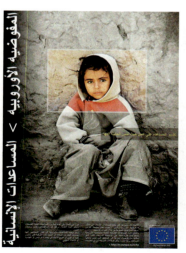

M 2 Plakate der EU zur Entwicklungszusammenarbeit

gemeinschaftlichen Kampf zur Reduzierung und Überwindung der Armut als Hauptziel definiert. Daneben leistet die EU finanzielle Hilfe bei Projekten im Bereich Gesundheit, Bildung, zur Aufhebung der Benachteiligung von Frauen und zur besseren Integration aller Staaten in die Weltwirtschaft.

Arten der Hilfe

Die humanitäre Hilfe der Europäischen Union umfasst drei Bereiche:

- **Soforthilfe** wird in Form von Barzahlungen für den Erwerb und die Bereitstellung lebensnotwendiger Güter wie Arzneimittel, Nahrungsmittel und Schutzvorrichtungen oder zur Finanzierung des Wiederaufbaus nach einer Katastrophe geleistet. Soforthilfe muss schnell und flexibel erfolgen.
- **Nahrungsmittelhilfe** wird auf zwei Arten bereitgestellt. Zunächst einmal liefert die Union die üblichen Mengen an Nahrungsmitteln an Regionen, die unter Hunger oder Dürre leiden. So wird eine sichere Nahrungsmittelversorgung ermöglicht, bis die normale Erzeugung wieder aufgenommen werden kann. Außerdem stellt sie Sofortnahrungsmittelhilfe in Fällen bereit, in denen plötzliche Nahrungsmittelknappheit auftritt – z. B. infolge von Kriegen oder Bürgerkriegen oder nach Naturkatastrophen.
- Die EU und ihre Mitgliedsstaaten leisten **Flüchtlingen** Hilfe, die aus ihrem Land vertrieben wurden, sowie Vertriebenen, die innerhalb ihres Landes oder der Region fliehen mussten. Die Unterstützung durch die EU hilft ihnen über die Notlage hinweg, bis sie nach Hause zurückkehren oder sich in einem ande-

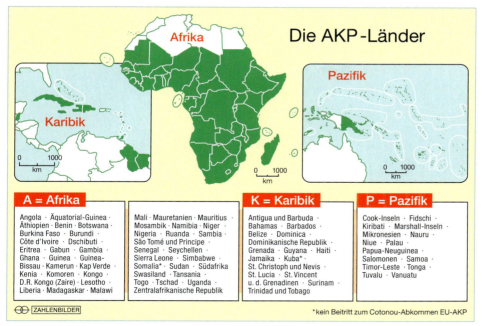

M 3 Die AKP-Länder

ren Land niederlassen können. Dies hat sich als besonders wichtige Maßnahme in den Balkanstaaten erwiesen.

M 4 Von Lomé bis Cotonou

Für die Beziehungen zwischen den Staaten in Afrika, im karibischen Raum, im pazifischen Ozean (AKP-Staaten) und der EU waren von 1975 bis 2000 die vier Abkommen von Lomé maßgeblich. Die wichtigsten Punkte waren:

- Gewährung von Zoll- und Abgabenfreiheit für Produkte aus den AKP-Ländern
- industrielle und landwirtschaftliche Zusammenarbeit.

Innerhalb der 25-jährigen Partnerschaft erhöhte sich die Anzahl der teilnehmenden AKP-Staaten von 46 (1975) auf 77 (2000). Mit dem Abkommen von Cotonou wurde 2000 die Zusammenarbeit auf eine neue Grundlage gestellt:

- Hilfe ist verstärkt mit politischen und wirtschaftlichen Auflagen verknüpft.
- Wirtschaftliche und soziale Entwick-

lung sowie regionale Zusammenarbeit sollen Armut überwinden helfen.

- Durch größere Eigenverantwortlichkeit der AKP-Länder soll die Partnerschaft flexibler gestaltet werden.

Das Abkommen besitzt eine Laufzeit von 20 Jahren, wobei eine Überprüfung alle fünf Jahre vorgesehen ist. 2005 wurde die Hilfe mit der Zusammenarbeit bei der Nichtverbreitung von Massenvernichtungswaffen und der Terrorismusbekämpfung verknüpft.

europa.eu.int/scadplus/leg/de/lvb/r12100.htm

1 Erläutere die entwicklungspolitischen Maßnahmen der EU. Sammle in den Medien Beispiele für Maßnahmen der EU gegen Hunger und Armut und berichte über ein Projekt deiner Wahl.

2 Die EU engagiert sich besonders in den AKP-Staaten. Nenne fünf Staaten, die dazu zählen, und beschreibe ihre Lage (M 3).

3 Erläutere die entwicklungspolitische Zusammenarbeit der EU mit den AKP-Staaten (M 3, M 4).

4 Führt eine Pro-und-Kontra-Diskussion durch: Sollte man humanitäre Hilfe an politische Forderungen knüpfen (M 4)?

Europa wächst zusammen

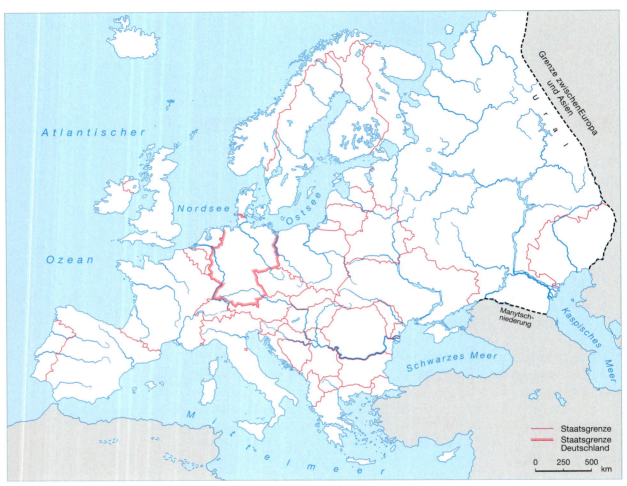

M 1 Europa

M 2 Ausgewählte Staaten Europas

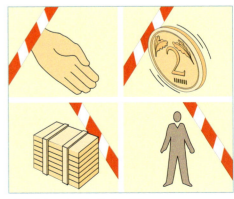

M 3 Die „vier Freiheiten" Europas

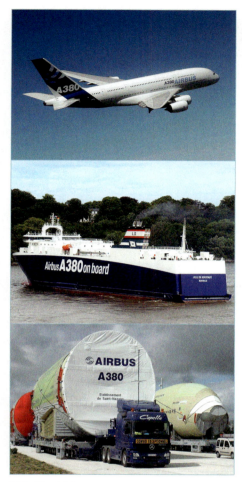

M4 Ein Airbus

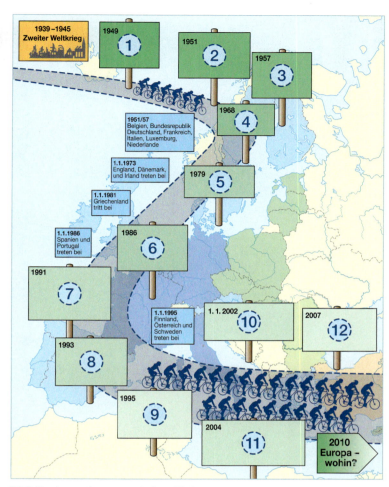

Innerhalb der Karte:

1939–1945
Zweiter Weltkrieg

1949 **1**

1951 **2**

1957 **3**

1968 **4**

1951/57
Belgien, Bundesrepublik
Deutschland, Frankreich,
Italien, Luxemburg,
Niederlande

1.1.1973
England, Dänemark,
und Irland treten bei

1979 **5**

1.1.1981
Griechenland
tritt bei

1986 **6**

1.1.1986
Spanien und
Portugal
treten bei

1991 **7**

1.1.1995
Finnland,
Österreich und
Schweden
treten bei

1.1.2002 **10**

2007 **12**

1993 **8**

1995 **9**

2004 **11**

2010
Europa –
wohin?

M6 Stationen der europäischen Einigung

WIR MÖCHTEN
MITGLIED DER
EU WERDEN

M5 Karikatur von Walter Hanel

1 Fotokopiere die Europakarte (in leichter Vergrößerung) und mache daraus eine thematische Karte: „Vom Europa der 6 zum Europa der 27" (M1). Wie sieht deine Legende zur Karte aus?

2 Nenne a) die Einwohnerzahlen der Staaten in der Abbildung M2
b) deren Hauptstädte
c) die europäischen Teilräume, in denen sich diese Staaten befinden.

3 Erläutere die „vier Freiheiten" Europas (M3).

4 Der Airbus ist ein bemerkenswertes Beispiel einer erfolgreicher Zusammenarbeit in Europa (M4). Recherchiere darüber im Internet und gestalte eine Präsentation dazu.

5 Welche Anforderungen müssen Staaten erfüllen, die Mitglied der EU werden möchten (M5)?

6 Ergänze die fehlenden Angaben zu den Stationen der europäischen Einigung (M6).

10 Einsatz für den Weltfrieden

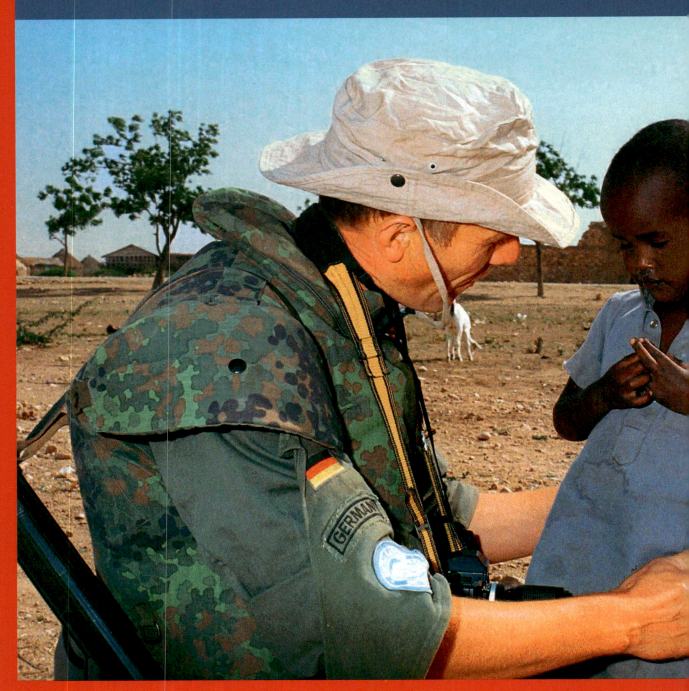

Krisen, Kriege, Terrorismus – auch zu Beginn des 21. Jahrhunderts ist die Welt noch nicht friedlicher und sicherer geworden. Eine große Herausforderung für die Staatengemeinschaft bleibt es deshalb, kriegerische Auseinandersetzungen weltweit so schnell wie möglich zu beenden und den Frieden zu sichern. Seit dem Ende des Zweiten Weltkriegs bemühen sich internationale Organisationen wie die Vereinten Nationen (UNO) um die Erhaltung des Weltfriedens. Dabei werden sie auch von Deutschland unterstützt. Der Einsatz deutscher Soldaten im Rahmen internationaler Verpflichtungen wurde zur Normalität.

Wie der Einsatz für den Weltfrieden die Struktur und Aufgaben der Bundeswehr verändert hat, ist ein Thema dieses Kapitels.

1 Einsatz für den Weltfrieden? – Beschreibe das Foto im Hinblick auf diese Fragestellung.

2 Kopiert eine Weltkarte vergrößert auf ein Plakat. Sammelt in Tageszeitungen und Zeitschriften Meldungen über internationale Krisenherde sowie Konflikte. Markiert die betroffenen Regionen auf eurer Weltkarte.

Warum Krieg?

Frieden bedeutet, andere zu akzeptieren – egal wie sie aussehen, welcher Religion sie angehören oder welche Sprache sie sprechen.

Meinungsverschiedenheiten lösen Konflikte aus.

Frieden heißt: leben können, wie man will.

Ein Konflikt entsteht schnell, wenn zwei Leute ihren Willen auf jeden Fall durchsetzen wollen.

Wenn ich an Krieg denke, dann sehe ich Bomben, Waffen, Militär …

Frieden herrscht immer dann, wenn es keinen Krieg und keine Gewalt gibt.

M 1 Ein Meinungsbild

Begriffe wie „Konflikt", „Frieden" oder „Krieg" gebrauchen wir häufig. Doch was genau versteht man darunter?

Unter einem „Konflikt" versteht man einen Gegensatz zwischen Personen, Gruppen oder Ideen.

Konflikte gibt es auf der politischen, wirtschaftlichen oder gesellschaftlichen Ebene. Sie können sich zu einem kriegsähnlichen Zustand steigern, wenn die Interessen der Konfliktparteien zu unterschiedlich sind oder beide Gegner ihre Interessen unbedingt durchsetzen wollen.

Zu den größten Konflikten des 20. Jahrhunderts zählen der Erste und Zweite Weltkrieg, aber auch der Nahostkonflikt und der internationale Terrorismus, der im Anschlag auf das World Trade Centre in New York seinen vorläufigen Höhepunkt fand.

M 2 Bombenopfer im Zweiten Weltkrieg; Foto, 1944

M 3 Steine werfende palästinensische Jugendliche; Foto, 2005

M 4 Anschlag auf das World Trade Centre in New York; Foto, 2001

Kriege zwischen Staaten

- Streit um Grenzen und Gebiete
- Furcht vor einer Bedrohung von außen
- Durchsetzung wirtschaftlicher Interessen

- Kampf um die Vormachtstellung in einem Teil der Erde

- Streit um Bodenschätze
- Ablenkung von Konflikten innerhalb des Staates
- falsche Beurteilung der Stärke und Absichten anderer Staaten

Warum Krieg?

- Streit zwischen verschiedenen Bevölkerungsgruppen

- wirtschaftliche Ausbeutung und Unterdrückung von Bevölkerungsgruppen und Regionen

- wirtschaftliche Ungerechtigkeiten zwischen Gesellschaften

Kriege innerhalb von Staaten

M 5 Ursachen für Kriege

Wissenschaftler haben für das Jahr 2003 weltweit 80 gewaltsam ausgetragene Konflikte festgestellt. Darunter fallen 14 Kriege. Weitere 138 politische Konflikte, etwa Grenzstreitigkeiten oder der Kampf um Rohstoffe, wurden 2003 ohne Einsatz von Gewalt ausgetragen.

Die meisten Kriege finden nach wie vor in Afrika statt. Mit sieben Kriegen hält dieser Kontinent einen traurigen Rekord. In Asien wurde ein Krieg ausgetragen und zehn sogenannte „Krisen" waren auszumachen. Damit sind Afrika und Asien weiterhin die Erdteile, in denen die meisten gewalttätigen Konflikte stattfinden.

Die Entwicklung in den letzten 50 Jahren zeigt, dass die Zahl der Auseinandersetzungen stetig zunimmt.

BZ, 16. 12. 2003, red. bearb.

M 6 **14 Kriege in einem Jahr**

1 Lies die einzelnen Äußerungen zu den Begriffen „Krieg", „Frieden" und „Konflikt". Formuliert eigene Erklärungen dieser Begriffe. Diskutiert die verschiedenen Vorschläge und erarbeitet eine gemeinsame Begriffserklärung. Haltet diese auf einem Plakat fest.

2 Betrachte M 2 bis M 4. Welche Konflikte werden dargestellt? Könnt ihr den dargestellten Konflikten Ursachen aus M 5 zuordnen?

3 Nenne Ursachen von Kriegen (M 5). Wie unterscheiden sich Kriege zwischen Staaten von Kriegen innerhalb von Staaten?

4 Verfolge eine Woche lang die Nachrichten und notiere, über welche kriegerischen Auseinandersetzungen berichtet wird. Kannst du die Aussage in M 6 bestätigen, dass die meisten Konflikte in Afrika und Asien ausgetragen werden? Antworte ausführlich.

Kriege und ihre Folgen

M 1 Flüchtlinge in einem Lager des UNHCR in Afghanistan; Foto, 2001

Um menschliches Leid in bewaffneten Konflikten zu lindern, wurden im August 1948 vier Übereinkommen getroffen:

- das I. Genfer Abkommen „zur Verbesserung des Loses der Verwundeten und Kranken der Streitkräfte im Felde",
- das II. Genfer Abkommen „zur Verbesserung des Loses der Verwundeten, Kranken und Schiffbrüchigen der Streitkräfte zur See",
- das III. Genfer Abkommen „über die Behandlung der Kriegsgefangenen",
- das IV. Genfer Abkommen „zum Schutze von Zivilpersonen in Kriegszeiten".

Diese Abkommen traten im Oktober 1950 in Kraft und wurden mittlerweile von fast jedem Land der Erde unterzeichnet. In ihnen wird festgelegt, wie man die Zivilbevölkerung, Flüchtlinge, Verwundete und Kriegsgefangene behandeln muss.

M 2 Genfer Abkommen

Zivilisten als Hauptopfer

„Menschen töten und Dinge zerstören" – so lautet eine englische Redensweise über den Krieg. Und tatsächlich bedeuten bewaffnete Konflikte vor allem Tod und Zerstörung für die beteiligten Parteien.

Die Angriffe richten sich in der Regel gegen die Infrastruktur des Gegners, d. h. Fabriken, Verkehrsanlagen, Brücken, Flughäfen usw. Die Folgen für Wirtschaft und Umwelt sind verheerend und blockieren oft noch über Jahrzehnte hinaus die Entwicklung eines Landes.

Zugleich bringt ein Krieg vor allem für die Bevölkerung unsägliches Leid. Dabei wird der Anteil getöteter Zivilisten immer höher. Im Ersten Weltkrieg betrug der Anteil ziviler Opfer 15 Prozent, im Zweiten Weltkrieg waren es 65 Prozent und in einigen afrikanischen Bürgerkriegen in den 1990er-Jahren waren 90 Prozent der Opfer Zivilisten.

Eine weitere schlimme Folge von bewaffneten Konflikten sind große Flüchtlingsströme. Ende des Jahres 2004 flohen weltweit zwölf Millionen Menschen vor Krieg, Massenmord und Vertreibung.

Die Nachbarländer, die diese **Vertriebenen** aufnehmen, sind oft selbst sehr arm. Die Versorgung der Flüchtlinge mit Unterkunft, Verpflegung, Wasser, medizinischer Betreuung usw. können sie nur mit internationaler Hilfe bewältigen. Unterstützt werden sie vor allem durch die UNO-Flüchtlingsorganisation **UNHCR.**
Da oftmals Kinder besonders unter den Folgen von Krieg zu leiden haben, schufen die Vereinten Nationen schon im Jahr 1946 ein Hilfswerk speziell für Kinder: **UNICEF.**

Ein Großteil der Hilfe für Flüchtlinge wird vom UNHCR organisiert. Das UNHCR ist eine Sondereinrichtung der Vereinten Nationen, die 1950 gegründet wurde und heute in über 120 Staaten vertreten ist. Es soll Flüchtlingen Rechtsschutz und humanitäre Hilfe geben. Außerdem hilft es Vertriebenen nach Konfliktende bei der freiwilligen Rückkehr oder ihrer Umsiedlung.

Angesichts der hohen Flüchtlingszahlen wird die Unterstützung vieler Staaten benötigt. Zu den Hauptgeldgeberländern gehören die USA, die Staaten der Europäischen Union und Japan. Zweimal wurde das UNHCR für seine Arbeit mit dem Friedensnobelpreis ausgezeichnet, 1954 und 1981.

M3 UNHCR

Auch UNICEF ist eine Einrichtung der Vereinten Nationen – das Kinderhilfswerk. Nach dem Zweiten Weltkrieg half UNICEF zunächst den notleidenden Kindern in Polen, Deutschland, Frankreich und elf weiteren europäischen Nationen. Nachdem in Europa die schlimmste Not vorüber war, gerieten die ärmsten Länder in Afrika, Asien und Lateinamerika ins Blickfeld. Heute ist die Hilfe für Kinder nicht mehr nur eine Frage des Mitgefühls oder der moralischen Verantwortung. Eine Übereinkunft (Konvention) legt fest, dass Kinder einen rechtmäßigen Anspruch auf Versorgung, Entwicklung und Schutz vor Ausbeutung, Gewalt und Missbrauch haben.

1965 wurde UNICEF für die Sorge um das Wohlergehen der Kinder mit dem Friedensnobelpreis ausgezeichnet.

M4 UNICEF

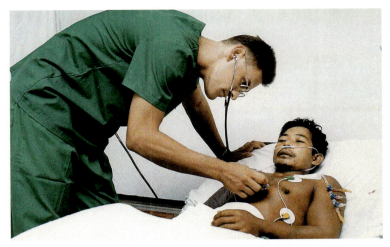

M5 Ein Arzt des UNHCR versorgt einen Verwundeten; Foto, 2003

M6 Erste UNICEF-Grußkarte von 1949; Kinderzeichnung

1 Beschreibe die Folgen von Kriegen mithilfe des Textes und der Materialien.

2 In diesem Buch hast du schon über den Zweiten Weltkrieg erfahren. Erläutere, welche Folgen dieser Krieg hatte.

3 Berichte über Hilfsorganisationen, die du kennst oder von denen du schon gehört hast.

4 Beschreibe die Aufgabengebiete des UNHCR (M3). Woher stammen die benötigten Gelder?

5 Gib die Anfänge von UNICEF in Stichworten wieder. Welchen Aufgabenschwerpunkt hat diese Organisation (M4)?

Mitwirken am Weltfrieden – die UNO

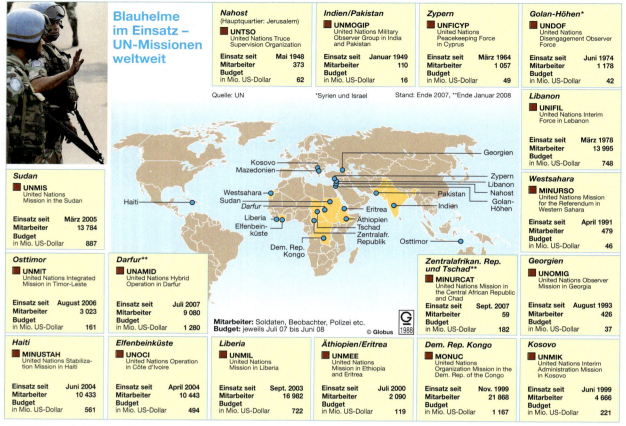

Blauhelme im Einsatz – UN-Missionen weltweit

Nahost
(Hauptquartier: Jerusalem)
■ **UNTSO**
United Nations Truce Supervision Organization
Einsatz seit	Mai 1948
Mitarbeiter	373
Budget in Mio. US-Dollar	62

Indien/Pakistan
■ **UNMOGIP**
United Nations Military Observer Group in India and Pakistan
Einsatz seit	Januar 1949
Mitarbeiter	110
Budget in Mio. US-Dollar	16

Zypern
■ **UNFICYP**
United Nations Peacekeeping Force in Cyprus
Einsatz seit	März 1964
Mitarbeiter	1 057
Budget in Mio. US-Dollar	49

Golan-Höhen*
■ **UNDOF**
United Nations Disengagement Observer Force
Einsatz seit	Juni 1974
Mitarbeiter	1 178
Budget in Mio. US-Dollar	42

Quelle: UN *Syrien und Israel Stand: Ende 2007, **Ende Januar 2008

Libanon
■ **UNIFIL**
United Nations Interim Force in Lebanon
Einsatz seit	März 1978
Mitarbeiter	13 995
Budget in Mio. US-Dollar	748

Westsahara
■ **MINURSO**
United Nations Mission for the Referendum in Western Sahara
Einsatz seit	April 1991
Mitarbeiter	479
Budget in Mio. US-Dollar	46

Sudan
■ **UNMIS**
United Nations Mission in the Sudan
Einsatz seit	März 2005
Mitarbeiter	13 784
Budget in Mio. US-Dollar	887

Osttimor
■ **UNMIT**
United Nations Integrated Mission in Timor-Leste
Einsatz seit	August 2006
Mitarbeiter	3 023
Budget in Mio. US-Dollar	161

Darfur**
■ **UNAMID**
United Nations Hybrid Operation in Darfur
Einsatz seit	Juli 2007
Mitarbeiter	9 080
Budget in Mio. US-Dollar	1 280

Mitarbeiter: Soldaten, Beobachter, Polizei etc.
Budget: jeweils Juli 07 bis Juni 08
© Globus

Zentralafrikan. Rep. und Tschad**
■ **MINURCAT**
United Nations Mission in the Central African Republic and Chad
Einsatz seit	Sept. 2007
Mitarbeiter	59
Budget in Mio. US-Dollar	182

Georgien
■ **UNOMIG**
United Nations Observer Mission in Georgia
Einsatz seit	August 1993
Mitarbeiter	426
Budget in Mio. US-Dollar	37

Haiti
■ **MINUSTAH**
United Nations Stabilization Mission in Haiti
Einsatz seit	Juni 2004
Mitarbeiter	10 433
Budget in Mio. US-Dollar	561

Elfenbeinküste
■ **UNOCI**
United Nations Operation in Côte d'Ivoire
Einsatz seit	April 2004
Mitarbeiter	10 443
Budget in Mio. US-Dollar	494

Liberia
■ **UNMIL**
United Nations Mission in Liberia
Einsatz seit	Sept. 2003
Mitarbeiter	16 982
Budget in Mio. US-Dollar	722

Äthiopien/Eritrea
■ **UNMEE**
United Nations Mission in Ethiopia and Eritrea
Einsatz seit	Juli 2000
Mitarbeiter	2 090
Budget in Mio. US-Dollar	119

Dem. Rep. Kongo
■ **MONUC**
United Nations Organization Mission in the Dem. Rep. of the Congo
Einsatz seit	Nov. 1999
Mitarbeiter	21 868
Budget in Mio. US-Dollar	1 167

Kosovo
■ **UNMIK**
United Nations Interim Administration Mission in Kosovo
Einsatz seit	Juni 1999
Mitarbeiter	4 666
Budget in Mio. US-Dollar	221

M 1 Weltweiter Einsatz der UN-Friedenstruppen

Der Sicherheitsrat der Vereinten Nationen

Wichtigstes Gremium der Vereinten Nationen zur Wahrung des Weltfriedens und der internationalen Sicherheit

Zusammensetzung

5 ständige Mitglieder mit Vetorecht

- China
- Frankreich
- Großbritannien
- Russland
- USA

10 wechselnde Mitglieder, jeweils 2 Jahre

Beschlüsse

Zur Beschlussfassung sind mindestens 9 der 15 Stimmen erforderlich; die ständigen Mitglieder haben Vetorecht

Mittel und Möglichkeiten

Feststellen, ob Friedensbedrohung, Friedensbruch oder eine Angriffshandlung vorliegt.

Von den beteiligten Parteien **vorläufige Maßnahmen** zur Entschärfung der Lage **fordern.**

Friedliche Sanktionen beschließen.

Militärische Sanktionen beschließen.

© Globus
0551

Alle Mitglieder der Vereinten Nationen sind verpflichtet, dem Sicherheitsrat auf Ersuchen Streitkräfte zur Verfügung zu stellen und Beistand zu leisten.

M 2 Der UN-Sicherheitsrat

Die UNO – Bemühungen um den Weltfrieden

Als die UNO am 24. Juni 1945 ins Leben gerufen wurde, war dies eine Antwort auf die Schrecken des Zweiten Weltkrieges. Noch vor dem Ende des Krieges einigte man sich darauf, eine Organisation zur Aufrechterhaltung des Weltfriedens zu schaffen. Die Vereinten Nationen sollten die Zusammenarbeit aller Länder fördern und über die Einhaltung des Friedens wachen. Sitz der Weltorganisation ist New York.

Das höchste Organ der UNO ist die **Vollversammlung,** in der alle Mitglieder Stimmrecht haben. Die wichtigsten Beschlüsse fallen aber nicht in der Vollversammlung, sondern im **Sicherheitsrat.** So wollten es die **Siegermächte** des Zweiten Weltkrieges. Sie haben als einzige dort einen ständigen Sitz und verfügen über ein Vetorecht*. Nach der UN-Charta hat der Sicherheitsrat die Verantwortung für Frieden und Sicherheit. Nur im Sicherheitsrat können bei der Bedrohung des Weltfriedens Zwangsmaßnahmen bis hin zu Militäraktionen beschlossen werden.

Die Blauhelme – Einsatz für den Weltfrieden

Die Entsendung der Blauhelme (nach dem blauen Helm oder Barett der Soldaten der UN-Friedenstruppen) zur Überwachung von Waffenstillstands- oder Friedensverträgen ist eine der wichtigsten Maßnahmen im Prozess der Friedenssicherung. Die Blauhelmeinsätze sind oft schwierig und verlustreich. Reibereien im Sicherheitsrat beeinträchtigten die Durchführung von Missionen auf dem Balkan. Unter den Augen der UN-Schutztruppe wurden dort 1995 in Srebrenica Tausende bosnischer Männer ermordet. In Ruanda sah sich der Sicherheitsrat 1994 außerstande, einen Völkermord zu verhindern. Der Feldzug gegen den Irak im Frühjahr 2003 fand ohne ein Mandat des UN-Sicherheitsrates statt. Dies stellte einen Verstoß gegen die UN-Charta dar. Danach beansprucht die UNO das **Gewaltmonopol.** Ausgenommen davon ist nur das Selbstverteidigungsrecht der Staaten – aber in Grenzen (Art. 51). Es zeigte sich, dass sich die USA kraft ihrer militärischen Stärke über das Völkerrecht hinwegsetzen können, ohne Sanktionen befürchten zu müssen. Damit wurden die Prinzipien der UN-Charta grundsätzlich infrage gestellt.

Da es trotz aller Schwierigkeiten keine Alternative zur UNO gibt, werden zurzeit intensive Beratungen und viele Diskussionen über eine grundsätzliche Reform der UNO geführt.

Artikel 1
Die Vereinten Nationen setzen sich folgende Ziele:
1. den Weltfrieden und die internationale Sicherheit zu wahren und zu diesem Zweck wirksame Kollektivmaßnahmen zu treffen, um Bedrohungen des Friedens zu verhüten […].
Artikel 36
Der Sicherheitsrat kann in jedem Stadium einer Streitigkeit [die den Weltfrieden gefährdet] […] geeignete Verfahren oder Methoden für deren Bereinigung empfehlen.
Artikel 42
Ist der Sicherheitsrat der Auffassung, dass die in Artikel 41 vorgesehenen Maßnahmen [unter Ausschluss der Waffengewalt] unzulänglich sein würden oder sich als unzulänglich erwiesen haben, so kann er mit Luft-, See- und Landstreitkräften die […] erforderlichen Maßnahmen durchführen.
Artikel 43
(1) Alle Mitglieder der Vereinten Nationen verpflichten sich, zur Wahrung des Weltfriedens und der internationalen Sicherheit dadurch beizutragen, dass sie […] dem Sicherheitsrat auf sein Ersuchen Streitkräfte zur Verfügung stellen […].
Artikel 51
Diese Charta beeinträchtigt im Falle eines bewaffneten Angriffs gegen ein Mitglied der Vereinten Nationen keineswegs das naturgegebene Recht zur […] Selbstverteidigung, bis der Sicherheitsrat die zur Wahrung des Weltfriedens […] erforderlichen Maßnahmen getroffen hat. […]

M 3 Aus der UN-Charta

M 4 Bronzeskulptur vor dem UN-Sitz in New York

*Vetorecht
Veto (Lat.) = „Ich bin dagegen". Die ständigen Mitglieder des Sicherheitsrates können durch ihre Nein-Stimmen verhindern, dass ein Beschluss gefasst wird. Es genügt, wenn eines der Mitglieder sein Veto einlegt.

1 Informiert euch über die in M 1 genannten Blauhelmeinsätze (Internetrecherche) und berichtet in Gruppen über je einen Einsatz.

2 Erläutere Zusammensetzung und Aufgaben des Sicherheitsrates (M 2).

3 Erkläre anhand von M 3, warum der Krieg gegen den Irak gegen die UN-Charta verstieß.

Konflikte untersuchen –
der Nahostkonflikt

Beim Nahostkonflikt handelt es sich nicht um *einen* Konflikt, sondern um ein Bündel von verschiedenen Konflikten. Zum einen geht es um den bis heute ungelösten Konflikt zwischen Israel und den Palästinensern, zum anderen um Konflikte zwischen Israel und seinen (weitgehend) arabischen Nachbarstaaten (Syrien, Jordanien, Libanon). Eine weitere Ebene stellen die Konflikte zwischen den Nachbarstaaten sowie Irak und Iran untereinander dar.

M 1 Was ist der „Nahostkonflikt"?

Israelische Armee rückt wieder in den Libanon ein

Im Nahostkonflikt ist die Lage am Mittwoch an der Grenze zwischen Israel und dem Libanon eskaliert. Die Hisbollah*-Miliz entführte zwei israelische Soldaten und eröffnete damit eine zweite Front. Auf der Suche nach den Verschleppten marschierte Israels Armee zusätzlich zu ihrer Offensive im Gazastreifen in den Südlibanon ein. Mindestens zehn Menschen, darunter acht Israelis, wurden getötet. *Der Tagesspiegel, 19.7.2006, gekürzt*

M 2 Ereignisse vom Juli 2006

*Hisbollah
radikalislamische Organisation. Sie entstand 1982 nach der israelischen Invasion im Libanon. Ihr Ziel sind die Zerstörung Israels und die Gründung eines islamistischen Staates im Libanon.

M 3 Israel und seine Nachbarn 2006.

Sicher ist euch in den Fernsehnachrichten oder in der Zeitung aufgefallen, dass es fast täglich Meldungen über einen Konflikt gibt. Dabei stellen sich euch vielleicht einige Fragen: Warum kam es zu diesem Konflikt? Wer ist daran beteiligt? Wie verläuft der Konflikt? Welche Lösungsansätze konnten gefunden werden? Das sind einige der zu stellenden Fragen, wenn man einen Konflikt untersuchen will. Auf diesen Seiten lernt ihr, wie ihr einen Konflikt selbstständig untersuchen könnt. Wegen seiner Aktualität wird hier der Nahostkonflikt als Fallbeispiel für die Methode „Konflikte untersuchen" verwendet.

Folgende Schritte helfen euch, einen Konflikt zu untersuchen und zu verstehen:

1. Schritt
Ausgangssituation
- Was ist wann und wo passiert?

2. Schritt
Ursachen
- Um welche Streitfragen geht es?
- Wer ist an dem Geschehen beteiligt?

3. Schritt
Verlauf
- Welche wichtigen Ereignisse sind bisher geschehen?

4. Schritt
Lösungsansätze
- Welche Lösungsansätze werden entwickelt?
- Wie dauerhaft ist die Friedenslösung?

1882–1903: Erste Einwanderungswelle von 30 000 russischen Juden nach Palästina. Danach stetige Einwanderung von Juden nach Palästina.

1896: Theodor Herzl schlägt in seinem Buch „Der Judenstaat" die Schaffung eines jüdischen Staates vor.

1917: In der Balfour-Erklärung wird am 2. November den Juden von den Briten eine „nationale Heimstätte" in Palästina zugesagt.

1947: Am 29. November beschließt die UNO-Vollversammlung mit 33 zu 13 Stimmen bei 10 Enthaltungen, dass die 609 000 Juden Palästinas 55 Prozent des Bodens erhalten, wohingegen den 1,38 Millionen Arabern Palästinas 42 Prozent zugesprochen wird. Die arabischen Staaten, die Arabische Liga und das palästinensische „Hohe Arabische Komitee" lehnen die Teilung ab.

1948: Gründung des Staates Israel; erster arabisch-israelischer Krieg („Unabhängigkeitskrieg") endet mit dem Sieg Israels; Flucht und Vertreibung von ca. 650 000 Palästinensern

1956: Zweiter Nahostkrieg um Sues-Kanal und Sinai.

1964: Gründung der PLO („Palestine Liberation Organization"), dem Vertretungsorgan der Palästinenser

1967: Dritter Nahostkrieg („Sechs-Tage-Krieg"); Israel nimmt Ost-Jerusalem ein, besetzt das Westjordanland, den Gazastreifen, die Golanhöhen, die Sinaihalbinsel und beginnt, die Gebiete zu besiedeln.

1973: Vierter Nahostkrieg („Yom-Kippur-Krieg")

1979: Frieden zwischen Ägypten und Israel auf der Grundlage des Camp-David-Abkommens; etappenweise Räumung des Sinai und Rückgabe an Ägypten

1980–88: Iran-Irak-Krieg (erster Golfkrieg)

1987: Beginn der ersten „Intifada" (Arab.: Abschüttelung): offener Volksaufstand der Palästinenser im Gaza-Streifen, Westjordanland und Ost-Jerusalem

1990/1991: Der Irak marschiert in Kuwait ein. Eine militärische Koalition von 34 Staaten unter Führung der USA erobert das Gebiet zurück (zweiter Golfkrieg).

1994/1995: Abkommen in Oslo zwischen Israel und der PLO; die Parteien vereinbaren die gegenseitige Anerkennung sowie ein Rahmenabkommen über Teilautonomie im Gaza-Streifen und Jericho sowie den gestaffelten Rückzug Israels aus den besetzten Gebieten; Friedensschluss zwischen Israel und Jordanien

1995: Ermordung des israelischen Ministerpräsidenten Rabin

2000: Juli: israelisch-palästinensische Konferenz in Camp David scheitert; im September Ausbruch der zweiten „Intifada" nach Manifestation des Anspruchs auf Ost-Jerusalem; Gewalteskalation durch Selbstmordattentate

2002/2003: Der Friedensplan („Roadmap") wird von der palästinensischen und israelischen Regierung bestätigt.

2003: Irak-Krieg; die USA marschiert in den Irak ein, weil dieser angeblich Massenvernichtungswaffen besitze, und besetzen das Land (dritter Golfkrieg).

2005: 21 jüdische Siedlungen im Gazastreifen werden von Israel geräumt.

2006: Israel-Libanon-Konflikt (vgl. M2); erste Parlamentswahl in den palästinensischen Autonomiegebieten

M 4 Zeittafel

Ein ergebnisorientierter „Fahrplan" für eine dauerhafte Zwei-Staaten-Regelung des israelisch-palästinensischen Konflikts des Quartetts (Europäische Union, USA, Russische Föderation und die Vereinten Nationen) vom 30. April 2003

Phase I: Noch 2003 stoppt die palästinensische Führung den Terror der Extremisten und erkennt das Existenzrecht Israels an. Die Palästinenser entwerfen eine Verfassung, reformieren ihre Institutionen und halten freie Parlamentswahlen ab. Im Gegenzug beendet Israel den Ausbau jüdischer Siedlungen und zieht seine Armee weitgehend zurück.

Phase II: 2003 wird ein provisorischer, unabhängiger Palästinenserstaat in vorläufigen Grenzen gebildet. Unter der Regie des Nahostquartetts wird eine internationale Konferenz einberufen, welche die Ziele der sog. „Roadmap" überwacht. Auch das Verhältnis Israels zu seinen arabischen Nachbarländern wird diskutiert.

Phase III: Von 2004 bis 2005 tagt eine zweite internationale Konferenz zur endgültigen Beilegung des Konflikts. In einer Schlussvereinbarung sollen das Verhältnis beider Staaten, die endgültigen Grenzen, der Status von Jerusalem sowie die Flüchtlings- und Siedlungsfrage geklärt werden.

Zitiert nach: Die Welt, 11. 1. 2005

M 5 Fahrplan („Roadmap") zur Beilegung des israelisch-palästinensischen Konflikts

1 Versuche mit den auf dieser Doppelseite aufgeführten Materialien und den vier Schritten eine Konfliktanalyse.

2 Bildet Gruppen und macht eine Konfliktanalyse zu einem internationalen Konflikt eurer Wahl.

Die Bundeswehr

Derzeit leisten rund 6000 deutsche Soldaten im Ausland Dienst (vgl. M2). Das ist heute ganz selbstverständlich und niemand wundert sich mehr darüber. Nach dem Zweiten Weltkrieg allerdings konnten sich viele Menschen gar nicht vorstellen, dass es jemals wieder deutsche Soldaten geben könnte.

Wiederbewaffnung und Bündnispartner

Am 9. Mai 1955 – zehn Jahre nach dem Ende des Zweiten Weltkriegs und der Kapitulation der Deutschen Wehrmacht – wird die Bundesrepublik Mitglied im Nordatlantikpakt (NATO). Trotz zahlreicher Proteste gegen die Wiederbewaffnung rücken die ersten Soldaten der Bundeswehr in die Kasernen ein. Der Auftrag der Bundeswehr war dabei eindeutig: Sie sollte einen Krieg durch Abschreckung verhindern und im Falle eines Angriffs aus dem Osten die Grenze der Bundesrepublik Deutschland verteidigen.

Bürger in Uniform

Für die Bundeswehr gilt seit ihrem Beginn das Leitbild des „Staatsbürgers in Uniform". Die Bundeswehr soll keinen Bereich bilden, der von der übrigen Gesellschaft abgetrennt ist, um rücksichtslos eingesetzt werden zu können. Die Soldaten sollen vielmehr politisch denkende Bürger sein. Gefragt ist nicht blinder Gehorsam, sondern Einsicht. Aus diesem Grund entschied man sich gegen eine Berufsarmee – also eine Armee, die nur aus Berufssoldaten besteht – sowie für eine allgemeine Wehrpflicht für alle Männer von 18 bis 25 Jahren.

M1 Die Anfänge der Bundeswehr: Bundeskanzler Adenauer in Andernach; Foto, 1956

M2 Auslandseinsätze der Bundeswehr

Der neue Auftrag der Bundeswehr

Mit der Wiedervereinigung Deutschlands und dem Zerfall der Sowjetunion ist Deutschland von verbündeten oder befreundeten Staaten umgeben und keiner unmittelbaren Bedrohung ausgesetzt. Diese Veränderung erlaubte es, die Truppenstärke seit 1990 um etwa 40 Prozent zu verringern, da nicht mehr so viele Soldaten zur Landesverteidigung benötigt werden. Zugleich haben sich die Aufgaben der Bundeswehr verändert. Seit 1992 beteiligt sich die Bundeswehr an Friedenseinsätzen der UNO. Diesen Einsätzen war ein heftiger politischer Streit vorausgegangen, denn das Grundgesetz sieht den Einsatz der Bundeswehr nur zur Verteidigung oder zur Hilfe bei einer Naturkatastrophe vor. Dagegen steht allerdings Artikel 24 des Grundgesetzes, der von Verpflichtungen durch den Beitritt in internationale Organisationen handelt. Das Bundesverfassungsgericht entschied 1994, dass Bundeswehreinsätze im Rahmen von UNO und NATO verfassungsgemäß sind – aber nur bei vorheriger Zustimmung des Bundestages. Seitdem hat es immer wieder Mehrheiten im Bundestag für Einsätze der Bundeswehr gegeben. Aus diesem Grund finden wir heute Soldaten der Bundeswehr überall auf der Welt, z. B. auf dem Balkan oder in Afghanistan.

Auch Frauen wird heute der Zugang zur Armee gewährt. Sie dienen – freiwillig – in allen Truppenteilen.

M 3 Deutsche Soldaten reparieren in Bosnien eine Brücke

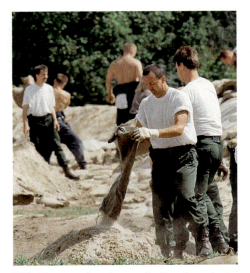

M 4 Katastropheneinsatz der Bundeswehr in Deutschland nach einem Hochwasser an der Oder

Beitrag zum Zusammenwachsen Europas

Beitrag zur Funktionsfähigkeit der NATO

Landesverteidigung im Konfliktfall

Hilfe bei der internationalen Konfliktbewältigung im Rahmen der UNO

Bundeswehr

Hilfe bei Katastrophen

Schutz der Menschen im eigenen Land vor terroristischen Bedrohungen

Überwachung des deutschen Luft- und Seeraums

M 5 Die Aufgaben der Bundeswehr

M 6 Soldatin in der Bundeswehr

www.bundeswehr.de

1 Erläutere mit eigenen Worten den Begriff „Staatsbürger in Uniform".

2 Besucht die Seite der Bundeswehr im Internet, und informiert euch in Gruppen über
a) aktuelle Einsatzgebiete (vgl. M 2),
b) die Aufgaben der Bundeswehr (vgl. M 3 – M 5),
c) Frauen in der Bundeswehr,
d) Ausbildungsmöglichkeiten bei der Bundeswehr.
Berichtet darüber vor der Klasse.

Wehrdienst oder Zivildienst – ein Auslaufmodell?

M 1 Sieht so die Wehrgerechtigkeit heute aus?

M 2 Wehrdienstleistende bei der Grundausbildung

Wehrpflicht und Ersatzdienst

Die allgemeine Wehrpflicht für Männer von 18 bis 25 Jahren wurde 1957 eingeführt, damit die neu geschaffene Bundeswehr die Aufgabe der Landesverteidigung überhaupt wahrnehmen konnte. Sie wurde im Grundgesetz verankert (Artikel 12a), weil nur auf diese Weise die Einschränkung eines anderen Grundrechts – das der freien Berufswahl – rechtlich möglich war. Gegen sein Gewissen darf allerdings niemand zum Kriegsdienst mit der Waffe gezwungen werden (Artikel 4 Absatz 3 Grundgesetz). Daher wurde gleichzeitig der zivile Ersatzdienst eingerichtet. Anerkannte Kriegsdienstverweigerer – dazu reicht eine nachvollziehbare schriftliche Begründung – müssen zum Wohl der Allgemeinheit tätig sein.

Hat die Wehrpflicht ausgedient?

Das veränderte Aufgabengebiet der Bundeswehr – weg von der Landesverteidigung hin zu mehr internationaler Verantwortung – macht immer weniger Wehrpflichtige nötig. Die neuen Aufgaben der Bundeswehr verlangen besondere

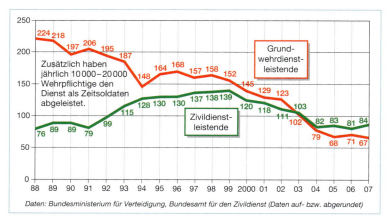

Zusätzlich haben jährlich 10 000–20 000 Wehrpflichtige den Dienst als Zeitsoldaten abgeleistet.

Grundwehrdienstleistende

Zivildienstleistende

Daten: Bundesministerium für Verteidigung, Bundesamt für den Zivildienst (Daten auf- bzw. abgerundet)

M 3 Entwicklung der Zahl der Zivildienstleistenden und Grundwehrdienstleistenden in den Jahren 1988–2007

(1) Männer können vom vollendeten achtzehnten Lebensjahr an zum Dienst in den Streitkräften, im Bundesgrenzschutz oder in einem Zivilschutzverband verpflichtet werden.

(2) Wer aus Gewissensgründen den Kriegsdienst mit der Waffe verweigert, kann zu einem Ersatzdienst verpflichtet werden. Die Dauer des Ersatzdienstes darf die Dauer des Wehrdienstes nicht übersteigen.

M 4 Art. 12a Grundgesetz

Wehrdienstgegner fordern seit Jahren die Umwandlung der Bundeswehr in eine Berufsarmee

Damit fiele auch der Zivildienst weg – mit weitreichenden Konsequenzen für die sozialen Dienste. Viele soziale Einrichtungen befürchten, dass eine weitere Senkung der Zivildienstdauer oder die Abschaffung des Dienstes zu einer Kostenlawine und ernsten Problemen bei der Betreuung von Hilfsbedürftigen führen könnte. Aus diesen Gründen befürworten zahlreiche Politiker ein Festhalten an der Wehrpflicht.

Die Wehrpflichtgegner schlagen vor, den Verlust der etwa 95 000 Zivildienstleistenden eines Jahrgangs durch neue Freiwilligendienste aufzufangen.

www.mitmischen.de, 2. 12. 2005

M 5 Aus für den Zivildienst?

Qualifikationen, doch die Ausbildung der Wehrpflichtigen befähigt sie nur zu Unterstützungsdiensten. Gut ausgebildete, länger dienende Soldaten sind heute gefragt. Durch diese Entwicklung stellt sich die Frage der Wehrgerechtigkeit: Wer muss zum „Bund", wer nicht? Auch der militärische Nutzen einer Wehrpflicht ist infrage gestellt.

„Zivis" als „Sozialarbeiter"

In den Anfängen des Zivildienstes galten Kriegsdienstverweigerer noch als „Drückeberger" – heute sind sie längst ein fester Bestandteil unserer Gesellschaft. Etwa 70 Prozent der jungen Zivildienstleistenden („Zivis") arbeiten im Sozialbereich. Sie verstärken soziale Dienste, betreuen Alte, Kranke und Behinderte oder leisten Fahrdienste wie „Essen auf Rädern".

Sie kümmern sich um Umwelt-, Landschafts-, Gewässer- und Katastrophenschutz. Zahlreiche Einrichtungen bieten Zivildienststellen an.

SPD: Die Zusammensetzung der Bundeswehr aus Berufs- und Zeitsoldaten sowie Wehrpflichtigen ist auch in Zukunft angemessen.

CDU/CSU: Nur durch die allgemeine Wehrpflicht sind die Streitkräfte in der Lage, jederzeit die gewünschte Anzahl an Soldaten zur Verfügung stellen zu können.

FDP: Sicherheitspolitisch ist die allgemeine Wehrpflicht nicht mehr zwingend erforderlich.

Bündnis 90/Die Grünen: Sie setzen sich für ein zügiges und sozialverträgliches Auslaufen des Wehr- und Zivildienstes ein. Gleichzeitig sollen schon heute alle freiwilligen Dienste gefördert werden.

Die Linke.PDS: Die Wehrpflicht schränkt die Freiheit der Wehrpflichtigen ein, ohne dass es dafür noch eine politische Begründung gäbe.

M 7 Die Positionen der Parteien zur Wehrpflicht

M 6 Ein Zivildienstleistender betreut ein krebskrankes Kind.

1 Erkläre den Begriff „Wehrgerechtigkeit". Deute in diesem Zusammenhang die Karikatur M 1.

2 Beschreibe die in M 3 erkennbare Entwicklung und vermute, welche Gründe es dafür geben könnte.

3 Berichte über mögliche Folgen einer Abschaffung der Wehrpflicht (M 5).

4 Vergleiche die Positionen der Parteien zur Wehrpflicht (M 7). Wer will an der Wehrpflicht festhalten, wer eher nicht?

Globaler Terrorismus – die neue Gefahr

M 1 Am 11. September 2001 wurde New York für immer gezeichnet: Blick von der Freiheitsstatue vor und nach der Katastrophe

M 2 Weitere Anschläge des Terrornetzwerkes Al Qaida – 11. 4. 2002: Vor der Synagoge in Djerba (Tunesien); 12. 10. 2002: Auf der Ferieninsel Bali starben 202 Menschen durch einen Anschlag der Al-Qaida-nahen Organisation Jemaah Islamiyah; 11. 3. 2004: In Madrid starben bei einem Bombenanschlag über 170 Menschen.

Terrorismus in neuer Dimension

Die Anschläge auf das World Trade Center in New York und das Pentagon in Washington waren der Höhepunkt einer neuen Form des Terrorismus im ausgehenden 20. und beginnenden 21. Jahrhundert. Sie forderten Tausende von Opfern und verursachten einen kaum messbaren wirtschaftlichen Schaden. Die Urheber waren 19 Attentäter des radikal-islamischen Terrornetzwerkes **Al Qaida** („Basis") unter Führung des saudischen Millionärs **Osama Bin Laden.** Der UN-Sicherheitsrat stufte die Terroranschläge als Gefahr für den Weltfrieden und die internationale Sicherheit ein.

U. Schneckener, Globaler Terrorismus, in: Informationen zur Politischen Bildung 3/2003, S. 53–56

M3 Globaler Terror

Kai Hirschmann vom Institut für Sicherheitspolitik in Essen spricht von „globalem Terrorismus", wenn mindestens eine von vier Bedingungen zutrifft:

1. Die Zielsetzungen und Begründungen der Terroristen für ihre Anschläge beziehen sich nicht auf eine begrenzte Region, sondern sind global angelegt.
2. Der Aktionsraum der Terroristen ist nicht auf eine bestimmte Region beschränkt, sondern sie operieren global.
3. Die Mitglieder der Terrorgruppen stammen aus vielen Ländern, sodass mit der Ausweitung ihrer Aktivitäten in diesem Umfeld gerechnet werden muss.
4. Es handelt sich um eine weltweite „Idee in den Köpfen" (Ideologie), wie im Fall „Al Qaidas".

P. Brokemper u. a.: Geschichte Real 3. Berlin, 2005, S. 219

M4 Eine Religion wird verantwortlich gemacht

Die Tatsache, dass die Attentäter von New York Moslems waren und ihre Tat mit ihrem Glauben, dem Islam, zu rechtfertigen versuchten, erhärtete bei vielen Menschen weltweit die Überzeugung, dass der Islam eine Gewalt verherrlichende Religion sei. Massentötungen, wie sie bei Terroranschlägen häufig die Folge sind, werden jedoch weder vom Koran noch von der Scharia (islamische Gesetzgebung) gebilligt oder gar verlangt. Im Gegenteil: Die „Muru'a", die Mannesehre, verbietet es ausdrücklich, Schwächere wie Kinder, Frauen oder alte Menschen anzugreifen.

„Selbstmordattentäter haben keine Ahnung von ihrer Religion, sie wissen nicht, dass sie eine Todsünde begehen", urteilt der Islamexperte Bernard Lewis in einem Zeitungsartikel.

Das Parlament, 22. 12. 2003

M5 In Bagdad marschieren Freiwillige für Selbstmordaktionen im Heiligen Krieg gegen Israel – mit Sprengstoffgürteln am Körper.

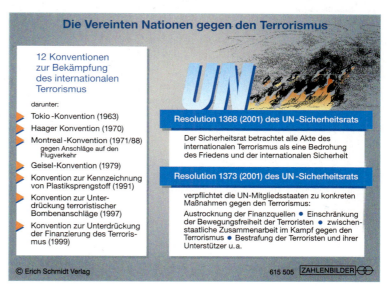

M6 Die Vereinten Nationen gegen den Terrorismus

1 Schlage in einem Lexikon den Begriff „Terrorismus" nach und stelle fest, worin sich diese Definition von der von Kai Hirschmann (M3) unterscheidet.

2 Diskutiert: Kann einer Religion die Verantwortung für die Terroranschläge gegeben werden (M4)?

3 Wie reagieren die Vereinten Nationen auf den Terrorismus (M6)? Informiere dich über die aktuellen Entwicklungen.

Gemeinsamer Kampf gegen den Terror

M 1 Soldat einer amerikanischen Spezialeinheit im Afghanistan-Krieg auf der Suche nach Kämpfern der Terrororganisation Al Qaida; aufgenommen am 1. Januar 2002 durch ein Nachtsichtgerät

Terrorismus als Bedrohung der internationalen Gemeinschaft

Der UN-Sicherheitsrat rief nach dem Anschlag im **September 2001** in zwei Resolutionen zum Kampf gegen den Terrorismus als Bedrohung von Frieden und Sicherheit auf. Die NATO erklärte den Bündnisfall, d. h., sie sah die Terrorangriffe als kriegerische Aktion gegen die USA an und war zur gemeinsamen Verteidigung bereit.

Der wichtigste Stützpunkt des Terrornetzwerks Al Qaida war das von radikalen Islamisten, den **Taliban**, regierte Afghanistan. Da diese sich weigerten, Bin Laden auszuliefern, stürzten die USA in einer Militäraktion das Talibanregime. Eine Übergangsregierung, in der alle afghanischen politischen Gruppen mit Ausnahme der Taliban vertreten sind, betreibt seit 2002 den Wiederaufbau des durch Bürgerkrieg und Luftkrieg zerstörten Afghanistan. Dabei wird sie durch zahlreiche Staaten und eine internationale Schutztruppe mit deutscher Beteiligung unterstützt.

Das Terrornetzwerk Al Qaida

Bin Laden konnte in Afghanistan nicht gefasst werden. In mindestens 20 Staaten wurden jedoch mutmaßliche Al-Qaida-Mitglieder inzwischen inhaftiert. Allein auf dem kubanischen US-Stützpunkt **Guantánamo** saßen 2004 rund 600 Verdächtige ein. Wegen des starken Verfolgungsdrucks und der Ausdünnung der Leitungsebene wandelte sich der Aufbau von Al Qaida. Nun handelt die Organisation in Form selbstständiger Einheiten weiter, die kaum noch zentral gesteuert werden und die über neue Stützpunkte in verschiedenen Ländern verfügen (u. a. im Jemen, am Horn von Afrika, Ägypten).

M 2 UN-Beschluss gegen Terrorismus

Der Sicherheitsrat […] [verurteilt] in Anerkennung des naturgegebenen Rechts zur individuellen und kollektiven Selbstverteidigung im Einklang mit der Charta, […] unmissverständlich mit allem Nachdruck die grauenhaften Terroranschläge am 11. September 2001 in New York […] und betrachtet diese Handlungen, wie alle internationalen terroristischen Handlungen, als Bedrohung des Weltfriedens. […]

Der Sicherheitsrat […] fordert alle Staaten dringend zur Zusammenarbeit auf, um die Täter, Organisatoren und Förderer dieser Terroranschläge vor Gericht zu stellen, und betont, dass diejenigen, die den Tätern, Organisatoren und Förderern dieser Handlungen geholfen, sie unterstützt oder ihnen Unterschlupf gewährt haben, zur Verantwortung gezogen werden.

Resolution 1368 des UN-Sicherheitsrats vom 12. September 2001

Uneinigkeit beim Irak-Krieg

Während die Weltgemeinschaft die USA gegen Afghanistan und Al Qaida einmütig unterstützte, war der Sicherheitsrat in der Frage eines Krieges gegen den Irak **uneinig**.

Die USA und Großbritannien befürworteten einen Krieg, da der Irak Massenvernichtungsmittel (ABC-Waffen) besitze und die Welt damit bedrohen würde. Die übrigen Länder im Sicherheitsrat – besonders Frankreich und Deutschland – sahen die Begründung der USA für einen **Präventivkrieg** als nicht stichhaltig an und verweigerten die Unterstützung.

Daraufhin besetzten die USA und Großbritannien in einem kurzen Krieg den Irak allein und setzten die Regierung des Diktators Saddam Hussein im April 2003 ab. Beide Länder begannen, die Verwaltung und den Wiederaufbau des Landes zu übernehmen. **Massenvernichtungsmittel**, deren Sicherstellung ein Ziel des Krieges war, wurden nicht gefunden und die Gestaltung einer demokratischen Nachkriegsordnung erwies sich bisher als extrem schwierig.

M 3 Sturz eines Denkmals Saddam Husseins in Bagdad

US-Präsident: Demokratie mit Waffengewalt durchsetzen

Im Irak helfen wir dem seit langem leidenden Volk, eine ehrbare und demokratische Gesellschaft im Herzen des Nahen Ostens aufzubauen. Gemeinsam wandeln wir einen Ort der Folterkammern und Massengräber um in eine Nation der Gesetze und freien Institutionen. Dieses Unternehmen ist schwierig und kostspielig – aber es ist unseres Landes würdig und von entscheidender Bedeutung für unsere Sicherheit.

Der Nahe Osten wird entweder ein Ort von Fortschritt und Frieden werden, oder er wird ein Exporteur von Gewalt und Terror, der weitere Menschenleben in Amerika und anderen freien Staaten fordert. Der Triumph von Demokratie und Toleranz im Irak, in Afghanistan und darüber hinaus wäre ein schwerer Rückschlag für den internationalen Terrorismus.

G. W. Bush, Rede des amerikanischen Präsidenten, 7. 9. 2003

Friedensforscher: „Demokratieexport" als Friedensbedrohung

Die kritische Lage im Irak liefert radikalen Kräften im Lande, aber auch über dessen Grenzen hinaus, willkommene Vorwände, um jeglichem Widerstand gegen die Staaten der Besatzer – und sei es durch Terror – den Anstrich der „Legitimität" zu geben. [...] Die bittere Schlussfolgerung vor allem aus dem Irak-Krieg ist, dass er nicht nur für die Terroreindämmung ineffizient ist, sondern inzwischen selbst zu einer Friedensbedrohung geworden ist.

Hans-Joachim Gießmann, Friedensgutachten 2004

CDU-Vorsitzende: Zumindest Menschenrechte durchsetzen

Einen Standard an Menschenrechten und Stabilität gegen Bedrohung durchzusetzen, kann durchaus ein Ziel militärischen Eingreifens sein. Aber den eigentlichen Aufbau einer Gesellschaftsordnung kann man nicht – oder nur sehr schwer – fremdbestimmen. Das muss von innen heraus aus den jeweiligen Gesellschaften selbst kommen.

Angela Merkel in einem Interview für Die Zeit am 6. 5. 2004

Alle Zitate aus: Was heißt hier Demokratie? Hrsg. von der Bundeszentrale für politische Bildung, Bonn 2005, S. 31

M 4 Krieg für Demokratie?

1 Erkläre die UN-Resolution (M 2). Welche Bedeutung misst sie dem Terrorismus bei?

2 Begründe, warum Maßnahmen gegen den Terrorismus nur mit großem Aufwand zum Erfolg führen können.

3 Krieg für Demokratie und gegen Terror? Nimm Stellung zu den Äußerungen in M 4.

Einsatz für den Weltfrieden

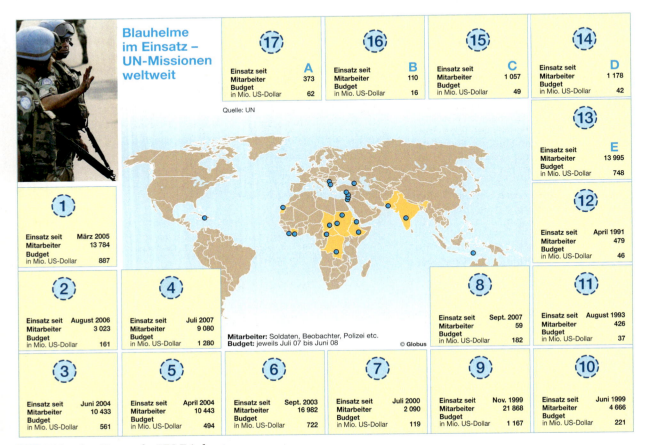

Blauhelme im Einsatz – UN-Missionen weltweit

Quelle: UN

	Einsatz seit	Mitarbeiter	Budget in Mio. US-Dollar
17 / A		373	62
16 / B		110	16
15 / C		1 057	49
14 / D		1 178	42
13 / E		13 995	748
1	März 2005	13 784	887
2	August 2006	3 023	161
4	Juli 2007	9 080	1 280
3	Juni 2004	10 433	561
5	April 2004	10 443	494
6	Sept. 2003	16 982	722
7	Juli 2000	2 090	119
8	Sept. 2007	59	182
9	Nov. 1999	21 868	1 167
10	Juni 1999	4 666	221
11	August 1993	426	37
12	April 1991	479	46

Mitarbeiter: Soldaten, Beobachter, Polizei etc.
Budget: jeweils Juli 07 bis Juni 08

© Globus

M 1 Weltweiter Einsatz der UN-Friedenstruppen

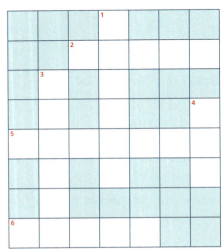

M 2 Kreuzworträtsel

Waagerecht:

2 Sondereinrichtung der Vereinten Nationen für Flüchtlinge

5 Gegenteil von waagerecht 6

6 unter Einsatz erheblicher Mittel mit Waffen und Gewalt ausgetragener Konflikt

Senkrecht:

1 Kinderhilfswerk der Vereinten Nationen

3 systematische Verbreitung von Angst und Schrecken durch ausgeübte oder angedrohte Gewalt, um Menschen gefügig zu machen

4 Organisation der Vereinten Nationen – in englischsprachiger Abkürzung

[...] Um sie an neue Risiken anzupassen und die Wehrgerechtigkeit zu erhalten, plant die CSU eine Weiterentwicklung der Wehrpflicht. So soll der Dienst in Zukunft auch bei der Polizei, der Feuerwehr oder im Katastrophenschutz abgeleistet werden. Kritiker sehen darin einen Bruch des Völkerrechts.

Die CSU setzt sich für die Weiterentwicklung der Wehrpflicht zu einer „sicherheitspolitisch begründeten Dienstpflicht" ein, die auch bei der Polizei oder im Katastrophenschutz der Bundesländer abgeleistet werden soll. Wie das Magazin „Focus" berichtet, empfiehlt das neue CSU-Grundsatzprogramm eine derart weiterentwickelte Wehrpflicht. Damit solle die Wehrgerechtigkeit gerettet werden. Der Münchner CSU-Parteitag soll das Programm Ende der Woche billigen. Verteidigungs-Staatssekretär Christian Schmidt (CSU) sagte dem Magazin, es müsse die „unerlässliche Wehrpflicht an die neuen Risiken für die innere und äußere Sicherheit angepasst werden können".

Der CSU-Bundestagsabgeordnete Thomas Silberhorn erläuterte, auch bei Feuerwehr und Rettungsdiensten wäre mit Zustimmung der Länder die neue Dienstpflicht zu leisten. Silberhorn ist Mitautor des Konzepts. Die jungen Männer sollen einheitlich drei Monate Grundausbildung sowie sechs Monate „Praxiszeit" leisten, letztere aufteilbar auf Übungen und Wochenenddienste.

Die Grünen sehen in dem Vorschlag der CSU für eine Dienstpflicht einen Verstoß gegen das Zwangsarbeitsverbot. „Wenn die Wehrpflicht nicht mehr gerecht vollzogen werden kann, ist der Vollzug aus Gründen der Wehrgerechtigkeit auszusetzen", forderte Fraktionsgeschäftsführer Volker Beck. „Konzepte wie der CSU-Vorschlag tragen verfassungsrechtlich nicht und widersprechen dem Völkerrecht."

http://www.welt.de/politik/article1206712/ CSU_will_Wehrdienst_bei_Polizei_und_ Feuerwehr.html [19.08.2008]

M 3 CSU will Wehrdienst bei Polizei und Feuerwehr – eine Idee im September 2007

M 4 Warum Krieg?

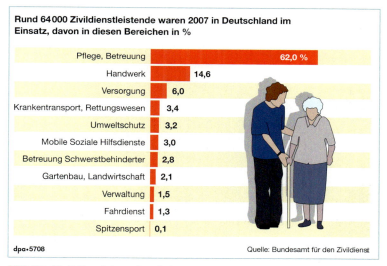

M 5 Wo Zivildiensleistende arbeiten

1 Ergänze die fehlenden Angaben in M 1.

2 Löse das Kreuzworträtsel (M 2)

3 Nimm Stellung zur Idee der CSU, Wehrdienst auch bei der Polizei und bei der Feuerwehr lesiten zu sollen (M 3).

4 Beantworte die in der Bildunterschrift von M 4 formulierte Frage, indem du die zehn Unterpunkte ergänzt.

5 M 5: Wo Zivildienstleistende arbeiten. Halte einen kurzen mündlichen Vortrag über die Aufgaben von Wehr- und Zivildienst in Deutschland.

11 Zukunftsvisionen

Was für eure Eltern und Großeltern noch Zukunftsvisionen waren, ist für euch zur Selbstverständlichkeit geworden. So hat es der technische Fortschritt ermöglicht, dass der Traum der Menschen vom Fliegen längst Wirklichkeit geworden ist – nicht nur in ferne Länder, sondern sogar ins Weltall und zum Mond. Auch auf der Erde bewegen wir uns immer schneller und komfortabler mit modernen Verkehrsmitteln. Und wer nicht selbst auf Reisen geht, ist über die Massen- und Kommunikationsmedien mit allen Teilen der Welt verbunden. Alles Neue versetzt die Menschen jedoch nicht nur in Staunen, Freude und Zuversicht, sondern es verursacht auch Ängste. Oft werden die Schattenseiten erst nach einiger Zeit sichtbar. Auf der Suche nach Verbesserungen entwickelt sich vieles weiter, sodass die Zukunftsvisionen von heute vielleicht morgen schon Wirklichkeit sein werden.

1 Erläutere, welcher Zukunftstraum der Menschen auf diesem Foto bereits Wirklichkeit geworden ist.

2 Skizziert in einer Zeichnung oder einem kurzen Text eure Vorstellung von der Zukunft.

Unsere Zukunft –
Traum oder Alptraum?

M 1 Was die Zukunft bringen wird – Hoffnungen und Ängste

Was wird die Zukunft bringen?

Schlagzeilen in den Medien verkünden den nahen Weltuntergang, Horoskope verheißen Glück im Beruf und in der Liebe – viele möchten wissen, was die Zukunft für sie bringen wird. Für unsere Zukunft ist es von großer Bedeutung, mit wem und unter welchen Umständen man zusammen sein wird, welchen Beruf man ausüben sowie wie und wo man leben wird. Jeder möchte glücklich und in materieller* Sicherheit leben – doch das, was darunter verstanden wird, kann äußerst unterschiedlich sein.

materiell
stofflich, auf Besitz ausgerichtet

pessimistisch
nicht zuversichtlich

Veränderung macht Angst

Besonders in solchen Zeiten, in denen sich schnell viel verändert, nehmen die Zukunftsängste zu. Autos und Eisenbahnen wurden vor über hundert Jahren zunächst mit großem Misstrauen betrachtet. Heute rufen die Möglichkeiten, welche die moderne Kommunikations- und Informationstechnologie bietet, Ängste hervor. So hilfreich es z. B. in vielen Fällen sein mag, dass Personen über ihr Handy zu orten sind, so bedrohlich scheint es auch manchem, überall überwacht und bespitzelt werden zu können.

Zuversicht macht mutig

Für die Politik und Wirtschaft ist es von großem Interesse, ob die Bürgerinnen und Bürger eher zuversichtlich oder pessimistisch* in die Zukunft blicken. Wer nur Gutes für die Zukunft erwartet, ist eher bereit, zum Beispiel ein Haus zu bauen, viel Geld auszugeben und eine Familie zu gründen. Auch die Zustimmung zur Regierung ist größer, wenn alles „gut läuft".

Deshalb werden in regelmäßigen Abständen Studien in Auftrag gegeben, welche die Zukunftserwartungen der Bevölkerung untersuchen.

Laut einer jetzt veröffentlichten Studie befindet sich die Jugend 2007 im Dilemma zwischen „Versorgungsparadies und Zukunftsängsten".

[...] Die Jugend 2007 leide [...] unter fehlenden Perspektiven und einer mangelnden Abgrenzungsmöglichkeit gegen eine immer noch vom Jugendwahn ergriffene Elterngeneration. [...] Einerseits gebe es das Gefühl, in einem Versorgungsparadies mit verständnisvollen Eltern und grenzenlosen Möglichkeiten zu leben, andererseits sähen die Jugendlichen aber die Zukunft mangels Orientierungshilfen als schwarzes, lediglich mit einem Fragezeichen versehenes Loch. [...] Die Studie empfiehlt Eltern und Medien, Jugendlichen gegenüber klare, erwachsene Positionen zu beziehen und mit ihnen Klartext zu reden. Schonungslose Aufklärung sei besser als „Perfektionsheuchelei" [...]. Erwachsene müssten Vorbilder und Haltungen vermitteln, die nicht perfekt sein müssten, sondern zeigen sollten, dass Entwicklung und Fortschritt nicht glatt, sondern auch mit Widerständen verlaufe. „Jugendliche brauchen konkrete Aufträge, damit sie das Gefühl bekommen, gebraucht zu werden", betonte der Studienleiter. Nötig seien Träume und Zukunftsbilder als Alternative zum Konsumklima.

Quelle: www.sueddeutsche.de/wissen/ artikel/201/111090/ [11. 08. 2008]

M2 Jugend in Deutschland

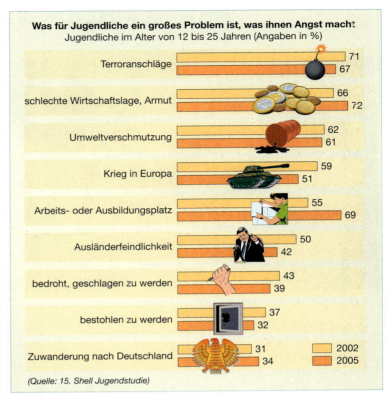

(Quelle: 15. Shell Jugendstudie)

M3 Ängste und Probleme Jugendlicher

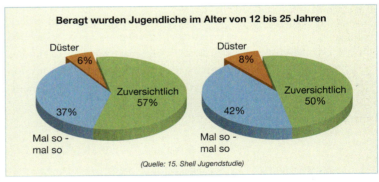

(Quelle: 15. Shell Jugendstudie)

M4 Persönliche Zuversicht bei Jugendlichen

1 Sammelt stichwortartig an der Tafel Äußerungen über eure Hoffnungen und Sorgen mit Blick auf die Zukunft (M1). Teilt sie in verschiedene Kategorien ein.

2 Vergleicht eure Zukunftssichten mit den Teilergebnissen der Shell-Jugendstudie und kommentiert (M3/M4).

3 Gib den Text M2 in deinen Worten wieder. Schließt du dich dieser Analyse und dem dort gegebenen Ratschlag an? Begründe.

Arbeitswelt im Wandel

M 1 Mitarbeiterinnen in einem Callcenter

*sekundärer Sektor
Wirtschaftsbereich, der das produzierende Gewerbe umfasst (Industrie, Handwerk)

*Rationalisierung
in Wirtschaft und Technik alle Maßnahmen, die dazu dienen, ein bestimmtes Ziel mit möglichst geringem Aufwand zu erreichen

Wirtschaftsstruktur im Wandel

Die Wirtschaftswelt entwickelt sich ständig weiter – und mit ihr entwickeln sich die Anforderungen an die Berufe kontinuierlich fort.

Durch neue Technologien und veränderte Fertigungsmethoden können viele Arbeitskräfte eingespart werden. Computer, computergesteuerte Maschinen und Roboter erledigen schon heute viele Arbeits-schritte in der Produktion. Dieser Trend wird sich in der Zukunft fortsetzen, denn Maschinen und Computer sind billiger und zuverlässiger als menschliche Arbeitskräfte.

Heute arbeiten bereits fast drei Viertel aller Beschäftigten im Dienstleistungssektor – z.B. im Handel, in Banken, im Bildungsbereich, in der Gastronomie oder im Gesundheitswesen. Aber auch im Bereich der Informationstechnologie entstehen viele neue Arbeitsplätze.

Darüber hinaus sind viele Arbeitsplätze eng verzahnt mit dem sekundären* Wirtschaftsbereich. Kaum ein Industrieprodukt kann heute ohne Forschung und Entwicklung, Qualitätskontrolle, Wartung (Service) oder Werbung und Vertrieb auf den Markt gebracht werden.

Ein Vergleich mit anderen Staaten zeigt, dass in Deutschland noch eine weitere Zunahme der Arbeitsplätze im Dienstleistungssektor zu erwarten ist. Der bisherige Trend wird sich also fortsetzen, wenn auch nicht alle Dienstleistungsbereiche davon in gleichem Maße betroffen sein werden. Neue Arbeitsplätze erwartet man auch zukünftig noch in den Bereichen Forschung und Entwicklung, Organisation und Recht sowie Ausbildung und Beratung. Auch im Umweltschutz erwarten Experten eine Zunahme von Arbeitsplätzen. Doch diese Arbeitsplätze können nicht die durch Rationalisierungsmaßnahmen* weggefallenen Arbeitsplätze ersetzen.

Eine gute Schul- und Berufsausbildung wird immer wichtiger. Die Entwicklungen in der Arbeitswelt gehen hin zu anspruchsvolleren Tätigkeiten mit gestiegenen Anforderungen im theoretischen Bereich. Jugendliche mit einer guten Schulbildung haben deshalb gute Chancen auf dem Arbeitsmarkt.

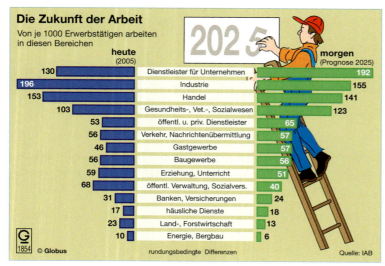

M 2 Wandel in der Arbeitswelt

Arbeitsplätze im Wandel

Früher arbeiteten viele Menschen ihr Leben lang in dem Betrieb, in dem sie ihre Ausbildung gemacht hatten und auch die Kinder konnten dort wieder einen Ausbildungsplatz bekommen. Ganz anders sieht das heute aus: Der häufig nicht freiwillig angestrebte Wechsel zwischen Festanstellung, befristetem Arbeitsverhältnis, geringfügiger Beschäftigung, Selbstständigkeit und Erwerbslosigkeit wird für viele zur Normalität. Das gelingt nur, wenn sie bereit sind, flexibel und örtlich mobil zu sein und sich beruflich weiterzubilden.

Berufsbilder verändern sich

Keiner kann mehr davon ausgehen, dass er den einmal erlernten Beruf sein Leben lang ausüben wird. Bereits heute arbeitet nur noch etwa ein Viertel aller Erwerbstätigen in dem Beruf, der erlernt wurde, und diese Zahl wird in den nächsten Jahren weiter abnehmen. Aber auch diejenigen, die noch in ihrem erlernten Beruf arbeiten, müssen ständig Neues dazulernen. Durch neue Technologien, veränderte Fertigungsmethoden, den Einsatz von Computern sowie aufgrund sich wandelnder Bedürfnisse der Kunden verändern sich auch die Anforderungen und Tätigkeiten in den Berufen. Daneben entstehen aber auch völlig neue Berufe. In den Jahren von 1996 bis 2005 wurden allein 64 Ausbildungsberufe neu geschaffen.

Später Berufseinstieg

Junge Menschen starten immer später in den Beruf. Um für die veränderten Bedingungen auf dem Arbeitsmarkt gerüstet zu sein, bemühen sie sich um eine bestmögliche Ausbildung, die den Berufsstart verzögert. Aber auch die Betriebe stellen Berufsanfänger häufig erst nach längeren Phasen der Einarbeitung und Weiterbildung z. B. in Praktika ein. Dadurch wird die Lebensarbeitszeit immer mehr verkürzt.

Ohne Elektronik geht in Autos heute nichts mehr. Denn neben den klassischen Bauteilen sind Autos heute mit Antiblockiersystemen, elektronischen Motorsteuerungen und Navigationssystemen ausgestattet. Diese Baugruppen werden – da sie aus mechanischen und elektronischen Komponenten bestehen – „mechatronische Systeme" genannt. Um mechatronische Systeme einzubauen, zu warten und zu reparieren, sind Kenntnisse in Mechanik sowie Elektronik erforderlich. Wichtig ist zum Beispiel die Fehlersuche mithilfe von computergesteuerten Diagnosegeräten. Daher trat an die Stelle der Berufe „Kraftfahrzeugmechaniker/-in" und „Kraftfahrzeugelektriker/-in" der neue Beruf „Kraftfahrzeugmechatroniker/-in".

M 3 Mechatroniker/-in – ein neuer Beruf

1 Nenne Gründe für die Veränderungen der Wirtschaftsstruktur (M 1, Text).

2 Werte M 2 aus: In welchen Bereichen ist mit einer Zunahme von Arbeitsplätzen im Dienstleistungssektor zu rechnen?

3 Liste auf, welche Eigenschaften Arbeitnehmer heute haben sollten (Text).

4 Erläutere am Beispiel der/des Mechatroniker/-in, wie sich Berufsbilder verändert haben. Überlege, was in den letzten Jahrzehnten die Berufsbilder am meisten verändert hat.

5 Informiert euch über weitere Ausbildungberufe, die neu geschaffen wurden: http://www.bibb.de/de/26171.htm

6 Entwerft in Gruppen ein Szenario, wie euer Berufsleben in 20 Jahren aussehen könnte, und stellt es den anderen vor.

Das Internet – weltweit vernetzt

M 1 Datenströme im Internet – Regionen mit höherer Internetnutzung sind mit leuchtenden Farben dargestellt.

Kinder und Jugendliche wachsen heute in vielen Ländern der Erde geradezu ganz selbstverständlich mit einem Computer und dem Internet auf. In beinahe allen Haushalten, in denen Jugendliche leben, ist mindestens ein Computer vorhanden, der von ihnen eifrig genutzt wird.

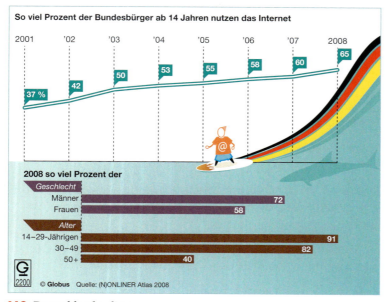

M 2 Deutschland online

Entwicklung des Internet

In den 1960er-Jahren ließ das amerikanische Verteidigungsministerium nach einem Kommunikationsmittel forschen, das selbst durch einen Atombombenangriff nicht ausgeschaltet werden konnte. So entstand 1973 das Internet – ein dezentrales weltweites Netzwerk voneinander unabhängiger Computer. Im Prinzip kann in diesem Netzwerk jeder Computer mit jedem anderen kommunizieren.

Das Internet wurde zunächst nur für wissenschaftliche und militärische Zwecke genutzt. Für private Haushalte und Firmen nutzbar wurde es erst, als man 1989 in Genf das World Wide Web (WWW) entwickelte. Seitdem steigt die Zahl der Internetnutzer weltweit von Jahr zu Jahr an (2007: 1,23 Mrd.).

Verbindung in die Welt

Um jederzeit gut informiert zu sein, ist es erforderlich, dass man schnell, einfach und relativ preiswert miteinander kommunizieren kann. Ideale Voraussetzungen hierfür bietet das Internet. Es ermöglicht, dass Menschen überall auf der Welt zur gleichen Zeit die gleichen Informationen zur Verfügung stehen. Geschäftsabschlüsse können ohne lange Postwege in Sekundenschnelle auch auf anderen Kontinenten getätigt werden. Man spricht deshalb auch vom **Global Village,** denn alle Menschen auf der Erde können mithilfe der Kommunikationstechnologie so eng zusammenrücken, als würden sie im selben Dorf leben: Der Kollege in Indien ist genauso schnell per E-Mail zu erreichen wie der Kollege im Nachbarbüro. Wissenschaftler, Studenten und Schüler können nicht nur die Bibliotheken im Ort nutzen, sondern sie können weltweit auf Informationen zugreifen – per Mausklick.

Die Kommunikation ist in den letzten Jahrzehnten nicht nur schneller, sondern auch viel billiger geworden. Die Computernutzung kostet heute nur noch etwa 0,1 Prozent dessen, was sie am Anfang der 1970er-Jahre gekostet hat. Hätten sich die Kosten für ein Auto genauso entwickelt, würde es heute etwa zehn Euro kosten.

Löcher im Netz

Obwohl die Zahl der Internet-Nutzer weltweit kontinuierlich steigt, sind viele Menschen – vor allem in den armen Ländern Afrikas und Asiens – von der globalen Kommunikation weitgehend ausgeschlossen. Die Länder verfügen unter anderem nicht über die leistungsstarken Telefonnetze, die für die Internet-Nutzung erforderlich sind.

Viele Staaten verweigern ihrer Bevölkerung auch den freien Zugang ins Internet. In diesen Ländern – z. B. Birma, Kuba, China oder Saudi-Arabien – versuchen die Herrschenden, der Bevölkerung den freien Zugang zu den Online-Informationen zu verwehren. Länder wie Kuba, Myanmar und Nordkorea gewähren nur wenigen Menschen einen Zugang zum Internet. In Kuba etwa ist der Verkauf von Computern streng reglementiert. So werden kostspielige Überwachungssysteme eingespart.

Anderswo gilt das Internet als wichtige Voraussetzung für wirtschaftliches Wachstum und ist deshalb weit verbreitet. Es werden aber auch in China und Vietnam raffinierte Methoden entwickelt, um unliebsame Informationen aus dem Netz zu „filtern". Chinas Technologien zur Überwachung von E-Mails und Zensur von Online-Publikationen sind weltweit führend. Und China ist auch das weltweit größte Gefängnis für Menschen, die wegen Internet-Vergehen (zumeist das Aufrufen dort verbotener Seiten) inhaftiert sind. – 63 Menschen waren dort Ende 2007 ihrer Freiheit beraubt.

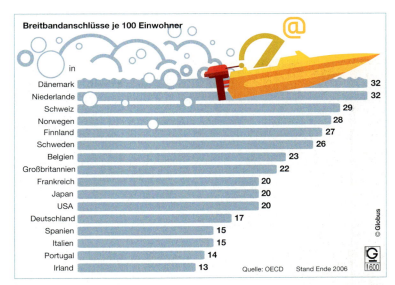

Breitbandanschlüsse je 100 Einwohner

in

Dänemark	32
Niederlande	32
Schweiz	29
Norwegen	28
Finnland	27
Schweden	26
Belgien	23
Großbritannien	22
Frankreich	20
Japan	20
USA	20
Deutschland	17
Spanien	15
Italien	15
Portugal	14
Irland	13

© Globus

Quelle: OECD   Stand Ende 2006

M 3 Internetnutzer weltweit

[…] Nach internationalen Protesten hat China die Internet-Zensur m olympischen Pressezentrum trotz gegenteiliger Zusagen nicht aufgehoben, sondern nur gelockert. […]
Viele […] Webseiten bleiben […] für die Olympia-Berichterstatter gesperrt […]. Nur teilweise zugänglich ist das Angebot von Amnesty International: User können zwar die Hauptseite aufrufen, nicht aber die dortige Debatte über Menschenrechte in China. Die chinesische Ausgabe des Internet-Lexikons Wikipedia war zwar am Vormittag zugänglich, nachmittags aber nicht mehr. […]
Ein Sprecher des olympischen Organisationskomitees […] hatte zuvor gesagt, China „garantiere" den Zugang zum Internet: „Die Berichterstattung chinesischer und ausländischer Reporter über das Internet ist ungehindert. […] Die chinesische Regierung reguliert das Internet gemäß ihrer Gesetze und Vorschriften" […]. Im Sprachgebrauch der Pekinger Behörden bedeutet das, dass „illegale" Webseiten gesperrt werden. Tibetische und uigurische Aktivisten betreiben nach offizieller Sicht die Spaltung Chinas – was nach chinesischem Recht verboten ist.

Quelle: http://www.tagesschau.de/ausland/internetzensur106.html [13.08.2008]

M 4 China lockert Internet-Zensur während Olympia

1 Fasse in deinen Worten die Ursprungsidee des Internets zusammen (Text).

2 Werte die Grafik M 2 aus, indem du sie in einen kurzen Bericht verwandelst.

3 Weltweit vernetzt – wirklich? Wer ist mit wem vernetzt, wer „fällt durch die Maschen des Netzes" (M 1, M 3, M 4, Text)?

4 „China lockert Internet-Zensur während Olympia. Kommentiere (M 4).

Auto-mobil in die Zukunft?

M 1 Verkehrsstau in der Innenstadt

Mit dem Auto in die Zukunft?

Ein Leben ohne Auto können sich die meisten von uns gar nicht mehr vorstellen. Wir haben uns daran gewöhnt, dass das eigene Auto jederzeit zum Einsteigen bereit vor der Tür steht. Wir können bequem direkt zu unserem Ziel fahren, ohne auf Fahrpläne oder Haltestellen Rücksicht nehmen zu müssen. Deshalb wird auch in Zukunft der **Individualverkehr** – der durch private Fahrzeuge hervorgerufene Verkehr – weiter zunehmen.

Der Verkehr der Zukunft wird sich aber einigen Problemen stellen müssen:
- Erdöl ist nicht unbegrenzt verfügbar.
- Immer mehr Menschen weltweit fahren Auto und verbrauchen Energie.
- Die Autoabgase schädigen die Umwelt und das Klima.
- Der immer dichter werdende Verkehr muss sinnvoll gelenkt werden.

Autos ohne Benzin – die Lösung?

Erdöl gehört zu den Rohstoffen, die nicht nachwachsen und somit nicht erneuerbar sind. Gegenwärtig geht man davon aus, dass die Versorgung mit Erdöl nur noch einige Jahrzehnte gesichert sein wird. Deshalb entwickeln alle Automobilproduzenten neue Motoren, die ohne Benzin betrieben werden.

Heute schon auf dem Markt sind kleine Elektroautos, die jedoch mit einer Batteriefüllung noch keine große Reichweite haben und deshalb hauptsächlich in Städten eingesetzt werden.

Dieselkraftstoffe werden immer häufiger durch Biodiesel ersetzt, ein Kraftstoff, der aus pflanzlichen und somit erneuerbaren Rohstoffen gewonnen wird. Da sich damit gute Geschäfte machen lassen, werden weltweit immer mehr Felder zum Anbau der Rohstoffe für **Biodiesel** genutzt. Das Ackerland geht für den Anbau von Nahrungspflanzen verloren, was zu stark gestiegenen Lebensmittelpreisen geführt hat. Gerade in den armen Ländern der Erde sind die Menschen deshalb noch mehr als zuvor vom Hunger bedroht.

Noch in der Entwicklung sind Autos, die durch Brennstoffzellen angetrieben werden. Der Rohstoff für die **Brennstoffzelle** ist Wasserstoff, der unter anderem in Wasser vorkommt.

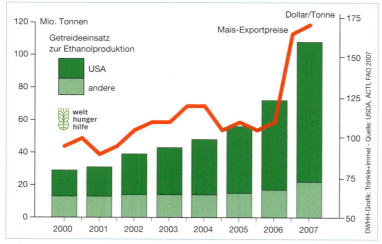

M 2 Benzin aus Getreide – Mangel an Nahrungsmitteln

Mobil – ohne Auto?

Energiesparende und umweltfreundliche Alternativen zum eigenen Auto sind der öffentliche Personennahverkehr (Busse, U- und S-Bahnen, Straßenbahn) und die Bahn. Diese Verkehrsmittel haben jedoch den Nachteil, dass man sich an Fahrpläne halten muss und der direkte Transport von Tür zu Tür in der Regel nicht möglich ist. Beim Umsteigen muss man häufig mit längeren Wartezeiten rechnen. Eine Forderung an den öffentlichen Personennahverkehr der Zukunft lautet deshalb, dass die einzelnen Verkehrsträger optimal aufeinander abgestimmt sein müssen und in kurzen Zeitspannen fahren (zum Beispiel alle 10 Minuten), damit möglichst wenig Zeit durch das Umsteigen verloren geht.

Der Architekt und Städteplaner Peter Haimerl wollte diese Fragen lösen: Wie können wir mobil sein, ohne im Stau zu stehen? Wie befreien wir unsere Städte von den vielen parkenden und fahrenden Autos? Was kann man gegen die vielen Abgase tun? Herausgekommen ist Zoomtown. [...] Die Autos hat er abgeschafft und sie durch sogenannte „Floater" ersetzt. Das sind kleine, leichte, elektrobetriebene Fahrzeuge, die maximal 30 km/h schnell fahren. Für jeden Zweck und jeden Geschmack gibt es solche Geräte: z.B. ganz leicht und flexibel wie ein Segway. Das ist ein sich selbst balancierender Roller mit einer Radachse, der eine Person befördern kann. [...] Sein Zoomtown-Konzept umfasst noch mehr: Da gibt es auch noch den „Zoomliner". Das ist ein Hochgeschwindigkeitszug, in den jeder seinen Floater mit hinein nehmen kann – sozusagen das Fahrzeug im Fahrzeug. Darum ist es auch egal, wenn der Floater nur maximal 30 km/h schafft. Mit ihm muss man nur kurze Strecken fahren – bis zur nächsten Zoomliner-Station. [...]
Haimerl will das Zoomliner-Netz so engmaschig knüpfen, dass keiner weiter als zwei Kilometer fahren muss, um eine Zoomliner-Station zu erreichen. Zwischen den Metropolen fahren die „Zoomliner" mit 400 km/h. [...]

Arno Trümper, www.daserste.de, 30.03.2008

M3 Zoomtown – Stadt der Zukunft

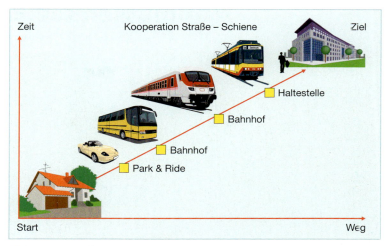

M4 Mit dem öffentlichen Personennahverkehr unterwegs

M5 Mit dem Segway unterwegs in der Stadt

1 Beschreibe den Stadtverkehr heute. Nenne alle Verkehrsmittel, die daran beteiligt sind. Welche Verkehrsmittel dominieren (M1)?

2 Berichte, wie die Automobilindustrie darauf reagiert, dass das Erdöl immer knapper und teurer wird (Text).

3 „Hunger durch den Durst der Autos" – erläutere diese Schlagzeile (M2).

4 Erstelle eine Tabelle mit Vor- und Nachteilen des öffentlichen Personennahverkehrs und stelle danach zusammen, welche Voraussetzungen er erfüllen sollte (M4, Text).

5 Diskutiert umweltgerechte Alternativen zum Individualverkehr.

6 Segway oder Floater als Nahverkehrsmittel? – kannst du dir das für die Zukunft vorstellen? Begründe (M3, M5).

Alle müssen satt werden – aber wie?

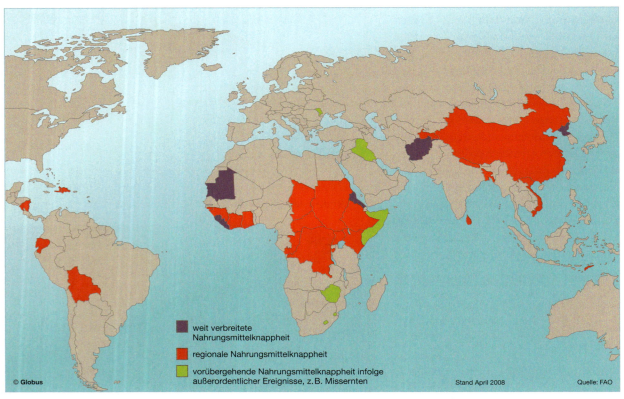

weit verbreitete Nahrungsmittelknappheit

regionale Nahrungsmittelknappheit

vorübergehende Nahrungsmittelknappheit infolge außerordentlicher Ereignisse, z. B. Missernten

© Globus

Stand April 2008

Quelle: FAO

M 1 Wo Hunger droht

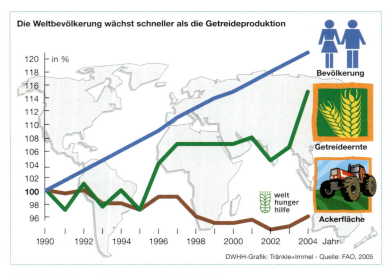

Die Weltbevölkerung wächst schneller als die Getreideproduktion

in %

Bevölkerung

Getreideernte

welt hunger hilfe

Ackerfläche

DWHH-Grafik: Tränkle+Immel - Quelle: FAO, 2005

M 2 Wettlauf um Nahrung und Ackerflächen

Überfluss und Hunger

Während in vielen Industriestaaten die Anzahl der Erkrankungen aufgrund von Übergewicht und zu fettreicher Ernährung ständig zunimmt, sind weltweit über 800 Millionen Menschen chronisch unterernährt. Von „Unterernährung" spricht man dann, wenn pro Tag pro Person weniger als 2200 kcal zur Verfügung stehen.

Die Weltbevölkerung wird in den nächsten 30 Jahren voraussichtlich um weitere drei Milliarden Menschen anwachsen. Dem steht in einigen Regionen der Erde heute ein Rückgang der landwirtschaftlichen Anbaufläche gegenüber. So wird eine ausreichende Ernährung der wachsenden Weltbevölkerung in Zukunft nur möglich sein, wenn es gelingt, die landwirtschaftlichen Erträge zu steigern.

Die „Grüne Revolution"

Schon Ende der 1950er-Jahre begannen Wissenschaftler, wesentlich ertragreichere Getreidearten (vor allem Weizen, Mais und Reis) zu züchten. Im Zuge dieser „Grünen Revolution" konnten in den folgenden Jahrzehnten Rekordernten erzielt werden. Besonders erfolgreich war der Einsatz in Asien und Lateinamerika.

Die neuen Getreidezüchtungen erbringen die hohen Erträge nur, wenn der Boden künstlich gedüngt wird, da beim Anbau nur einer Pflanzenart über einen längeren Zeitraum die Böden schnell auslaugen. Zudem sind die Pflanzen sehr anfällig für Krankheiten und Schädlinge, sodass große Mengen an Pflanzenschutzmitteln erforderlich sind.

Gentechnologie

Seit einigen Jahren versucht man, mithilfe der Gentechnologie Pflanzen zu entwickeln, die aufgrund gezielter Veränderungen im Erbgut gegenüber Krankheiten oder Schädlingen resistent sind. Dadurch soll der Einsatz von Pflanzenschutzmitteln weltweit drastisch gesenkt werden.

Um die steigende Zahl der Menschen auf der Erde ernähren zu können, versucht man, mithilfe der Gentechnologie Pflanzen zu züchten, die einen höheren Nährwert haben oder die z.B. auch bei Trockenheit, Hitze oder Kälte oder salzhaltigen Böden noch gedeihen. Wenn dies gelingt,

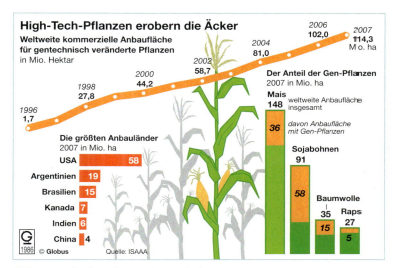

M 4 Gentechnik in der Landwirtschaft

kann vielleicht irgendwann der Anbau in Regionen ausgedehnt werden, in denen heute noch keine landwirtschaftliche Nutzung möglich ist.

Gentechnik in Nahrungsmitteln

Nicht nur einzelne Pflanzen wie Mais oder Sojabohnen können gentechnisch verändert sein. Gentechnisch veränderte Organismen können auch in Zutaten (z.B. bei der Käseherstellung) oder in Lebensmittelzusatzstoffen stecken. Dazu zählen z.B. Farbstoffe und Stabilisatoren*, die Eigenschaften und Aussehen der Produkte beeinflussen.

Da nicht vollständig erforscht ist, wie sich gentechnisch bearbeitete Nahrungsmittel auf die Gesundheit auswirken, müssen solche Lebensmittel gekennzeichnet sein.

*Stabilisatoren
Zusatzstoffe, die es ermöglichen, dass z.B. die Farbe, die Festigkeit und die Bindung verschiedener Inhaltsstoffe in einem Lebensmittel erhalten bleiben

M 3 Reisforschung

1 Nenne die Staaten und Regionen, in denen besonders viele Menschen hungern (M 1, Atlas).

2 Werte M 2 aus und erläutere, warum im Kampf gegen den Hunger eine Ertragssteigerung in der Landwirtschaft erforderlich ist.

3 Erstelle eine Tabelle, in die du die Vor- und Nachteile der „Grünen Revolution" und der Gentechnologie einträgst (Text, M 3, M 4).

4 Führt eine Pro-und-Kontra-Diskussion durch zum Thema „Gentechnik in der Landwirtschaft, eine Möglichkeit, dass alle satt werden?"

Klimawandel – ist die Glühbirne schuld?

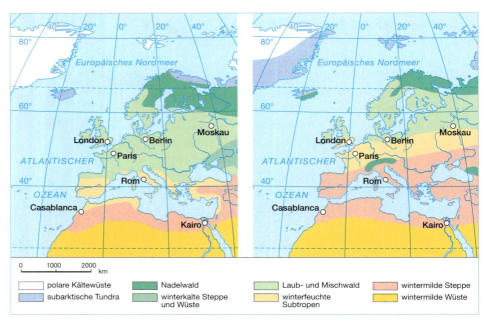

M 1 Mögliche Auswirkung der Klimaerwärmung auf Mitteleuropa

Klimawandel – für die einen Freude, für die anderen Leid

Viele Menschen in Deutschland würden sich sicher freuen, wenn es bei uns noch einige Grad wärmer würde. Noch reisen sie im Urlaub ans Mittelmeer oder in andere warme Gegenden der Erde, um einmal viel Sonne und Wärme genießen zu dürfen. Da klingt es verlockend, dass das Mittelmeerklima in Zukunft zu uns kommen soll.

Doch Klimawandel bedeutet nicht nur angenehme Sommerwärme viele Monate im Jahr. In vielen Regionen der Erde wird es zu extremer Dürre kommen, in anderen zu verheerenden Überschwemmungen. Am Mittelmeer wird es im Sommer wahrscheinlich so heiß und trocken werden, dass sich dort kein Tourist mehr wohl fühlen wird. Die Erwärmung ist verantwortlich für das Abschmelzen des Eises der Gletscher in den Gebirgen und an den Polen. Die Wassermassen, die dadurch in die Ozeane strömen werden, werden viele Küsten überschwemmen.

Auch in Deutschland sind die Folgen des Klimawandels schon zu spüren. Auf der einen Seite haben wir lange Perioden, in denen es kaum regnet, dann wieder kommt es zu heftigen Unwettern. Langanhaltende Hitze im Sommer ist keine Seltenheit mehr.

Ursachen des Klimawandels

Seit der Industrialisierung gelangen durch den Einfluss des Menschen immer mehr Treibhausgase* in die Atmosphäre. Besonders die Konzentration des Kohlenstoffdioxids (CO_2) nimmt deutlich zu. Es entsteht unter anderem, wenn Kohle, Erdöl oder Erdgas verbrannt werden, zum Bei-

*Treibhausgase
Zu den Treibhausgasen gehören Wasserdampf (H_2O), Kohlenstoffdioxid (CO_2), Lachgas (N_2O) und Methan (CH_4).

*Kilowattstunde (kWh)
Einheit der Energie: Der Verbrauch an elektrischer Energie in Haushalt und Industrie wird in kWh gemessen.

*Effizienz
Wirksamkeit

*Emission
die an die Umwelt abgegebenen festen, flüssigen und gasförmigen Stoffe oder Verbindungen

spiel zur Stromerzeugung, beim Heizen oder in Kraftfahrzeugen. Wissenschaftler gehen davon aus, dass das die Hauptursache der globalen Erwärmung ist. Deshalb versucht man, Wege zu finden, wie der CO_2-Ausstoß weltweit gesenkt werden kann.

Erst Australien, dann Neuseeland und womöglich bald die EU: Die Europäische Union will der Glühbirne den Saft abdrehen. Auch Umweltminister Gabriel fordert ein Verbot. Damit ließen sich Milliarden Euro einsparen und die Umwelt schonen.
„Der Standort Europa kann sich auf Dauer keine Produkte mehr leisten, die wie etwa die Glühbirne einen Effizienzgrad* von nur 5 Prozent aufweisen", sagte der SPD-Politiker der „Berliner Zeitung".
Gabriel hatte dem Blatt zufolge zuvor die EU-Kommission in einem Brief aufgefordert, die stromfressende und klimaschädliche Glühbirne zu verbieten und stattdessen auf die Einführung umweltschonender Energiesparlampen zu drängen. Entsprechende Pläne hatte die EU-Kommission am Mittwoch in Brüssel vorgestellt und bis spätestens 2018 ein Ende der Glühbirne in der Union angekündigt.
Gabriel drängt auf ein rascheres Verbot. In der „Berliner Zeitung" rechnete der deutsche Umweltminister den Klimaeffekt vor. „Wenn jeder Haushalt nur fünf Stromfresser-Birnen gegen Sparlampen austauschen würde, könnte in Deutschland eine Million Tonnen Kohlendioxid pro Jahr eingespart werden."

www.heute.de, 19.06.2008

M 2 Verbot der Glühbirne – ein Klimakiller?

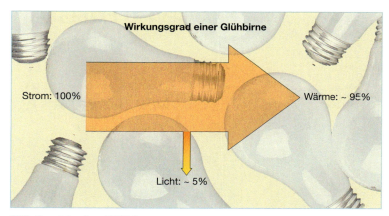

M 3 So wirkt eine Glühbirne

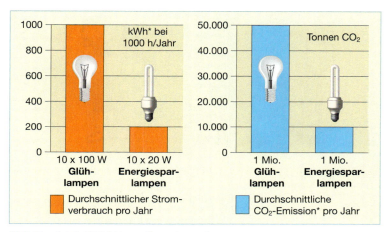

M 4 Vergleich Glühbirne – Energiesparlampe

1 Werte M 1 aus und berichte, welche Veränderungen des Klimas die Wissenschaftler bis zum Jahr 2050 a) für Europa und
   b) für Deutschland erwarten.

2 Erläutere die Ursachen des Klimawandels (Text).

3 „Die Glühbirne – ein Klimakiller?" – werte M 2 bis M 4 aus und begründe, ob du dieser Einschätzung zustimmst oder nicht.

4 Bildet Gruppen und stellt zusammen, was bei einem Verbot der Glühbirne alles beachtet werden muss.
   Tipps: Befragt eure Eltern und Fachpersonal in einem Lampengeschäft, ob jede Lampe statt mit einer Glühbirne mit Energiesparbirnen bestückt werden kann. Wie sieht es mit der öffentlichen Beleuchtung aus: z. B. Straßen, Schaufenster?

5 Informiert euch in den Medien über weitere Vorschläge, wie die CO_2-Emissionen verringert werden können. Erstellt eine Rangliste, welche Maßnahmen aus eurer Sicht am wirkungsvollsten sind.

Klonen – Fortschritt oder Gefahr?

M 1 So etwas kann passieren

Klonen

Wissenschaftler stellen beim Klonen aus einzelnen Zellen künstlich genetisch vollkommen gleiche Lebewesen her. Dies ist theoretisch nicht nur bei Pflanzen und Tieren, sondern auch beim Menschen möglich. Entsprechende Nachrichten lösen immer mal wieder heftige Diskussionen aus, obwohl das Klonen von Menschen seit 1997 weltweit verboten ist.

Auch das Klonen weiterer Tiere ist seit 1997 nicht mehr richtig gelungen – die meisten starben bereits vor der Geburt oder wurden schwerkrank geboren.

Dennoch werden an das Klonen noch immer große Hoffnungen geknüpft. Die einen wollen so aussterbende Arten retten. Andere sehen darin eine Möglichkeit, die Ernährung der Menschen zu sichern. Sie wollen Nutztiere mit besonderen Eigenschaften züchten und klonen – z. B. Kühe, die besonders viel Milch geben, die bereits die Medikamente enthält, die Kinder in armen Ländern dringend benötigen.

Als 1996 das erste geklonte Säugetier, Schaf Dolly, geboren wurde, war das eine Sensation. Der Weg zum ersten geklonten Menschen schien plötzlich nicht mehr weit.

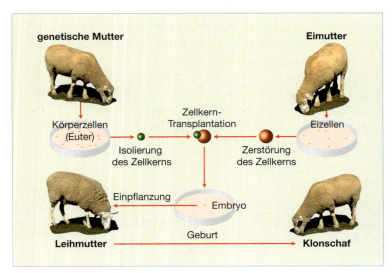

M 2 Geklontes Schaf Dolly

M 3 Dollys „Schöpfer" Ian Wilmut

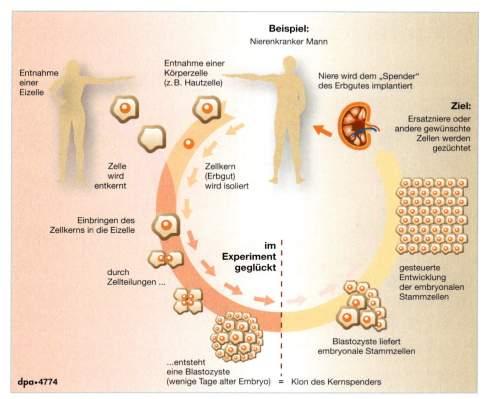

M 4 Menschlicher Embryo – aus einer Körperzelle geklont

Klonen zu medizinischen Zwecken

Die medizinische Forschung ist nicht daran interessiert, einen kompletten Menschen zu klonen. Ihr geht es vielmehr darum, mithilfe eines Zellkerns, der einem Menschen entnommen wurde, Organe oder Organteile neu zu erschaffen. Man hofft, dass diese nicht infolge der Körperabwehr abgestoßen werden und somit die geschädigten Organe im menschlichen Körper ersetzen können.

Ausgangspunkt dieser Forschungen sind **embryonale Stammzellen.** Man gewinnt sie, indem man einem Menschen irgendeine Zelle entnimmt (z. B. eine Hautzelle). Aus einer gespendeten Eizelle entfernt man das Erbgut und ersetzt es durch das Erbgut der vorher entnommenen Zelle. Für diese beginnt nun quasi das Leben wieder neu als Embryo.

Wo beginnt das Leben?

Um die Forschung mit embryonalen Stammzellen ist eine heftige Diskussion entbrannt. Sie entzündet sich an der Frage, in welchem Entwicklungsstadium menschliches Leben beginnt. Um eine Stammzelle zu gewinnen, muss ein Embryo abgetötet werden. Ist es zulässig, einen menschlichen Embryo zu Forschungszwecken zu töten? Dem stehen all die Menschen gegenüber, die sich durch diese Forschungen endlich ein Leben ohne Krankheit erhoffen. In Deutschland ist das Forschen mit menschlichen Embryonen durch das **Embryonenschutzgesetz** gesetzlich verboten.

1 Erkläre mit eigenen Worten, wie Lebewesen geklont werden können (M 2, M 4, Text).

2 Klonen – Traum oder Alptraum? Führt eine Pro-und-Kontra-Diskussion durch. Unterscheidet dabei auch zwischen therapeutischem und reproduktivem Klonen (M 1 bis M 4 , Text).

Zukunftsvisionen

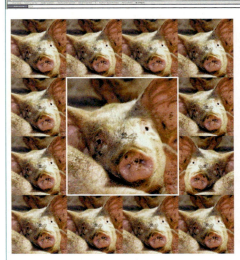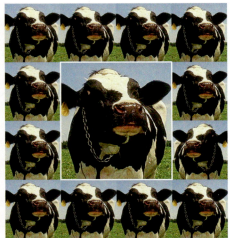

[...] Die Europäische Behörde für Lebensmittelsicherheit (EFSA) hat keine Sicherheitsbedenken in Bezug auf Lebensmittel, die aus geklonten Rindern und Schweinen oder deren Nachwuchs hergestellt werden. Trotzdem betont sie, es lägen bislang noch keine ausreichenden wissenschaftlichen Daten vor. Außerdem habe das Klonen bedeutende negative Auswirkungen auf die Gesundheit und das Wohlergehen der Tiere.

Das endgültige wissenschaftliche Gutachten der ESFA zu den Auswirkungen des Klonens von Tieren auf die Lebensmittelsicherheit, die Gesundheit und das Wohlergehen der Tiere sowie auf die Umwelt, das am 15. Juli 2008 angenommen wurde, kommt zu dem Schluss, dass das Klonen von Rindern und Schweinen in Bezug auf die Lebensmittelsicherheit wahrscheinlich unbedenklich sei. Es räumt aber auch ein, dass die Arbeit des wissenschaftlichen Ausschusses wegen fehlender Daten sehr schwierig sei.

Das Gutachten bewertet lediglich die Risiken, die beim Klonen von Rindern, Schweinen und deren Nachwuchs entstehen, da die Bewertung anderer Tiere auf der Grundlage des derzeitigen Wissenstandes nicht möglich sei, so der Ausschuss.
Der Vorsitzende des wissenschaftlichen Ausschusses der ESFA, Vittorio Silano, sagte bei der Vorlage des Gutachtens am 24. Juli, dass der Ausschuss die Unsicherheiten hervorheben wolle, die bei der Bewertung der Risiken bestünden. Diese Unsicherheiten bestünden, da nur eine geringe Zahl an Studien verfügbar sei, nur wenige Fälle untersucht worden seien und ein einheitlicher Ansatz fehle, um alle relevanten Bereiche zu berücksichtigen, fügt er hinzu.
Darum sei es wichtig, dass das Gutachten auf den neuesten Stand gebracht und überarbeitet werde, wenn neue Daten und Entwicklungen in diesem Bereich vorlägen, so Silano.

Das Gutachten betont besonders die Gesundheit und das Wohlergehen der Tiere. Der Ausschuss bemerkte, dass bei geklonten Tieren im Vergleich zu auf herkömmliche Weise gezüchteten Tieren bedeutende Probleme hinsichtlich Gesundheit und Wohlergehen bestünden.

Interessanterweise führt eine EU-Richtlinie zum Schutz der Tiere, die zu landwirtschaftlichen Zwecken gehalten werden, an, dass „natürliche oder künstliche Zuchtmethoden, die den Tieren Leiden oder Schaden zufügen" nicht angewendet werden dürfen. [...]

www.euractiv.com/de/gap/klonen-verzehr-bestimmten-tieren-eu-experten-unsicher/article-174515 [19.08.2008]

M 1 Europäische Behörde für Lebensmittelsicherheit hat keine Bedenken...

[…] Nasa-Exobiologen [entwickelten] einige Regeln für eine biologische Evolution, die im ganzen Universum gelten sollten. Demzufolge dürften fremde Intelligenzwesen, die erdähnliche Planeten bewohnen, zwischen zehn Pfund und zehn Tonnen wiegen.

[…] Weil Sinnesorgane nützlich sind und es Vorteile bringt, wenn diese oben am Körper und nahe am Gehirn angeordnet sind – beispielsweise ermöglicht dieser Körperbau kurze Reaktionszeiten – dürften auch die Fremden Köpfe haben, mit einem Denkorgan darin.

Sie sollten auch genug Extremitäten haben, um Fortbewegung und gleichzeitig die Handhabung von Gegenständen zu erlauben – also mehr als zwei. Doch bei mehr als einem Dutzend individuell bewegbarer Arme und Beine könnte das Gehirn mit der Koordination überlastet sein. „Insekten, die häufigste Tierart auf Erden, besitzen sechs Beine. Mit sechs Extremitäten kommt die Natur also zurecht", argumentiert Shostak.

[…] Der Homo sapiens könnte also ebenso gut sechs Extremitäten aufweisen. Dies hätte Vorteile in vielen Lebensbereichen. „Zum Beispiel", schmunzelt der SETI-Forscher, „könnte er besser Klavierduette und Handball spielen."

www.focus.de/wissen/wissenschaft/ odenwalds_universum/odenwalds-universum _aid_134763.html [19. 08. 2008]

M 2 Fremde Intelligenzen …

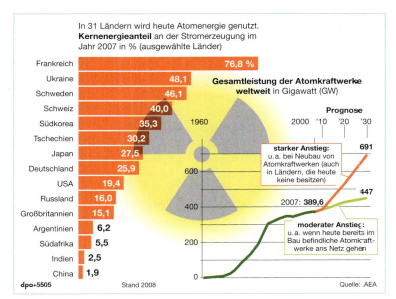

In 31 Ländern wird heute Atomenergie genutzt. **Kernenergieanteil** an der Stromerzeugung im Jahr 2007 in % (ausgewählte Länder)

Frankreich	76,8 %
Ukraine	48,1
Schweden	46,1
Schweiz	40,0
Südkorea	35,3
Tschechien	30,2
Japan	27,5
Deutschland	25,9
USA	19,4
Russland	16,0
Großbritannien	15,1
Argentinien	6,2
Südafrika	5,5
Indien	2,5
China	1,9

dpa•5505   Stand 2008

Gesamtleistung der Atomkraftwerke weltweit in Gigawatt (GW)

Prognose 2000 '10 '20 '30
691
starker Anstieg: u. a. bei Neubau von Atomkraftwerken (auch in Ländern, die heute keine besitzen)
447
2007: 389,6
moderater Anstieg: u. a. wenn heute bereits im Bau befindliche Atomkraftwerke ans Netz gehen
1960
600
400
200
0

Quelle: IAEA

M 3 Die Zukunft der Atomenergie...

Das Bundesumweltministerium informiert …
[…] Atomenergie war die Zukunftsenergie der fünfziger Jahre des vergangenen Jahrhunderts. Sie sollte universell verfügbar sein und so billig, dass der Stromzähler abgeschraubt wird. Ein halbes Jahrhundert und einige Atomkatastrophen später sind diese Träume zerplatzt. Deutschlands Atomkraftwerke werden zwar von manchen als die sichersten in der Welt bezeichnet, dennoch besteht nach wie vor das Risiko eines atomaren Großunfalls (Super-GAU). […] Entsprechend groß ist weiterhin die Skepsis gegenüber der Atomenergie: Laut einer aktuellen Emnid-Umfrage würde nur knapp ein Drittel der Befragten dem Bau eines neuen Atomkraftwerks an ihrem Wohnort zustimmen, selbst wenn sie dafür lebenslang kostenlosen Strom bekämen. […]

www.bmu.de/atomenergie/ausstieg_atomenergie/doc/2715.php [19. 08. 2008]

M 4 Ist Atomkraft sicher?

1 Fleisch von geklonten Tieren (M 1)? Genveränderte Substanzen im Brot? Schreibe einen Kommentar zum Thema.

2 Der US-Astronom Seth Shostak fahndet am SETI-Institut in Kalifornien nach außerirdischen Zivilisationen (M 2). Recherchiere im Internet in Bezug auf den heutigen Stand der Zukunftsforschung und berichte.

3 Halte einen Vortrag zu M 3: Die Zukunft der Atomenergie.

4 Fasse die Aussage des Bundesumweltministerums zusammen und befrage Verwandte sowie Bekannte, ob sie unter solchen Bedingungen kostenlosen Atomstrom beziehen würden (M 4).

Sachregister und Begriffslexikon

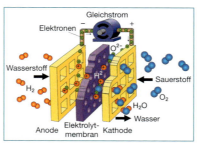

Aus der freien Enzyklopädie **Wikipedia** zusammengestellt von **Achim Raschka**

Friedens-nobelpreisträger

Geschichte | Personen | Organisationen

Friedensnobelpreis 281

Der Friedensnobelpreis wird jedes Jahr für besondere Verdienste um die Erhaltung des Weltfriedens verliehen. Benannt wurde dieser Preis nach dem schwedischen Erfinder und Industriellen Alfred Nobel (1833–1896). Außerdem werden jährliche Preise auf den Gebieten Physik, Chemie, Medizin sowie Literatur vergeben.

Führerprinzip 55

Guantánamo 292

Die Guantánamo-Bucht ist eine Bucht im südlichen Teil der Kubanischen Insel. Sie trägt den Namen der zwölf Kilometer nördlich gelegenen Stadt Guantánamo. Hier befindet sich ein Stützpunkt des US-Militärs – er liegt rund 15 Kilometer außerhalb der Stadt.

H

Lohnnebenkosten 262

Lohnnebenkosten sind einerseits diejenigen Gehaltsanteile, die in die Sozialversicherung fließen sowie von Arbeitgeber und Arbeitnehmer getragen werden. Andererseits handelt es sich um Leistungen, die der Arbeitgeber (außer dem Lohn bzw. Gehalt) für die Einrichtung bzw. den Unterhalt des Arbeitsplatzes aufbringen muss.

N

Nährmittel 87

Oberbegriff für Trockenerzeugnisse aus Getreide, Stärke und Hülsenfrüchten

Nero-Befehl 80

Nach dem römischen Kaiser Nero benannter Begriff; auf sein Betreiben hin soll im Jahr 64 die Stadt Rom in Brand gesteckt worden sein (es ist allerdings umstritten).
In der Zeit des Nationalsozialismus verstand man darunter eine „Politik der verbrannten Erde": Den nachrückenden alliierten Militäreinheiten sollte allenfalls eine unbrauchbare Infrastruktur überlassen bleiben, sodass deren Vorankommen erheblich erschwert wurde.

O

OECD 201, 262

Engl.: *Organization for Economic Cooperation and Development* (Organisation für wirtschaftliche Zusammenarbeit und Entwicklung); ihr gehören 30 Industriestaaten an. Die OECD hat ihren Sitz in Paris.

Die wörtliche Übersetzung des Begriffs aus der englischen Sprach bedeutet so viel wie „Straßenkarte". Eine Roadmap im übertragenen Sinne nimmt Bezug auf den nur vorläufigen Charakter einer Planung bzw. (politischen) Absicht; sie ist nicht auf Perfektion, sondern auf eine „Vorwärtsbewegung" ausgerichtet.

Sinti und Roma sind eine nationale Minderheit und Bürger dieses Staates. In ihren Familien verwenden sie neben Deutsch als zweite Muttersprache ihre eigene Minderheitensprache Romanes. „Zigeuner" ist eine in ihren Ursprüngen bis ins Mittelalter zurückreichende Fremdbezeichnung durch die Mehrheitsbevölkerung und wird von der Minderheit selbst als diskriminierend abgelehnt. An ihre Stelle ist der Eigenname „Sinti und Roma" getreten. Dabei bezeichnet „Sinti" die in Mitteleuropa seit dem Spätmittelalter beheimateten Angehörigen der Minderheit, „Roma" diejenigen südosteuropäischer Herkunft. [www.sintiundroma.de/index/ [27.08.2008]]

„Stasi" ist eine umgangssprachliche Bezeichnung für das Ministerium für Staatssicherheit (Abkürzung: MfS), welches der Inlands- und Auslandsgeheimdienst der DDR und zugleich Ermittlungsbehörde (Untersuchungsorgan) für „politische Straftaten" war. Das MfS war vor allem ein Unterdrückungs- und Überwachungsinstrument der Sozialistischen Einheitspartei Deutschlands (SED) gegen die Bevölkerung – zum Zwecke der Sicherung ihrer eigenen Macht. Neben massiver Überwachung und Einschüchterung wurden auch Terror und Folter vollzogen.

ehemaliger deutschsprachiger Bevölkerungsteil in den tschechischen Ländern Böhmen, Mähren und Österreichisch-Schlesien

Tank 24

Ab 17. September 1915 baute Leutnant Walter Gordon Wilson den endgültigen Prototyp des Tanks, der später *Mother* genannt wurde.
Ein Komitee , das mit der Weiterentwicklung beauftragt wurde, gab sich im Dezember 1915 den Tarnnamen „Ausschuss für die Bereitstellung von Tanks" – somit ergab sich der bis heute in der englischen Sprache gebräuchliche Begriff „Tank".

Taschengeldparagraf 164
Teen Court 177
Terms of Trade 192
Terrorismus 290ff.
Thälmann, Ernst 50
Todesstreifen 101
Torgau 81
„totaler" Krieg 75
Treibhauseffekt 12
Treibhausgase 308*
Trümmerfrauen 86

Typhus 66

Typhus (vom griechischen Wort *typhos* = Dunst, Nebel, Schwindel) ist eine ansteckende Krankheit; kennzeichnend für eine Typhus-Erkrankung sind ein stufenförmiger Anstieg des Fiebers und Bauchschmerzen. Die Krankheit wird durch Bakterien ausgelöst und übertragen. Bleibt Typhus unbehandelt, kann es zum Tod der Patienten führen.

U

U-Boot 24
Übergangsklima 241
Überhangmandat 130f.

uigurisch 303

Uiguren sind das größte Turkvolk (zur Großgruppe der „Türken" gehörend) im chinesischen Uigurischen Autonomen Gebiet Xinjiang (im äußersten Nordwesten der Volksrepublik China); dieses Gebiet wird auch „Ostturkestan" genannt.

UNHCR 280f.
UNICEF 280f.
UNO 282f.
USPD 34*f.

V

VEB (Volkseigener Betrieb) 97
Verfassung 37*, 160
Verfassungsbeschwerde 148f.
Verhältnismäßigkeit 161
Verhältniswahlrecht 37*
Versailler Vertrag 38f.
Vertreibung 90f.
Vetorecht 283*
„Vier Freiheiten" 245
Villenviertel 15

Visum 244

Der Begriff „Visum" (Pluralform: „Visa" oder „Visen") stammt aus dem Lateinischen und bedeutet so viel wie „das Gesehene". Da im Englischen die Singularform *visa* lautet, wird auch die grammatikalisch falsche Singularform „Visa" in der deutschen Umgangssprache verwendet. Ein Visum (früher in der Amtssprache auch: „Sichtvermerk") ist eine amtliche Eintragung (zumeist in einen Reisepass), die für das Überschreiten einer Grenze des ausstellenden Staates erforderlich ist.

Völkerbund 38ff.
Volksaufstand 100
Volksbegehren 36*
Volkseigener Betrieb (VEB) 97
Volksempfänger 57
Volksentscheid 36*
Volksmarinedivision 35*
Volkssturm 80*
Vollversammlung 282f.

W

Waffenstillstand 27
Wahlentscheidung 126
Wahlkreis 130f.
Wahlplakat 132f.
Wahlrecht 126f.
Wannsee-Konferenz 62
Wehrpflicht 288f.
Weimarer Republik 30ff.
Weltbevölkerung 202f.
Welthandel 188ff.
Weltwirtschaftskrise 42f.
Wehrmacht 56*
Weltmarkt 208
Weiße Rose 77
Werbebotschaft 21
Werwölfe 80
Wettrüsten 22
Wiedervereinigung 104f.
Wilson, Woodrow 40
Wohnungsnot 14

Z

Zivildienst 288f.
Zivilrecht 166f.
Zwangsarbeiter 73
Zwangssterilisation 65
Zweiter Weltkrieg 48ff.
Zweitstimme 130f.

* Die so gekennzeichneten Begriffe werden auf der entsprechenden Seite erläutert oder mit Zusatzinformationen versehen.

Bildquellen

Titelfoto (l.) Cornelsen Verlag, Berlin; Titelfoto (Mitte) Stiftung Frauenkirche, Dresden; Titelfoto (r.) K. Petrik, Prag; 3 (l. o.) akg-images; 3 (l. u.) ullstein bild – Archiv Gerstenberg; 3 (r. o.) bpk/©VG Bild-Kunst, Bonn 2008; 3 (r. u.) picture-alliance/dpa; 4 (l. o.) Mario Guarino, Berlin; 4 (r. o.) ullstein bild - ©Köhler; 4 (r. u.) ©Astrofoto; 5 (l. o.) Ali Shala, Verden; 5 (l. u.) ©Astrofoto/NASA; 5 (r. o.) ©1993 Bundeswehr/Kiesel; 5 (r. u.) Cornelsen Verlag, Berlin; 6/7 akg-images; 8 M1 bpk; 9 M3 akg-images; 10 BASF Unternehmensarchiv, Ludwigshafen; 11 M3 Siemens AG, München; 11 M5 sz-photo; 11 M7 Deutsches Museum München; 11 M8 Deutsches Museum München; 12 M1 Fotosammlung DB Museum; 12 M2 ©RWE Power; 13 M4 Stedelijk Museum, Amsterdam; 13 M6 picture-alliance/dpa; 13 M7 Staatliche Museen Preußischer Kulturbesitz, Kunstbibliothek; 14 M4 BASF Unternehmensarchiv, Ludwigshafen; 15 M5 Stadtarchiv Ludwigshafen/Rh.; 15 M6 Firmenarchiv der BASF, Ludwigshafen; 15 M7 Stadtarchiv Ludwigshafen/Rh.; 15 M8 Stadtarchiv Landau in der Pfalz; 16 M1 ullstein bild; 17 M6 ullstein bild; 17 M7 AEG Firmenarchiv, Frankfurt/M.; 18 M1 akg-images; 19 M4 akg-images; 19 M5 bpk; 21 M1 DHM, Berlin; 21 M2 Filmmuseum, Düsseldorf; 22 M1 Karl Stehle, München; 23 sz-photo; 24 M1 + M2 Imperial War Museum, London; 24 M3 ullstein bild; 24 M4 DHM, Berlin; 25 M5 ullstein bild; 25 M7 sz-photo; 26 ullstein bild; 27 M4 akg-images; 27 M5 Bundesarchiv Koblenz; 28 (1) AEG Firmenarchiv, Frankfurt/M.; 28 (2) bpk; 28 (3) sz-photo; 28 (4) Bundesarchiv Koblenz; 29 (1) bpk; 29 (2) sz-photo; 29 (3) Bibliothek für Zeitgeschichte in der württembergischen Landesbibliothek Stuttgart; 30/31 ullstein bild – Archiv Gerstenberg; 33 M2 ullstein bild; 33 M5 ullstein bild; 34 M1 ullstein bild; 35 M3 sz-photo; 35 M4 ullstein bild; 36 M1 ullstein bild; 39 M3 akg-images; 40 M1 Keystone Pressedienst, Hamburg; 42 M1 bpk; 43 M7 Langewiesche-Brandt, Ebenhausen; 43 M8 Langewiesche-Brandt, Ebenhausen; 44 M1 akg-images; 45 M2 akg-images; 46 (1) ullstein bild; 46 (2) Keystone Pressedienst, Hamburg; 47 (l. u.) ullstein bild; 47 (r. o.) bpk/©VG Bild-Kunst, Bonn 2008; 48/49 bpk/©VG Bild-Kunst, Bonn 2008; 50 ullstein bild; 52 M1 ullstein bild; 52 M2 bpk; 53 M7 sz-photo; 54 M2 Langewiesche-Brandt, Ebenhausen; 57 M4 ullstein bild; 57 M5 Langewiesche-Brandt, Ebenhausen; 58 M1 H. Weber, Köln; 58 M2 Archivgemeinschaft Schwarzenbek; 58 M3 akg-images; 58 M4 H. Weber, Köln; 59 Keystone Pressedienst, Hamburg; 60 M2 bpk; 61 M4 Stadtarchiv Nürnberg; 61 M6 Sammlung W. Kleinknecht, Alzey; 62 M1 Bundesarchiv Koblenz; 62 M2 bpk; 63 M5 bpk; 64 M1 DHM, Berlin; 64 M2 St. Josefshaus Herten, Rheinfelden; 65 M4 bpk; 66 ullstein bild; 67 M1 Förderverein Projekt Osthofen; 68 M1 akg-images; 71 M2 akg-images; 72 M1 bpk; 73 M6 DHM Berlin; 74 M1 akg-images; 74 M2 sz-photo; 74 M3 akg-images; 75 M6 ullstein bild; 75 M7 bpk; 76 M1 (u.) sz-photo; 76 M1 (o.) ullstein bild; 77 M6 bpk; 77 M7 ullstein bild; 77 M8 Gedenkstätte Deutscher Widerstand, Berlin; 78 Bernhard Nopper, Grenzach-Wyhlen; 79 M1 Bernhard Nopper, Grenzach-Wyhlen; 79 M4 NS-Dokumentationszentrum Rheinland-Pfalz; 79 M5 NS-Dokumentationszentrum Rheinland-Pfalz; 80 M1 Bistumsarchiv Trier; 81 M4 picture-alliance/dpa; 82 (1) Bundesarchiv Koblenz; 82 (2) bpk; 82 (3) bpk; 83 (l.) ullstein bild; 83 (r. o.) bpk; 83 (r. u.) ullstein bild; 84/85 picture-alliance/dpa; 85 (r. u.) picture-alliance/dpa; 86 M2 (1) ullstein bild; 86 M2 (2) Historisches Archiv der Stadt Köln; 86 M2 (3) ullstein bild; 86 M3 akg-images; 87 M5 picture-alliance/dpa; 87 M6 Stadtarchiv Worms; 87 M7 photoagentur vario-press/Ulrich Baumgarten; 88 M1 (o.) sz-photo; 88 M1 (u.) ullstein bild; 89 M3 akg-images; 90 M2 ullstein bild; 91 M4 John Florea/Timepix; 92 M1 sz-photo; 93 M3 bpk/Kunstbiliothek, SMB; 94 ullstein bild; 95 M2 picture-alliance/dpa; 95 M3 Bundesbildstelle Bonn; 95 M4 bpk/Herbert Hensky; 96 M1 Bundesarchiv Koblenz; 96 M2 Übernahme aus Wolfgang Marienfeld: Die Geschichte des Deutschland-Problems im Spiegel politischer Karikaturen, Hannover 1991; 97 M4 Landesbildstelle Berlin; 97 M5 akg-images; 97 (r. o.) ullstein bild; 98 M1 + M2 Sächsische Landesbibliothek Dresden/Deutsche Fotothek; 98 M3 akg-images; 99 M4 sz-photo; 99 M5 ullstein bild; 99 M6 picture-alliance/dpa; 100 M1 bpk; 100 M2 Agence France-Press, Berlin; 102 (l.) Bildart Photos, Berlin; 102 M1 picture-alliance/dpa; 102 M2 picture-alliance/dpa; 103 M3 Jürgens Ost und Europa Photo, Berlin; 103 M4 Pressedienst Paul Glaser, Berlin; 103 M5 CCC, www.c5.net; 104 M1 picture-alliance/dpa; 104 M4 Jürgens Ost- und Europa-Photo, Berlin; 105 picture-alliance/dpa; 106 M1 Keystone Pressedienst; 107 Elisabeth Köster, Bonn; 108 M1 picture-alliance/dpa; 108 M2 Spiegel-Verlag Hamburg; 110 (1) sz-photo; 110 (3) picture-alliance/dpa; 110 (4) picture-alliance/dpa; 111 (r. o.) Sven Simon, Essen; 111 (r. M.) Focus Photoagentur, Hamburg; 111 (r. u.) picture-alliance/dpa; 112/113 Mario Guarino, Berlin; 114 M1 akg-images; 114(l.) ullstein bild - Archiv Gerstenberg; 117 M2 (A) Bundesbildstelle, Berlin; 117 M2 (B) Thomas Zimmermann, Rappenau; 117 M2 (D) Peter Wirtz, Dormagen; 119 M4 Henning Lüders, Berlin; 122 M1 Henning Lüders, Berlin; 122 M2 picture-alliance/dpa/Tim Brakemeier; 123 picture-alliance/dpa; 124 M1 Bildagentur Huber/Picturefinders; 125 M1 Henning Lüders, Berlin; 132/133 Henning Lüders, Berlin; 134 M1 Sarah Fahje, Dörverden; 135 M3 Mester/CCC, www.c5.net; 136 M1 Bundesbildstelle (r. o.), picture-alliance/dpa (o. 2., 4.), potoagentur vario-press/Ulrich Baumgarten (o. 3.), ©Weinberg/Clark/The Image Bank (M. r.); 137 M2 Holger Appenzeller; 138 M1 MEDIA CONSULTA, HERLITZE (in Blickpunkt Bundestag, August Extra/2000 S. 9); 140 M1 ullstein bild - Imagebroker.net/Thomas Frey; 142 M1 photoagentur vario-press/Ulrich Baumgarten; 143 M4 Horst Haitzinger/CCC, www.c5.net; 144 Presse- und Informationsamt der Bundesregierung/H.-C. Plambeck, Berlin; 145 picture-alliance/dpa/B. Settnik; 146 M1 picture-alliance/dpaweb/©dpa; 146 M2 Bundespresseamt, Berlin; 148 M1 picture-alliance/dpa/U. Deck; 150 M1 Bündnis für Vielfalt und Toleranz e. V./Achim Hoffmann; 152 picture-alliance/dpa; 153 picture-alliance/dpa/B. Thissen; 154 picture-alliance/dpa; 156 M2 Bundespresseamt, Berlin; 157 York Arend, Berlin; 158/159 ullstein Bild/©Köhler; 159 (l. u.) picture-alliance/dpa/dpaweb; 159 (r. u.) KNA-Bild; 160 ullstein bild/Rufenach; 162 M1 Oliver Sandig, Berlin; 162 M2 Bildarchiv Foto Marburg; 164 M1 York Arend, Berlin; 166 M1 Annette Pflügner; 166 M2 Cornelsen Verlag, Berlin; 166 M3 Annette Pflügner; 168 M1 Jochen Tack, Essen; 170 M1 „Das junge Politik-Lexikon"/bpb/Stefan Eling; 172 M1 F. Schwertner; 172 M2 Andreas Varnhorn, Frankfurt/M.; 173 M4 Henrik Pohl, Berlin; 174 M1 Plaßmann/CCC, www.c5.net; 174 M2 (l.) Cornelsen Verlag, Berlin; 174 M2 (r.) York Arend, Berlin; 176 picture-alliance/dpa/©dpa-